# 헌재 결정의 구조

정주백 지음

**헌재 결정의 구조**

지은이 정주백
발행일 2023년 1월 31일 발행인 이진숙
펴낸곳 충남대학교출판문화원 주소 대전광역시 유성구 대학로 99
전화 042-821-6045 홈페이지 http://www.cnupress.co.kr E-mail cnupress@cnu.ac.kr

ISBN 979-11-6503-185-5 93360
정가 25,000원

# 헌재 결정의 구조

정주백

충남대학교출판문화원

# 서 문

필자의 『憲法記事』의 자매서로 이 책을 낸다. 앞의 책은 어느 정도 이론적이고, 이 책은 그 이론들이 구체적인 사건에서 어떻게 작동하는가를 보여준다. 이 책은『憲法記事』를 이해하는데 도움을 줄 것이다. 반대로 이 책의 서술을 이해하는데, 『憲法記事』가 도움을 줄 것이다.

이 책의 출간에는 최호동 변호사의 노고가 컸다. 공저로 할 것을 제안하였으나 그가 사양하였고, 현재로서는 그렇게 할 만한 사정도 아닌 것 같다. 그에게 고맙다는 말을 기재하여 둔다. 발전을 기원한다. 출판을 허락해 준 출판문화원의 서영식 원장님과 양광준 과장님께 감사드린다.

2022. 8. 연구실에서 저자가 썼다.

# 일러 두기

헌법 제37조 제2항은 기본권 제한의 방법적 한계로, '법률로써'를 정하고 있다. 과잉금지원칙과 본질침해금지원칙은 내용상의 한계를 구성한다. 그러므로 특정 기본권 제한에 관해 헌법 제37조 제2항의 심사를 한다는 것은 위 3 가지 심사를 하는 것이다.

그런데, 이 책의 구성상 '법률로써'의 문제, 즉 법치주의의 문제를 특정 기본권 침해 여부 문제와 따로 서술한 경우들이 있다. 침해 여부가 문제되는 기본권이 수 개인 경우 묶어서 다루었다고 생각하면 좋겠다.

이 책에서 본질침해금지원칙을 다루지 않은 경우가 많다. 헌재가 따로 다루지 않는 실무를 감안하고(이론상으로는 판단누락이라 할 수 있다), 매번 형식적인 말을 반복하기가 번잡하였기 때문이다. 답안을 작성하는 경우라면 간단히라도 언급하면 좋을 것이다. 최소한 유해하지는 않다.

또, 헌재 판례를 따르면 세상 삼라만상의 헌법 문제는 적법절차의 문제다. 적법절차는 절차와 내용을 모두 통제하는 원리이기 때문이다(헌재 1992. 12. 24. 92헌가8, 판례집 4, 853, 876-878). 헌재는 적법절차를 이렇게 정의해 두고도 실무에 있어서는 이 쟁점을 거의 다루지 않는다. 이 책에도 실무례를 따랐다. 그렇다고 그것이 옳은 것은 아니다. 답안을 작성하는 경우라면 간단히라도 언급하면 좋을 것이다. 최소한 유해하지는 않다.

다만, 평등에 관한 쟁점은 늘 잊지 말고 다루어 주기를 부탁한다. 이 책도 그렇게 하려고 노력하였다. 변호사시험에서는 특별히 이를 다루지 말라는 지시가 없는 한, 무조건 다루겠다는 생각을 가져야 한다.

김학성, 『헌법학원론』, 피앤씨미디어, 2015의 서문을 인용하여 둔다. "2015년 제4회 변호사시험위원을 법무부가 공개하였기에 세부사항은 비밀을 유지해야겠지만, 출제 및 채점에 관여한 교수로서, 헌법공부와 관련하여 학생들에게 몇 가지 조언을 하는 것은 헌법교수의 책무로 여겨졌다. 금번 사례형 문제에서 제한 내지 침해된 기본권은 재판청구권과 평등권이었다. 그런데 채점을 하면서 평등권에 대해 전혀 언급하지 않은 답안지를 다수 보게 되니 당혹감을 감추기 어려웠다. 평등권은 다른 기본권과 별개로 거의 언제나 병렬적으로 제한 및 침해유무를 검토해야 하기 때문이다. 이러한 점은 교수님들이 기본권 경합 강의에서 분명 여러 번 강조했을 것이므로 평등권에 대한 논의를 빠뜨린 것은 중대한 실수라 할 수 있다."

# 차 례

제1장

# 결정서의 틀

# 헌 법 재 판 소

# 결 정

**청 구 인** 박헌법
대리인 김법전[1)]

**당해사건** 서울중앙지방법원 2014고단123 간통[2)]

## 주 문

형법(1953. 9. 18. 법률 제293호로 제정된 것[3)]) 제241조는 헌법에 위반된다.[4)]

## 이 유

### I. 적법요건

### 1. 헌재법 제68조 제2항의 헌법소원(쟁송물 : 법률이 헌법에 위반되는지 여부)

#### 가. 대상

1) 헌재법 제25조 제3항의 변호사 강제주의 참조.

2) 헌재법 제42조에 의해 정지된 재판이거나(헌가), 헌재법 제75조 제7항에 따라 재심을 청구할 재판(헌바). 특히 후자의 경우에 중요한 의미를 가짐.

3) 개정 경위는 결정의 효력을 정하는데 중요한 의미를 가짐. 개정되기 전의 법률 또는 개정된 이후의 법률에 대해서는 위헌 결정의 효력이 미치지 아니함. 여기에 든 간통의 경우, 제정 후 한 번도 개정된 바가 없기 때문에 형법에 제정된 이후에 간통으로 처벌받은 모든 사람이 재심을 청구할 수 있음(헌재법 제47조 제3항 본문). 다만, 합헌 결정으로 인한 차단(헌재법 제47조 제3항 단서)은 논외로 함. 헌재 2009. 11. 26. 2008헌바58 사건의 주문, “형법 제304조(1953. 9. 18. 법률 제293호로 제정되고, 1995. 12. 29. 법률 제5057호로 개정된 것) 중 “혼인을 빙자하여 음행의 상습없는 부녀를 기망하여 간음한 자” 부분은 헌법에 위반된다.”와 비교.

4) ‘법령’에 대한 헌재법 제68조 제1항의 헌법소원을 인용하는 경우에도 주문은 이러한 형식으로 기재됨을 주의. 헌재법 제75조 제5항은 ‘침해된 기본권’을 특정하도록 규정하고 있으나, 헌재는 이를 따르지 아니함. 헌재법 제47조의 준용 문제와 관련이 있음.

- 법률(das Gesetz)
- 시행령 등은 반드시 각하 하여야 함.
- 헌재는 '법률'과 '법률의 효력을 가지는 규범'을 대상으로 봄.
- 헌재는 조약/긴급조치/관습법은 대상으로 봄. 조약은 법률의 효력을 가지는 것에 한정.

### 나. 재판의 전제성

- 재판 : 적법하여야 함. 재판이 부적법하면, 본안에 적용될 법률조항에 대한 헌법소원은 부적법함. 또, '재심 개시여부에 관한 재판'과 '재심본안에 관한 재판'은 구별. 전자는 후자에 대해 선결적 적용[5][6]
- 다른 내용의 재판(주문이나 결론이 달라질 것 or 이유를 달리할 것 or 재판이 가지는 법적 의미가 달라질 것[7])

### 다. 청구기간

- 위헌제청신청기각결정을 송달받은 날로부터 30일 이내.
- 기각 결정일로부터 30일 이내면 송달받은 날을 고려할 필요 없음.

### 라. 변호사강제주의

### ※ 기본권 침해를 전제로 하지 않는다는 점을 주의

- 헌재법 제68조 제1항의 헌법소원과 비교
- 기본권 주체만이 위헌법률심판제청을 신청할 수 있는 것은 아님. 이는 헌재법 제68조 제2항의 헌법소원을 제기함에 있어서도 마찬가지임.

5) '적용' 여부는 검토하지 아니하여도 좋음. 주문이나 결론이 달라지는 경우는 어떤 이유로도 적용된다고 설명할 수 있음. 직접 적용 혹은 간접 적용. 즉, 주문이나 결론이 달라지는데, '적용'이 없다는 이유로 각하되는 경우는 없음.

6) '재판이 가지는 법적 의미가 달라질 것' 부분은 '적용'이 없는 것임.

7) '이유를 달리할 것'이라는 부분은 생략해도 좋음.

※ **한정위헌 청구의 적법성**

- 헌재 2012. 12. 27. 2011헌바117[판례 변경]
- 부적법, 예외적 적법 → 적법, 예외적 부적법
- 예외적으로 부적법한 경우
  ① 당해 사건 재판의 기초가 되는 사실관계의 인정이나 평가 또는 개별적·구체적 사건에서의 법률조항의 단순한 포섭·적용에 관한 문제를 다투는 경우
  ② 의미 있는 헌법문제를 주장하지 않으면서 법원의 법률해석이나 재판결과를 다투는 경우 등[8)]

## 2. 헌재법 제68조 제1항의 헌법소원(쟁송물 : 공권력의 행사 또는 불행사로 인하여 '청구인의' 기본권을 침해받았는지 여부)

### 가. 기본권 주체성

(1) 외국인

- 인간의 권리 vs 국민의 권리

(2) 법인

- 성질설
- 인격권(사회적 신용이나 명예) 인정(헌재 2012. 8. 23. 2009헌가27, 문화방송에 대한 사과명령 사건)
- 생명권 부정(헌재 2008. 12. 26. 2008헌마419, 미국산 쇠고기 사건)
- 원칙적으로 공법인은 불가

(3) 공무원

- 권한 vs 권리[9)]
- 특별권력관계이론 폐기

8) '등'이 말미에 있음. '등'을 통해 다른 사유가 추가될 가능성은 남아 있음. 법률가에게 '등'은 무시할 수 없는 중요한 말임.

9) 다만, 권한 침해라 보여지는 권한의 정지(2001헌마788), 직위해제(2004헌바12)에 대해 공무담임권 제한성을 인정함에 주의. 징계시효(2011헌바226), 승진(2009헌마538), 퇴직급여(2012헌마459)에 대해서는 부정.

## 나. 공권력 행사성

- 법령이 대상으로 됨.
- 재판소원은 부적법. 다만, '헌재가 위헌으로 결정한 법령을 적용함으로써 국민의 기본권을 침해한 재판'(헌재 1997. 12. 24. 96헌마172), 나아가 '법률에 대한 위헌결정의 기속력에 반하는 재판'(헌재 2022. 6. 30. 2014헌마760)[10]은 대상으로 됨.

## 다. 기본권 침해 가능성

- 위반 시 제재가 있는가?

## 라. 자기관련성

- 자기 ↔ 제3자
- 법인과 구성원은 별개의 인격. 제3자소송담당 부정
- 예외적으로 제3자의 자기관련성 인정 → 입법의 목적, 실질적인 규율대상, 법규정에서의 제한이나 금지가 제3자에게 미치는 효과나 진지성의 정도 및 규범의 직접적인 수규자에 의한 헌법소원제기의 기대가능성 등을 종합적으로 고려

## 마. 현재성

- 현재 ↔ 미래
- (현재 기본권 침해가 없더라도) 미래의 기본권 침해가 확실히 예견되는 경우 현재성 인정 → 청구기간은 도과될 수 없음. 왜? 청구기간은 기본권 침해 시점부터 진행됨. 그런데, '청구 당시' 기본권 침해가 없음.

## 바. 직접성

- 법령에 대해서만 적용.[11]
- 집행행위가 매개되어 있더라도, 법령이 이미 당사자의 법적 지위를 확정하고 있는 경우(기속행위가 예정된 경우) 직접성 인정. 그러므로, 집행행위의 유무가 기준으로

10) 다만, 위헌결정이 이루어지기 전에 확정된 재판은 헌법소원의 대상이 아님에 주의.

11) 일부 그렇지 아니한 경우가 있으나(예를 들어 헌재 2020. 12. 23. 2017헌마416), 무시하여도 좋음.

되면 안 되고, 법령이 당사자의 법적 지위를 확정하고 있는가? 아니면, 행정청의 의사 작동의 결과에 의해 법적 지위가 확정되는가가 관건.

- 행정청의 재량(...할 수 있다?)이 인정되는 경우 원칙적으로 직접성 부정.
- 예외 : 집행 작용이 있더라도 구제 절차의 존부가 불분명하거나 구제 절차를 거칠 것을 기대하기 어려운 경우

### 사. 보충성

- 다른 구제 절차의 존부 → 최후기관성
- '심판청구의 대상으로 된 공권력의 행사 또는 불행사 자체의 효력을 다투는 절차'의 존부 → '청구인의 권리 구제 절차'의 존부 문제가 아님.
- '법률'은 언제나 문제 안 됨(absolutely). '법률'의 유무효를 다투는 다른 절차는 없음. 처분을 다툴 수 있다는 것과 혼동하면 안 됨.[12] 위헌법률심판이나 헌재법 제68조 제2항의 헌법소원은 여기서 말하는 다른 구제절차로 보지 아니함.

### 아. 권리보호이익

- 현재 ↔ 과거
- 반복침해가능성+헌법적 해명의 필요성 → 심판의 이익

### 자. 청구기간

- 90일(안 때) and 1년(있은 때)
- 둘 다 준수하여야 함을 주의. 즉, 어느 하나라도 도과하면 부적법. 청구인에게 불리하게 해석
- 법령의 경우에는 법령이 제·개정되고 나서 기본권 침해 사유가 발생하는 경우가 있고, 이 시점부터 90일+1년
- 유예기간을 둔 경우? 판례 변경(헌재 2020. 4. 23. 2017헌마479). 청구기간 기산점을

12) 법률에 기한 처분이 있더라도, 직접성이 인정되지 아니하여 각하되는 것은 별론으로 하고, 보충성이 인정되지 아니한다는 이유로 각하되지는 아니함. 물론, 처분이 예정되어 있다 하여 바로 전부 직접성이 부정되는 것도 아님. 다만, 이 경우에 법률이 위헌으로 결정되더라도 처분의 효력이 바로 소멸하는 것은 아님. 이 부분은 권리보호이익의 문제로 다루어질 수 있으나, 현재는 이 부분에 대해 깊은 고민은 없는 것으로 보임.

그 법령의 시행일이 아니라 유예기간 경과일이라고 봄. 시행 후 유예기간이 끝나기 전에 청구를 하면? 현재성의 예외가 적용되고, 이 경우 청구기간의 문제는 안 생긴다고 하면 족함. 2022년 11회 변호사시험 기록형 문제.

- 상황성숙성이론은 적어도 청구기간의 기산점 관련해서는 명시적으로 폐기되었음(헌재 1996. 3. 28. 93헌마198). 언급할 필요 없음. 현재성의 예외 이론을 다룰 때에도 언급할 필요 없음. 아마 학원 교재들에서 이를 언급하고 있는 것 같으나, 오해를 불러일으킬 소지가 있음.

### 차. 변호사 강제주의

- 국선대리인제도

## II. 심사기준의 존부

- 침해될 수 있는 기본권이 존재하는가 하는 문제임. 제한을 논의하는 전제 문제라할 수 있음.
- 표현의 자유[13)]?
- 알권리?
- 헌법 제37조 제1항의 '열거되지 아니한 자유와 권리'

- 헌법 제37조 제1항은 "국민의 자유와 권리는 헌법에 열거되지 아니한 이유로 경시되지 아니한다."고 규정하고 있다. 이는 헌법에 명시적으로 규정되지 아니한 자유와 권리라도 헌법 제10조에서 규정한 인간의 존엄과 가치를 위하여 필요한 것일 때에는 이를 모두 보장함을 천명하는 것이다. 이러한 기본권으로서 일반적 행동자유권과 명예권 등을 들 수 있다.(헌재 2002. 1. 31. 2001헌바43, 판례집 14-1, 49, 57)
- 헌법에 열거되지 아니한 기본권을 새롭게 인정하려면, 그 필요성이 특별히 인정되고, 그 권리내용(보호영역)이 비교적 명확하여 구체적 기본권으로서의 실체 즉, 권리내용을 규범 상대방에게 요구할 힘이 있고 그 실현이 방해되는 경우 재판에 의하여 그 실현을 보장받을 수 있는 구체적 권리로서의 실질에 부합하여야 한다.(헌재 2009. 5. 28. 2007헌마369, 판례집 21-1하, 769, 775)

13) 우리 헌법은 표현의 자유를 명문으로 보장하고 있지 아니함. 헌법 제21조의 해석에 의해 인정됨. 문재인 대통령의 개헌안에는 표현의 자유라는 말이 명시적으로 들어갔음.

## III. 제한되는 기본권

- 침해 여부를 심사할 기본권을 추려내는 절차
- 평등권(같은 것은 같게, 다른 것은 다르게)[14)]
- 적법절차(실체적 적법절차 포함설)
- 기본권 경합{최강효력설/최약효력설/'밀접하고 침해의 정도가 큰 기본권'설(일부 판례)/전부심사설}

## IV. 헌법유보

### 1. 검열금지원칙(헌법 제21조 제2항)

- 제출의무/행정청의 심사[15)]/금지/제재
- 절대적 금지[16)]

### 2. 허가제금지원칙(헌법 제21조 제2항)

- 야간집시법 제10조 → 허가제 아니다(헌재 2014. 4. 24. 2011헌가29[17)][18)])
- 절대적 금지

14) 같은 처우를 하고 있다고 하여, 바로 차별이 없다고 단정하여서는 안 됨. 본질적으로 다른 것을 같게 처우하면 그것도 차별로 인식될 수 있음(2009헌바190).

15) 실천적으로는 행정청성이 가장 중요한 논점. ①구성, ②심의기준의 설정, ③심의결과의 보고, ④재정 지원 등을 감안하여 실질적으로 파악. 현재까지 행정청성을 부정한 판례는 없음.

16) 절대적 금지라는 말은, 요건에 해당하면 바로 위헌으로 결정된다는 것을 의미함. 정당화 심사가 없다는 것임. 일반적 소급입법금지와 비교.

17) 헌법 제21조 제2항은 집회에 대한 허가제를 금지하고 있다. 이때의 '허가'는 '행정청이 주체가 되어 집회의 허용 여부를 사전에 결정하는 것'으로, 법률적 제한이 실질적으로 행정청의 허가 없는 옥외집회를 불가능하게 하는 것이라면 헌법상 금지되는 사전허가제에 해당하지만, 그에 이르지 아니하는 한 헌법 제21조 제2항에 반하는 것은 아니다. 구 '집회 및 시위에 관한 법률' 제10조는 본문에서 야간의 옥외집회를 원칙적으로 금지하면서, 단서에서 예외적으로 관할경찰관서장이 허용할 수 있도록 하고 있는데, 이러한 단서 규정은 본문에 의한 제한을 완화시키려는 것이므로 헌법이 금지하고 있는 '옥외집회에 대한 일반적인 사전허가'라고는 볼 수 없다. 한편 구 '집회 및 시위에 관한 법률' 제10조 본문은 야간 시위를 금지하고 있고, 이에 대해서는 단서의 예외가 적용되지 않으므로 야간 시위의 금지와 관련하여 헌법상 '허가제 금지' 규정의 위반 여부는 문제되지 아니한다.

18) 허가제에 해당한다는 헌재 2009. 9. 24. 2008헌가25 결정을 변경.

## 3. 이중처벌금지원칙(헌법 제13조 제1항)

- '형벌'에 한정

## 4. 연좌제금지원칙(헌법 제13조 제3항)

- - '친족의 행위와 본인간에 실질적으로 의미있는 아무런 관련성을 인정할 수 없음에도 불구하고 오로지 친족이라는 사유 그 자체만으로' 불이익한 처우를 가하는 경우에만 적용. '**오로지**'라는 말이 중요함.

## 5. 소급입법금지원칙(헌법 제13조 제1항, 제2항)

- 소급입법은 새로운 입법으로 이미 종료된 사실관계 또는 법률관계에 작용하도록 하는 진정소급입법과 현재 진행중인 사실관계 또는 법률관계에 작용하도록 하는 부진정소급입법으로 나눌 수 있는바,
- 부진정소급입법은 원칙적으로 허용되지만 소급효를 요구하는 공익상의 사유와 신뢰보호의 요청 사이의 교량과정에서 신뢰보호의 관점이 입법자의 형성권에 제한을 가하게 되는 데 반하여,
- 진정소급입법은 개인의 신뢰보호와 법적 안정성을 내용으로 하는 법치국가원리에 의하여 특단의 사정이 없는 한 헌법적으로 허용되지 아니하는 것이 원칙이나 예외적으로 (1) 국민이 소급입법을 예상할 수 있었거나, 법적 상태가 불확실하고 혼란스러웠거나 하여 보호할 만한 신뢰의 이익이 적은 경우와 (2) 소급입법에 의한 당사자의 손실이 없거나 아주 경미한 경우, (3) 그리고 신뢰보호의 요청에 우선하는 심히 중대한 공익상의 사유가 소급입법을 정당화하는 경우에는 허용될 수 있다(헌재 1996. 2. 16. 96헌가2; 헌재 1999. 7. 22. 97헌바76).

- 형벌에 대해서는 절대적 금지(헌재 2017. 10. 26. 2015헌바239[19]).

19) 노역장유치 기간의 하한을 중하게 변경시키는 조항을 개정법 시행일 이후 최초로 공소제기되는 경우부터 적용하도록 한 부칙 조항이 형벌불소급원칙에 위반된다고 판단하면서, 정당화 심사를 실시하지 아니하였음. 절대적 금지로 본 것을 전제로 함. 형벌불소급원칙에서 의미하는 '처벌'은 형법에 규정되어 있는 형식적 의미의 형벌 유형에 국한되지 않으며, 범죄행위에 따른 제재의 내용이나 실제적 효과가 형벌적 성격이 강하여 신체의 자유를 박탈하거나 이에 준하는 정도로 신체의 자유를 제한하는 경우에는 형벌불소급원칙이 적용되어야 하고, 노역장유치는 그 실질이 신체의 자유를 박탈하는 것으로서 징역형과 유사한 형벌적 성격을 가지고 있으므로 형벌불소급원칙의 적용대상이 된다는 판시도 의미 있음.

### 6. 무죄추정원칙(헌법 제27조 제4항)

### 7. 영장주의원칙(헌법 제12조 제3항)

## V. 법치주의(헌법 제37조 제2항 중 "법률로써")

### 1. 의회유보원칙

- '국가공동체와 그 구성원에게 기본적이고도 중요한 의미를 갖는 영역, 특히 국민의 기본권실현에 관련된 영역에 있어서는 행정에 맡길 것이 아니라 국민의 대표자인 입법자 스스로 그 본질적 사항에 대하여 결정하여야 한다는 요구'(헌재 1999. 5. 27. 98헌바70)
- 위임금지

### 2. 포괄위임금지원칙(헌법 제75조, 제95조)

- 의회유보의 완화
- 본질적 사항은 위임 불가
- 필요성 / 예견가능성
- 행정규칙에 위임하는 것도 가능
- 재위임의 한계 : 대강을 정한 후 다시 특정 사항을 위임
- 조례에 위임하는 경우는 예견가능성 요건 완화
- 형벌 법규는 엄격한 한계

### 3. 명확성원칙

- 기본권을 제한하는 법규범의 내용은 명확하여야 한다는 헌법상의 원칙
- 처벌법규나 조세법규 등 국민의 기본권을 직접적으로 제한하거나 부담할 소지가 있는 법규에서는 구체성, 명확성의 요구가 더욱 강화(헌재 1995. 11. 30. 91헌바1)
- 독자적인 규율 내용을 정하기 위한 것이라면 별도로 명확성 원칙의 문제이고, 하위 법령에 규정될 내용의 범위를 정해주는 역할을 하는 경우라면 포괄위임금지원칙의 문제(헌재 2015. 7. 30. 2013헌바204)

## 4. 신뢰보호원칙

- 보호가치 있는 신뢰이익이 존재하는가, 과거에 발생한 생활관계를 현재의 법으로 규율함으로써 달성되는 공익이 무엇인가, 개인의 신뢰이익과 공익상의 이익을 비교형량하여 어떠한 법익이 우위를 차지하는가(헌재 2009. 5. 28. 2005헌바20)

# VI. 과잉금지원칙(헌법 제37조 제2항 중 "필요한 경우에 한하여")[20]

## 1. 목적의 정당성

- 국가안전보장, 질서유지, 공공복리 중 어디에 해당?
- '방법'으로부터 추론되는 목적은 아님.
- 불충분한 정보
- 다만, 실무는 수단으로부터 추단되는 입법목적으로 확정함. 그러므로 논리필연적으로 목적의 정당성이 부정되는 경우는 거의 없음. 고민할 이유 없음. 정당하다고 하면 족함.

## 2. 방법의 적절성

- 선택된 '방법'으로써 목적을 달성할 수 있는가?
- 효과성(effectiveness)의 문제
- 위의 목적의 정당성에 관한 실무와 연결되어, 당연히 수단의 적합성은 인정될 수밖에 없음. 고민할 이유 없음. 당연히 인정된다고 하면 족함.

## 3. 침해의 최소성

- 덜 침해적인 다른 방법이 있는가?
- '방법' → '여부' / '임의적' → '필요적'
- 과잉금지원칙 중 유일하게 고민해 보아야 할 항목.

20) '목적', '방법', '침해되는 기본권의 양', '대체적 수단에 있어서의 기본권 침해의 양', '달성되는 공익의 양'이 주어져야 논리적. 위의 것들 중 오로지 '방법'만이 주어져 있음. 그러므로, 과잉금지원칙의 심사는 논리적으로 불가능.

- 논리적으로는 선택된 수단보다 덜 침해적인 것으로서 목적을 달성할 수 있는 것이 하나라도 존재하면 위헌.

### 4. 법익의 균형성

- 공익과 사익의 비교
- 계량화 / 단위 통일
- 헌재 결정 중 침해의 최소성 심사 결과와 법익의 균형성 심사 결과가 다른 경우는 존재하지 아니함. 침해의 최소성 심사 결과를 반복하면 족함.

<table>
<tr><td colspan="2">상황</td><td>- 입법의 목적은 A이다. A는 '국가안정보장'에 해당하는 공익. 목적이 정당하다.<br>- A로 인해 달성되는 공익의 양은 7unit이다.<br>- A를 달성할 수 있는 방법은, a, b, c가 있고, 각 기본권 침해의 양은 a→5unit, b→6unit, c→10unit이다. d와 e는 A를 달성할 수 없는 방법이고, 각 기본권 침해의 양은 d→3unit, e→15unit이다.</td></tr>
<tr><td rowspan="4">문제</td><td>a?</td><td>수단의 적합성 YES, 침해의 최소성 YES, 법익의 균형성 YES → 합헌</td></tr>
<tr><td>b?</td><td>수단의 적합성 YES, 침해의 최소성 NO → 위헌(법익의 균형성 판단 불요, 그러나 시험에서는 다루어줄 필요 있음. 법익의 균형성 YES)</td></tr>
<tr><td>c?</td><td>수단의 적합성 YES, 침해의 최소성 NO, 법익의 균형성 NO → 위헌</td></tr>
<tr><td>d, e?</td><td>수단의 적합성 NO → 위헌</td></tr>
</table>

## VII. 본질침해금지원칙(헌법 제37조 제2항 중 "자유와 권리의 본질적인 내용을 침해할 수 없다")

- 절대설
- 상대설(사형제 사건) → 독자성?

## VIII. 평등권(헌법 제11조)

### 1. 차별의 존부

- 같은 것을 다르게, 다른 것을 같게
- 같게 처우하는 것도 '차별'로 인식될 수 있음.

### 2. 정당화 심사

- 엄격 심사/완화된 심사
- 헌법이 특별히 평등을 명령하는 경우(헌법 제32조 제4항, 제36조 제1항) → 헌법 제11조 제1항 후단의 사유는 여기에 해당되지 않음(병역법 사건).
- 관련 기본권에 중대한 제약을 가하는 경우

## IX. 적법절차

- 절차 / 내용
- 형사에 한정되지 않음
- 구체적인 경우 동어반복에 불과할 가능성

## X. 결론

그러므로, 주문과 같이 결정한다.

2***. 3. 2.

재판관 김일돌(재판장) ………… 재판관 박구돌

## 〈참고 1 : 법률에 대한 위헌심사의 흐름〉

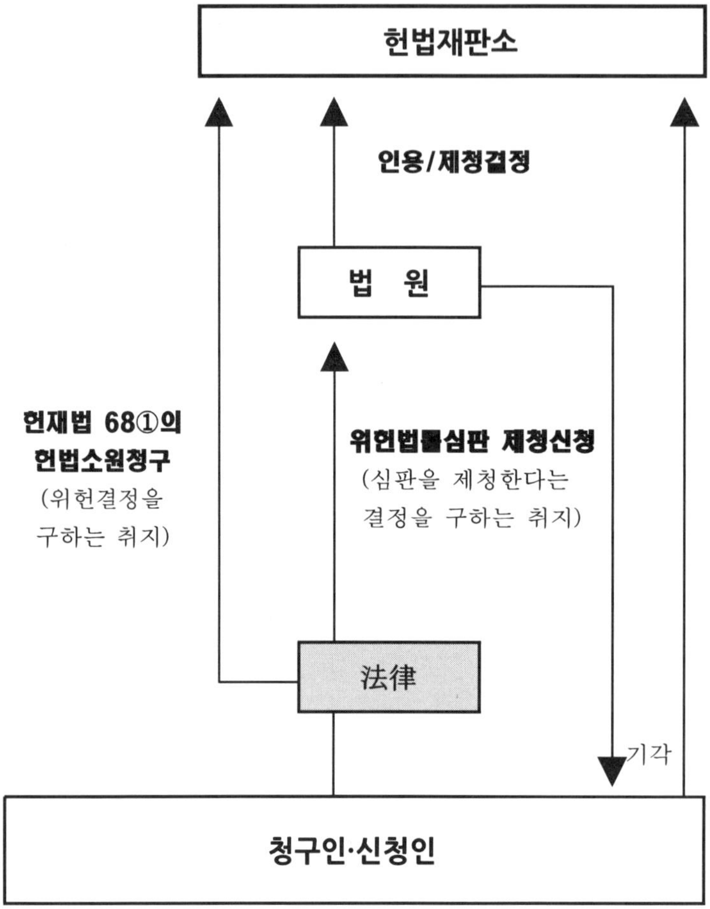

## 〈참고 2 : 헌법소원심팡청구서 개관〉

### 헌법소원심판청구서

#### 청구취지

“□□법 제○조 제□항은 헌법에 위반된다”라는 결정을 구합니다.

#### 적법요건

| 헌재법 제68조 제2항의 헌법소원 | 헌재법 제68조 제1항의 헌법소원 |
|---|---|
| 1. 대상성 : 법률<br>2. 재판의 전제성<br>3. 청구기간<br>4. 변호사강제주의 | 1. 기본권 주체성<br>2. 공권력 행사성<br>3. 기본권 침해 가능성<br>4. 자기관련성<br>5. 현재성<br>6. 직접성<br>7. 보충성<br>8. 권리보호이익<br>9. 청구기간<br>10. 변호사 강제주의 |

#### 본안

**I. 제한되는 기본권과 기본권 경합의 처리**

**II. 헌법유보**

1. 검열
2. 허가제
3. 이중처벌금지
4. 연좌제

5. 무죄추정

6. 영장주의

## III. 법치주의(헌법 제37조 제2항 중 "법률로써")

1. 의회유보
2. 포괄위임금지
3. 명확성원칙
4. 신뢰보호
5. 소급입법금지

## IV. 과잉금지원칙(헌법 제37조 제2항 중 "필요한 경우에 한하여")

1. 목적의 정당성
2. 방법의 적절성
3. 침해의 최소성
4. 법익의 균형성

## V. 본질침해금지원칙

- 상대설
- 절대설

## VI. 평등권

- 차별의 존부
- 정당성 심사

## VII. 적법절차

VIII. 결론

<table>
<tr><th colspan="2">첨부서류</th></tr>
<tr><td>1. 위헌법률심판제청신청서<br>2. 위헌법률심판제청신청기각 결정서<br>3. 송달증명원<br>4. 대리인선임 관련</td><td>1. 자기관련성 관련<br>2. 청구기간 관련<br>3. 대리인 선임 관련</td></tr>
</table>

20XX. X. X.

청구인의 대리인 변호사 ○○○

**헌법법재판소 귀중**

제2장

# 결정 사례

## 1. 사형제 사건

**형법 제41조 등 위헌제청**
**헌재 2010. 2. 25. 2008헌가23, 판례집 22-1상, 36**

당해 사건의 피고인인 제청신청인은 2회에 걸쳐 4명을 살해하고 그 중 3명의 여성을 추행한 범죄사실로 구속기소되어, 1심인 광주지방법원 순천지원(2007고합143)에서 형법 제250조 제1항, '성폭력범죄의 처벌 및 피해자보호 등에 관한 법률' 제10조 제1항 등이 적용되어 사형을 선고받은 후 광주고등법원에 항소하였다.

제청신청인은 항소심 재판 계속 중(2008노71) 형법 제250조 제1항, 사형제도를 규정한 형법 제41조 제1호 등에 대하여 위헌법률심판제청신청을 하였고(2008초기29), 광주고등법원은 2008. 9. 17. 형법 제41조 중 '1. 사형 2. 징역' 부분, 형법 제42조(무기금고, 유기징역, 유기금고 부분 제외), 형법 제72조 제1항(무기금고, 유기징역, 유기금고 부분 제외), 형법 제250조 제1항 중 '사형, 무기의 징역에 처한다.'는 부분, '성폭력범죄의 처벌 및 피해자보호 등에 관한 법률' 제10조 제1항 중 '사형 또는 무기징역에 처한다.'는 부분이 각 위헌이라고 의심할 만한 상당한 이유가 있다며 위헌법률심판제청결정을 하였다.

**[심판대상 법률조항]**

형법(1953. 9. 18. 법률 제293호로 제정된 것) 제41조(형의 종류) 형의 종류는 다음과 같다.

1. 사형
2. 징역

제42조(징역 또는 금고의 기간) 징역 또는 금고는 무기 또는 유기로 하고 유기는 1월 이상 15년 이하로 한다. 단, 유기징역 또는 유기금고에 대하여 형을 가중하는 때에는 25년까지로 한다.

제72조(가석방의 요건) ① 징역 또는 금고의 집행 중에 있는 자가 그 행상이 양호하여 개전의 정이 현저한 때에는 무기에 있어서는 10년, 유기에 있어서는 형기의 3분의 1을 경과한 후 행정처분으로 가석방을 할 수 있다.

제250조(살인, 존속살해) ① 사람을 살해한 자는 사형, 무기 또는 5년 이상의 징역에 처한다.

구 '성폭력범죄의 처벌 및 피해자보호 등에 관한 법률'(1997. 8. 22. 법률 제5343호로 개정되고 2008. 6. 13. 법률 제9110호로 개정되기 전의 것)

제10조(강간 등 살인·치사) ① 제5조부터 제8조까지, 제8조의2, 제12조(제5조부터 제8조까지 및 제8조의2의 미수범만 해당한다)의 죄 또는 형법 제297조(강간) 내지 제300조(미수범)까지의 죄를 범한 자가 사람을 살해한 때에는 사형 또는 무기징역에 처한다.

## I. 적법요건에 대한 판단 : 재판의 '전제성'

### 1. 의의

| 헌재 1993. 12. 23. 93헌가2 |
|---|
| 재판의 전제성이라 함은 원칙적으로 ① 구체적인 사건이 법원에 계속중이어야 하고, ② 위헌여부가 문제되는 법률이 당해 소송사건의 재판에 적용되는 것이어야 하며, ③ 그 법률이 헌법에 위반되는지의 여부에 따라 당해사건을 담당하는 법원이 다른 내용의 재판을 하게 되는 경우를 말한다. 여기서 다른 내용의 재판을 하게 되는 경우라 함은 원칙적으로 법원이 심리중인 당해사건의 재판의 결론이나 주문에 어떤 영향을 주는 경우뿐만 아니라 문제된 법률의 위헌여부가 비록 재판의 주문 자체에는 아무런 영향을 주지 않는다고 하더라도 재판의 결론을 이끌어내는 이유를 달리하는 데 관련되어 있거나 또는 재판의 내용과 효력에 관한 법률적 의미가 달라지는 경우도 포함된다고 할 것이다. |

### 2. 형법 제72조 제1항 중 무기징역 부분 : 재판전제성 없음 → 각하.

> 가석방의 요건에 관한 규정은 사법부에 의하여 형이 선고·확정된 이후의 집행에 관한 문제일 뿐 이 사건 당해 재판 단계에서 문제될 이유는 없고, 달리 위 규정이 당해사건에 적용될 법률조항임을 인정할 자료를 찾아볼 수 없다.
>
> 그렇다면 위 규정의 위헌여부에 따라 당해사건 재판의 주문이 달라지거나 재판의 내용과 효력에 관한 법률적 의미가 달라지게 되는 경우라고 볼 수 없다 할 것이므로, 이 사건 위헌제청 중 형법 제72조 제1항 중 '무기징역' 부분은 재판의 전제성이 없어 부적법하다.

- 결정문에서는 '적용되지 않으므로' 재판의 전제성이 인정되지 않는다고 보았으나, '재판의 내용과 효력에 관한 법률적 의미가 달라지는 경우'는 '적용'되지는 않는 경우임을 간과한 것이라 할 수 있다. 다만 이 점과 무관하게, 제청신청인이 [형법 제72조 제1항 중 '무기징역' 부분]이 위헌이라고 주장하는 이유가 '위 조항이 가석방 없는 무기징역형을 두지 않은 점'에 있다는 점을 감안하더라도, 그 위헌여부에 따라서 당해사건 재판(사형이 선고되는 경우든 무기징역이 선고되는 경우든) 자체의 내용이나 효력에 관한 법률적 의미가 달라진다고 볼 수는 없으므로, 결국 재판전제성은 없다고 보아야 한다.

### 3. 나머지 대상조항들 : 재판전제성 있음 → 본안판단.

> 나. 나머지 부분
> 당해사건에서 그 공소사실을 유죄로 인정할 경우 제청신청인에게는 형법 제250조 제1항, 구 성폭력법 제10조 제1항이 적용되고 범죄의 중대성에 비추어 사형 또는 무기징역에 처할 가능성이 상당한 바, 제청신청인에게 직접 적용되는 형법 제250조 제1항, 구 성폭력법 제10조 제1항 및 이와 밀접한 관련이 있는 형의 종류에 대한 형법 제41조, 제42조의 사형 및 무기징역 부분의 위헌여부가 당해사건 재판의 결론과 주문에 영향을 주는 것은 명백하므로, 위 각 해당 법률조항 부분은 당해사건 재판에 대하여 전제성이 있다.

## II. 형법 제41조 제1항 제1호의 위헌 여부

생각해 볼 점 (1) : 형법 제41조 제1항 제1호가 위헌이라는 말의 의미

(1) ① 형법 제41조 제1호는 형법상의 '형벌'의 종류로서 '사형'을 열거한 조항이고, ② 한편 개별 형벌조항들(예컨대 형법 제250조 제1항)은 법정형의 하나로 '사형'을 규정하고 있다. 그렇다면, ①이 위헌이라면, ② 또한 '그 자체로 당연히' 위헌이라고 볼 수 있는가? 이 사건에서 헌재는, 그렇다고 보고 있다. 그리하여 헌재는, ①이 위헌인지를 먼저 따져보아, 만약 ①이 위헌이라면 ②는 당연히 위헌이므로 ②의 위헌여부를 따로 검토할 필요가 없고, 만약 ①이 위헌이라고 판단되지 않는 경우에 비로소 ②의 위헌여부를 별도로 판단해 볼 실익이 있다고 보는 것이다. 이는, **형법 제41조 각호에 규정된 벌만이 '형벌'이 될 수 있다는 명제를 그 전제로 한다.**

(2) 그러나 우선, 헌재가 전제하는 위와 같은 명제가 타당한지 의문이다. 개별법률에서 '태형(笞刑)'을 규정한다고 하더라도, 그리고 설령 형법에서 '이 법에 열거되지 아니한 형을 가할 수 없다'고 규정하고 있다 하더라도, 적어도 '위헌'의 문제가 생기지는 않을 것이라고 본다. 위 개별법률은 형법 제41조와 어디까지나 동위의 규범일 뿐이므로, 오히려 신법우선의 원칙 또는 특별법우선의 원칙이 적용되어야 할 것이기 때문이다. 예컨대 부담금관리기본법에서 열거되지 않은 종류의 부담금을 시행령에서 규정한 경우라면 '위법한' 시행령의 효력이 문제될 수도 있겠지만, 위의 상황과는 문제가 다른 것이다.

(3) 만약 '형법 제41조 각조에 열거된 벌만이 「형벌」'이라고 볼 수 없다면, ① 즉 형법 제41조 제1호가 헌법에 위반된다는 주문을 선고한다 하더라도 그 자체만으로는 별다른 의미가 없고, '사형'을 법정형으로 규정한 각각의 개별 처벌조항에 대하여 따로따로 위헌이라는 주문을 선고해야만 비로소 헌법재판소의 결정에 의해 사형이 '폐지되는' 효력이 발생하게 될 것이다. 설령 형법 제41조 제1호가 지워진다고 하더라도, 개별 처벌규정(예컨대 형법 제250

조 제1항)에는 구문상 ‘사형’이 남아있기 때문이다.

보다 근본적으로, 형법 제41조 제1호가 위헌이라면, 그로써 곧 우리 헌법상 사형이 인정되지 아니한다는 결론이 도출될까? 바꾸어 말하면, 행정절차로 사형을 과할 수 있을까? 그럴 수 없다면, 그것은 곧 사형은 형사사법절차에 따라 부과되어야 할 ‘형벌’이라는 의미가 될 것이다. 그렇다면, 형사절차에 의하여 부과되어야 할 벌과 형사절차에 의하지 아니하고 부과될 수 있는 벌(예로, 행정질서벌)은 명확히 구분되는 것일까? 예로써, 행정절차에 의하여 “笞”를 부과한다면, 이것은 곧바로 위헌이라 할 수 있을까? 그렇다면 왜일까?

(4) 위와 같은 의문에도 불구하고 위 ①이 위헌으로 판단됨으로써 곧바로 ②가 위헌으로 귀착될 수 있다고 보려면, 이를 설명할 수 있는 근거는 헌법재판소 위헌결정의 기속력뿐이라고 본다. 사형제라는 것 자체가 헌법상 허용되지 않는다고 헌법재판소가 선언한 것이기 때문이다. 다만 기속력을 근거로 하여 이를 정당화하기 위해서는, 위헌결정의 주문뿐만 아니라 ‘이유’에도 기속력이 인정된다고 보아야 할 것이다. 그러나 위헌결정의 기속력이 주문에만 미치는지, 이유에도 미치는지에 관하여 헌법재판소는 아직 명확하게 언급한 바 없다.

(5) 私見으로는, 형법 제41조 제1호가 위헌이라는 결정이 있다고 하여 곧바로 우리 형법체계 안에서의 ‘사형’ 부분 전체가 위헌으로 된다고 할 수는 없다. 형법 제41조에 나열된 벌만을 ‘형벌’로써 과할 수 있다는 어떠한 규범도 없기 때문이다. 나아가 형법 제41조 각호에 열거된 벌만이 ‘형벌’이라고 보는 것은, ‘형벌’에 관한 각종의 헌법원리들(예컨대 죄형법정주의)의 적용범위를 헌법이 아닌 법률(형법 제41조)이 좌우하게 된다는 것인데, 이는 타당하지 않다고 본다. 궁극적으로는 ‘형벌’에 관한 ‘헌법 차원의’ 개념정의가 필요하다고 본다.

## 1. 문제되는 기본권 또는 헌법원리

### (1) 생명권

> 인간의 생명은 고귀하고, 이 세상에서 무엇과도 바꿀 수 없는 존엄한 인간존재의 근원이다. 이러한 생명에 대한 권리는 비록 헌법에 명문의 규정이 없다 하더라도 인간의 생존본능과 존재목적에 바탕을 둔 선험적이고 자연법적인 권리로서 헌법에 규정된 모든 기본권의 전제로서 기능하는 기본권 중의 기본권이라 할 것이다(헌재 1996. 11. 28. 95헌바1, 판례집 8-2, 537, 545 참조).

### (2) 인간의 존엄과 가치

> 헌법 제10조는 “모든 국민은 인간으로서의 존엄과 가치를 가지며, 행복을 추구할 권리를 가진다. 국가는 개인이 가지는 불가침의 기본적 인권을 확인하고 이를 보장할 의무를 진다.”라고 하여 모든 기본권의 종국적 목적이자 기본이념이라 할 수 있는 인간의 존엄과 가치를 규정하고 있다. 이러한 인간의 존엄과 가치 조항은 헌법이념의 핵심으로 국가는 헌법에 규정된 개별적 기

본권을 비롯하여 헌법에 열거되지 아니한 자유와 권리까지도 이를 보장하여야 하고, 이를 통하여 개별 국민이 가지는 인간으로서의 존엄과 가치를 존중하고 확보하여야 한다는 헌법의 기본원리를 선언한 것이라 할 것이다.

## 2. 헌법 제110조 제4항 중 '사형'의 의미

### 가. 문제의 소재 : 문언상 '사형'이 포함된 헌법 제110조 제4항이 있다는 것이, 사형제 자체가 '헌법상 인정된 것'이라고 볼 만한 근거가 될 수 있는가?

### 나. 견해

(1) 간접적 인정설 : 이강국 재판관의 보충의견

헌법개정권력자인 국민은 이미 비상계엄하의 군사재판에서 사형을 선고할 수 있음을 전제로 하여 사형이 선고된 경우의 피고인 보호를 위하여 위와 같은 단서를 신설한 것이어서 사형은 헌법자체가 규정하고 있는 형(刑)으로 법정되었으므로, 비상계엄하의 군사재판에서는 사형제가 실정 헌법에 위반된다고 해석할 수는 없게 되었다. (중략)

뿐만 아니라, 헌법개정권력자인 국민은 비상계엄하의 군사재판에서뿐만 아니라 민간재판에서도 사형이 선고될 수 있음을 전제로 하여, 즉 사형제에 대한 이러한 선이해(先理解)를 기초로 하여, 비상계엄하의 군사재판에서 사형이 선고된 피고인의 상소권을 보장하는 방법으로 사형에 관하여 규정한 것 뿐이므로 헌법이 비상계엄하의 군사재판에서 사형의 선고를 인정하고 있다면, 마찬가지로 민간재판에서도 사형의 선고를 용인하고 있다고 해석하여야 할 것이다. (중략)

그러므로, 현행의 실정 헌법은 간접적이지만 사형제를 긍정하고 있으므로 사형제는 헌법에 위반되지 않는다고 해석하여야 할 것이다.

(2) 헌법 제110조 4항 사유 한정인정설 : 조대현 재판관의 일부위헌의견

인간의 생명권은 지고(至高)의 가치를 가지는 것이므로 이를 제한하기 위한 사유도 역시 지고의 가치를 가지는 인간의 생명을 보호하거나 구원하기 위한 것이라야 하는데, 범죄에 대한 형벌로서 범죄자를 사형시키는 것은 이미 이루어진 법익침해에 대한 응보에 불과하고, 살인자를 사형시킨다고 하여 피살자의 생명이 보호되거나 구원되지 아니하므로, 사형제도는 인간의 생명을 박탈하기에 필요한 헌법 제37조 제2항의 요건을 갖추지 못하였으며, 생명권의 본질적인 내용을 침해하는 것이라고 보지 않을 수 없다. 다만, 헌법 제110조 제4항 단서가 비상계엄 하의 군사재판에서 사형을 선고하는 경우를 인정하고 있으므로, 비상계엄 하의 군사재판이라는 특수상황에서 사형을 선고하는 것은 헌법 스스로 예외적으로 허용하였다고 봄이 상당하다. 따라서 사형제도는 헌법 제110조 제4항 단서에 해당되는 경우에 적용하면 헌법에 위반된다고 할 수

없지만, 헌법 제110조 제4항 단서에 해당되지 않는 경우에 적용하면 생명권을 침해할 정당한 사유도 없이 생명권의 본질적인 내용을 침해하는 것으로서 헌법 제37조 제2항에 위반된다.

### (3) 근거부정설 : 김희옥 재판관의 위헌의견

헌법의 명문 규정들은 서로 모순되는 것으로 보이는 경우에도 통일적, 조화적으로 해석되어야 하며, 이 경우 특히 보다 근본적인 의미를 가지는 헌법규범에 반하지 않도록 해야 한다. 그런데 우리 헌법 제10조는 인간으로서의 존엄과 가치를 규정하고 있고 이는 우리 헌법의 기본권보장 체계에 있어서 근본적인 규범의 의미를 가지는바, 만약 법률상의 형벌제도인 사형제도가 인간으로서의 존엄과 가치에 반하는 것이 명백하다고 인정된다면, 헌법 제110조 제4항 단서는 그러한 사형의 선고에 대하여는 사법절차에 따른 불복에 예외가 있을 수 없다는 점에만 그 의의가 있다고 해야 할 것이다. 그렇지 않고 만약 이러한 경우에도 헌법 제110조 제4항 단서에 대하여 간접적으로 사형제도를 인정하는 근거라는 적극적 의미를 부여한다면, 반대로 인간의 존엄과 가치를 규정한 근본적인 규정인 헌법 제10조의 의의를 축소하는 것이 되기 때문이다.

요컨대 헌법 제110조 제4항 단서의 규정은 간접적으로도 헌법상 사형제도를 인정하는 근거규정이라고 보기 어려우며, 헌법상 사형제도가 인정되는지 여부에 관하여는 명문의 규정이 없으므로, 이는 헌법상의 생명권 보장과 형벌제도의 목적, 그리고 인간의 존엄과 가치 등에 대한 해석과 평가 여하에 달려 있다고 해야 할 것이다. (중략)

헌법 제10조, 제12조 제1항, 제37조 제1항에 의하여 보장되는 생명권이 비록 제한이 불가능한 절대적 기본권이라고 할 수는 없을지라도, 중대 범죄를 저지른 사람의 생명을 빼앗는 형벌로서의 사형제도는 헌법 제37조 제2항이 정하는 비례의 원칙 및 기본권의 본질적 내용 침해금지의 원칙에 반하여 범죄자의 생명권을 침해하며, 헌법 제10조가 선언하고 있는 인간의 존엄과 가치라는 헌법규범에 위배되는 것이다. 헌법 제110조 제4항은 간접적으로도 사형제도의 근거 규정이 될 수 없으며, 이는 단지 비상계엄하의 군사재판과 같은 예외적인 상황에서도 만약 사형이 선고된다면 그에 대한 사법절차에 따른 불복은 예외 없이 허용되어야 한다는 의미로만 해석하여야 할 것이다.

## 다. 검토(私見)

- 헌법 제110조 제4항의 사형 부분이 위헌이라고 볼 수 있는가? 그럴 수는 없을 것이다.

**헌재 1995. 12. 28, 95헌바3 결정 [29. 국가배상금지 사건]**

**(헌법 제29조 제2항에 관한 심판청구의 적법여부에 관하여)**

(2) 헌법 제111조 제1항 제1호 및 헌법재판소법 제41조 제1항은 위헌법률심판의 대상에 관하여, 헌법 제111조 제1항 제5호 및 헌법재판소법 제68조 제2항, 제41조 제1항은 헌법소

원심판의 대상에 관하여 그것이 법률임을 명문으로 규정하고 있으며, 여기서 위헌심사의 대상이 되는 법률이 국회의 의결을 거친 이른바 형식적 의미의 법률을 의미하는 것에는 아무런 의문이 있을 수 없다. 따라서 형식적 의미의 법률과 동일한 효력을 갖는 조약 등은 포함된다고 볼 것이지만 헌법의 개별규정 자체는 그 대상이 아님이 명백하다.

(3) 그럼에도 불구하고, 이른바 헌법제정권력과 헌법개정권력을 준별하고, 헌법의 개별규정 상호간의 효력의 차이를 인정하는 전제하에서 헌법제정규범에 위반한 헌법개정에 의한 규정, 상위의 헌법규정에 위배되는 하위의 헌법규정은 위헌으로 위헌심사의 대상이 된다거나, 혹은 헌법규정도 입법작용이라는 공권력 행사의 결과이므로 헌법재판소법 제68조 제1항에 의한 헌법소원의 대상이 된다는 견해가 있을 수는 있다.

(4) 그러나, 우리 나라의 헌법은 제헌헌법이 초대국회에 의하여 제정된 반면 그후의 제5차, 제7차, 제8차 및 현행의 제9차 헌법 개정에 있어서는 국민투표를 거친 바 있고, 그간 각 헌법의 개정절차조항 자체가 여러 번 개정된 적이 있으며, 형식적으로도 부분개정이 아니라 전문까지를 포함한 전면개정이 이루어졌던 점과 우리의 현행 헌법이 독일기본법 제79조 제3항과 같은 헌법개정의 한계에 관한 규정을 두고 있지 아니하고, 독일기본법 제79조 제1항 제1문과 같이 헌법의 개정을 법률의 형식으로 하도록 규정하고 있지도 아니한 점 등을 감안할 때, 우리 헌법의 각 개별규정 가운데 무엇이 헌법제정규정이고 무엇이 헌법개정규정인지를 구분하는 것이 가능하지 아니할 뿐 아니라, 각 개별규정에 그 효력상의 차이를 인정하여야 할 형식적인 이유를 찾을 수 없다. 이러한 점과 앞에서 검토한 현행 헌법 및 헌법재판소법의 명문의 규정취지에 비추어, 헌법제정권과 헌법개정권의 구별론이나 헌법개정한계론은 그 자체로서의 이론적 타당성 여부와 상관없이 우리 헌법재판소가 헌법의 개별규정에 대하여 위헌심사를 할 수 있다는 논거로 원용될 수 있는 것이 아니다. 또한 국민투표에 의하여 확정된 현행 헌법의 성립과정과 헌법 제130조 제2항이 헌법의 개정을 국민투표에 의하여 확정하도록 하고 있음에 비추어, 헌법은 그 전체로서 주권자인 국민의 결단 내지 국민적 합의의 결과라고 보아야 할 것으로, 헌법의 규정을 헌법재판소법 제68조 제1항 소정의 공권력 행사의 결과라고 볼 수도 없다.

(5) 물론 헌법은 전문과 단순한 개별조항의 상호관련성이 없는 집합에 지나지 않는 것이 아니고 하나의 통일된 가치체계를 이루고 있는 것이므로, 헌법의 전문과 각 개별규정은 서로 밀접한 관련을 맺고 있고, 따라서 헌법의 제규정 가운데는 헌법의 근본가치를 보다 추상적으로 선언한 것도 있고, 이를 보다 구체적으로 표현한 것도 있어서 이념적·논리적으로는 규범 상호간의 우열을 인정할 수 있는 것이 사실이다. 그러나, 그렇다 하더라도, 이 때에 인정되는 규범 상호간의 우열은 추상적 가치규범의 구체화에 따른 것으로 헌법의 통일적 해석에 있어서는 유용할 것이지만, 그것이 헌법의 어느 특정규정이 다른 규정의 효력을 전면 부인할 수 있는 정도의 개별적 헌법규정 상호간에 효력상의 차등을 의미하는 것이라고는 볼 수 없다.

**(국가배상법 제2조 제1항 단서의 위헌 여부에 관하여)**

국가배상법 제2조 제1항 단서는 헌법 제29조 제1항에 의하여 보장되는 국가배상청구권을 헌법내재적으로 제한하는 헌법 제29조 제2항에 직접 근거하고, 실질적으로 그 내용을 같이하는 것이므로 헌법에 위반된다고 할 수 없다.

- 적어도 헌법 제110조 제4항에 열거된 경우에 개별 법률조항이 (단심에 의하지 않은) 사형을 법정형으로 규정하더라도 이를 위헌이라고 할 수는 없을 것이고, 그러한 법률조항의 헌법적 근거는 헌법 제110조 제4항 중 '사형' 부분이 될 것이다.
- 그렇다면, 헌법 제110조 제4항의 사형 부분이 좋은 헌법인가, 나쁜 헌법인가 하는 논란은 있을 수 있겠지만, '우리 헌법 체제 안에서 사형은 있을 수 없다'는 주장은 설득력이 떨어지는 것이다.

- 이 사건 결정문은 다음과 같이 판시하고 있다.

사형제도 자체의 위헌성 여부를 심사하는 것과 사형을 법정형으로 규정하고 있는 개별 형벌조항의 위헌성 여부를 심사하는 것 역시 구분되어야 할 것이다. 즉, 사형제도 자체가 위헌이라고 선언되려면, 잔혹한 방법으로 수많은 인명을 살해한 연쇄살인범이나 테러범, 대량학살을 주도한 자, 계획적이고 조직적으로 타인의 생명을 박탈한 살인범 등 타인의 생명을 박탈한 범죄 중에서도 극악한 범죄 및 이에 준하는 범죄에 대한 어떠한 사형 선고조차도 모두 헌법에 위반된다고 인정할 수 있어야 한다. 따라서 만약, 극악한 범죄 중 극히 일부에 대하여서라도 헌법질서 내에서 사형이 허용될 수 있다고 한다면, 사형제도 자체가 위헌이라고 할 수는 없고, 다만, 사형제도 자체의 합헌성을 전제로 하여 사형이 허용되는 범죄유형을 어느 범위까지 인정할 것인지가 문제될 뿐이며, 이는 개별 형벌조항의 위헌성 여부의 판단을 통하여 해결할 문제라고 할 것이다.

만약 위 판시에서처럼 '우리 헌법 체제하에서 어떠한 경우에도 사형제가 있을 수 없다고 판단되는 경우에만 형법 제41조 제1호가 위헌으로 된다'고 본다면, 위 조항은 위헌이 아닌 것이 분명하고, 그렇다면 남는 문제는, 개별법률에서 언제, 어떤 경우에 사형을 시킬 수 있는가 하는 것일 뿐이다. 이러한 판단하에 다수의견은 '과잉금지원칙'의 위배여부를 판단하는 데 나아가는 반면, 조대현 재판관은 이와 달리 '헌법 제110조 제4항 단서에 규정하지 않은 경우에 사형을 규정하는 것은 그 자체로 위헌'이라는 견해를 펴고 있다.

- 그러나 살피건대, 헌법 제110조 제4항의 사유에 대해서만 헌법이 사형을 상정하고 있

다고 보는 것은, 받아들이기 어렵다. 헌법 제110조 제4항 본문은 특별한 경우에 비상계엄하의 군사법원은 단심으로써 재판을 확정할 수 있다는 것이고, 동항 단서는 그와 같은 특별한 경우라 할지라도 단심으로써 재판을 확정할 수 없다는 것이다. 즉, 헌법 제110조 제4항이 정한 바는 전체적으로, 단심으로써 확정할 수 있는 사건을 나열하는 것이다. 그리고 그 전제는, 일반사건의 경우는 단심으로써 재판을 확정할 수 없고, 거기에는 사형의 경우도 당연하다는 것이라고 보아야 한다. 이에 대하여, 헌법 제110조 제4항은 '상소'에 관한 특칙만을 정한 것으로 보아야 한다.

→ [私見의 결론] 특별한 경우에는 사형을 시킬 수 있다는 것을 헌법이 예정하고 있다는 것 → 그렇다면, 사형제도 자체의 '위헌' 여부의 문제는 모두 해결된 것이고, 과잉금지나 본질침해 등의 논의도 불필요한 것이라고 생각된다. 이와 같은 논의는 헌법 제110조 제4항의 사형 부분이 없다는 전제하에서만 필요하고 또한 가능한 논의이다. **다만 이하에서는, 헌법 제110조 제4항 중 사형 부분이 없다는 전제하에서 논의를 진행하기로 한다**.

- 이 점은, 어떤 법현상에 대하여 법이 '허용', '묵인', '금지'라는 서로 다른 태도를 취할 수 있음을 이해하면 간명해진다고 본다. '사형' 문제에 대하여 우리 헌법은 적극적인 허용도, 금지도 하지 않는 무관심한 태도를 취했다고 보아야 할 것인데, 헌법이 금지하지 않은 것을 규정하였다 하여 '그 자체로 위헌'이라고 할 수는 없다고 본다. 헌법이 묵인한 이상, 이는 입법자에게 맡겨진 영역이라고 보는 것이 타당하다고 생각된다.

## 3. 생명권의 침해여부

### 가. 본질침해금지원칙 위배여부

| 우리 헌법은 절대적 기본권을 명문으로 인정하고 있지 아니하며, 헌법 제37조 제2항에서는 국민의 모든 자유와 권리는 국가안전보장·질서유지 또는 공공복리를 위하여 필요한 경우에 한하여 법률로써 제한할 수 있도록 규정하고 있는바, 어느 개인의 생명권에 대한 보호가 곧바로 다른 개인의 생명권에 대한 제한이 될 수밖에 없거나, 특정한 인간에 대한 생명권의 제한이 일반국민의 생명 보호나 이에 준하는 매우 중대한 공익을 지키기 위하여 불가피한 경우에는 비록 생명이 이념적으로 절대적 가치를 지닌 것이라 하더라도 생명에 대한 법적 평가가 예외적으로 |
|---|

허용될 수 있다고 할 것이므로, 생명권 역시 헌법 제37조 제2항에 의한 일반적 법률유보의 대상이 될 수밖에 없다.

예컨대 생명에 대한 현재의 급박하고 불법적인 침해 위협으로부터 벗어나기 위한 정당방위로서 그 침해자의 생명에 제한을 가하여야 하는 경우, 모체의 생명이 상실될 우려가 있어 태아의 생명권을 제한하여야 하는 경우, 국민 전체의 생명에 대하여 위협이 되는 현재적이고 급박한 외적의 침입에 대한 방어를 위하여 부득이하게 국가가 전쟁을 수행하는 경우, 정당한 이유 없이 타인의 생명을 부정하거나 그에 못지 아니한 중대한 공공이익을 침해하는 극악한 범죄의 발생을 예방하기 위하여 범죄자에 대한 극형의 부과가 불가피한 경우 등 매우 예외적인 상황하에서 국가는 생명에 대한 법적인 평가를 통해 특정 개인의 생명권을 제한할 수 있다 할 것이다.

한편, 헌법 제37조 제2항에서는 자유와 권리를 제한하는 경우에도 자유와 권리의 본질적인 내용을 침해할 수 없다고 규정하고 있다. 그런데 생명권의 경우, 다른 일반적인 기본권제한의 구조와는 달리, 생명의 일부 박탈이라는 것은 상정할 수 없기 때문에 생명권에 대한 제한은 필연적으로 생명권의 완전한 박탈을 의미하게 되는바, 이를 이유로 생명권의 제한은 어떠한 상황에서든 곧바로 개인의 생명권의 본질적인 내용을 침해하는 것으로서 기본권제한의 한계를 넘는 것으로 본다면, 이는 생명권을 제한이 불가능한 절대적 기본권으로 인정하는 것과 동일한 결과를 가져오게 된다.

그러나 앞서 본 바와 같이 생명권 역시 그 제한을 정당화할 수 있는 예외적 상황 하에서는 헌법상 그 제한이 허용되는 기본권인 점 및 생명권제한구조의 특수성을 고려한다면, 생명권제한이 정당화될 수 있는 예외적인 경우에는 생명권의 박탈이 초래된다 하더라도 곧바로 기본권의 본질적인 내용을 침해하는 것이라 볼 수는 없다. 따라서 사형이 비례의 원칙에 따라 최소한 동등한 가치가 있는 다른 생명 또는 그에 못지 아니한 공공의 이익을 보호하기 위한 불가피성이 충족되는 예외적인 경우에만 적용됨으로써 생명권의 제한이 정당화될 수 있는 경우에는, 그것이 비록 생명권의 박탈을 초래하는 형벌이라 하더라도 이를 두고 곧바로 생명권이라는 기본권의 본질적인 내용을 침해하는 것이라 볼 수는 없다.

(1) 문제의 제기 : 위 판시가 '논리적으로' 타당하다고 볼 수 있겠는가?

(2) 학설

(가) 절대설 : 기본권에는 어떤 경우에도 침해될 수 없는 불변의 핵심영역이 있고, 이는 기본권에 대한 '제한'이 있은 후에도 반드시 남아 있어야 할 부분이다. → 본질침해금지원칙은 과잉금지원칙과는 별개의 심사기준이 된다.

(나) 상대설 : 기본권의 본질적 내용은 절대적으로 고정되어 있는 것이 아니고, 기본권은 이익형량을 통해 제한될 수 있으며, 이러한 이익형량에 따라 개별 기본권의 본질적 내용이 달라진다고 본다. → 본질침해금지원칙은 과잉금지원칙의 다른 표현에 지나지 않는다.

(다) 유의점 : 다만 절대설과 상대설 중 어느 입장을 취하든, 본질침해로 인정되면 그 자체로 위헌성이 인정되고, 그에 대한 정당화가능성은 배제된다는 점은 동일하다[1]. 본질침해금지원칙이 과잉금지원칙의 이면에 불과하다고 볼지, 아니면 독자적인 심사기준이라고 볼지의 문제일 뿐이다.

### (3) 판례

- 주류적인 판례는 상대설 → 대부분의 사건에서 과잉금지원칙 외에 따로 본질침해금지원칙을 심사하지 않았다[2].
- 이 사건의 경우, '제한은 곧 전면적인 박탈'이라는 생명권의 특성에 따라 본질침해금지원칙의 위배여부를 과잉금지원칙과 별도로 판단하기는 하였으나, 그 실질적인 내용에 있어서는 **상대설**을 취하였다고 보아야 할 것이다.

| 사형이 비례의 원칙에 따라 최소한 동등한 가치가 있는 다른 생명 또는 그에 못지 아니한 공공의 이익을 보호하기 위한 불가피성이 충족되는 예외적인 경우에만 적용됨으로써 생명권의 제한이 정당화될 수 있는 경우에는, 그것이 비록 생명권의 박탈을 초래하는 형벌이라 하더라도 이를 두고 곧바로 생명권이라는 기본권의 본질적인 내용을 침해하는 것이라 볼 수는 없다. |
|---|

1) 이와 관련하여, 대상결정에서 김희옥 재판관은 위헌의견에서 "생명권에 대한 제한은 곧 생명의 박탈을 의미하며, 그것이 생명권의 본질적 내용을 침해하는지 여부는 생명권과 생명권 또는 이에 준하는 중대한 공익이 현재적으로 충돌하여 부득이하게 생명에 대한 법적인 평가가 허용될 수밖에 없는 긴급성과 불가피성이 인정되는 예외적인 상황에 따른 것인지 여부로 판단하여야 할 것"이라고 하여, 생명의 박탈이 있는 경우에도 정당화 가능성이 남는다는 취지의 견해를 표명하였으나, 그와 같이 볼 수 있는지는 의문이다.

2) 이러한 점에서, 판례의 태도가 상대설적이라고 이해하지 않는다면, 대다수의 헌재 결정례는 판단누락이라는 비판을 면하기 어려울 것이다. 결정례에 따라서 명시적으로 절대설적인 입장을 판시한 예도 없지 않아서 혼란스럽기는 하나, 어차피 헌법재판은 단심제여서 그에 불복할 수 있는 구제수단은 없다는 점에서, 결정례의 일관성이 결여되었다고 하여 이를 제도적으로 다툴 수 있는 수단은 존재하지 않는다.

**생각해 볼 점 (2) : 헌법 제37조 제2항은 2개의 명령을 규정하고 있는가?**

(1) 통설은, 헌법 제37조 제2항 안에는 ① (독일 헌법학에서 들여온) 과잉금지원칙과 ② 본질침해금지원칙이라는 2개의 명령이 내포되어 있다고 이해한다. 이에 따르면 "필요한 경우에 한하여"라는 구문으로부터 과잉금지원칙의 내용요소인 방법의 적절성, 침해의 최소성, 법익의 균형성이 도출된다. 이와 같이 2개의 명령이 내포되어 있다는 것을 전제로 하여, ①과 ② 양자의 관계가 문제되고 있는 것이다.

(2) 그러나 私見으로는, 헌법 제37조 제2항은 하나의 명령을 규정하고 있다고 볼 수도 있다고 볼 여지도 충분하다. 즉, ⓐ '어떠한 경우에'라는 측면에서 '국가안전보장/질서유지/공공복리를 위하여', ⓑ '언제'라는 측면에서 '필요한 경우에 한하여', ⓒ '명령의 내용'이라는 측면에서 '제한하되 본질적인 내용은 침해할 수 없다'고 하는 1개의 명령이 규정되어 있다고 볼 수도 있다는 것이다.

이렇게 본다면, ①과 ② 양자의 관계를 논할 실익은 그다지 없게 되고, 양자는 '본질침해금지'라는 하나의 명령으로 수렴한다고 볼 수 있을 것이다. 어차피 상대설적인 태도를 취하고 나면 본질침해금지원칙은 독자적인 의미를 잃어버리게 되는데, 차라리 이를 하나의 명령으로 본다 하더라도 주류 판례의 태도와는 상충하지 않을 것이다. 그럼에도 통설이 위와 같이 이해하고 있는 것은, 독일 기본법의 해석상 인정되는 '과잉금지원칙'이 우리 헌법상으로도 인정된다고 보아야 한다는 생각이 앞서고 나니, 그 문언상의 근거를 "필요한 경우에 한하여"로 볼 수밖에 없는데, 이에 대하여 헌법 제37조 제2항 단서는 '과잉금지원칙'에 내포된다고 보기 곤란하였기 때문이 아닌가 생각된다.

(3) 다만 이와 별개로, 현존하는 헌재 결정례는 일단 ①과 ②를 구별하는 태도를 견지하고 있다는 점을 유의해야 할 것이고, 특히 답안지를 작성해야 하는 학생의 입장에서는 (양자의 관계에 관한 논의를 간략히 언급하는 가운데) 양자의 심사기준을 모두 적용하는 것이 안전한 태도라고 본다.

### (4) 검토(私見)

- 상대설은, 본질침해금지의 독자성을 부인하는 견해이다.
- 즉, 과잉금지원칙에 위배되지 아니하면 본질침해금지원칙에 위배되지 아니한다는 것.
  → 나아가 '과잉금지원칙에 위배되지는 않으나, 본질침해금지원칙에 위배된다'고 보는 경우는 없다는 것이고, 이를 뒤집어 말하면, 본질을 침해한 경우라면 당연히 과잉금지원칙에 위배되는 것이고, 또한 당연히 본질침해원칙 위배를 이유로 위헌으로 된다는 것이다.
- 이에 비추어 보면, 위에서 본 바와 같은 판시, 즉, "비록 생명권의 박탈을 초래하는 형

벌이라 하더라도 이를 두고 곧바로 생명권이라는 기본권의 본질적인 내용을 침해하는 것이라 볼 수는 없다"고 말하는 것은 모순이다. "생명권의 박탈"은 바로 생명권의 본질을 침해하는 것이기 때문이다. 대상결정은 '생명권의 본질을 침해하는 것은 생명권의 본질적 내용을 침해하는 것이 아니다'라고 말하고 있는 것에 다름아니다.

- 이 점을 김종대 재판관이 적절하게 지적하고 있다.

> 생명권의 제한에 대해서도 헌법 제37조 제2항 전단뿐만 아니라 후단의 적용도 배제해서는 안 된다는 입장에서, 전단과 후단을 모두 적용하여 생명권의 제한이 동항 전단의 비례심사를 한 결과 정당하다고 인정되는 경우에는 동항 후단의 본질적 내용의 침해가 없다는 견해[3]도 있을 수 있으나, 그리되면 기본권 제한의 최종적 한계를 규정한 동항 후단이 아무런 의미가 없어지게 되고, 기본권 제한이 본질적 내용에 이르렀으나 본질적 내용의 침해는 아니라는 논리적 모순을 초래하고 만다.

- 다만 김종대 재판관은 여기에서 나아가, 다음과 같은 견해를 취하고 있다.

> 그렇다면 결국 헌법 제37조 제2항 후단은 그 내용이 본질적인 부분과 그렇지 않은 부분의 중층적 구조로 구성된 일반적 기본권의 제한에 관한 규정으로 보아야 하고, 성질상 본질적인 부분과 그렇지 않은 부분이 구별되지 않는 생명권과 같은 경우에는 동항 후단의 적용은 없다고 해석해야 한다. 따라서 생명권의 제한에 관해서는 헌법 제37조 제2항 전단에 따라서 그 제한이 가능하며, 그 제한이 헌법적으로 정당화되는지 여부는 비례의 원칙에 따른 심사를 통해 판단하면 된다고 본다.

그러나 위와 같은 견해에 따른다면, 생명보호 문제를 인간의 존엄 문제나 신체의 자유 문제로 다루면 본질침해의 문제로 되어 위헌으로 판단될 수밖에 없을 것임에도 불구하고, "생명권"을 도출해 내어 위 문제를 생명권의 문제로 다루게 됨으로써 위헌이 아니라고 판단할 수밖에 없게 되는 모순적 상황이 초래된다.

- **개인적으로는 앞서 언급한 바와 같이, 사형제 '일반의' 위헌여부는, "헌법이 사형제를 인정하고 있다"는 논의로 종결되었어야 한다고 본다.** 본질에 관한 문제 / 과잉금지원칙의 문제를 논의할 필요 자체가 없는 것이다.

---

3) 이것이 상대설이다.

- 다시 말하자면, 대상결정은 "아주 특별한 경우에 사형이 허용될 수 있다면, 사형제도 자체가 위헌이라 할 수는 없다"고 보고 있다. 그런데, 헌법이 특별한 경우에 사형이 선고될 수 있음을 이미 시인하고 있는 이상, 사형제 자체의 위헌성 문제는 다 해결된 것이다. 그러면, 남는 문제는 '어떤 범죄에 대하여 사형을 선고할 수 있는가', 가령 '살인에 대하여 사형을 선고하는 것이 헌법에 위반되는가' 하는 개별 범죄에 대한 평가 문제뿐이라고 보아야 할 것이다.

- 오히려 대상결정의 법정의견은 과잉금지 / 본질침해금지의 위배여부 판단에 나아감으로써, 스스로 제시한 문제와도 부합하지 않는 판단을 할 수밖에 없게 되었다. 이는 궁극적으로, 헌재가 '생명권'을 독자적인 기본권으로 인정하였기 때문이라고 본다.
  생명에 관하여는 '있다'와 '없다' 이외의 중간영역이 있을 수 없다는 점에서, '생명권'을 단위 기본권으로 인정하는 이상, 이는 '본질만으로 구성된 권리'일 수밖에 없다. 헌재는 애초에 "헌법 제37조 제2항의 구문상 '제한'될 수 없는 절대적 기본권이라는 것은 인정되지 않는다"는 명제를 대전제로 세우고 있는데, '생명권'은 그 제한이 곧 본질침해가 될 수밖에 없어서 문제인 것이다. 결국 헌재는 '생명권'을 독자적인 기본권으로 인정함으로써, 스스로 세운 대전제에 정면으로 반하는 '절대적 기본권'을 창설해 내었고, 이에 대하여 '본질침해금지원칙'을 적용하려다 보니 논리적으로 모순되는 판시를 할 수밖에 없었던 것이다.
  대전제에 충실하게 '제한될 수 없는 절대적 기본권은 인정되지 않는다'면, '생명권'이라는 "본질로써만 구성되는 권리"라는 것이 애당초 해석상 도출될 수 없다고 보는 것이 타당하다고 본다.

- 결국 대상결정은, '생명권'이라는 기본권을 '인정(창출)'함으로써 일견 국민의 기본권을 보다 더 충실히 보장하는 것과 같은 인상을 주고, 더구나 이를 '기본권 중의 기본권'이라고 칭하고는, 정작 그 제한에 관하여는 "그러나 생명권을 박탈한다 하더라도 이를 두고 본질적 내용의 침해라고는 할 수 없다"고 하거나(다수의견의 경우), 또는 "본질로만 구성된 기본권에 대하여는 본질침해금지원칙이 적용되지 않는다"고 함으로써(김종대 재판관의 경우) 함으로써, 생명권을 독자적인 기본권으로 인정한 의미를 스스로 전면 부정한 셈이다. 이와 같은 모순성은, 후술 「상업광고 사건」에서 표현의 자

유에 대한 심사기준을 두고 헌재가 판시한 바와도 유사하다.

### 생각해 볼 점 (3) : 기본권의 '단위'와 본질침해금지원칙

헌재의 결정례에 따르면, 기본권의 '본질'이라 함은, 자유와 권리의 핵이 되는 실질적 요소 내지 근본요소로서, 만약 이것까지를 제한한다면 자유와 권리 그 자체가 형해화되고 무의미하여지는 경우의 그것이다[4]. 기본권을 제한한다 하더라도 이마저 침해하는 것은 용인되지 않는다는 것이, 본질침해금지원칙의 내용이다. 이러한 본질침해금지원칙과 관련하여, '헌법상 인정되는' 것으로 인정되는 권리를 ① 하나의 단위 기본권으로 볼 것인지, 아니면 ② (다른) 기본권의 한 '내용요소'로 볼 것인지의 문제는 중요한 의미를 가지게 된다.

예컨대, 헌법 제33조에서 말하는 소위 '근로3권'(단결권·단체교섭권 및 단체행동권)에 관하여, ① 위 3권이 하나의 '단위 기본권'이고 단결권, 단체교섭권, 단체행동권은 각각 '근로3권'의 내용요소라고 볼 것인가, 아니면 ② 단결권, 단체교섭권, 단체행동권이 각각 하나씩의 '단위 기본권'이라고 볼 것인가? 이 문제는, 가령 (공무원 또는 주요방위산업체 근로자가 아닌) 특정 집단에 대하여 '단체행동권'을 전면 부정하는 내용의 법률조항의 위헌여부를 판단해야 할 경우에 두드러지게 나타난다. ①의 견해를 취한다면 위 법률조항이 '근로3권'의 본질적인 내용을 침해하는 것은 아니라고 볼 최소한의 여지가 있게 되는 반면, ②의 견해를 취하는 경우에는 단위 기본권인 '단체행동권'을 전면 박탈하는 내용의 입법은 그 본질적인 내용을 침해하지 않는다고 보기는 어렵게 된다. 이 문제가 표면에 드러난 대표적인 예가, 뒤이어 살펴볼 [2. 경비업법 사건]이다.

대상결정으로 돌아와 보면, 우리 헌법상 '생명권'을 독자적인 기본권으로 하는 명문규정은 없다. 따라서 해석하기에 따라서는, 생명권을 '신체의 자유'의 일부, 혹은 '인격권'의 일부로 볼 수도 있을 것이다. 이와 같이 보게 되면, 사형제도가 신체의 자유 또는 인격권의 본질적인 내용을 침해하는지의 여부가 다투어질 만한 여지는 커지게 된다. 반면 '생명권'을 독자적인 단위 기본권으로 보게 되는 경우에는, 생명권을 제한(=박탈)하는 사형제도가 생명권의 본질적인 내용을 '논리적으로' 침해하지 않는다고 보기는 어렵게 되는 것이다.

4) 헌재 1989. 12. 22. 89헌가13; 헌재 1995. 4. 20. 92헌바29 등

## 나. 과잉금지원칙 위배여부

### (1) 목적의 정당성

> 사형은 일반국민에 대한 심리적 위하를 통하여 범죄의 발생을 예방하며 극악한 범죄에 대한 정당한 응보를 통하여 정의를 실현하고, 당해 범죄인의 재범 가능성을 영구히 차단함으로써 사회를 방어하려는 것으로 그 입법목적은 정당하다.

### (2) 방법의 적절성

> 사형은 인간의 죽음에 대한 공포본능을 이용한 가장 냉엄한 궁극의 형벌로서 이를 통한 일반적 범죄예방효과가 있다고 볼 수 있으므로 일반적 범죄예방목적을 달성하기 위한 적합한 수단이라 할 것이다. 또한 잔혹한 방법으로 다수의 인명을 살해하는 등의 극악한 범죄의 경우, 그 법익침해의 정도와 범죄자의 책임의 정도는 가늠할 수 없을만큼 심대하다 할 것이며, 수많은 피해자 가족들의 형언할 수 없는 슬픔과 고통, 분노 및 일반국민이 느낄 불안과 공포, 분노까지 고려한다면, 이러한 극악한 범죄에 대하여는 우리 헌법질서가 허용하는 한도 내에서 그 불법정도와 책임에 상응하는 강력한 처벌을 함이 정의의 실현을 위하여 필수불가결하다 할 것인바, 가장 무거운 형벌인 사형은 이러한 정당한 응보를 통한 정의의 실현을 달성하기 위한 적합한 수단이라 할 것이다.

### (3) 침해의 최소성

> 사형은 무기징역형이나 가석방이 불가능한 종신형보다도 범죄자에 대한 법익침해의 정도가 큰 형벌로서, 인간의 생존본능과 죽음에 대한 근원적인 공포까지 고려하면, 무기징역형 등 자유형보다 더 큰 위하력을 발휘함으로써 가장 강력한 범죄억지력을 가지고 있다고 보아야 하고, 극악한 범죄의 경우에는 무기징역형 등 자유형의 선고만으로는 범죄자의 책임에 미치지 못하게 될 뿐만 아니라 피해자들의 가족 및 일반국민의 정의관념에도 부합하지 못하며, 입법목적의 달성에 있어서 사형과 동일한 효과를 나타내면서도 사형보다 범죄자에 대한 법익침해 정도가 작은 다른 형벌이 명백히 존재한다고 보기 어려우므로 사형제도가 침해최소성원칙에 어긋난다고 할 수 없다.

### (4) 법익의 균형성

> 사형제도에 의하여 달성되는 범죄예방을 통한 무고한 일반국민의 생명 보호 등 중대한 공익의 보호와 정의의 실현 및 사회방위라는 공익은 사형제도로 발생하는 극악한 범죄를 저지른 자의 생명권이라는 사익보다 결코 작다고 볼 수 없을 뿐만 아니라, 다수의 인명을 잔혹하게 살해하는 등의 극악한 범죄에 대하여 한정적으로 부과되는 사형이 그 범죄의 잔혹함에 비하여 과도한 형벌이라고 볼 수 없으므로, 사형제도는 법익균형성원칙에 위배되지 아니한다.

### 생각해 볼 점 (4) : 대상결정에서의 과잉금지심사가 가지는 문제점

(가) '사형제도 일반'에 대한 과잉금지심사가 타당할까?

과잉금지원칙에 기한 심사는 언제나, 기본권의 침해가 문제되는 '특정한(구체적인)' 상황을 그 대상으로 한다. 즉, '특정한' 방법에 의한 기본권 제한보다 덜 침해적인 방법이 있는지를 문제삼고('침해의 최소성'), 그 '특정한' 방법에 의한 기본권 제한으로 인한 공익과 사익의 득실을 비교하는 것이다('법익의 균형성'). 이와 같이, 과잉금지심사는 '특정한 상황에 따른' 비교형량을 그 핵심내용으로 한다.

이는 본질침해금지원칙에 기한 심사와 대조된다. 본질침해금지원칙이 ('상대설'적인 입장과는 달리) 독자적인 내용을 가진다고 볼 경우, 그 '본질'이라는 것은 '특정한' 상황에 기속되지 않는 것이어야 할 것이다. 다시 말하자면 본질침해금지는 '권리 그 자체가' 어떤 공권력 행사/불행사로 인해 형해화되었는지의 여부를 판단하는 것이어야 할 것이고, 이는 어떤 '특정한' 극한상황을 상정한다고 하여 판단결과가 달라지지 않아야 함을 의미하며, 그래야 그 권리의 '본질'이라고 볼 수 있을 것이다. 이러한 사고구조를 근저에서 무너뜨린 것, 즉 "공익이 어마어마하게 큰 경우에는 생명을 박탈하더라도 생명권의 본질을 침해했다고 볼 수 없다"고 판시한 것에, 대상결정의 큰 의미를 부여할 수도 있다. 그리고 이것이, 애초에 '생명권'을 단위 기본권으로 인정했기 때문이라고 본다는 점은, 앞서 살펴본 바와 같다.

다시 과잉금지심사로 돌아가서, 대상결정은 (형법 제41조 제1호에 의하여 규정되었다고 보는)'사형제도 일반'이 과잉금지원칙에 위반되는지의 여부를 판단하고 있으나, 이는 절도범/살인범/집단학살범 등의 '특정한(구체적인)' 상황을 전혀 전제하고 있지 않다. 이러한 경우, 결국은 생각할 수 있는 가장 극단적인 상황을 상정하여 합헌으로 결론을 내릴 수밖에는 없게 되고, 실제로 헌재는 그와 같이 판시하였다[5]. 이는 "사형을 과하는 것이 지나치지 않은 상황에서 사형을 과하는 것은 지나치지 않다"는 동어반복에 불과할 수밖에 없다.

가령 '테러범을 저격하는 것이 헌법적으로 허용되는가'의 문제는, 적어도 테러범이 양민을 살해하도록 방임할 것인지, 아니면 테러범을 사살 내지 저격할지 등의 '특정한(구체적인)' 상황에서 그를 저격하는 것이 정당화될 수 있는지의 문제이다. 이러한 문제와 '사형제도 일반이 과잉금지원칙에 위배되는가'의 문제는, 이미 같은 평면에 놓고 논할 수 없다고 본다.

(나) '생명권'을 제한하는 입법에 대한 과잉금지심사의 문제점

① 생명권을 사형제도로써 제한(=박탈)하는 목적 중 주된 하나는, 일반예방이다. 그러나 그 자체가, '인간을 항상 수단이 아닌 목적으로서만 대하라'는 명제와 양립할 수 있는가?

② 과잉금지원칙은 언제나 '덜 침해적인' 방법이 있는지를 문제삼으나, 헌재가 뜻한 바대로의 생명권을 '제한하면서도 덜 침해할' 방법이라는 것이 있을 수 있는가? 제한하거나 제한하지 않을 수 있을 뿐, 그 사이의 영역은 없다.

③ 생명권이 제한(=박탈)됨으로 인해, 개인으로서는 '우주보다 더 중요한 내 생명'을 잃게 된다. 이보다 더 중요한 공익이라는 것이 있을 수 있을까?

## 4. 인간의 존엄과 가치를 규정한 헌법 제10조에 위배되는지 여부

사형제도가 인간존엄성의 활력적인 기초를 의미하는 생명권 제한에 있어서 헌법 제37조 제2항에 의한 헌법적 한계를 일탈하였다고 볼 수 없는 이상, 사형제도가 범죄자의 생명권 박탈을 내용으로 한다는 이유만으로 곧바로 인간의 존엄과 가치를 규정한 일반조항인 헌법 제10조에 위배되어 위헌이라고 할 수는 없다.

## 5. 소결론 : 형법 제41조 제1호가 규정한 사형제도 자체는 헌법에 위반되지 아니한다.

# III. 형법 제41조 제2호, 제42조 중 각 '무기징역' 부분의 위헌 여부

절대적 종신형제도는 사형제도와는 또 다른 위헌성 문제를 야기할 수 있고, 현행 형사법령 하에서도 가석방제도의 운영 여하에 따라 사회로부터의 영구적 격리가 가능한 절대적 종신형과 상대적 종신형의 각 취지를 살릴 수 있다는 점 등을 고려하면, 현행 무기징역형제도가 상대적 종신형 외에 절대적 종신형을 따로 두고 있지 않은 것이 형벌체계상 정당성과 균형을 상실하여 헌법 제11조의 평등원칙에 반한다거나 형벌이 죄질과 책임에 상응하도록 비례성을 갖추어야 한다는 책임원칙에 반한다고 단정하기 어렵다.

- 이 부분의 위헌여부가 다투어지는 것은, 위 각 '무기징역' 부분이 그 자체로 위헌무효로 되어야 한다는 취지가 아니라, '가석방이 불가능한 무기징역'을 법제화하지 않고 '가석방이 가능한 무기징역'만을 둔 것이 위헌이라는 취지이다. 즉, 부진정입법부작위가 있다고 볼지의 여부 문제이다.
- 현행법에 의하더라도 '가석방'을 '할 수 있을' 뿐이다. 따라서 문제되는 상황은, 법 자체에 위헌성이 있어서 불가피하게 대두되는 것이 아니라, 법집행의 문제로 교정할 수 있는 것이다.
- 결국 가석방의 문제에 대하여, 법원이 관여할 수 없는 것이 문제라는 것이 위헌이유의

5) "사형제도 자체가 위헌이라고 선언되려면, 잔혹한 방법으로 수많은 인명을 살해한 연쇄살인범이나 테러범, 대량학살을 주도한 자, 계획적이고 조직적으로 타인의 생명을 박탈한 살인범 등 타인의 생명을 박탈한 범죄 중에서도 극악한 범죄 및 이에 준하는 범죄에 대한 어떠한 사형 선고조차도 모두 헌법에 위반된다고 인정할 수 있어야 한다"

요체라고 보아야 할 것이다. 즉, "법원은 형의 선고시에 가석방을 금지할 수 있다."라는 조문이 따로 없다는 점에서 대상규정이 위헌이라는 것.

- 그러나, 그 문제를 꼭 법원이 결정하여야 한다는 헌법적 근거는 약하다고 보아야 할 것이다.

## IV. 형법 제250조 제1항 중 '사형, 무기의 징역에 처한다' 부분의 위헌 여부

형법 제250조 제1항이 규정하고 있는 살인의 죄는 인간 생명을 부정하는 범죄행위의 전형이고, 이러한 범죄에는 그 행위의 태양이나 결과의 중대성으로 미루어 보아 반인륜적 범죄라고 규정지워질 수 있는 극악한 유형의 것들도 포함되어 있을 수 있는 것이다. 따라서 사형이나 무기징역을 형벌의 한 종류로서 합헌이라고 보는 한 그와 같이 타인의 생명을 부정하는 범죄행위에 대하여 5년 이상의 징역 외에 행위자의 생명을 부정하는 사형이나 행위자를 영구히 사회에서 격리하는 무기징역을 그 불법효과의 하나로서 규정한 것은 행위자의 생명과 그 가치가 동일한 하나의 혹은 다수의 생명을 보호하기 위하여 필요한 수단의 선택이라고 볼 수밖에 없으므로 이를 가리켜 비례의 원칙이나 평등의 원칙에 반한다고 할 수 없어 헌법에 위반되는 것이 아니다.

- 이 부분의 위헌성을 다툴 만한 쟁점은, 사형이 선고될 수 있는 요건을 보다 더 세분화할 필요는 없을까 하는 데 있을 것이다. 즉, 사형이 선고될 수 있는 영역이 지나치게 넓은 것이라 할 수는 없을까 하는 것. 이를 판단하는 데 있어서는, 법원에 대한 신뢰의 양이 문제될 것이다.

## V. 구 성폭력법 제10조 제1항 중 '사형 또는 무기징역에 처한다.'는 부분의 위헌 여부

<u>살인의 죄는 인간생명을 부정하는 범죄행위의 전형이고 그 행위의 태양이나 결과의 중대성으로 미루어 보아 반인륜적 범죄라고 규정지워질 수 있는 극악한 유형의 것들도 포함되어 있을 수 있는 것이다. 그와 아울러 강간, 강제추행 등의 성폭력범죄가 미치는 법익침해의 중대성, 일단 침해되면 회복될 수 없는 법익의 특성 등을 고려할 때, 사형, 무기징역을 형벌의 한 종류로서 합헌이라고 보는 이상 성폭력범죄자가 타인의 생명까지 침해한 행위에 대하여 행위자의 생명을</u>

부정하는 사형이나 무기징역을 그 불법효과의 하나로서 규정한 것은 행위자의 생명과 그 가치가 동일한 하나의 혹은 다수의 생명과 타인의 성적자기결정의 자유를 보호하기 위하여 필요한 수단의 선택이라고 볼 수 있고, 살인죄에 비하여 성폭력범죄로 인해 발생하는 개인의 성적자유침해라는 추가적 법익침해를 감안할 때 일반 살인죄의 법정형에서 5년 이상의 유기징역을 제외하는 것을 가리켜 비례의 원칙이나 평등의 원칙에 반한다고 할 수도 없으므로 헌법에 위반된다고 볼 수 없다.

- 사형, 또는 무기징역으로'만' 처벌하는 것이 지나치게 무거운 것은 아닌지가 문제된다.

## VI. 결론(주문)

1. 형법(1953. 9. 18. 법률 제293호로 제정된 것) 제41조 제1호, 제41조 제2호 및 제42조 중 각 '무기징역' 부분, 제250조 제1항 중 '사형, 무기의 징역에 처한다.'는 부분, 구 '성폭력범죄의 처벌 및 피해자보호 등에 관한 법률'(1997. 8. 22. 법률 제5343호로 개정되고 2008. 6. 13. 법률 제9110호로 개정되기 전의 것) 제10조 제1항 중 '사형 또는 무기징역에 처한다.'는 부분은 각 헌법에 위반되지 아니한다.
2. 형법(1953. 9. 18. 법률 제293호로 제정된 것) 제72조 제1항 중 '무기징역' 부분에 대한 위헌법률심판제청을 각하한다.

## 2. 경비업법 사건

**경비업법 제15조 제3항 등 위헌확인**
**헌재 2009. 10. 29. 2007헌마1359 판례집 21-2, 304**

(1) 청구인은 인천국제공항 내의 경비업체인 ○○코리아 소속 특수경비원들로 구성된 노동조합인 '인천공항 보안검색 노동조합'의 조합원이자 위 ○○코리아에 고용되어 인천공항에서 근무하는 특수경비원이다.

(2) 그런데 경비업법은 제15조 제3항에서 "특수경비원은 파업 · 태업 그 밖에 경비업무의 정상적인 운영을 저해하는 **일체의 쟁의행위**를 하여서는 아니된다."고 규정하고, 제28조 제4항 제2호에서는 이를 위반한 경우 1년 이하의 징역 또는 1천만 원 이하의 벌금에 처하도록 규정하고 있다.

(3) 이에 청구인은 위 법률조항들이 청구인의 행복추구권, 평등권, 집회결사의 자유 및 단체행동권을 침해하여 헌법에 위반된다고 주장하면서 2007. 11. 29. 이 사건 헌법소원심판을 청구하였다.

**[법률조항]**

경비업법(2001. 4. 7. 법률 제6467호로 개정된 것) 제15조(특수경비원의 의무) ③ 특수경비원은 파업 · 태업 그 밖에 경비업무의 정상적인 운영을 저해하는 일체의 쟁의행위를 하여서는 아니된다.

제28조(벌칙) ④ 다음 각 호의 1에 해당하는 자는 1년 이하의 징역 또는 1천만 원 이하의 벌금에 처한다.

2. 제15조 제3항의 규정에 위반하여 쟁의행위를 한 특수경비원

## Ⅰ. 적법요건

- 헌재법 제68조 제1항에 의한 헌법소원심판청구의 적법요건 : ① 청구인의 기본권주체성, ② 심판대상의 공권력행사성, ③ 법적 관련성(자기관련성, 직접성, 현재성), ④ 보충성, ⑤ 권리보호이익, ⑥ 변호사강제주의, ⑦ 청구기간

### 1. 경비업법 제28조 제4항 제2호에 대한 심판청구 : 직접성 없음 → 부적법

> 가. 벌칙조항에 대한 직접성 일반론
> 벌칙·과태료 조항의 전제가 되는 구성요건조항이 별도로 규정되어 있는 경우에, 벌칙·과태료 조항에 대하여는 **청구인들이 그 법정형이 체계정당성에 어긋난다거나 과다하다는 등 그 자체가 위헌임을 주장하지 않는 한** 직접성을 인정할 수 없다(헌재 2008. 11. 27. 2007헌마860, 판례집 20-2하, 447, 457-458 ; 헌재 2006. 6. 29. 2005헌마165 등, 판례집 18-1하, 337, 382).
>
> 나. 위 조항의 직접성 구비 여부
> 그런데 이 사건 심판대상조항들 중 경비업법 제28조 제4항 제2호는 그 전제인 행위금지조항(제15조 제3항)이 따로 있고 이를 위반하는 경우에 벌칙을 부과하는 벌칙조항인데 청구인은 위 벌칙조항의 법정형이 체계정당성에 어긋난다거나 과다하다는 등 그 자체의 고유한 위헌성을 다투는 것이 아니라 전제되는 행위금지조항이 위헌이어서 그 제재조항도 당연히 위헌이라는 취지로 주장하는 것이므로 위 벌칙조항은 기본권침해의 직접성이 인정되지 아니한다.

- '금지규정'과 '처벌규정' 모두를 대상으로 심판을 청구하는 경우에, 헌재법 제68조 제1항에 의한 헌법소원의 경우에는 이와 같이 처벌규정의 '직접성'이 부정되는 반면에, 위헌법률심판이나 헌재법 제68조 제2항에 의한 헌법소원의 경우에는 양자 모두에 대하여 재판전제성이 인정될 수도 있다는 점을 유의.

### 2. 경비업법 제15조 제3항에 대한 심판청구 : 별다른 적법요건 흠결 없음 → 적법

## II. 경비업법 제15조 제3항의 위헌여부

### 1. 본질침해원칙의 위배여부

#### 가. 문제의 소재

- 경비업법 제15조 제3항은 특수경비원에 대하여 '파업 · 태업 그 밖에 경비업무의 정상적인 운영을 저해하는 일체의 쟁의행위'를 금하고 있다. 여기에서, 다음과 같은 점들이 차례로 문제된다.

(1) 근로3권은 하나의 단위 기본권(말하자면 '근로권')인가, 3개의 독자적인 단위 기본권을 총칭하는 개념인가?

만약 근로3권이 하나의 단위 기본권이라는 입장에 선다면, 그 중 일부인 단결권/단체교섭권/단체행동권 중 어느 하나가 전면적으로 부인되거나 그 어느 하나의 본질이 침해되는 경우라 하더라도, 필연적으로 본질침해금지원칙에 따른 심사를 해야 하는 것은 아니고, '근로3권 전체의 제한'에 대한 과잉금지심사로 족하다는 논리가 설 수 있게 된다(뒤에서 보듯이, 다수의견의 태도가 이와 결과적으로 유사하다).

(2) 단체행동권과 쟁의권과의 관계(① 단체행동권 〉 쟁의권[6] 또는 ② 단체행동권 = 쟁의권)

단체행동권이 바로 쟁의권을 의미하는 것이라면, 쟁의권을 부인하는 것은 곧 헌법상의 단체행동권 자체를 부인하는 것이 되므로, 곧바로 위헌이 된다. 반면 쟁의권이 단체행동권의 일부일 뿐이라고 한다면[7], 쟁의권을 부인한다고 하여 바로 헌법상의 단체행동권 자체를 부인하는 것으로 되는 것은 아니게 된다. 다만 이 경우에도, 본질침해금지원칙에 위반되는지의 여부는 문제된다.

6) 여기서의 '쟁의권'은, "업무의 정상적인 운영을 저해하는" 쟁의권이라는 의미로 쓴다.

7) 이는 단체행동권 안에는 쟁의권 외에도 다른 내용이 들어있다는 것으로서, 예컨대 업무시간 외의 피케팅 등도 단체행동권의 행사에 해당한다는 것이다.

## 나. 다수의견(6인)

> 나. 제한되는 기본권과 성격
> (중략) 청구인은 경비업법 제15조 제3항(이하 "이 사건 법률조항"이라 한다)으로 인하여 행복추구권, 평등권, 집회결사의 자유 및 단체행동권을 침해받았다고 주장하나 이 사건 법률조항과 가장 밀접하게 관련되고 가장 침해의 정도가 큰 기본권은 근로3권의 하나인 단체행동권이므로 이에 한정하여 판단하기로 한다. (중략)
> 다. 헌법 제37조 제2항에 의한 단체행동권의 제한가능성
> 헌법 제33조 제1항에서는 근로자의 단결권·단체교섭권 및 단체행동권을 보장하고 있는바, 현행헌법에서 공무원 및 법률이 정하는 주요방위산업체에 종사하는 근로자와는 달리 특수경비원에 대해서는 단체행동권 등 근로3권의 제한에 관한 개별적 제한규정을 두고 있지 않다고 하더라도, 헌법 제37조 제2항의 일반유보조항에 따른 기본권제한의 원칙에 의하여 특수경비원의 근로3권 중 하나인 단체행동권을 제한할 수 있음은 의문의 여지가 없는 것이다 (헌재 1996. 12. 26. 90헌바19, 판례집 8-2, 729, 768-769 참조).
> 따라서 이 사건에서는 국가에 대한 관계에서 자유권적 측면으로서의 근로3권 중 단체행동권의 제한에 해당하는 이 사건 법률조항의 규정내용, 즉 '파업·태업 그 밖에 경비업무의 정상적인 운영을 저해하는 일체의 쟁의행위의 금지'가 기본권제한입법의 한계조항인 헌법 제37조 제2항의 과잉금지원칙에 위반되는지 여부가 문제된다.
> 이에 대하여 이 사건 법률조항은 헌법이 인정한 일반근로자의 단체행동권을 전면적으로 박탈하고 있으므로 헌법 제33조 제1항 자체에 위반된다는 반대견해가 있다. 그러나 이 사건 법률조항에 의한 쟁의행위의 금지는, 특수경비원에게 보장되는 근로3권 중 단체행동권의 제한에 관한 법률조항에 해당하는 것으로서, 헌법 제37조 제2항의 과잉금지원칙에 위반되는지 여부가 문제될 뿐이지, 그 자체로 근로3권의 보장에 관한 헌법 제33조 제1항에 위배된다고 볼 수는 없는 것이다. 특히 반대견해에서는 헌법 제33조 제2항과 제3항의 규정에서 '공무원'과 '주요방위산업체에 종사하는 근로자'에 대해서만 특별히 유보조항을 두고 있는 점을 근거로 제시하고 있으나, 앞서 언급한 바와 같이 이 사건 법률조항에 의한 단체행동권의 제한은 헌법 제33조 제2항과 제3항의 개별유보조항에 의한 것이 아니라 헌법 제37조 제2항의 일반유보조항에 의한 것인만큼, 헌법 제33조 제2항과 제3항으로부터 이 사건 법률조항이 헌법 제33조 제1항에 위배된다는 결론은 도출될 수 없는 것이다.

- 다수의견의 판시를 문언적으로 보면, (가) 제한되는 기본권은 '근로3권의 하나인 단체행동권'이라 하고, (나) 이 사건 법률조항은 단체행동권 중 일부인 '파업·태업 그 밖에 경비업무의 정상적인 운영을 저해하는 일체의 쟁의행위'를 금지함으로써 단체행동권을 '제한'하는 것이라고 한다. 이를 위 쟁점에 비추어 보면, 다수의견이 '단체행동권 > 쟁의권'이라고 보는 점은 분명하다.
- 다만, 다수의견이 단위 기본권을 '근로3권'으로 보는지 '단체행동권'으로 보는지가 반

드시 명확하지는 않다. 그러나 다수의견은, (i) 본질침해원칙의 위배여부에 관하여는 전혀 판단하지 않은 채로[8] 과잉금지원칙 위배여부를 심사하고 있을 뿐 아니라, (ii) 제한되는 기본권이 '단체행동권'뿐이라고 하면서도 과잉금지심사에 나아가서는 후술과 같이 "특수경비원에게 근로3권 즉 단결권, 단체교섭권, 단체행동권 모두를 인정하여야 한다고 보기는 어렵고, 적어도 특수경비원에 대하여 단결권, 단체교섭권에 대한 제한은 전혀 두지 아니하면서 단체행동권 중 '경비업무의 정상적인 운영을 저해하는 일체의 쟁위행위'만을 금지하는 것은 입법목적 달성에 필요불가결한 최소한의 수단"이라고 판시하고 있다.

- 이런 점들에 비추어 볼 때, 다수의견이 적어도 결과적으로는 '근로3권'을 1개의 단위 기본권으로 보는 입장과 다를 바 없다.

### 다. 재판관 조대현의 반대의견

| 단결권·단체교섭권 및 단체행동권은 모두 근로자의 근로조건의 향상을 위하여 인정되는 기본권이지만, 3개의 권리가 각자 독립된 기본권이므로 어느 하나의 권리, 예컨대 단체행동권에 대해서만 본질적인 내용을 침해하는 경우에도 헌법 제37조 제2항에 위반된다.<br>근로자의 단체행동권은 업무에 지장을 주는 단체행동(쟁의행위)과 업무에 지장을 주지 않는 단체행동을 모두 보호하는 것이다. 이 사건 법률조항은 파업·태업 기타 경비업무의 정상적인 운영을 저해하는 일체의 쟁의행위만 금지하고 경비업무의 정상적인 운영을 저해하지 않는 단체행동권은 금지하지 않고 있으므로, 특수경비원의 **단체행동권을 전면적으로 부정하는 것은 아니라고 할 수 있다**.<br>그러나 헌법 제33조가 근로자의 단체행동권을 기본권으로 보장하는 이유는 근로조건의 향상을 위한 것이므로, 파업·태업 기타 사용자의 업무에 지장을 주는 단체행동권(쟁의행위권)을 보장하지 않으면 근로자의 단체행동권은 유명무실하게 되어 기본권으로 보장한 취지를 구현하지 못하게 된다. 따라서 이 사건 법률조항이 경비업무의 정상적인 운영을 저해하는 쟁의행위를 금지하는 것은 특수경비원의 **단체행동권의 본질적인 내용을 침해하는 것**이라고 봄이 상당하다. |
|---|

- 이 의견은, ① 근로3권은 3개의 독자적인 단위 기본권이고, ② 한편 단체행동권 > 쟁의권이며, 이 사건 법률조항은 헌법 제37조 제2항의 본질침해금지원칙에 위배되기 때

8) 특히 다수의견은, '경비업무의 정상적인 운영을 저해하는 일체의 행위'를 금지하는 것이 단체행동권을 전면부정하는 것이거나(조대현 재판관의 의견) 적어도 단체행동권의 본질을 침해하는 것인지(김종대, 송두환 재판관의 의견)에 관하여는 아무런 답변도 없이, 그저 "근로3권의 하나인 단체행동권을 '제한'한 것"이라고만 판단하고 있다는 점이 문제이다.

문에 위헌이라는 것이다.

- 만약 '단체행동권 = 쟁의권'이라는 견해를 취하게 되면, 본질침해금지원칙에 위배되기 때문에 위헌이라는 논지가 보다 더 강해질 것이다.

## 라. 재판관 김종대, 송두환의 반대의견

가. 헌법상 보장된 독립된 기본권으로서의 '단체행동권'

(1) 단체행동권이라 함은 노동쟁의가 발생한 경우 쟁의행위를 할 수 있는 쟁의권을 의미하며, 이는 근로자가 그의 주장을 관철하기 위하여 **업무의 정상적인 운영을 저해하는** 행위를 할 수 있는 권리를 말한다(헌재 1993. 3. 11. 88헌마5, 판례집 5-1, 59, 71 ; 헌재 1998. 7. 16. 97헌바23, 판례집 10-2, 243, 253 ; 헌재 2008. 12. 26. 2005헌마971, 판례집 20-2하, 666, 693 참조).

다수의견은, 명시적으로 표현하고 있지는 않지만, 헌법 제33조상 단체행동권은 독립적인 기본권이 아니므로 이 사건 법률조항과 같이 일체의 쟁의행위를 금지하는 입법은 단체행동권이라는 기본권을 전면적으로 '박탈'하는 것이 아니라 근로3권의 일부를 '제한'하는 것으로 보고 있는 것으로 보인다. 그러나 이와 같은 취지의 해석은 우리 헌법이 단결권, 단체교섭권, 단체행동권을 근로3권이란 하나의 묶음으로 표현하지 아니하고 각각을 독자적 기본권으로서 나누어 개별적으로 규정하고 있는 취지에 반하는 것으로 허용될 수 없다고 본다.

(2) (중략) 근로3권은 서로 긴밀한 유기적인 연관성을 갖고 있긴 하지만, 단결권, 단체교섭권, 단체행동권을 각각 명기해서 보장하고 있는 현행헌법상 이들 권리는 개개의 기본권으로서의 독자성을 갖고 있다고 봄이 타당하다. 이들 세 권리를 오로지 일체(一體)의 기본권의 세 기능쯤으로 파악하는 것은, 헌법 제33조 제1항 및 제2항에서 세 개의 권리를 명시적으로 규정하고, 제3항에서 주요방위산업체에 종사하는 근로자의 '단체행동권'을 별도의 제한 내지 금지 대상으로 규율하고 있는 우리 헌법의 태도와 맞지 아니한다.

(3) 나아가 단결권, 단체교섭권, 단체행동권의 독자성을 부정하는 견해는 우리 재판소의 그간의 실무례와도 맞지 않는다. (중략)

나. 일반근로자에 대한 단체행동권 '박탈'의 위헌성

(1) 헌법이 구체적으로 보장하는 독립된 기본권을 헌법하위규범인 법률이 이를 없앨 수는 없다. 법률은 헌법상 기본권을 일정 한도에서 제한할 수는 있어도(헌법 제37조 제2항) 전면적 박탈을 할 수는 없다. 앞에서 본 것처럼 헌법 제33조 제1항상의 단결권, 단체교섭권, 단체행동권에 대해 각각 독립한 기본권으로서의 독자성을 인정할 경우, 이 사건 법률조항은 헌법이 인정한 일반근로자의 **단체행동권을 전면적으로 '박탈'하고 있는 것**인바, 이는 우리 헌법의 근로3권 보장 연혁 및 규정 문언에 비추어볼 때 헌법 제33조 제1항 자체에 위반됨을 면할 수 없다고 본다.

(2) 우리 헌법 제33조 제1항은 단결권·단체교섭권 및 단체행동권의 주체를 '근로자'로 규정하면서 별다른 단서를 두고 있지 않고, 다만, "공무원인 근로자"는 법률이 정하는 자에 한하여 단결권·단체교섭권 및 단체행동권을 가지고(제2항), "법률이 정하는 주요방위산업체에 종사하는 근로자"의 단체행동권은 법률이 정하는 바에 의하여 이를 제한하거나 인정하지 아니할 수 있다(제33조 제3항)고 규정하고 있다. 그렇다면 근로3권에 관한 헌법 제33조에 대한 체계적 해석상, 헌법이 특별히 개별적 유보조항을 두고 있는 '공무원'과 '주요방위산업체에 종사하는 근로자'가 아닌 '일반근로자'의 경우에 단체행동권을 전면적으로 금지하는 '법률'은 현행헌법상 허용될 수 없다고 보아야 할 것이다(헌재 1996. 12. 26. 90헌바19 등, 판례집 8-2, 729, 773, 재판관 5인의 위헌의견 참조).

이는 무엇보다 일반근로자의 '단체행동권'과 관련하여 현행헌법이, "근로자는 근로조건의 향상을 위하여 자주적인 단결권·단체교섭권 및 단체행동권을 가진다. 다만, 단체행동권의 행사는 법률이 정하는 바에 의한다."고 규정하고 있던 구 헌법(1980. 10. 27. 제8차 개정헌법, 제31조 제1항)의 틀을 버리고, 헌법 제33조 제1항에는 아무런 유보를 두지 않고 다만 제2항과 제3항에 '공무원'과 '주요방위산업체에 종사하는 근로자'에 대해서만 특별히 유보 조항을 둔 개정 취지에도 부합한다.

만약 … 일반근로자의 경우에도 '공무원'이나 '주요방위산업체에 종사하는 근로자'와 같이 법률로써 단체행동권을 전면적으로 금지, 즉 박탈하는 것이 가능하다고 한다면, 이는 헌법조문에 나타난 헌법개정권력자의 객관적 의사나 개별 기본권규정들에 나타나고 있는 기본권제한의 분화된 체계를 무시하는 부당한 해석이다(헌재 1996. 12. 26. 90헌바19등, 판례집 8-2, 729, 774, 재판관 5인의 위헌의견 참조). 그러한 해석이 가능하다면 헌법 스스로 공무원인 근로자 및 주요방위산업체에 종사하는 근로자의 근로3권과 관련하여 특별한 규정을 두어야 할 이유가 없어지게 되고 종국에는 헌법해석에 의해 헌법훼손이 초래되고 만다. (중략)

다. 본질적 내용 침해금지원칙 내지 과잉금지원칙 위배 문제

(1) <u>설령 단체행동권을 하나의 독립된 기본권으로 인정하지 아니하고 근로3권을 일체성을 가진 하나의 기본권으로 파악하여 특**수경비원의 단체행동권에 대한 전면적인 금지를 근로3권의 일부제한으로 해석하는 것이 가능하다고 할지라도**, 일반근로자의 단체행동권을 전면적으로 금지하는 것은 헌법 제37조 제2항이 금지하고 있는 기본권의 본질적 내용 침해에 해당하는 것으로 볼 것이다</u>.

우리 헌법이 근로3권을 보장하는 취지는 노동관계당사자가 상반된 이해관계로 말미암아 계급적 대립·적대의 관계로 나아가지 않고 활동과정에서 서로 기능을 나누어 가진 대등한 교섭주체의 관계로 발전하게 하여 분쟁을 평화적으로 해결하게 함으로써, 종국적으로는 근로자의 이익과 지위의 향상을 도모하는 사회복지국가 건설의 과제를 달성하고자 함에 있다 할 것이고(헌재 1990. 1. 15. 89헌가103, 판례집 2, 4, 13-14 ; 헌재 1993. 3. 11. 92헌바33, 판례집 5-1, 29, 40 ; 헌재 1998. 7. 16. 97헌바23, 판례집 10-2, 243, 253 참조), 근로자의 단체행동권이 전제되지 않은 단체결성이나 단체교섭이란 무력한 것이

어서 단체결성이나 단체교섭권만으로는 노사관계의 실질적 대등성이 확보될 수 없다고 볼 것이므로(헌재 1996. 12. 26. 90헌바19등, 판례집 8-2, 729, 772, 재판관 5인의 위헌의견 참조), 이 사건 법률조항이 일반근로자인 특수경비원의 쟁의권을 박탈한 것은 이와 같이 노사관계의 실질적 대등성을 확보하는 데에 필수적인 전제이자 중핵적인 권리라 할 수 있는 단체행동권을 전면적으로 부인한 것으로 헌법상 근로3권의 본질적인 내용을 침해한 것이라 하지 않을 수 없다.

여기서, **단체행동권의 독자성 인정 여부를 불문하고**, 이 사건 법률조항의 본질적 내용 침해금지 문제와 관련하여 덧붙여 지적해 둘 것은, 단체행동권의 개념과 관련하여 쟁의권뿐만 아니라 조합활동권도 단체행동권에 포함된다는 견해(대법원 1990. 5. 15. 선고 90도357 판결 ; 대법원 1990. 9. 28. 선고 90도602 판결 참조)도 있는바, 이러한 입장에서 이 사건 법률조항의 위헌여부를 판단하여 본다고 하더라도, 헌법상 단체행동권 보장의 연혁 및 취지에 비추어볼 때 **쟁의권이 헌법상 단체행동권의 핵심적 부분임**은 부인할 수 없을 것이므로, 이 사건 법률조항은 기본권의 본질적인 내용의 침해를 금지하고 있는 헌법 제37조 제2항에 위반되는 것으로 볼 것이라는 점이다. (중략)

라. 결 론

헌법해석은 현실과 관련을 맺고 또 현실에 뿌리를 두어야 한다는 점에서 특수경비원에 관한 법규정의 위헌여부를 판단함에 있어 특수경비원이 수행하는 업무의 공공성은 결코 경시될 수 없는 중요한 요소임에 틀림없다. 그러나 근로3권에 관한 헌법규정은 노동관계법의 기본방향을 제시함과 동시에 노동현실을 규정하고 있는 최고규범이라는 점 역시 결코 간과되어서는 안 된다. 법률이 형성하는 현실을 지나치게 강조해 두둔하는 견해는 궁극적으로 실정 헌법에 반하는 현실을 정당화해 헌법의 실효성을 포기할 위험성을 내포하고 있음에 유의할 필요가 있다(헌재 1996. 12. 26. 90헌바19등, 판례집 8-2, 729, 775, 재판관 5인의 위헌의견 참조).

근로자의 생활보장을 위하여 우리 헌법이 보장하고 있는 것은 '근로3권'이라는 하나의 기본권이 아니라 '단결권', '단체교섭권' 및 '단체행동권'이라는 세 개의 노동기본권이다. 따라서 일반근로자인 특수경비원의 쟁의행위를 전면적으로 금지하고 있는 이 사건 법률조항은 헌법이 보장하고 있는 독립된 기본권인 단체행동권을 전면박탈하는 것으로 헌법 제33조 제1항에 위반된다. 가사 단체행동권을 하나의 독립된 기본권으로 인정하지 아니하고 근로3권이란 하나의 기본권의 부분적 기능으로 파악하여 일반근로자에 대한 단체행동권의 전면적인 금지를 근로3권의 일부제한으로 해석하는 것이 가능하다고 할지라도, 이 사건 법률조항은 헌법 제37조 제2항이 정한 본질적 내용 침해금지원칙 내지 과잉금지원칙에 위반된다고 볼 것이다.

- 이 의견은, 다음과 같이 정리된다.

  (1) ① 근로3권은 3개의 독자적인 단위 기본권이고, ② 단체행동권 = 쟁의권이다.

따라서, 이 사건 법률조항은 청구인의 단체행동권을 전면적으로 박탈하는 것으로서, 헌법 제33조 제1항(일반 근로자에 대하여 단체행동권을 전면적으로 금지하는 '법률'은 허용될 수 없다)에 위배된다.

(2) 설사 ① '근로3권'이 1개의 단위 기본권이라고 본다 하더라도(이 경우 ② '단체행동권 = 쟁의권임을 전제), 단체행동권의 전면박탈은 그 자체로서 본질침해금지원칙(헌법 제37조 제2항)에 위배된다.

(3) 설사 ② '단체행동권 > 쟁의권'으로 본다 하더라도(이 경우 ① 단위 기본권이 어느 것인지는 불문), 쟁의권은 단체행동권의 핵심부분이므로, 쟁의권의 전면박탈은 그 자체로서 본질침해금지원칙(헌법 제37조 제2항)에 위배된다.

## 마. 검토

- 이상의 견해들을 비교하여 보면, ① '근로3권'을 1개 또는 3개의 단위 기본권으로 보는 여하, 그리고 ② 단체행동권과 쟁의권의 관계 여하에 따라 위헌성을 주장하는 강도가 달라짐을 알 수 있다.

| | | |
|---|---|---|
| 위헌성 大 | ① 3개의 단위 기본권 + ② (단체행동권 = 쟁의권) | : 김종대, 송두환 재판관 의견 |
| ↑ | ① 3개의 단위 기본권 + ② (단체행동권 〉 쟁의권)[9] | : 조대현 재판관 의견 |
| ↓ | ① 1개의 단위 기본권 + ② (단체행동권 = 쟁의권) | |
| 위헌성 小 | ① 1개의 단위 기본권 + ② (단체행동권 〉 쟁의권) | : 다수의견과 결과적으로 유사 |

## 2. 과잉금지원칙 위배여부 : 다수의견[10]

(다수의견의 요지)

이 사건 법률조항은 특수경비원들이 관리하는 국가 중요시설의 안전을 도모하고 방호혼란을 방지하려고 하는 것이므로 그 **목적의 정당성**을 인정할 수 있고, 특수경비원의 쟁의행위를 금지함으로써 위와 같은 입법목적에 기여할 수 있다 할 것이므로 **수단의 적합성**도 인정할 수 있다.

특수경비원 업무의 강한 공공성과 특히 특수경비원은 소총과 권총 등 무기를 휴대한 상태로

9) 이 경우에는, 쟁의권이 단체행동권의 '본질'을 구성한다는 점을 논증해야 한다.

10) 다수의견 이외의 의견에 따르면 모두 본질침해원칙 위배로 인정되므로, 과잉금지원칙 심사에 나아갈 여지가 없다.

근무할 수 있는 특수성 등을 감안할 때, 특수경비원의 신분이 공무원이 아닌 일반근로자라는 점에만 치중하여 특수경비원에게 근로3권 즉 단결권, 단체교섭권, 단체행동권 모두를 인정하여야 한다고 보기는 어렵고, 적어도 특수경비원에 대하여 단결권, 단체교섭권에 대한 제한은 전혀 두지 아니하면서 단체행동권 중 '경비업무의 정상적인 운영을 저해하는 일체의 쟁위행위'만을 금지하는 것은 입법목적 달성에 필요불가결한 최소한의 수단이라고 할 것이어서 **침해의 최소성** 원칙에 위배되지 아니한다.

이 사건 법률조항으로 인하여 특수경비원의 단체행동권이 제한되는 불이익을 받게 되는 것을 부정할 수는 없으나 국가나 사회의 중추를 이루는 중요시설 운영에 안정을 기함으로써 얻게 되는 국가안전보장, 질서유지, 공공복리 등의 공익이 매우 크다고 할 것이므로, 이 사건 법률조항에 의한 기본권제한은 **법익의 균형성** 원칙에 위배되지 아니한다.

따라서 이 사건 법률조항은 과잉금지원칙에 위배되지 아니하므로 헌법에 위반되지 아니한다.

## III. 결론(주문)

1. 경비업법(2001. 4. 7. 법률 제6467호로 개정된 것) 제28조 제4항 제2호에 대한 심판청구를 각하한다.
2. 경비업법(2001. 4. 7. 법률 제6467호로 개정된 것) 제15조 제3항에 대한 심판청구를 기각한다.

# 3. 안전벨트 사건

**도로교통법 제118조 위헌확인**
**헌재 2003. 10. 30. 2002헌마518, 판례집 15-2하, 185**

청구인은 2002. 7. 21. 좌석안전띠를 착용하지 않고 순천시 조곡동 장대교 앞에서 승용차를 운전하던 중 경찰관에게 적발되어 범칙금 30,000원의 납부통고를 받고 이를 납부하였다. 청구인은 좌석안전띠를 매도록 의무화하는 도로교통법 제48조의2 제1항 및 이를 어겼을 경우에 범칙금을 납부하도록 통고하는 도로교통법 제118조의 해당부분은 청구인의 사생활의 비밀과 자유, 양심의 자유, 헌법 제10조의 기본적 인권을 침해한다고 주장하면서 2002. 8. 3. 그 위헌확인을 구하는 이 사건 헌법소원심판을 청구하였다.

이 사건 심판대상은 도로교통법(1999. 1. 29. 법률 제5712호로 개정된 것, 이하 '도로교통법'이라 한다) 제48조의2 제1항 본문 전단(이하 '의무조항'이라 한다) 및 이를 어겼을 경우에 범칙금을 납부하도록 통고하는 도로교통법 제118조 본문의 해당부분(이하 '통고처분조항'이라 한다) (이하 '이 사건 심판대상 조항들'이라 한다)이 헌법에 위반되는지의 여부이고, 그 규정내용…은 다음과 같다.

도로교통법 제48조의2(운전자의 특별한 준수사항) ① 행정자치부령이 정하는 자동차의 운전자는 그 자동차를 운전할 때에는 좌석안전띠를 매어야 하며, 그 옆좌석의 승차자에게도 좌석안전띠(유아인 경우에는 유아보호용장구를 장착한 후의 좌석안전띠를 말한다. 이하 같다)를 매도록 하여야 한다. 다만, 질병 등으로 인하여 좌석안전띠를 매는 것이 곤란하거나 행정자치부령이 정하는 사유가 있는 때에는 그러하지 아니하다.

② 자동차의 운전자는 그 옆좌석 외의 좌석의 승차자에게도 좌석안전띠를 매도록 주의를 환기하여야 하며, 승용자동차에 있어서 유아가 그 옆좌석 외의 좌석에 승차하는 경우에는 좌석안전띠를 매도록 하여야 한다.

제118조(통고처분) 경찰서장은 범칙자로 인정되는 사람에 대하여는 그 이유를 명시한 범칙금납부통고서로 범칙금을 납부할 것을 통고할 수 있다. 다만, 다음 각 호의 1에 해당하는 사람에 대하여는 그러하지 아니하다.

1. 성명 또는 주소가 확실하지 아니한 사람
2. 달아날 염려가 있는 사람
3. 범칙금납부통고서를 받기를 거부한 사람

## I. 적법요건

### 1. ① 기본권주체성, ② 공권력행사성, ③ 법적관련성(자기관련성, 현재성), ④ 보충성, ⑤ 청구기간, ⑥ 변호사강제주의에 관하여는, 별다른 문제가 없다.

### 2. 직접성

- 도로교통법 제118조의 경우, "경찰서장은…범칙금을 납부할 것을 통고할 수 있다"고 규정하고 있어서 '통고처분'이라는 구체적 집행행위가 예정되어 있기 때문에, 기본권 침해의 직접성이 없지 않은가 하는 의문을 가질 수 있다.
- 그러나 보충성의 예외로서, "법률에 대한 집행행위가 존재하는 경우에도 그 집행행위를 대상으로 하는 구제절차가 없거나 구제절차가 있다고 하더라도 권리구제의 기대가능성이 없고 다만 기본권 침해를 당한 청구인에게 불필요한 우회절차를 강요하는 것밖에 되지 않는 경우 등으로서 당해 법률에 대한 전제관련성이 확실하다고 인정되는 때에는 당해 법률을 헌법소원의 직접 대상으로 삼을 수 있다"(헌재 2011. 10. 25. 2010헌마661 등).
- 이 사건의 경우, 도로교통법상 통고처분이 있는 경우 ① 통고처분을 이행하면 그것으로써 공소권이 소멸하고, ② 통고처분을 일정기간(30일) 내에 이행하지 않으면 즉결심판청구(형사절차)가 이루어질 뿐, 통고처분 자체에 대하여 행정쟁송을 통하여 다툴 구제수단은 존재하지 않는다. 그렇기 때문에, 위 판례에서 말하는 보충성의 예외가 적용되는 것이다.

### 3. 권리보호이익

- 청구인은 통고처분을 받고 이미 범칙금을 납부하였기 때문에, 주관적인 권리보호이익은 소멸하였다고 볼 수 있다.
- 그러나 앞서 본 바와 같이 통고처분은 ① 이행되어 그 효력이 소멸하거나, ② 일정기간(30일) 내에 미이행하는 경우에도 즉결심판청구가 이루어져 역시 소멸하게 될 것인데, 이러한 모든 경우에 권리보호이익 소멸을 이유로 심판청구를 각하해야 한다면(30일 내에 헌재가 심리를 마치고 본안결정을 선고할 가능성은 거의 없다), 결국 통고처

분에 대하여는 헌법소원심판을 청구할 수 없다는 결론이 나올 수밖에 없을 것이다.

- 헌재는 이러한 이유에서, 비록 주관적 권리보호이익은 소멸하였다 하더라도 예외적으로 '심판의 이익'이 있다고 인정한 것이라고 이해할 수 있을 것이다.

## II. 제한 여부가 문제되는 기본권

### 1. 일반적 행동자유권

헌법 제10조 전문은 모든 국민은 인간으로서의 존엄과 가치를 지니며, 행복을 추구할 권리를 가진다고 규정하여 행복추구권을 보장하고 있고, 행복추구권은 그의 구체적인 표현으로서 일반적인 행동자유권과 개성의 자유로운 발현권을 포함한다(헌재 1991. 6. 3. 89헌마204, 판례집 3, 268, 275; 헌재 1998. 5. 28. 96헌가5, 판례집 10-1, 541, 549; 헌재 1998. 10. 29. 97헌마345, 판례집 10-2, 621, 633 등). 일반적 행동자유권은 개인이 행위를 할 것인가의 여부에 대하여 자유롭게 결단하는 것을 전제로 하여 이성적이고 책임감 있는 사람이라면 자기에 관한 사항은 스스로 처리할 수 있을 것이라는 생각에서 인정되는 것이다. 일반적 행동자유권에는 적극적으로 자유롭게 행동을 하는 것은 물론 소극적으로 행동을 하지 않을 자유 즉, 부작위의 자유도 포함되며, 포괄적인 의미의 자유권으로서 일반조항적인 성격을 가진다(헌재 1991. 6. 3. 89헌마204, 판례집 3, 268, 276; 헌재 1995. 7. 21. 93헌가14, 판례집 7-2, 1, 32; 헌재 1997. 11. 27. 97헌바10, 판례집 9-2, 651, 673; 헌재 2000. 6. 1. 98헌마216, 판례집 12-1, 622, 648).

즉 일반적 행동자유권은 모든 행위를 할 자유와 행위를 하지 않을 자유로 가치 있는 행동만 그 보호영역으로 하는 것은 아닌 것으로, 그 보호영역에는 개인의 생활방식과 취미에 관한 사항도 포함되며, 여기에는 <u>위험한 스포츠를 즐길 권리와 같은 위험한 생활방식으로 살아갈 권리도 포함된다</u>.

따라서 좌석안전띠를 매지 않을 자유는 헌법 제10조의 행복추구권에서 나오는 일반적 행동자유권의 보호영역에 속한다. 이 사건 심판대상조항들은 운전할 때 좌석안전띠를 매야 할 의무를 지우고 이에 위반했을 때 범칙금을 부과하고 있으므로 청구인의 일반적 행동의 자유에 대한 제한이 존재한다.

## 2. 재판청구권

> 통고처분만으로 범칙금을 부과하는 것은 법관이 아닌 행정기관의 처분이 바로 형사처분으로 되어 헌법상의 재판을 받을 권리와 헌법이 보장한 적법절차에 의하지 아니하고는 처벌되지 않는다는 헌법상 기본권을 침해하는 것인지가 문제된다. (중략)
>
> 교통범칙금 통고처분에 대하여 별도로 행정쟁송을 제기할 수 없는 점이 법관에 의한 재판 받을 권리 등을 침해하는가가 문제되는 이 사건 … (중략)

## 3. 사생활의 비밀과 자유

> [사생활의 비밀과 자유의 보호영역]
>
> 사생활의 **비밀**은 국가가 사생활영역을 들여다보는 것에 대한 보호를 제공하는 기본권이며, 사생활의 **자유**는 국가가 사생활의 자유로운 형성을 방해하거나 금지하는 것에 대한 보호를 의미한다. 구체적으로 사생활의 비밀과 자유가 보호하는 것은 개인의 내밀한 내용의 비밀을 유지할 권리, 개인이 자신의 사생활의 불가침을 보장받을 수 있는 권리, 개인의 양심영역이나 성적영역과 같은 내밀한 영역에 대한 보호, 인격적인 감정세계의 존중의 권리와 정신적인 내면생활이 침해받지 아니할 권리 등이다.
>
> 우리 재판소는 '사생활의 자유'란 사회공동체의 일반적인 생활규범의 범위 내에서 사생활을 자유롭게 형성해 나가고 그 설계 및 내용에 대해서 외부로부터의 간섭을 받지 아니할 권리이며, 사생활과 관련된 사사로운 자신만의 영역이 본인의 의사에 반해서 타인에게 알려지지 않도록 할 수 있는 권리인 '사생활의 비밀'과 함께 헌법상 보장되고 있는 것이라고 판시한 바 있다(헌재 2001. 8. 30. 99헌바92 등, 판례집 13-2, 174, 203 참조).
>
> 즉, 헌법 제17조가 보호하고자 하는 기본권은 '사생활영역'의 자유로운 형성과 비밀유지라고 할 것이며, 공적인 영역의 활동은 다른 기본권에 의한 보호는 별론으로 하고 사생활의 비밀과 자유가 보호하는 것은 아니라고 할 것이다.
>
> [운전 중 좌석안전띠착용이 사생활의 영역인지의 여부]
>
> 자동차는 단순히 사람이나 화물을 장소적으로 떨어진 곳으로 이동시켜 주는 교통수단 또는 운송수단의 역할 이외에도, 여가시간의 여행과 오락활동 등에 이용되고 일상생활에서도 상당한 시간을 자동차 안에서 보내는 경우가 많으므로, 자동차 안에서 이루어지는 활동 중 일부는 사생활의 영역에 속할 수도 있을 것이다.
>
> 다만, 이 사건 심판대상 조항들이 규율하고 있는 것은 자신의 집 차고와 같은 사적인 공간에 세워 놓은 자동차 안에서의 행동이 아니라, 자동차를 운전할 때 운전자의 좌석안전띠착용이다. 도로교통법 제2조 제19호에서는 '운전'을 "도로에서 차를 그 본래의 사용방법에 따라 사용하는 것(조종을 포함한다)"이라고 정의하고 있으며, 제2조 제1호에서는 '도로'를 "도로법에 의한 도

로, 유료도로법에 의한 유료도로 그 밖의 일반교통에 사용되는 모든 곳"이라고 정의하고 있다.

일반교통에 사용되고 있는 도로는 국가와 지방자치단체가 그 관리책임을 맡고 있는 영역이며, 수많은 다른 운전자 및 보행자 등의 법익 또는 공동체의 이익과 관련된 영역으로, 그 위에서 자동차를 운전하는 행위는 더 이상 개인적인 내밀한 영역에서의 행위가 아니다. 또한 자동차를 도로에서 운전하는 중에 좌석안전띠를 착용할 것인가의 여부의 생활관계가 개인의 전체적 인격과 생존에 관계되는 '사생활의 기본조건'이라거나 자기결정의 핵심적 영역 또는 인격적 핵심과 관련된다고 보기 어렵다.

그렇다면 운전할 때 운전자가 좌석안전띠를 착용하는 문제는 더 이상 사생활영역의 문제가 아니어서 사생활의 비밀과 자유에 의하여 보호되는 범주를 벗어난 행위라고 볼 것이므로, 이 사건 심판대상조항들은 청구인의 사생활의 비밀과 자유를 침해하는 것이라 할 수 없다.

## 4. 양심의 자유

라. 이 사건 심판대상 조항들이 청구인의 양심의 자유를 침해하는지의 여부

헌법 제19조에서 말하는 양심에는 세계관·인생관·주의·신조 등은 물론 이에 이르지 아니하여도 널리 개인의 인격형성에 관계되는 내심에 있어서의 가치적·윤리적 판단도 포함되며, 양심의 자유는 널리 사물의 시시비비나 선악과 같은 윤리적 판단에 국가가 개입해서는 안 되는 내심적 자유는 물론 이와 같은 윤리적 판단을 국가권력에 의하여 외부에 표명하도록 강제 받지 아니할 자유까지 포함한다(헌재 1991. 4. 1. 89헌마160, 판례집 3, 149, 153-154; 헌재 1997. 3. 27. 96헌가11, 판례집 9-1, 245, 263; 헌재 1997. 11. 27. 92헌바28, 판례집 9-2, 548, 571; 헌재 1998. 7. 16. 96헌바35, 판례집 10-2, 159, 166; 헌재 2001. 8. 30. 99헌바92 등, 판례집 13-2, 174, 203).

다만, 헌법이 보호하려는 양심은 어떤 일의 옳고 그름을 판단함에 있어서 그렇게 행동하지 아니하고는 자신의 인격적인 존재가치가 허물어지고 말 것이라는 강력하고 진지한 마음의 소리이지, 막연하고 추상적인 개념으로서의 양심은 아니라고 할 것이다(헌재 1997. 3. 27. 96헌가11, 판례집 9-1, 245, 263-264; 헌재 2001. 8. 30. 99헌바92 등, 판례집 13-2, 174, 203).

자동차를 운전하며 좌석안전띠를 맬 것인지의 여부에 대하여 고민할 수는 있겠으나, 그 고민 끝에 제재를 받지 않기 위하여 어쩔 수 없이 좌석안전띠를 매었다 하여 청구인이 내면적으로 구축한 인간양심이 왜곡·굴절되고 청구인의 인격적인 존재가치가 허물어진다고 할 수는 없다.

따라서 운전 중 운전자의 좌석안전띠착용은 양심의 자유의 보호영역에 속하지 아니하므로 이 사건 심판대상조항들은 청구인의 양심의 자유를 침해하는 것이라 할 수 없다.

## 5. 인간의 존엄과 가치

> 운전 중 좌석안전띠의 착용은 운전자에게 정신적·육체적으로 경미한 부담을 가하는 것에 불과하므로 인간으로서의 인격적 주체성을 박탈한다거나 인간의 존귀성을 짓밟는 것이라고는 할 수 없다. 더욱이 교통사고로 야기될 생명·신체에 대한 위험과 손해의 방지라는 절실한 공익목적을 위한 제약이라는 점을 생각하면 이 사건 심판대상조항들이 인간의 존엄과 가치를 침해하는 것이라고 볼 수 없다.

## 6. 평등권은 뒤에서 보는 바와 같이 문제될 수 있다.

## 7. 소결론 : 일반적 행동자유권, 재판청구권, 평등권이 경합할 수 있다.

# III. 일반적 행동자유권을 침해하는지 여부

## 1. '법률로써' : 별다른 문제 없음.

## 2. 과잉금지원칙 위배 여부

### 가. 입법목적의 정당성

> 일반도로에서 운전할 때 운전자가 좌석안전띠를 매도록 한 입법자의 목적은, 자동차의 급격한 증가에 따른 교통사고 인명피해를 줄이기 위한 것이다. 즉, 일반도로의 운전자에게 좌석안전띠를 맬 의무를 부과함으로써 일반도로에서 발생하는 교통사고사상자의 발생을 줄이고, 안전운전에 대한 인식을 제고하기 위한 것으로 교통사고로 인한 공동체의 불이익과 비용부담을 감소시키려는 것이다.
>
> 우리나라의 교통사고의 발생률과 사망자수는 다른 나라에 비하여 높은 편이며, 교통사고발생건수에 대한 사망자수의 비율도 교통안전선진국에 비하여 높아 교통사고발생시에 인명피해를 최소화할 필요성이 있다. 또한 승차위치별 사상자의 통계에 따르면 앞좌석에 승차한 사람 그 중에서도 운전자의 사망과 부상의 확률이 높으며, 특히 운전자가 동승자보다 사망할 확률은 매우 높았다.
>
> 그렇다면 이 사건 심판대상조항들이 좌석안전띠를 맬 의무를 부담시키는 것은 교통사고로부터 국민의 생명 또는 신체에 대한 위험과 장애를 방지·제거하고 사회적 부담을 줄여 교통질서를 유지하고 사회공동체의 상호이익을 보호하는 공공복리를 위한 것이므로 입법목적의 정당성이 인정된다.

## 나. 방법의 적절성

이 사건 심판대상조항들이 좌석안전띠착용을 의무화하고 그 의무를 위반한 경우에 범칙금납부를 통고하는 것은 교통사고사상자의 발생률을 감소시켜 국민의 생명 또는 신체에 대한 위험과 장애를 방지하고 공동체의 불이익을 줄이려는 입법목적달성 및 그 의무이행의 실효성확보를 위한 적절한 수단이다.

## 다. 침해의 최소성11)

(1) 국가가 좌석안전띠착용의 이점을 국민에게 홍보하고, 교통사고발생시 손해배상액의 산정에서 좌석안전띠미착용을 감안하는 등의 덜 침해적인 방법으로 입법목적을 달성할 수는 없는지가 문제된다.

앞에서 본 좌석안전띠착용의무규정의 입법연혁을 살피면, 처음에는 고속도로를 운행하는 자동차운전자에 대해서 좌석안전띠착용을 의무화하였다가 일반도로에서의 교통사고사상자가 증가하자 도로교통법을 개정하여 일반도로에서도 자동차의 운전자와 그 옆좌석에 승차한 사람은 반드시 좌석안전띠를 착용하도록 하고 특히 고속도로 및 자동차전용도로에서는 모든 승차자가 이를 착용하도록 하여, 좌석안전띠착용의무의 범위는 점점 확대되고 있다. 고속도로에서 좌석안전띠를 맬 의무가 입법되고 10년이 경과하는 동안 국가가 좌석안전띠착용의 이점을 홍보하는 노력을 기울였음에도 불구하고 일반도로에서의 좌석안전띠착용률이 높지 않아 교통사고사상자가 증가하였다. 그렇다면 입법자로서는 국민의 생명과 신체를 보호하고자 하는 입법목적의 달성을 위하여 더 이상 홍보활동만으로는 부족하다고 판단하고 일반도로에서도 좌석안전띠착용을 의무화한 것으로 보인다.

우리나라의 교통사고현황에 나타난 그 동안의 경과를 살펴도, 좌석안전띠미착용에 대한 경찰청의 집중적인 단속이 있을 때 좌석안전띠착용률이 높아지고 이에 따라 교통사고사망자수가 크게 감소한 사실을 알 수 있다. 일반도로에서 운전하는 경우 뒷좌석승차자에 대한 좌석안전띠착용은 현재 강제되고 있지 않고 계몽 및 홍보활동만 이루어지고 있는데, 앞좌석승차자에 비하여 뒷좌석승차자가 좌석안전띠를 매는 경우가 적은 것도 좌석안전띠의 착용의무화를 정당화한다.

그렇다면 이러한 사정에 따라 좌석안전띠착용을 의무화하는 것보다 청구인의 기본권을 덜 제한하면서 입법목적을 효과적으로 달성하는 수단이 없다고 본 입법자의 판단이 잘못이라고 하기 어렵다.

(2) 또한 이 사건 심판대상조항들은 획일적으로 모든 운전자에게 좌석안전띠를 매게 하는 것이 아니고, 도로교통법 제48조의2 제1항 단서 및 도로교통법시행규칙 제24조 제2항에 따라서 부상·질병·장해·임신·신체의 상태에 의하여 좌석안전띠의 착용이 적당하지 아니하다고 인정

11) 이 사건은 특이하게 법익의 균형성을 침해의 최소성보다 먼저 판단하였다.

되는 자가 자동차를 운전하는 때 등 광범위한 좌석안전띠착용의무의 예외를 두고 있으므로, 청구인이 과도한 부담을 지고 있다고 하기도 어렵다.

(3) 정체구간과 같이 교통사고발생의 위험이 거의 없는 곳에서도 좌석안전띠를 매도록 강제하는 것은 교통사고발생위험이 없다는 합리적인 판단 아래서 좌석안전띠를 매지 않을 일반적 행동자유권을 과도하게 침해하는 것이 아닌가 문제된다.

그러나 저속으로 운전하는 경우에도 좌석안전띠의 인명피해감소의 효용은 존재하는 점, 정체구간을 지난 다음에는 고속으로 운행하게 될 것인데 통상적으로 운전 중에 좌석안전띠를 매는 것을 기대하기가 어려우며 또한 고속으로 운전하게 되는 순간 좌석안전띠를 매는 경우 사고위험이 높아지리라는 것을 예상할 수 있는 점, 국민의 생명과 신체 보호라는 입법목적의 달성을 위해서는 법위반여부에 대한 도로 위에서의 다툼을 방지할 일의적이고 명시적인 기준의 필요성이 인정되는 점, 안전운전에 대한 인식을 높일 필요성이 있는 점 등을 고려하면 저속으로 운전하는 경우를 좌석안전띠착용의무의 예외로 하지 않았다고 하여 이 사건 법률조항이 기본권을 과도하게 침해한다고 할 수 없다.

(4) 다음으로 좌석안전띠미착용에 대한 제재로 범칙금을 부과하는 것이 청구인의 기본권에 대한 과도한 침해인지가 문제된다.

어떤 행정법규위반의 행위에 대하여 이를 단지 간접적으로 행정상의 질서에 장애를 줄 위험성이 있음에 불과한 경우로 보아 행정질서벌인 과태료를 과할 것인지, 아니면 직접적으로 행정목적과 공익을 침해한 행위로 보아 행정형벌을 과할 것인지, 행정형벌을 과할 경우 그 법정형의 형종과 형량을 어떻게 정할 것인가는 당해 위반행위가 위의 어느 경우에 해당하는가에 대한 법적 판단을 그르친 것이 아닌 한 그 처벌내용은 기본적으로 입법권자가 제반 사정을 고려하여 결정할 입법재량에 속하는 문제이며(헌재 1994. 4. 28. 91헌바14, 판례집 6-1, 281, 303; 헌재 1998. 5. 28. 96헌바83, 판례집 10-1, 624, 635 참조), 특정한 인간행위에 대하여 그것이 불법이며 범죄라 하여 국가가 형벌권을 행사하여 이를 규제할 것인지, 아니면 단순히 도덕률에 맡길 것인지의 문제는 인간과 인간, 인간과 사회와의 상호관계를 함수로 하여 시간과 공간에 따라 그 결과를 달리할 수밖에 없는 것이고, 결국은 그 사회의 시대적인 상황·사회구성원들의 의식 등에 의하여 결정될 수밖에 없다(헌재 1997. 7. 16. 95헌가6등, 판례집 9-2, 1, 19; 헌재 2001. 10. 25. 2000헌바60, 판례집 13-2, 480, 486).

따라서 좌석안전띠를 매지 않은 행위에 대하여 손해배상액의 산정 및 보험관련법상의 불이익만을 가할 것인지, 형사적 제재도 가할 것인지의 여부 및 형사적 제재방법의 선택은 기본적으로 입법권자의 의지 즉, 입법정책의 문제로서 입법권자의 입법형성의 자유에 속한다.

교통범칙금통고처분은 형사절차의 사전절차로서의 성격을 갖는 점 등으로 일반행정행위와 다른 법적 성질을 가지지만, 다른 한편으로 교통범칙금통고처분은 도로교통법에 위반된 행위에 대하여 벌칙을 정하면서 특정된 비교적 경미한 위반행위에 대하여는 형사절차에 앞서 행정적 처분에 의하여 일정액의 범칙금을 납부하는 기회를 부여하여 그 범칙금을 납부한 자에 대하여는 기소를 하지 아니하고 사건을 신속, 간이하게 처리하는 절차로서 법원이 공판절차를 통하여 기소된 범죄사실의 유무를 심리, 판단하는 재판절차와는 제도적 취지 및 법적 성질면에서 큰 차이가 있다(헌재 1998. 5. 28. 96헌바4, 판례집 10-1, 610, 617-618; 대법원 2002. 11. 22. 2001도849 판결).

따라서 도로교통법상의 범칙금은 행정형벌도 행정질서벌도 아니면서 도로교통법상의 의무위반에 대하여 형벌적 제재를 유보하면서 행정상의 조치를 선행시키는 것을 내용으로 하는 특례를 의미한다. 통고처분의 대상이 되는 행위가 범죄행위임에 틀림없고, 통고처분에 불복할 경우 소추절차로 이행된다는 점에서 통고처분은 엄밀한 의미의 비범죄화 문제와는 구별되지만, 위반행위자가 통고처분에 승복하면 범칙금의 납부로 법적 제재가 종결되어 수형인명부에 등재되는 등 범죄행위로 인한 사후관리대상에서 제외되기 때문에 결과적으로 비범죄화의 정신에 접근하게 된다(헌재 1998. 5. 28. 96헌바4, 판례집 10-1, 610, 616).

이 사건 통고처분조항은 국민의 자유와 권리를 제한하는 정도가 가장 큰 기본권제한수단이라고 볼 수 있는 행정형벌을 과하기 이전에 좌석안전띠착용의무위반행위에 대하여 범칙금 납부로 법적 제재가 종결되도록 하고 있으므로, 청구인의 기본권을 과도하게 침해한다고 할 수 없다.

행정질서벌인 과태료를 부과하는 것이 범칙금납부통고처분보다 기본권을 덜 침해한다고 할 수 있으나, 어떤 행정법규위반의 행위에 대하여 행정질서벌인 과태료를 과할 것인지, 아니면 행정형벌을 과할 것인지는 기본적으로 입법권자가 제반 사정을 고려하여 결정할 입법재량에 속하는 문제이다.

오늘날 질서위반법의 영역이 확장되어 일상생활의 상당부분이 질서위반법의 테두리 속으로 들어와 법익침해를 보호하고, 형법도 여러 영역에서 행정명령위반적 성격을 가지는 행위태양들을 범죄구성요건으로 파악하고 있기에, 범죄행위와 질서위반행위를 그 본질적인 속성만으로 구별하는 것은 타당하지 않다. 따라서 범죄행위와 질서위반행위는 행위유형의 속성뿐만 아니라 그 행위의 불법내용 및 책임내용의 경중을 함께 검토하여야 할 것이다. 따라서 좌석안전띠미착용행위가 본질적으로 과태료를 부과하여야 할 질서위반행위라고 단정할 수는 없다.

입법권자는 운전자의 좌석안전띠미착용행위는 동승자의 좌석안전띠미착용행위에 비하여 행정목적과 공익을 침해하는 정도와 위험성이 다르다고 판단하였고, 일정한 경우에 운전면허를 취소하거나 정지하는 행정처분의 기초자료로 삼을 여지를 두고자 한 것으로, 이러한 입법자의 판단이 현저히 불합리하거나 자의적인 입법재량의 행사라고 보여지지 않는다.

또한 앞에서 본 바와 같이 범칙금은 행정형벌이 아니며 비범죄화의 정신에 접근하는 제도로서 범칙금을 납부한 교통범칙자의 기본권이 제한되는 정도는 행정질서벌인 과태료를 납부한 자의 기본권이 제한되는 정도와 크게 다르지 않다. 그렇다면 좌석안전띠착용을 의무화하고 이에 대한 제재방법으로 행정질서벌인 과태료보다는 그 정도가 강하지만 행정형벌보다는 그 정도가 약한 범칙금을 선택한 입법자의 판단이 입법재량의 한계를 벗어난 과중한 것이라고 보기 어렵다.

(5) 다음으로 이 사건 통고처분조항에 의하여 납부하여야 할 범칙금의 액수가 과다한 것인지의 여부에 대하여 살피면, 좌석안전띠미착용으로 청구인이 부담하는 범칙금 30,000원은 자동차운전에 드는 연료대금, 유료도로통행료, 책임보험료, 자동차세 등 제반비용에 비추어 과

도한 부담이라고 하기 어려워, 의무위반행위와 그에 대한 책임이 현저하게 균형을 잃었거나 다른 행정법규위반자와의 사이에서 헌법상의 평등의 원리에 위반하는 것으로 평가되는 등 헌법재판소가 관여할 정도로 입법재량을 현저히 불합리하게 또는 자의적으로 행사한 것이라 할 수 없다.

(6) 그렇다면 운전자의 좌석안전띠착용을 의무화하고 이를 어겼을 때 범칙금을 부과하는 것은 청구인의 일반적 행동자유권을 헌법 제37조 제2항의 비례의 원칙에 위반되어 과도하게 침해하지 않는다 할 것으로 침해의 최소성요건을 준수하였다 할 것이다.

## 라. 법익의 균형성

앞에서 살펴본 좌석안전띠착용의 효과에 비추어 볼 때, 좌석안전띠를 착용하지 않는 행위가 행위자 자신의 이익에만 관련된 것인지, 다른 사람과 사회공동체 전체의 이익과도 관련된 것인지가 문제된다.

<u>우리 헌법질서가 예정하는 인간상은 "자신이 스스로 선택한 인생관·사회관을 바탕으로 사회공동체 안에서 각자의 생활을 자신의 책임 아래 스스로 결정하고 형성하는 성숙한 민주시민"</u> (헌재 1998. 5. 28. 96헌가5, 판례집 10-1, 541, 555; 헌재 2000. 4. 27. 98헌가16 등, 판례집 12-1, 427, 461)인바, 이는 사회와 고립된 주관적 개인이나 공동체의 단순한 구성분자가 아니라, 공동체에 관련되고 공동체에 구속되어 있기는 하지만 그로 인하여 자신의 고유가치를 훼손당하지 아니하고 개인과 공동체의 상호연관 속에서 균형을 잡고 있는 인격체라 할 것이다.

헌법질서가 예정하고 있는 이러한 인간상에 비추어 볼 때, 인간으로서의 고유가치가 침해되지 않는 한 입법자는 사회적 공동생활의 보존과 육성을 위하여 주어진 상황에서 일반적으로 기대할 수 있는 범위 내에서 개인의 일반적 행동자유권을 제한할 수 있는바, 운전자가 좌석안전띠를 착용하여야 하는 의무는 이러한 범위 내에 있다 할 것이다.

헌법 제34조 제6항은 "국가는 재해를 예방하고 그 위험으로부터 국민을 보호하기 위하여 노력하여야 한다."라고 규정하고 있다. 국민의 일상생활에 필수적인 것이 된 복잡한 교통상황과 교통사고의 현황에 비추어 볼 때, 국민의 보호를 위하여 국가가 좌석안전띠착용을 의무화하여 교통사고로 인한 국민의 생명 또는 신체에 대한 위험과 장애를 방지·제거하고 사회적 부담을 줄일 필요성이 있으며, 또한 이러한 국가의 개입은 운전자로서도 예측가능하다.

일반교통에 사용되고 있는 도로는 국가와 지방자치단체가 그 관리책임을 맡고 있는 영역으로 다른 운전자 및 보행자 등의 이익 및 공동체의 이익과 관련된 영역이므로, 도로에서 좌석안전띠를 매지 않고 운전할 자유는 다른 영역에서 이루어지는 위험한 스포츠를 즐기는 행위 등과 똑같게 평가될 수 없다.

좌석안전띠를 매지 않는 행위는 그로 인하여 받을 위험이나 불이익을 운전자 스스로 회피하지 못하고 매우 큰 사회적 부담을 발생시키는 점, 좌석안전띠를 매지 않고 운전하는 행위에 익숙해진다고 하여 위험이 감소하지도 않는다는 점, 동승자의 피해를 증가시키는 점 등에 비추어 볼 때, 운전자 자신분만이 아니라 사회공동체 전체의 이익에 해를 끼치고 있으므로 국가의 개입이 정당화된다.

이 사건 심판대상조항들로 인하여 청구인은 운전 중 좌석안전띠를 착용할 의무를 지게 되는바, 이는 운전자의 약간의 답답함이라는 경미한 부담이고 좌석안전띠미착용으로 청구인이 부담하는 범칙금이 소액인 데 비하여, 좌석안전띠착용으로 인하여 달성하려는 공익인 동승자를 비롯한 국민의 생명과 신체의 보호는 재산적인 가치로 환산할 수 없는 것일 뿐만 아니라 교통사고로 인한 사회적인 비용을 줄여 사회공동체의 이익을 증진하기 위한 것이므로, 달성하고자 하는 공익이 침해되는 청구인의 좌석안전띠를 매지 않을 자유의 제한이라는 사익보다 크다고 할 것이어서 법익의 균형성도 갖추었다고 하겠다.

## IV. 재판을 받을 권리의 침해 여부

[참고] 도로교통법 제118조가 규정하는 범칙금 통고처분의 성격

- 도로교통법 제118조가 규정하는 범칙금은 도로교통법 제113조, 제114조의 죄에 해당하는 위반행위에 대하여 경찰서장이 통고처분에 의하여 부과하는 제재벌, 금전벌의 성질
- 도로교통법 상의 통고처분은 법원에 의하여 자유형 또는 재산형에 처하는 과벌제도에 갈음하여 행정관청이 법규위반자에게 금전적 제재를 통고하고 이를 이행한 경우에는 당해 위반행위에 대한 소추를 면하게 하는 제도
- 이러한 통고처분은 형사절차의 사전절차로서의 성격을 갖는 점 등으로 일반 행정행위와 다른 법적 성질
- 다른 한편으로 교통범칙금 통고처분은 도로교통법에 위반된 행위에 대하여 벌칙을 정하면서 특정된 비교적 경미한 위반행위에 대하여는 형사절차에 앞서 행정적 처분에 의하여 일정액의 범칙금을 납부하는 기회를 부여하여 그 범칙금을 납부한 자에 대하여는 기소를 하지 아니하고 사건을 신속, 간이하게 처리하는 절차
- 도로교통법 상의 통고처분은 형벌적 제재를 유보하고 행정상의 조치를 선행시킨 것이며, 도로교통법 상의 의무위반에 대한 제재로서 과하여지는 금전적 부담이고 간접적으로 의무이행을 담보하는 수단이라는 점에서 행정벌
- 범칙금은 형법상의 刑이 아니기 때문에 행정형벌이 아니며, 과태료와 달리 강제집행에 의하여 실현되지 않으므로 '행정법상의 의무위반에 대한 제재로서 형법에 刑名이 없는

벌인 과태료를 과하는 행정벌'을 의미하는 것으로 보는 행정질서벌과도 구별

- 따라서 범칙금은 행정형벌도 행정질서벌도 아니면서, 도로교통법상의 의무위반에 대하여 형벌적 제재를 유보하면서 행정상의 조치를 선행시키는 것을 내용으로 하는 특례
- 위반행위자가 통고처분에 승복하면 범칙금의 납부로 법적 제재가 종결되어 수형인명부에 등재되는 등 범죄행위로 인한 사후관리 대상에서 제외

통고처분만으로 범칙금을 부과하는 것은 법관이 아닌 행정기관의 처분이 바로 형사처분으로 되어 헌법상의 재판을 받을 권리와 헌법이 보장한 적법절차에 의하지 아니하고는 처벌되지 않는다는 헌법상 기본권을 침해하는 것인지가 문제된다.

우리 재판소는 관세법 제38조 제3항 제2호 위헌소원사건에서,『통고처분에 대하여 이의가 있으면 통고내용을 이행하지 않음으로써 고발되어(관세법 제232조) 형사재판절차에서 통고처분의 위법·부당함을 얼마든지 다툴 수 있다. 범죄자측에서 먼저 적극적·능동적으로 이의를 제기할 수는 없지만, 통고불이행이라는 묵시적·소극적 이의제기에 의하여 형사재판절차로 이행되는 것이다. 통고처분은 이와 같이 법관이 아닌 행정공무원에 의한 것이지만, 처분을 받은 당사자의 임의의 승복을 발효요건으로 하고 불응시 정식재판의 절차가 보장되어 있으므로 통고처분에 대하여 행정쟁송을 배제하고 있는 이 사건 법률조항이 법관에 의한 재판 받을 권리를 침해한다든가 적법절차의 원칙에 저촉된다고 볼 수 없다.

만약 통고처분에 대하여 형사제재와 별도로 행정쟁송을 제기할 수 있다고 한다면 절차의 중복과 복잡화 그리고 소송의 진행이나 그 결과의 혼란과 모순을 초래하는 점이 적지 않을 것이기 때문에 통고처분은 행정쟁송의 대상으로 하지 않고 형사소송에서만 규율하는 것이 법의 취지라고 보아야 할 것이다.

헌법은 통고처분이나 통고처분에 대한 불복방법에 관하여 직접적인 규정을 두고 있지 아니하다. 따라서 통고처분을 인정할 것인지 또는 통고처분에 대하여 어떤 형식과 절차의 불복제도를 둘 것인가의 문제는 헌법원리에 위배되지 아니하는 한 입법자가 정하여야 할 입법정책의 문제로서 그의 재량에 맡겨져 있다. 즉, 통고처분에 대하여 정면으로 행정쟁송을 인정할 것인지, 아니면 현행법 규정과 같이 통고불이행시 고발과정을 거쳐 형사재판을 받도록 할 것인지, 아니면 피통고자가 이의제기를 하면 사건이 검찰로 이관되게 하여 검찰에서 처리하게 할 것인지(독일의 질서위반금 재결이나 프랑스의 일시불 벌금부과에 대하여 이의제기가 있으면 사건이 검찰로 이관된다)의 여부는 통고처분의 제도적 의의와 법적 성질, 행정소송과 형사소송과의 관계, 관세범죄의 성향과 그 나라의 형사사법운용실정 등을 종합적으로 고려하여 결정하여야 할 입법형성의 자유에 속하는 영역이다. 그러므로 통고처분에 대하여 어떠한 불복절차도 인정하지 않는 것과 같이 그 내용이 현저하게 불합리하여 재판청구권을 침해하거나 적법절차에 위배되는 정도에 이르지 않는 한 헌법에 위반되는 것이라고 할 수 없다(헌재 1998. 5. 28. 96헌바4, 판례집 10-1, 610, 620- 622).』라고 판시한 바 있다.

<u>교통범칙금의 통고처분은 강제집행에 의하여 실현되지 않고 범칙자는 그 처분에 따르기를 거</u>

부할 자유를 가지며, 결국 형사소송법에 의거한 정식재판을 받을 권리를 박탈당하지 아니한다. 자동차의 격증으로 인해 혼란이 격심해지고 법규위반사례가 격증하고 있는 현실에서 위반행위에 대한 제재를 오직 법관만 다룬다면 과중한 업무부담으로 인해 산적한 범칙사건의 처리가 곤란 내지 정체되어 범칙행위의 억제력도 상실되고 교통사고의 방지가 곤란해진다고 할 것이다.

그렇다면 교통범칙금 통고처분에 대하여 별도로 행정쟁송을 제기할 수 없는 점이 법관에 의한 재판 받을 권리 등을 침해하는가가 문제되는 이 사건에서도 헌재 1998. 5. 28. 96헌바4 사건에서 표명한 위 합헌결정의 이유는 그대로 적용될 수 있을 것이어서, 이 사건 통고처분조항은 청구인의 재판청구권 등을 침해하지 않는다.

## V. 평등권 침해 여부 : 예컨대 다음과 같은 방식으로 판단해 볼 수 있다.

- '좌석 안전띠를 맨 사람'과 '안 맨 사람' 간의 [차별]의 존재 여부
- 그 차별에 [합리적 이유]가 있는지의 여부

## VI. 결론

청구인의 심판청구를 기각한다.

[참고]

### 1. 자유주의적 입장

- "인류가 개인적으로나 또는 집단적으로 그 성원의 누군가의 행동의 자유에 간섭할 경우에 정당하다고 간주되는 유일한 근거는 자기방위라는 것이다. 즉 문명사회의 일원에 대하여 그의 의사에 반하여 권력을 행사해도 정당시되어지는 유일한 목적은 다른 성원에 대한 위해를 방지하는 것에 있다. 그 사람 자신의 행복은, 물질적인 것이거나 정신적인 것이거나 간에, 충분하고도 정당한 근거가 되는 것은 아니다. 그렇게 하는 것이 그를 위하여 도움이 될 것이라든가, 그를 더욱 행복하게 할 것이라든가, 또는 다른 사람의 눈으로 보아 그렇게 하는 것이 현명할 뿐만 아니라 또는 정당하기도 할 것이라는

이유로써 그에게 어떠한 행동이나 억제를 강제하는 것은 정당시될 수 없다. 이러한 이유들은 그에게 충고를 하거나 사리를 이해시키거나 설득시키거나, 또는 무엇인가를 간청하거나 하는 데는 충분한 이유로 될 것이지만, 그에게 강제를 가하든가 또는 그렇게 하지 않을 경우에는 어떠한 형벌을 가하거나 할 이유로는 되지 않는다. 이와 같은 간섭이 시인되기 위해서는 그에게 하지 못하도록 저지시키고 싶다는 행위가 다른 어떤 사람에 대해서 해를 끼치게 되리라는 것이 예측되어야 할 것이다. 어떠한 사람의 행위라도 그 사람이 사회에 대해서 책임을 져야 할 유일한 부분은, 다른 사람에게 관계되는 부분이다. 단지 그 사람에게만 관계되는 행위에 있어서 그의 독립성은 말할 필요도 없이 당연히 절대적이다. 각 개인은 그 자신에 대해서, 즉 그 자신의 육체와 정신에 대해서는 그 주권자인 것이다.[12)]"

- 프랑스 인권선언

  제4조 "자유는 타인을 해하지 않는 한 모든 것을 할 수 있는 것이다."

  제5조 "법은 사회에 해를 가하는 행위만을 금지할 권리를 가진다."

## 2. 헌재가 제시하는 인간상

- "자신이 스스로 선택한 인생관·사회관을 바탕으로 사회공동체 안에서 자신의 책임 하에 스스로 결정하고 형성하는 성숙한 민주시민, 자기결정권을 지닌 창의적이고 성숙한 개체로서의 국민"[13)]
- "국민 스스로 선택한 인생관·사회관을 바탕으로 사회공동체안에서 각자의 생활을 자신의 책임아래 스스로 결정하고 형성하는 성숙한 민주시민"[14)]

12) 자유론(On Liberty), J. S. Mill, 이극찬 역, 삼성출판사, 1991, 247면.

13) 헌재 1998. 5. 28. 96헌가5, 판례집 10-1, 541, 555

14) 헌재 2000. 4. 27. 98헌가16등, 판례집 12-1, 427, 461

# 4. 제대군인가산점 사건

**헌재 1999. 12. 23. 98헌마363, 판례집 11-2, 770**
**제대군인지원에관한법률 제8조 제1항 등 위헌확인**

청구인 이○진은 1998. 2. 이화여자대학교를 졸업한, 청구인 조○옥, 박○주, 김○원, 김○정은 같은 대학교 4학년에 재학중이던 여성들로서 모두 7급 또는 9급 국가공무원 공개경쟁채용시험에 응시하기 위하여 준비중에 있으며, 청구인 김○수는 연세대학교 4학년에 재학중이던 신체장애가 있는 남성으로서 역시 7급 국가공무원 공개경쟁채용시험에 응시하기 위하여 준비중에 있다.

청구인들은 제대군인이 6급 이하의 공무원 또는 공·사기업체의 채용시험에 응시한 때에 필기시험의 각 과목별 득점에 각 과목별 만점의 5퍼센트 또는 3퍼센트를 가산하도록 규정하고 있는 제대군인지원에관한법률 제8조 제1항, 제3항 및 동법시행령 제9조가 자신들의 헌법상 보장된 평등권, 공무담임권, 직업선택의 자유를 침해하고 있다고 주장하면서 1998. 10. 19. 이 사건 헌법소원심판을 청구하였다.

제대군인지원에관한법률 제8조(채용시험의 가점) ① 제7조 제2항의 규정에 의한 취업보호실시기관이 그 직원을 채용하기 위한 시험을 실시할 경우에 제대군인이 그 채용시험에 응시한 때에는 필기시험의 각 과목별 득점에 각 과목별 만점의 5퍼센트의 범위안에서 대통령령이 정하는 바에 따라 가산한다. 이 경우 취업보호실시기관이 필기시험을 실시하지 아니한 때에는 그에 갈음하여 실시하는 실기시험·서류전형 또는 면접시험의 득점에 이를 가산한다.

③ 취업보호실시기관이 실시하는 채용시험의 가점대상직급은 대통령령으로 정한다.

제대군인지원에관한법률 시행령 제9조 (채용시험의 가점비율 등) ① 법 제8조 제1항의 규정에 의하여 제대군인이 채용시험에 응시하는 경우의 시험만점에 대한 가점비율은 다음 각호의 1과 같다.

1. 2년 이상의 복무기간을 마치고 전역한 제대군인 : 5퍼센트
2. 2년 미만의 복무기간을 마치고 전역한 제대군인 : 3퍼센트

② 법 제8조 제3항의 규정에 의한 채용시험의 가점대상직급은 다음 각호와 같다.

1. 국가공무원법 제2조 및 지방공무원법 제2조에 규정된 공무원중 6급이하 공무원 및 기능직공무원의 모든 직급
2. 국가유공자등예우및지원에관한법률 제30조 제2호에 규정된 취업보호실시기관의 신규채용사원의 모든 직급

# I. 적법요건

## 1. 자기관련성

> (1) 국가보훈처장은 이른바 여성채용목표제의 혜택을 받는 여성들은 가산점제도(이하 이 법 제8조 제1항, 제3항과 이 시행령 제9조에 의한 제대군인가산점제도를 "가산점제도"라 한다)의 피해자라 볼 수 없어 헌법소원청구의 적격이 없다고 주장하나, 여성채용목표제는 가산점제도와는 목적과 취지가 다른 별개의 제도이며, 가산점제도 자체로 인하여 뒤에서 보는 바와 같이 청구인들의 기본권적 지위에 영향을 받는 이상 자기관련성을 부인할 수 없다.
> 국가보훈처장은 또한 청구인 이○진이 1997년도 7급 국가공무원 채용시험에 응시하였다가 가산점제도와 관계없이 불합격할 수밖에 없는 성적으로 불합격한 바 있으므로 청구인적격이 없다고 하나, 동 청구인이 심판청구 당시 재차 국가공무원 시험을 준비하고 있지 않다고 볼 만한 사정이 없는 이상 청구인적격이 없다고 할 수 없다.

- 청구인들은 이 사건 심판대상 조항들의 적용대상이 아니다. 그러므로 원칙적으로는 자기관련성이 없다.
- 자기관련성을 부정하는 전형적인 설시례 : "헌법재판소법 제68조 제1항에 의하면 헌법소원심판은 공권력의 행사 또는 불행사로 인하여 헌법상 보장된 기본권을 침해받은 자가 청구하여야 한다고 규정하고 있는 바, 여기에서 기본권을 침해받은 자라 함은 공권력의 행사 또는 불행사로 인하여 자기의 기본권이 현재 그리고 직접적으로 침해받은 자를 의미하며 단순히 간접적, 사실적 또는 경제적인 이해관계가 있을 뿐인 제3자는 이에 해당하지 않는다."[15)]
- 예외 : 평등권의 침해를 주장하는 헌법소원사건에서는 비교집단에게 혜택을 부여하는 법규정이 위헌이라고 선고되어 그러한 혜택이 제거된다면 비교집단과의 관계에서 청구인들의 법적 지위가 상대적으로 향상된다고 볼 여지가 있는 때에는 청구인들이 그 법규정의 직접적인 적용을 받는 자가 아니라고 할지라도 그들의 자기관련성을 인정할 수 있다.[16)17)]

15) 헌재 2002. 12. 18. 2001헌마111, 판례집 14-2, 872, 879-880

16) 헌재 2001. 11. 29. 2000헌마84, 판례집 13-2, 750, 756

17) [5. 병역법 사건] 중 병역법 제3조 제1항 전문의 자기관련성 유무에 관한 민형기 재판관의 반대의견도, 이러한 점에 착안하고 있다. 그러나 만약에 여성이 현재의 징병제에 대해 평등권 침해를 주장하는 경우라면, 법적 지위의 향상이 없음을 이유로 자기관련성을 부정하기는 어려울 것이다. 해당 부분의 논의를 참조.

- 이 사건의 경우에도 문제되는 가산점 부여조항들은 수익적 규정이다(이 점에서 [5. 병역법 사건]의 경우와 다르다). 따라서 직접적인 수범자가 아닌 청구인에 대하여도 자기관련성이 인정된다.

## 2. 현재성

(2) 심판청구 당시 청구인들은 국가공무원 채용시험에 응시하기 위하여 준비하고 있는 단계에 있었으므로 이 사건 심판대상조항으로 인한 기본권침해를 현실적으로 받았던 것은 아니다[18]. 그러나 청구인들은 심판청구 당시 국가공무원 채용시험에 응시하기 위한 준비를 하고 있었고, 이들이 응시할 경우 장차 그 합격여부를 가리는 데 있어 가산점제도가 적용될 것임은 심판청구 당시에 이미 확실히 예측되는 것이었다. 따라서 기본권침해의 현재관련성이 인정된다.

- 관련판례 : 일반국민을 수범자로 하는 추상적이고 일반적인 성격을 지닌 법률인 '국가보안법중개정법률'에 대하여 모든 국민 개개인에게 어느 시점에서나 헌법소원심판을 청구할 수 있게 하는 것은 민중소송을 인정하는 것에 다름 아니어서 우리의 헌법재판제도상 허용될 수 없으므로, 그러한 법률에 대한 헌법소원심판청구가 적법하기 위하여는 청구인에게 당해 법률에 해당하는 사유가 발생함으로써 그 법률이 청구인의 기본권을 명백히 구체적으로 현실 침해하였거나 침해가 확실히 예상되는 경우에 한정된다.[19]
  → 이것이 청구기간과의 관계에서 가지는 의미는 후술한다.

## 3. 청구기간

이와 같이 장래 확실히 기본권침해가 예측되어 현재관련성을 인정하는 이상 청구기간이 경과하였다고 할 수 없다. 청구기간을 준수하였는지 여부는 이미 기본권침해가 발생한 경우에 비로소 문제될 수 있는 것인데, 이 사건의 경우 아직 기본권침해는 없으나 장래 확실히 기본권침해가 예측되므로 미리 앞당겨 현재의 법적 관련성을 인정하는 것이기 때문이다.

18) 물론, 그 해의 시험에서 불합격한 것을 문제삼는다면, 청구기간이나 권리보호이익이 문제된다.

19) 헌재 1994. 6. 30. 91헌마162, 판례집 6-1, 672, 677

| 헌재 2003. 9. 25. 2001헌마93등 |
|---|
| 법령에 대한 헌법소원은 법령시행과 동시에 기본권의 침해를 받게 되는 경우에는 그 법령이 시행된 사실을 안 날로부터 90일 이내에, 법령이 시행된 날로부터 1년 이내에 헌법소원을 청구하여야 하고, 법령이 시행된 뒤에 비로소 그 법령에 해당되는 사유가 발생하여 기본권의 침해를 받게 되는 경우에는 그 사유가 발생하였음을 안 날로부터 90일 이내에, 그 사유가 발생한 날로부터 1년 이내에 헌법소원을 청구하여야 한다[20]. |

| 헌재 2000. 4. 27. 98헌가16등 |
|---|
| "청구기간의 기산점을 판단함에 있어서, 일반인을 수범자로 하는 금지규정과 형벌규정을 둔 법이 시행되는 경우 법시행과 동시에 모든 사람에 대하여 바로 법률에 해당하는 사유가 발생하였다고 볼 것은 아니며, 심판청구인에 대한 구체적, 현실적인 침해사유가 있어야 비로소 법률에 해당하는 사유가 발생하였다고 할 것이다. 다만, 기본권 보장의 실효성을 높이기 위해서 구체적 기본권의 침해가 있기 전이라도 그 침해가 확실히 예상될 때에는 미리 헌법소원을 청구할 수 있다고 본다. 즉, 현재성이 인정될 수 있다(헌재 1996. 3. 28. 93헌마198, 판례집8-1, 241, 250 참조). 이러한 경우 청구기간은 도과하지 않았다고 볼 수 있다."[21] |

**생각해 볼 점 (1) : 청구기간과 현재성의 관계**

1. 대원칙으로서, 과거에 이루어진 기본권침해에 대하여는 청구기간의 도과 여부가, 그리고 현재 이루어지고 있거나 미래에 이루어질 기본권침해에 대하여는 현재성의 유무가 각각 문제된다. 그래서, 아직 이루어지지 않은 기본권침해에 대하여는 현재성이 부정되는 것이 원칙이다(쉽게 말해서, 현재성에서의 '현재'는 '아직'에 대립되는 관념으로 이해하면 된다). 대표적으로 다음의 설시례를 참조.

| 청구인이 장차 언젠가는 위와 같은 형사소송법의 규정으로 인하여 권리침해를 받을 우려가 있다 하더라도 그러한 권리침해의 우려는 단순히 장래 잠재적으로 나타날 수도 있는 것에 불과하여 권리침해의 현재성을 구비하였다고 할 수 없다. (헌재 1989. 7. 21. 89헌마12, 판례집 1, 128, 129) |
|---|

2. 그러나 위 원칙을 고수할 경우에, 기본권침해가 명백히 예상되는 경우에조차도 침해가 실제로 이루어질 때까지 기다렸다가 헌법소원심판을 청구해야만 한다는 불합리가 생긴다. 그래서 예외적으로 이러한 경우에도 심판청구가 적법하도록 해 주어야 할 필요가 생긴다. 이러한 경우에 대하여 당초 헌재는 (본래는 현재성 요건을 완화하는 법리인) 독일의 '상황성숙성 이론'을 도입하여, 이를 청구기간에 관한 일반론 문제로서 다루었다. 대표적으로 다음의 설시례를 참조.

20) 헌재 2003. 9. 25. 2001헌마93등, 판례집 15-2, 319, 348-349

21) 헌재 2000. 4. 27. 98헌가16등, 판례집 12-1, 427, 444-445

> 법령이 시행된 뒤에 비로소 그 법령에 해당하는 사유가 발생하여 기본권의 침해를 받게 된 자는 그 사유가 발생하였음을 안 날로부터 60일 이내에, 그 사유가 발생한 날로부터 180일 이내에 헌법소원을 청구하여야 할 것이다. 여기서 "사유가 발생한 날"이라는 것은 당해 법령이 청구인의 기본권을 명백히 구체적으로 현실침해하였거나 그 침해가 확실히 예상되는 등 실체적 제요건이 성숙하여 헌법판단에 적합하게 된 때를 말한다 할 것이다. (1990. 10. 8. 90헌마18, 판례집 2, 357, 359-360)

3. 그러나 이로 인하여 새로운 문제점이 생기게 되었다. 즉, 침해가 실제 이루어지기 전인 '침해가 확실히 예상되는 등 실체적 제요건이 성숙하여 헌법판단에 적합하게 된 때'를 청구기간의 기산점으로 삼음으로써, 상황성숙성 이론을 적용하기 이전에 비하여 오히려 청구기간이 지나치게 빨리 도과하게 된다는 점이 발견된 것이다. 그래서 헌재는 1996. 3. 28. 93헌마198 결정에서 입장을 변경하여, 상황성숙성 이론을 폐기하였다. 그 대신 위 2000. 4. 27. 98헌가16등 결정의 판시에서와 같이, (1) 청구기간의 기산점은 '실제 침해가 이루어진 때'로 보되, (2) 침해가 명백히 예상되는 때에는 침해 전에 심판청구를 하더라도 현재성을 인정해 주고, (3) 그 경우에 청구기간은 (진행되지조차 않았으므로) 문제되지 않는다는 입장을 취하고 있는 것이다. 이는 청구기간과 현재성의 개념적 분별에 충실하면서도, 헌법소원심판청구가 적법하게 되는 시간적 범위를 넓히는 효과를 가진다고 할 수 있다.

**생각해 볼 점 (2) : 문제될 수 있는 그 외의 적법요건들**

- ① 청구인의 기본권주체성, ② 대상조항의 기본권침해가능성, ③ 변호사강제주의의 준수에 관하여는 별다른 문제가 없다.

1. 심판청구의 대상성(공권력행사성)
   - 헌재법 제68조 제1항은 '공권력의 행사(또는 불행사)'를 헌법소원의 대상으로 규정하고 있는데, '법률'이 그에 포함되는지의 여부를 생각해 볼 여지가 있다. 헌재의 판례 및 통설은 공권력에 입법권, 행정권, 사법권 일체가 모두 포섭되고, 다만 법원의 재판만은 동항의 명문상 제외된다는 입장을 일찍이 취하여 왔고, 그에 대하여 異說은 없다.
   - 그러나, 1987년 헌법 및 1988년 헌재법을 입법할 당시부터, 주된 논쟁의 대상은 '재판소원을 인정할지의 여부'에 관한 것이었을 뿐, 법률소원을 인정할지의 여부는 거의 논의되지 않았고 현재까지도 그에 대한 별도의 논증은 없다고 할 수 있다. 헌법의 직접적인 명령이 없는 상태에서, 입법자가 입법의 효력을 헌법소원으로써 부정당하는 제도를 예정하고 입법을 한 것일지 의문의 여지가 있고, 법률소원이 적어도 그 자체로서 자명하지는 않으며, 별도의 논증이 필요하다고 본다.
   - 시행령이 헌법소원의 대상으로 되는가? 헌법 제107조 제2항에 의하여 법원에 위헌심사권이 있는 것 아닌가 하는 점에서 문제되는데, 헌재는 직접성을 갖춘 경우라면 헌법소원의 대상으로 된다고 본다.

2. 직접성

- 불합격처분을 매개로 하는 것으로도 보인다는 점에서, 직접성의 유무가 문제된다.
- 직접성의 원칙 : "입법권자의 공권력의 행사의 한 형태인 법률에 대하여 곧바로 헌법소원 심판을 청구하려면 우선 청구인 스스로가 당해 규정에 관련되어야 하고 당해 규정에 의해 현재 기본권의 침해를 받아야 하며 그 침해도 법률에 따른 집행행위를 통하여서가 아니라 직접 당해 법률에 의하여 기본권침해를 받아야 할 것을 요건으로 한다."[22)]
- 재량행위 규정의 경우 : 법령에 근거한 구체적인 집행행위가 재량행위인 경우에는 법령은 집행관청에게 기본권침해의 가능성만을 부여할 뿐, 법령 스스로가 기본권의 침해행위를 규정하고 행정청이 이에 따르도록 구속하는 것이 아니고, 이 때의 기본권의 침해는 집행기관의 의사에 따른 집행행위, 즉 재량권의 행사에 의하여 비로소 이루어지고 현실화되므로 이러한 경우에는 법령에 의한 기본권침해의 직접성이 인정될 여지가 없다.[23)]
- 예외 : "법규범이 집행행위를 예정하고 있더라도 법규범의 내용이 집행행위 이전에 이미 국민의 권리관계를 직접 변동시키거나 국민의 법적 지위를 결정적으로 정하는 것이어서 국민의 권리관계가 집행행위의 유무나 내용에 의하여 좌우될 수 없을 정도로 확정된 상태라면 그 법규범의 권리침해의 직접성이 인정된다."[24)]
- 직접성이 문제되는 것은, 법령이 정한 기본권 제한이 있을지의 여부가 법령 자체에 의해서 정해지느냐 하는 것이다. 이 사건 심판대상의 경우, 법이 (상대적으로) 非제대군인에게 불이익을 주고 있고, 그 불이익의 부여 여부가 행정청의 재량에 의해 결정되는 것이 아니므로, 직접성이 인정된다.
- 다만, 대통령령의 제정을 예정하고 있어서 법률에 대해 직접성이 부인된다고 볼 여지는 있다.

3. 보충성

- 헌재법 제68조 제1항 단서 : "다만, 다른 법률에 구제절차가 있는 경우에는 그 절차를 모두 거친 후가 아니면 청구할 수 없다."
- "헌법재판소법 제68조 제1항 단서에서 말하는 다른 권리구제절차는 공권력의 행사 또는 불행사를 직접대상으로 하여 그 효력을 다툴 수 있는 권리구제절차를 의미하는 것이지, 사후적 · 보충적 구제수단인 손해배상청구나 손실보상청구를 의미하는 것이 아님은 헌법소원 제도를 규정한 헌법의 정신에 비추어 명백하다."[25)]
- "공권력 행사의 일종이라고 할 입법 즉 법률 자체에 의한 기본권침해가 문제가 될 때에는 일반법원에 법령 자체의 효력을 직접 다투는 것을 소송물로 하여 제소하는 길은 없어, 구제절차가 있는 경우가 아니므로, 헌법재판소법 제68조 제1항 단서 소정의 구제절차를 모두 거친 후에 헌법소원을 내야하는 제약이 따르지 않는 이른바 보충성의 예외적인 경우이다."[26)] 즉, 법령소원의 경우에는 언제나, 보충성요건이 충족된다.

  - 이 사건 시행령의 경우, 헌법 제107조 제2항에 의하여 항고소송이 구제수단이 될 수 있는지가 문제될 수 있다. 그러나, 법규명령의 효력유무를 직접적인 소송물로 하여 항고소송을 제기할 수 있다는 법원 판례는 아직 없다(행정소송법 개정안과 관련하여 논의되고 있기는 하다).

4. 권리보호이익[27]

- "헌법소원제도는 국민의 기본권침해를 구제하는 제도이므로, 헌법소원심판청구가 적법하다고 하려면 그 제도의 목적상 권리보호의 이익이 있어야 한다."[28]
- "권리보호이익 내지 소의 이익은, 국가적 · 공익적 입장에서는 무익한 소송제도의 이용을 통제하는 원리이고, 당사자의 입장에서는 소송제도를 이용할 정당한 이익 또는 필요성을 말하는 것으로 소송제도에 필연적으로 내재하는 요청이다. 따라서 권리보호이익이라는 헌법소원심판의 적법요건은 헌법재판소법 제40조 제1항에 의하여 준용되는 민사소송법 내지 행정소송법 규정들에 대한 해석상 인정되는 일반적인 소송원리이지 헌법재판소법 제68조 제1항 소정의 '기본권의 침해를 받은'이라는 부분의 해석에서 직접 도출되는 것은 아니다."[29]
- 심판청구당시 권리보호의 이익이 인정되더라도 심판 계속 중에 생기는 사정변경 즉 사실관계 또는 법제의 변동으로 말미암아 권리보호의 이익이 소멸 또는 제거된 경우에는 원칙적으로 심판청구는 부적법하게 된다."[30]
- 이 사건에서는 권리보호이익이 소멸하였다고 볼 사정이 없다.

---

22) 헌재 1998. 5. 28. 96헌마151, 판례집 10-1, 695

23) 헌재 1998. 4. 30. 97헌마141, 판례집 10-1, 496, 504

24) 헌재 1997. 7. 16 97헌마38, 판례집 9-2, 94, 104. 그 적용례로서, 다음의 결정례도 참고.
"구 방송법 제32조 제2항은 '위원회는 제1항의 규정에 불구하고 대통령령이 정하는 방송광고에 대하여는 방송되기 전에 그 내용을 심의하여 방송 여부를 심의 · 의결할 수 있다'고 규정하고 있어 마치 이 사건 규정들에 의한 기본권 침해는 방송위원회의 심의 · 의결이라는 집행행위를 매개로 하여서만 발생하는 것처럼 보이나, 제3항은, '방송사업자는 제2항의 규정에 의한 방송광고에 대해서 위원회의 심의 · 의결의 내용과 다르게 방송하거나 심의 · 의결을 받지 않은 방송광고를 방송하여서는 아니된다'고 규정함으로써 방송광고를 하고자 하는 자는 누구든지 사전에 심의를 거치도록 의무화하고 있고, '방송심의에 관한 규정' 제59조가 이를 확인하고 있으며, 방송법시행령 제21조의2는 사전심의를 받아야 하는 방송광고의 종류를 나열함으로써 사전심의 대상을 구체화하고 있다. 즉, 이 사건 규정들은 서로 불가분적으로 결합하여 그 자체에서 텔레비전 방송광고의 사전심의라는 의무를 부과하고 있는 것이다. 그렇다면 이 사건 규정들은 집행행위 이전에 이미 국민의 권리관계를 직접 확정적으로 정하고 있다고 할 것이고, 따라서 이 사건 규정들의 권리침해의 직접성은 인정된다."(헌재 2008. 6. 26, 2005헌마506, 판례집 20-1하, 397, 406-407)

25) 헌재 2002. 7. 18. 2000헌마707, 판례집 14-2, 65, 72

26) 헌재 1990. 6. 25. 89헌마220, 판례집 2, 200, 203-204

27) 주로 문제가 되는 것은 기본권 침해가 결정선고 당시에 이미 종료된 경우이다. "헌법소원제도는 국민의 주관적인 기본권 구제를 위한 것일 뿐만 아니라 객관적인 헌법질서의 수호 · 유지를 위하여서도 있는 제도이므로 침해행위가 이미 종료하는 등의 이유로 이미 취소할 여지가 없기 때문에 주관적 권리구제에 별 도움이 안 되는 경우라도 당해 사건에 대한 본안판단이 헌법질서의 수호 · 유지를 위하여 긴요한 사항이어서 그 해명이 헌법적으로 중요한 의미를 지니고 있는 경우나, 그러한 침해행위가 앞으로도 반복될 위험이 있는 경우 등에는 예외적으로 **심판청구의 이익**을 인정하여 이미 종료된 침해행위가 위헌이었음을 확인할 필요가 있다.(헌재 1994. 8. 31. 92헌마174, 판례집 6-2, 249, 268)

28) 헌재 1994. 8. 31. 92헌마174, 판례집 6-2, 249, 268

29) 헌재 2001. 9. 27. 2001헌마152, 판례집 13-2, 447, 454. 헌재법 제68조 제1항 본문 중 '기본권의 침해를

## III. 문제되는 기본권 : 공무담임권, 평등권

### 생각해 볼 점 (3) : 양 기본권의 관계

1. 헌법 제25조는 "모든 국민은 법률이 정하는 바에 의하여 공무담임권을 가진다."고 하여 공무담임권을 기본권으로 보장하고 있다. 공무담임권이란 입법부, 집행부, 사법부는 물론 지방자치단체 등 국가, 공공단체의 구성원으로서 그 직무를 담당할 수 있는 권리를 말한다. 여기서 직무를 담당한다는 것은 모든 국민이 현실적으로 그 직무를 담당할 수 있다고 하는 의미가 아니라, 국민이 공무담임에 관한 자의적이지 않고 평등한 기회를 보장받음을 의미한다.[31)]
2. 그렇다면 적어도 공직박탈이 아닌 공직진입에 관한 한, 공무담임권은 평등권에 대하여 특별법적 관계에 있다고 할 수도 있다[32)]. 그렇다면 공무담임권 심사로 족하다고 볼 것인가?
   - 이 문제는, 평등권의 심사기준과 공무담임권의 심사기준이 같지 않다는 점과 관련하여 실익을 가진다. 특히 '완화된 심사'와 관련하여, [상업광고 사건]에서 '과잉금지원칙에서의 침해최소성'을 완화하여 적용한 예는 있으나, 공무담임권 일반에 대하여 완화된 심사를 하는 법리는 없다(이 점과 관련하여, 헌재 스스로 '기본권 중의 기본권'이라고 칭하는 평등권에 대하여는 유독 완화된 심사를 하는 것은 이해하기 어렵다). 이 점에서, 공무담임권만을 심사기준으로 삼는다는 것은 그 실질에 있어서 평등권에 관하여 엄격심사를 강제하는 것과 같은 기능을 수행하게 된다.
   - 이 사건에서는 평등권과 공무담임권을 전부 심사하였다. 그러나 그 결과에 있어서는, 양 기본권 모두와 관련하여 위헌이라는 동일한 결론을 얻었으므로, 위헌성을 강조한다는 의미 이외에는 별다른 실익이 없는 것이 되었다.

---

받은'이라는 부분의 해석으로부터 헌법소원심판의 권리보호이익이 요구되고 있음을 전제로 하여 동항 소정의 '기본권의 침해를 받은 부분'이 위헌이라는 청구인의 주장을 배척한 설시이다.

30) 헌재 1999. 11. 25. 95헌마154, 11-2, 555, 571

31) 헌재 2005. 5. 26. 2002헌마699등, 판례집 17-1, 734, 743

32) 공무담임권은 공직의 '취득'에만 관련되는 것이라고 보던 과거에는 공무담임권이 전적으로 평등권에 대하여 특별법적 지위를 가진다고 할 수 있었으나, 공직의 '박탈'도 공무담임권의 보호영역에 포함된다고 보는 현재에는 그 부분에 한하여는 평등권과 위상을 달리하는 면이 있게 되었다. [26. 당연퇴직 사건] 참조.

## Ⅳ. 평등권 침해 여부

### 1. 이 사건 가산점 제도가 헌법의 직접적 명령에 의한 것인지의 여부[33]

#### (1) 헌법 제39조 제2항이 가산점제도의 헌법상 근거가 되는지의 여부

헌법 제39조 제1항에 규정된 국방의 의무는 외부 적대세력의 직·간접적인 침략행위로부터 국가의 독립을 유지하고 영토를 보전하기 위한 의무로서, 헌법에서 이러한 국방의 의무를 국민에게 부과하고 있는 이상 병역법에 따라 군복무를 하는 것은 국민이 마땅히 하여야 할 이른바 신성한 의무를 다 하는 것일 뿐, 국가나 공익목적을 위하여 개인이 특별한 희생을 하는 것이라고 할 수 없다. 국민이 헌법에 따라 부과되는 의무를 이행하는 것은 국가의 존속과 활동을 위하여 불가결한 일인데, 그러한 의무를 이행하였다고 하여 이를 특별한 희생으로 보아 일일이 보상하여야 한다고 할 수는 없는 것이다.

그러므로 헌법 제39조 제2항은 병역의무를 이행한 사람에게 보상조치를 취하거나 특혜를 부여할 의무를 국가에게 지우는 것이 아니라, 법문 그대로 병역의무의 이행을 이유로 불이익한 처우를 하는 것을 금지하고 있을 뿐이다. 그리고 이 조항에서 금지하는 "불이익한 처우"라 함은 단순한 사실상, 경제상의 불이익을 모두 포함하는 것이 아니라 법적인 불이익을 의미하는 것으로 보아야 한다. 그렇지 않으면 병역의무의 이행과 자연적 인과관계를 가지는 모든 불이익 —그 범위는 헤아릴 수도 예측할 수도 없을 만큼 넓다고 할 것인데— 으로부터 보호하여야 할 의무를 국가에 부과하는 것이 되어 이 또한 국민에게 국방의 의무를 부과하고 있는 헌법 제39조 제1항과 조화될 수 없기 때문이다.

그런데 가산점제도는 이러한 헌법 제39조 제2항의 범위를 넘어 제대군인에게 일종의 적극적 보상조치를 취하는 제도라고 할 것이므로 이를 헌법 제39조 제2항에 근거한 제도라고 할 수 없다.

#### (2) 헌법 제32조 제6항이 헌법상 근거가 되는지의 여부

헌법 제32조 제6항은 "국가유공자·상이군경 및 전몰군경의 유가족은 법률이 정하는 바에 의하여 우선적으로 근로의 기회를 부여받는다"고 규정하고 있으나, 제대군인은 여기서 말하는 "국가유공자·상이군경 및 전몰군경의 유가족"에 해당하지 아니한다. 구 국가유공자예우등에관한법률에 의하더라도 국가유공자에 해당하지 아니하며(제4조), 단지 입법의 편의상 국가유공자를 위한 가산점제도를 제대군인에게 준용하였을 뿐이었고(제70조), 이 법이 제정되면서부터는 제대군인을 국가유공자와 분리하여 별도로 규율하고 있다[34][35].

33) 이를 검토하는 것은, 헌법의 직접근거에 의한 제도로 인정되는 경우에는 일반적인 평등의 요청(헌법 제11조 제1항)은 그 한도내에서 후퇴할 수밖에 없다는 전제에 입각한 것이다.

34) 이 부분의 설시는, 헌법상의 '국가유공자'의 범위를 헌법 자체가 아닌 법률로부터 도출하였다는 점에서 비판의

### (3) 소 결 (헌법 제11조 제1항 적용의 전제)

| 이와 같이 가산점제도에 헌법적 근거가 없는 이상 이 제도는 제대군인의 사회복귀를 돕겠다는 취지하에 입법정책적으로 도입된 것에 불과하다 할 것이다. |
|---|

## 2. 차별의 대상 (비교집단의 설정)

| 가산점제도는 제대군인과 제대군인이 아닌 사람을 차별하는 형식을 취하고 있다. 그러나 … (중략) … 먼저 무엇보다도 가산점제도는 실질적으로 남성에 비하여 여성을 차별하는 제도이다. … (중략) … 우리나라 남자 중의 80%이상이 제대군인이 될 수 있음을 나타내는 것이다. 이와 같이 전체 남자 중의 대부분에 비하여 전체 여성의 거의 대부분을 차별취급하고 있으므로 이러한 법적 상태는 성별에 의한 차별이라고 보아야 한다.<br>다음으로 가산점제도는 현역복무나 상근예비역 소집근무를 할 수 있는 신체건장한 남자와, 질병이나 심신장애로 병역을 감당할 수 없는 남자, 즉 병역면제자를 차별하는 제도이다. … (중략)<br>마지막으로 가산점제도는 보충역으로 편입되어 군복무를 마친 자를 차별하는 제도이기도 하다. … (중략) |
|---|

**생각해 볼 점 (4) : 이 사건 차별의 '치환'이 갖는 문제점**

1. 다음의 경우들을 비교해 보자.

(1) 군법무관선발전형과 같은 모병제에서 남자에게만 응모자격을 부여하는 법제가 있다고 가정해 본다면, 이 때의 성별에 기한 차별은 '병역제도'의 측면에서 '남자에게 유리하고, 여자에게 불리한' 것이고, 한편 그러한 모병을 거친 제대군인에게 '군가산점'을 부여한다면 그 측면에서도 역시 '남자에게 유리하고, 여자에게 불리한' 것이 될 것이다.

(2) 한편 [5. 병역법 사건]에서 헌재는 징병제 하에서 남자만을 징병하는 것이 성별에 따른 차별을 구성한다는 전제에 서 있었다고 할 수 있는데, 그러한 차별이 '병역제도'의 측면에서

---

여지가 있다. 헌법재판에 있어서 법률은 심사의 '대상'이 될 수 있을 뿐, 심사의 '기준'이 될 수는 없기 때문이다. 이러한 문제는 헌법상의 '형벌'의 개념, '稅'의 개념 등에 관하여도 마찬가지로 제기할 수 있다.

35) [중요] 종전 2000헌마25 결정에서는 헌법 제32조 제6항의 "국가유공자·상이군경 및 전몰군경의 유·가족은 법률이 정하는 바에 의하여 우선적으로 근로의 기회를 부여받는다."는 규정을 넓게 해석하여, 이 조항이 국가유공자 본인뿐만 아니라 가족들에 대한 취업보호제도(가산점)의 근거가 될 수 있다고 보았으나, 오늘날 가산점의 대상이 되는 국가유공자와 그 가족의 수가 과거에 비해 비약적으로 증가하고 있는 현실과 취업보호대상자에서 가족이 차지하는 비율, 공무원시험의 경쟁이 갈수록 치열해지는 상황 등을 고려할 때, 헌법 제32조 제6항의 폭넓은 해석은 필연적으로 일반 응시자의 공무담임의 기회를 제약하게 되는 결과가 될 수 있으므로 위 조항은 엄격하게 해석할 필요가 있어, 위 조항의 보호 대상자는 문리해석대로 "국가유공자", "상이군경" 그리고 "전몰군경의 유가족"이라고 봄이 상당하다.(헌재 2006. 2. 23. 2004헌마675등, 판례집 18-1상, 269, 283-284)

'남자에게 불리하고, 여자에게 유리한' 방향으로 작용한다는 데에는 별 의문이 없을 것이다. 그런데 그러한 똑같은 차별이 앞의 경우와는 달리 '제대군인가산점'의 측면에서는 갑자기 '남자에게 유리, 여자에게 불리'한 것으로 다루어진다는 것은 모순이라고 본다(아래의 도표를 참조).

이러한 헌재의 논리는 결과적으로 남자에게 2중의 불이익을 준다. 즉, 군대에 강제로 징집되는 것을 옹호함으로써 한 번, 그리고 기존에 존재하던 가산점 제도를 없애는 요인이 됨으로써 또다시 한 번의 불이익을 주는 것이다.

2. 제대군인/비제대군인의 구도를 남자/여자의 구도로 치환한다고 하더라도, 그 때의 '남자'는 '군대를 다녀온 남자'라고 보아야 타당하다고 본다. 헌재는 치환을 하는 과정에서, 그러한 연결고리를 갑자기 끊어버린 것이라는 비판을 가할 수 있다.

**생각해 볼 점 (5) : '간접차별'의 '의도' 문제**

헌재는 이 사건에서, 남녀차별의 '의도'가 있는지의 여부는 문제삼지 않았다. 그러나 적어도 미국에서의 간접차별이론은, '형식적으로는 중립적이지만, 차별의 의도가 있는 경우'에 한하여 문제되는 기준에 따른 '간접차별(indirect discrimination)'이 인정된다고 보고 있다.

그런데 가령 우리나라의 경우 과거에 검사는 말할 것도 없고, 판사의 경우에도 95%가 남성이었다. 헌재결정의 논리에 따른다면, 이러한 경우도 남녀차별의 구도로 치환할 수 있다. 그리고 같은 연장선상에서, 제대군인/비제대군인의 차별은, 대머리/非대머리의 차별, 고학력자/저학력자의 차별 등으로 얼마든지 치환할 수 있게 된다(모든 종류의 차별은 항상 다른 종류의 차별로 치환할 수 있다). 이러한 비약을 제어해주는 것이 '의도'라는 기준인데, 헌재는 이를 무시한 것이라는 비판이 가능하다.

## 3. 심사의 기준

- <u>헌법에서 특별히 평등을 요구하고 있는 경우 / 차별적 취급으로 인하여 관련 기본권에 대한 중대한 제한을 초래하는 경우</u>에 엄격심사

<u>평등위반 여부를 심사함에 있어 엄격한 심사척도에 의할 것인지, 완화된 심사척도에 의할 것인지는 입법자에게 인정되는 입법형성권의 정도에 따라 달라지게 될 것이다[36]. 먼저 헌법에서 특별히 평등을 요구하고 있는 경우 엄격한 심사척도가 적용될 수 있다. 헌법이 스스로 차별의 근거로 삼아서는 아니되는 기준을 제시하거나 차별을 특히 금지하고 있는 영역을 제시하고 있다면 그러한 기준을 근거로 한 차별이나 그러한 영역에서의 차별에 대하여 엄격하게 심사하는 것이 정당화된다. 다음으로 차별적 취급으로 인하여 관련 기본권에 대한 중대한 제한을 초래하게 된다면 입법형성권은 축소되어 보다 엄격한 심사척도가 적용되어야 할 것이다.</u>

| 가산점제도는 엄격한 심사척도를 적용하여야 하는 위 두 경우에 모두 해당한다. 헌법 제32조 제4항은 "여자의 근로는 특별한 보호를 받으며, 고용·임금 및 근로조건에 있어서 부당한 차별을 받지 아니한다"고 규정하여 "근로" 내지 "고용"의 영역에 있어서 특별히 남녀평등을 요구하고 있는데, 가산점제도는 바로 이 영역에서 남성과 여성을 달리 취급하는 제도이기 때문이고, 또한 가산점제도는 헌법 제25조에 의하여 보장된 공무담임권이라는 기본권의 행사에 중대한 제약을 초래하는 것이기 때문이다(가산점제도가 민간기업에 실시될 경우 헌법 제15조가 보장하는 직업선택의 자유가 문제될 것이다). |
|---|

**생각해 볼 점 (6) : '관련 기본권에 대한 "중대한" 제한'**

(1) 엄격심사를 해야 할 사유로서 '관련 기본권에 중대한 제약을 초래하는 경우'에 관하여는, '중대한'이라는 말이 ① '기본권의 성격' 자체가 중대할 것을 요하는지, 아니면 ② '기본권제한의 정도'가 중대할 것을 요하는지에 따라서 그 의미가 매우 달라진다. 이에 대하여 헌재는 ②의 견해를 취하고 있는 것으로 보인다.

그에 대한 근거로는, (i) 문언상으로 보더라도 '중대한'은 '제약'을 수식한다는 점, (ii) 이 사건의 경우만 보더라도 '관련 기본권'으로 공무담임권과 직업의 자유 모두를 병렬적으로 나열하고 있다는 점을 들 수 있다. 다음의 판례를 보더라도 헌재가 ②의 견해를 취하고 있다는 점이 확인된다.

| 헌재 2011. 2. 24. 2008헌바56 결정 [직계존속 고소금지 사건] |
|---|
| 라. 재판관 이강국, 재판관 조대현, 재판관 민형기, 재판관 송두환의 합헌의견<br>(가) 범죄 피해자의 고소권은 그 자체로 헌법상의 기본권의 성격을 갖는 것이 아니라 형사절차상의 법적인 권리에 불과하지만, 한편으로는 국민의 재판절차진술권 행사의 전제가 되기도 하므로, 이 점에서 이 사건 법률조항이 비속인 범죄피해자의 재판절차진술권 행사에 중대한 제한을 초래하는 것인지 여부에 대한 판단이 필요하다.<br>(나) 범죄피해자의 헌법상 보장된 재판절차진술권의 행사 여부는 기소의 여부에 따라 결정되는데(헌재 2009. 2. 26. 2005헌마764, 공보 149, 451, 458 참조), 먼저 비친고죄에 있어서는 고소의 존부와 무관하게 기소될 가능성이 있으므로, 이 사건 법률조항은 재판절차진술권의 행사에 간접적·사실적인 제약을 초래할 뿐이라 할 것이며, 이를 두고 재판절차진술권에 중대한 제한을 초래하는 경우에 해당한다고 판단하기는 어렵다.<br>반면, 친고죄에 있어서는 이 사건 법률조항으로 인하여 비속인 범죄피해자는 예외 |

36) 이 설시는 타당하지 않다고 여겨진다. 이는 위 설시는 마치 '입법형성권'이라는 것이 헌법의 바깥으로부터 주어지고 그에 따라서 '헌법적인' 심사의 기준이 달라지는 것처럼 언명하고 있으나, 오히려 입법형성권의 범위를 결정하는 것은 헌법이라고 보아야 한다는 점에서, 선후가 뒤바뀐 논리라고 보기 때문이다.

적인 경우를 제외하고는 원칙적으로 재판절차진술권의 행사를 보장받지 못하게 되므로 재판절차진술권의 행사에 중대한 제한을 받게 됨을 부정할 수 없다.

그러나, … 친고죄의 경우든 비친고죄의 경우든 이 사건 법률조항이 재판절차진술권의 중대한 제한을 초래한다고 보기는 어려우므로, 이 사건 법률조항이 평등원칙에 위반되는지 여부에 대한 판단은 완화된 자의심사에 따라 차별에 합리적인 이유가 있는지를 따져보는 것으로 족하다 할 것이다.

마. 재판관 이공현, 재판관 김희옥, 재판관 김종대, 재판관 이동흡, 재판관 목영준의 위헌의견

이 사건 법률조항은 범죄피해자인 비속에 대하여 단순히 법적 권리인 고소권의 배제·박탈에 그치는 것이 아니라 헌법상 기본권인 재판절차진술권의 행사에 중대한 제한을 초래할 수 있다.

이러한 점은 친고죄의 영역에서 뚜렷하게 드러난다. 구 성폭력범죄의 처벌 및 피해자보호 등에 관한 법률 제18조 및 가정폭력범죄의 처벌 등에 관한 특례법 제6조 제2항의 신설로 이 사건 법률조항이 적용되는 친고죄의 대상범죄가 대폭 축소되었다고는 하나, 이로써 중대한 기본권침해가 회복되었다고 판단하는 것은 특례가 없다면 고소권의 일반적인 제한은 중대한 기본권침해가 된다는 전제를 인정하는 것에 다름 아니며, 고소권의 제한규범으로 인한 재판절차진술권 침해의 중대성 여부는 그 규범이 적용되는 범죄의 범위의 광협이나 법정형의 고저에 따라 달리 판단될 수는 없다. 고소권의 완전한 박탈은 적용되는 범죄의 범위와 죄질을 불문하고 그 자체로 재판절차진술권의 중대한 제한으로 이어진다고 보아야 한다.

비친고죄의 경우에도 재판절차진술권의 중대한 제한이 초래될 수 있다. 자신의 법익침해에 대하여 항거할 수단을 친족이라는 타인의 의중에 맡기는 방식은 개인이 권리의 주체로 올라선 근대 이후의 법률이념에 부합하지 않으며, 재판절차진술권의 중대한 제한을 가져온다고 할 수밖에 없다.

따라서, 비속의 존속에 대한 고소를 금지하는 이 사건 법률조항으로 인하여 비속의 재판절차청구권은 중대한 제한을 받게 된다 할 것이므로 위헌심사의 기준은 엄격한 심사척도에 의하여야 한다.

(2) 그러나, ②와 같이 관련 기본권에 대한 '제한의 정도가' 중대할 경우에 엄격심사를 해야 한다고 하는 경우의 문제점으로는 다음과 같은 것을 지적할 수 있다.

1) 이것이 만약 기본권 제한의 정도가 '침해에 이를 정도의' 중대한 제약을 의미하는 것이라면 그 자체로 위헌인 것이고, 평등권 위배 여부를 심사할 필요조차도 없을 것이다.

2) 다음으로, 제한은 했으되 침해에는 이르지 않는 그 어느 단계를 지칭하는 것이라고 볼 수도 있겠으나, 그러한 경우라면 그 관련 개별기본권에 따른 (비례)심사를 하면 그만이고, 평등권에 관한 엄격심사를 독자적으로 하는 데에는 아무런 의미가 없을 것이다. 헌

법재판의 목적은 '위헌여부를 심사'하는 데 있을 뿐, 반드시 '평등권' 위배여부를 심사해야 하는 것이 아니기 때문이다. '엄격심사'가 독자적인 유용성을 가지려면, 그것은 개별기본권에 대한 심사기준인 과잉금지원칙보다 더 엄격한 심사기준이어야만 할 것이다. 즉, 개별기본권만을 통한 판단결론과는 달리, 더 엄격한 심사기준에 의한 심사를 통하여 비로소 위헌이라는 결론을 얻게 되는 경우라야 할 것이다. 그러나 실제로는, 관련기본권에 따른 심사기준보다 '엄격심사'에 따른 심사기준이 더 엄격하다고 보는 경우는 없다.

(3) 그렇기 때문에 私見으로는, 여기서의 '중대한'이라는 것은 (제약의 정도가 아닌) '기본권이' 중대한 것을 의미한다고 봐야 한다고 생각한다. 미국의 경우, 선거권 등의 fundamental right에 대한 제한은 언제나 엄격심사의 대상이 된다고 보고 있는데, 이와 유사한 사고체계를 채택한 것이 이 사건 결정의 취지라고 보아야 한다고 생각한다.

## 4. 구체적 심사

### (1) 입법목적의 정당성

> 가산점제도의 주된 목적은 군복무 중에는 취업할 기회와 취업을 준비하는 기회를 상실하게 되므로 이러한 불이익을 보전해 줌으로써 제대군인이 군복무를 마친 후 빠른 기간내에 일반사회로 복귀할 수 있도록 해 주는 데에 있다. 인생의 황금기에 해당하는 20대 초·중반의 소중한 시간을 사회와 격리된 채 통제된 환경에서 자기개발의 여지없이 군복무 수행에 바침으로써 국가·사회에 기여하였고, 그 결과 공무원채용시험 응시 등 취업준비에 있어 제대군인이 아닌 사람에 비하여 상대적으로 불리한 처지에 놓이게 된 제대군인의 사회복귀를 지원한다는 것은 입법정책적으로 얼마든지 가능하고 또 매우 필요하다고 할 수 있으므로 이 입법목적은 정당하다[37].

### (2) 차별취급의 적합성[38]

> 제대군인에 대한 사회복귀의 지원은 합리적이고 적절한 방법을 통하여 이루어져야 한다. …
> (중략)
> 그런데 가산점제도는 이러한 합리적 방법에 의한 지원책에 해당한다고 할 수 없다. 가산점제도는 공무원 채용시험의 필기시험의 각 과목별 만점의 5% 또는 3%를 제대군인에게 가산토록

37) 헌재는 이미 앞에서 '제대군인/비제대군인'의 구도를 '남자/여자'의 구도로 치환하여 놓고는, 이 부분 설시에서는 다시 '제대군인/비제대군인'의 구도로 돌아가 있어서, 일관성을 잃고 있다.

38) 이는 과잉금지원칙에서의 '방법의 적절성' 심사에 대응하는 것으로 볼 수 있을 것인데, 이 사건에서의 구체적인 설시는 '방법의 적절성' 심사에서 통상 이루어지는 것과는 동떨어진 사고에 기반하고 있다. 방법의 적절성심사에서는 원론적으로 문제된 수단이 effective한지의 여부만을 문제삼을 뿐, 그것이 '합리적인' 방법인지는 문제삼지 않기 때문이다.

함으로써 제대군인의 취업기회를 특혜적으로 보장하고, 그 만큼 제대군인이 아닌 사람의 취업의 기회를 박탈 · 잠식하는 제도이다. … (중략)

### (3) 차별취급의 비례성

차별취급을 통하여 달성하려는 입법목적의 비중에 비하여 차별로 인한 불평등의 효과가 극심하므로 가산점제도는 차별취급의 비례성을 상실하고 있다. (중략)

### (4) 여성공무원채용목표제와의 관계

채용목표제는 이른바 잠정적 우대조치의 일환으로 시행되는 제도이다. 잠정적 우대조치라 함은, 종래 사회로부터 차별을 받아 온 일정집단에 대해 그동안의 불이익을 보상하여 주기 위하여 그 집단의 구성원이라는 이유로 취업이나 입학 등의 영역에서 직 · 간접적으로 이익을 부여하는 조치를 말한다. 잠정적 우대조치의 특징으로는 이러한 정책이 개인의 자격이나 실적보다는 집단의 일원이라는 것을 근거로 하여 혜택을 준다는 점, 기회의 평등보다는 결과의 평등을 추구한다는 점, 항구적 정책이 아니라 구제목적이 실현되면 종료하는 임시적 조치라는 점 등을 들 수 있다. … (중략)

ㄱ) 채용목표제는 가산점제도와는 제도의 취지, 기능을 달리 하는 별개의 제도이다.

채용목표제는 종래부터 차별을 받아 왔고 그 결과 현재 불리한 처지에 있는 여성을 유리한 처지에 있는 남성과 동등한 처지에까지 끌어 올리는 것을 목적으로 하는 제도이다. 이에 반하여 가산점제도는 공직사회에서의 남녀비율에 관계없이 무제한적으로 적용되는 것으로서, 우월한 처지에 있는 남성의 기득권을 직·간접적으로 유지·고착하는 결과를 낳을 수 있는 제도이다.

ㄴ) 채용목표제의 효과는 매우 제한적이다.

첫째, 평등지향의 목표 자체가 제한적이다. 2002년 최종연도까지 행정·외무고등고시의 경우 20%, 7급 공채(교정·소년보호·보호관찰 직렬 제외)의 경우 25%, 9급 공채의 경우 30%를 목표로 삼고 있다. 둘째, 채용목표제는 한시적, 잠정적 제도이다. 2002년이 지나면, 그리고 위 목표가 달성되면 채용목표제는 종료된다. 셋째, 심판기록에 편철된 「여성채용목표제에 의한 여성합격자 비율」에 의하면 1996년부터 1998년까지 3년간 행정고시의 경우 연간 2명에서 5명까지, 7급 국가공무원 채용시험의 경우 연간 9명에서 16명까지의 여성만이 채용목표제의 혜택을 받아 최종합격하였다. 연간 만여명의 7급공무원 여성응시자, 또 연간 4, 5만여명의 9급공무원 여성응시자에게 심대한 불이익을 가하는 가산점제도로 인한 피해를 이러한 실적의 채용목표제로 보전하기는 어려울 것이다.

이상과 같은 점을 고려해 볼 때 채용목표제의 존재를 이유로 가산점제도의 위헌성이 제거되거나 감쇄된다고는 할 수 없다.

## 5. 소결론

| 가산점제도는 제대군인에 비하여, 여성 및 제대군인이 아닌 남성을 비례성원칙에 반하여 차별하는 것으로서 헌법 제11조에 위배되며, 이로 인하여 청구인들의 평등권이 침해된다. |
|---|

# V. 공무담임권 침해 여부

1) 공무담임권과 능력주의

(중략) 선거직공직과 달리 직업공무원에게는 정치적 중립성과 더불어 효율적으로 업무를 수행할 수 있는 능력이 요구되므로, 직업공무원으로의 공직취임권에 관하여 규율함에 있어서는 임용희망자의 능력·전문성·적성·품성을 기준으로 하는 이른바 능력주의 또는 성과주의를 바탕으로 하여야 한다. (중략)

다만, 헌법의 기본원리나 특정조항에 비추어 능력주의원칙에 대한 예외를 인정할 수 있는 경우가 있다. 그러한 헌법원리로는 우리 헌법의 기본원리인 사회국가원리를 들 수 있고, 헌법조항으로는 여자·연소자근로의 보호, 국가유공자·상이군경 및 전몰군경의 유가족에 대한 우선적 근로기회의 보장을 규정하고 있는 헌법 제32조 제4항 내지 제6항, 여자·노인·신체장애자 등에 대한 사회보장의무를 규정하고 있는 헌법 제34조 제2항 내지 제5항 등을 들 수 있다. 이와 같은 헌법적 요청이 있는 경우에는 합리적 범위안에서 능력주의가 제한될 수 있다[39].

2) 가산점제도의 공무담임권 침해성

가) 위에서 본 바와 같이 제대군인 지원이라는 입법목적은 예외적으로 능력주의를 제한할 수 있는 정당한 근거가 되지 못하는데도 불구하고, 가산점제도는 능력주의에 기초하지 아니하는 불합리한 기준으로 공무담임권을 제한하고 있다. (중략)

나) 가산점제도에 의한 공직취임권의 제한은 위 평등권침해 여부의 판단부분에서 본 바와 마찬가지 이유로 그 방법이 부당하고 그 정도가 현저히 지나쳐서 비례성원칙에 어긋난다.

다) 결론적으로 가산점제도는 능력주의와 무관한 불합리한 기준으로 여성과 장애인 등의 공직취임권을 지나치게 제약하는 것으로서 헌법 제25조에 위배되고, 이로 인하여 청구인들의 공무담임권이 침해된다.

39) 이와 같은 '부가적인 헌법적 요청'이 있는 경우에 한해서만 능력주의가 제한될 수 있다는 판시가 타당한 것인지에 대하여는, 의문의 여지가 있다. 만약에 타당한 것이라면, 예컨대 최근의 '서울특별시 공무원 고졸자 10% 우선채용제도'라든지 '지역인재할당제' 같은 것들은 모두 위헌이라고 보아야 할 수도 있다.

## VI. 결론

| 제대군인지원에관한법률 제8조 제1항, 제3항 및 동법시행령 제9조는 헌법에 위반된다.[40][41] |
|---|

<table>
<tr><th colspan="3">평등심사의 방법</th></tr>
<tr><td colspan="3">[헌법 제11조 제1항의 입법자 구속 여부] - 입법자 구속설이 통설</td></tr>
<tr><td colspan="3">[동항 단서 소정 사유의 성격] - 예시설 vs. 열거설</td></tr>
<tr><td colspan="3">[평등의 의미] - 절대적 평등설 vs. 상대적 평등설<br>상대적 평등설(통설) : 같은 것은 같게, 다른 것은 (그 비율에 따라) 다르게</td></tr>
<tr><td>같은 처우를 하는 경우</td><td>태양</td><td>다른 처우를 하는 경우</td></tr>
<tr><td>본질적으로 서로 다른 것을 같게 처우</td><td>청구인이 평등권침해에 관하여 주장해야 할 내용</td><td>본질적으로 서로 같은 것을 다르게 처우</td></tr>
<tr><td>본질적으로 다른가</td><td>차별의 존재확인 기준</td><td>본질적으로 같은가</td></tr>
<tr><td colspan="3">[같음/다름의 판단기준] 법률조항의 의미와 목적[42]</td></tr>
<tr><td>차별 부존재 → 심사 종료 (기본권침해가능성이 없으므로 각하)</td><td>본질적으로 같은 경우</td><td>차별 존재 → 정당화여부 심사에 나아감</td></tr>
<tr><td>차별 존재 → 정당화여부 심사에 나아감</td><td>본질적으로 다른 경우</td><td>차별 부존재 → 심사 종료 (기본권침해가능성이 없으므로 각하)</td></tr>
<tr><td colspan="3">[정당화여부 심사의 기준] 자의성 심사 vs. 엄격 심사</td></tr>
<tr><td>이혼시 재산분할을 청구하여 상속세 인적공제액을 초과하는 재산을</td><td>例</td><td></td></tr>
</table>

40) 이 사건 주문은 위헌결정의 전형적인 주문례를 따르고 있다. 그러나 이는 헌재법 제75조 ②("제68조제1항의 규정에 의한 헌법소원을 인용할 때에는 인용결정서의 주문에서 침해된 기본권과 침해의 원인이 된 공권력의 행사 또는 불행사를 특정하여야 한다.")와는 달리, 침해된 기본권을 특정해주지 않고 있다는 점에서, 위법한 것이라는 비판도 가능하다.

41) 이 사건의 경우에는 헌법불합치결정을 선고하지 않고 단순위헌을 선언하였다. 평등원칙 위배를 이유로 하여 헌법불합치결정을 하는 것은 수익적 규범을 사회국가적 관점에서 바라보는 것으로서, 합헌적인 급부의 구체적인 실현은 의회에 맡긴다는 취지를 담고 있다. 그에 비하여 이 사건에서는, 평등권보다는 비제대군인의 '공무담임권'의 침해에 보다 초점을 둔 것이라고 보아야 할 것이다.

| 취득한 경우 그 초과부분에 대하여 증여세를 부과하도록 규정하고 있는 상속세법 규정은, ""같은 것을 같게, 다른 것을 다르게"라는 평등의 규준을 어기고, 본질적으로 다른 것을 같게 다룸으로써 자신의 실질적 공유재산을 청산받는 혼인당사자를 합리적 이유없이 불리하게 차별하는 것이므로 조세평등주의에도 위배된다." (1997. 10. 30. 96헌바14, 판례집 9-2, 454) | | |
|---|---|---|
| 다른 것을 다르게 처우하는 '비율'이 잘못되었다고 주장할 가능성도 있으나, 판단례는 없다. | | |

[기고] 군 가산점, 성차별인가 (조선일보 2010. 9. 16.)

정주백 충남대 교수·법학

군 가산점의 부활에 관해 국회에서 논의가 이루어지고 있는데, 여성계에서 반대의견을 내고 있다고 한다. 1999년 헌법재판소는 군 가산점을 위헌이라고 결정했다. 병역은 헌법상의 의무이므로 보상이 있을 수 없다는 것과 여성의 평등권이 침해되었다는 것인데, 후자가 주요한 이유였다. 그러나 이는 받아들이기 어려운 것이다. 적어도 남녀평등론은 군 가산점 부활에 대한 반대

42) 헌재가 2009. 9. 24. 선고한 2007헌바87 사건에서 심판의 대상으로 된 법률조항은, 고급오락장용 건축물을 취득하는 경우에는 보통의 건축물을 취득하는 경우에 비하여 다액의 취득세를 부과하도록 정하고 있었다.
그런데 청구인은, 당해사건에서 문제된 건축물이 고급오락장용 건축물이기는 하나, 자신은 이 건축물을 고급오락장용으로 사용할 의도가 없음에도 불구하고 취득세를 重課하는 것은 자신의 평등권을 침해한다고 주장하였다. 즉, '고급오락장으로 사용할 목적을 가지는 취득행위'와 '고급오락장으로 사용할 목적을 가지지 않는 취득행위'를 동등하게 취급하는 것은 평등원칙에 위배된다는 것이다.
이에 대하여 헌법재판소는 심판대상 법률조항의 주된 목적이 사치성 재산의 소비를 억제하고 국민의 건전한 소비생활 정착을 도모하는 데에 있는 한, '고급오락장으로 사용할 목적을 가지는 취득행위'와 '고급오락장으로 사용할 목적을 가지지 않는 취득행위'는 본질적으로 상이한 집단이므로 그 취득목적에 따라 취득세 중과세 여부가 달라져야 할 것인바, 이러한 양자의 차이가 반영되지 아니한 채 심판대상 법률조항이 '고급오락장으로 사용할 목적을 가지지 않은 취득행위'에 대하여도 적용되는 것은 불합리한 차별취급에 해당하여 평등원칙에 위반된다고 판시하였다.
그런데 흥미로운 것은, 헌재가 2005. 5. 26. 선고한 2004헌바27 결정에서는 동일한 쟁점에 대하여, 취득목적이라는 것은 지극히 주관적이어서 이를 객관적으로 확인하는 것은 매우 어려운 일일 뿐 아니라 고급오락장의 취득목적에 따라 취득세 중과세 여부를 달리하는 것은 그 해석과 법집행상의 자의가 개재될 여지가 있으며 유통세인 취득세의 본질과도 상응하지 않으므로 고급오락장의 취득목적이 "본질적으로 다른 두 개의 비교집단"을 나누는 기준은 될 수 없다고 판시하였다는 것이다. 그렇다면, 무엇이 같고 다른가?

논거가 될 수 없다는 생각이다.

'제대군인지원에 관한 법률'(제대군인지원법)은 취업보호 실시기관이 직원을 채용하는 시험을 실시할 경우 제대군인에 대해 만점의 5% 범위 안에서 가산점을 부여하도록 정하고 있었다. 제대군인지원법은 남성이 아니라, '제대군인'에게 가산점을 부여하도록 정하고 있다. 국가유공자에게 가산점을 부여한다고 하여 여성을 차별한다고 말할 수 있는가. 그럴 수 없을 것이다.

헌재가 제대군인 가산점을 여성차별이라고 판단한 것은 제대군인과 비(非)제대군인의 문제를 남성과 여성의 문제로 잘못 본 것이다. 그 논리는 '전체 여성 중의 극히 일부분만이 제대군인에 해당될 수 있는 반면, 남성의 대부분은 제대군인에 해당하므로 가산점제도는 실질적으로 성별에 의한 차별'이라는 것이다. 이 논리는 매우 심각한 흠을 가지고 있다.

제대군인의 대부분이 남성인 까닭은 병역법 때문이다. 병역법 제3조 제1항은 대한민국 국민인 남성은 의무적으로, 여성은 선택적으로 병역을 이행하도록 정하고 있다. 그래서 대부분의 남성은 병역법에 따라 병역을 마친 후 제대군인으로 되었고, 대부분의 여성은 병역을 선택하지 않아 제대군인이 되지 않았다. 만약 남녀 모두를 상대로 징집하거나, 남녀 모두를 대상으로 하는 모병제로 바뀐다면, 제대군인에 대하여 가산점을 부여하더라도 이것이 성차별의 문제로 되지는 않는다. 모병에 응한 사람의 99%가 남성이거나 여성이더라도 그 논리는 마찬가지다. 국가유공자의 대부분이 남자라고 하여 성차별의 문제가 생기지 않는 것과 같다.

이렇게 제대군인지원법은 남녀를 차별하지 않고, 병역법은 남녀를 차별하고 있다. 양자를 결합하면 여성은 자신의 선택에 따라 군역을 마친 후 군 가산점을 받거나, 군역과 군 가산점을 모두 포기할 수 있다. 남성은 의무적으로 군역을 부담하고 거기에 대한 보상으로 군 가산점을 부여받고 있으나, 군 가산점을 부여받지 아니하더라도 군역을 부담하지 않겠다고 할 수는 없다. 그러면 군역과 군 가산점에 있어서 남성과 여성 중 어느 쪽이 차별받고 있는가는 분명하다. 병역법에 대해서는 현재 남성인 청구인이 자신의 평등권이 침해되었다고 주장하면서 헌법소원을 제기하였고, 현재 헌재에서 심리 중에 있다.

**헌재 결정은 남성이 병역법에 따라 의무적으로 병역의무를 이행하고, 여성은 자신의 뜻으로 병역을 이행하지 않은 결과로 나타난 제대군인의 성비(性比)를 도리어 남성에게 불리하게 해석한 것**이다. 남성을 차별하는 병역법 조항이, 성 중립적인 제대군인지원법을 위헌으로 하는 이유가 됨으로써 그나마 남성의 병역의무에 대해 이루어지는 약소한 보상조치마저 무효가 됐다.

군 가산점은 성차별적 요소가 없을 뿐만 아니라 희생과 봉사에 대한 보상으로서 정당한 것이다. 만약 군 가산점이 부활하여 그것이 다시 헌재의 심판대상으로 되더라도 그 조항이 성차별이라는 주장은 받아들여져서는 안 된다는 생각이다.

| | | 남녀 차별 여부 | | 구제방법 |
|---|---|---|---|---|
| | | 병역제도 | 제대군인가산점 | |
| 모병제 | only man | ○<br>(남성에게 유리,<br>여성에게 불리) | X | 병역제도를 다투어야<br>(가산점제도가 '여성을' 차별하는 제도라고 다툴 수 있을까? 없다면 왜일까?) |
| | man and woman | X | X | |
| 징병제 | man and woman | X | X | |
| | only man | ○<br>(남성에게 불리,<br>여성에게 유리) | ?<br>(이 사건의<br>문제상황) | |

# 5. 병역법 사건

**병역법 제3조 제1항 등 위헌확인(제8조 제1항)**
**헌재 2010. 11. 25. 2006헌마328, 판례집 22-2하, 446**

[사안의 개요]

(1) 청구인은 1981. 8. 13.생의 남성이고, 2005. 10. 1. 모집병(카투사)에 지원하여 2005. 12. 3. 병무청으로부터 육군 모집병 입영통지서를 이메일로 수령한 후 2006. 3. 13. 입대하였다.

(2) 청구인은 남성에게만 병역의무를 부과하는 구 병역법 제3조 제1항 및 제8조 제1항이 청구인의 평등권 등을 침해하여 헌법에 위반된다고 주장하며 2006. 3. 10. 위 조항들의 위헌확인을 구하는 이 사건 헌법소원심판을 청구하였다.

이 사건 심판대상 법률조항들과 관련 조항의 내용은 다음과 같다.

[심판대상 법률조항]

구 병역법(1983. 12. 31. 법률 제3696호로 개정되고, 2009. 6. 9. 법률 제9754호로 개정되기 전의 것)

제3조(병역의무) ① 대한민국 국민인 남자는 헌법과 이 법이 정하는 바에 의하여 병역의무를 성실히 수행하여야 한다. 여자는 지원에 의하여 현역에 한하여 복무할 수 있다.

제8조(제1국민역에의 편입 및 편입대상자신고) ① 대한민국 국민인 남자는 18세부터 제1국민역에 편입된다.

[관련 조항]

구 병역법(2009. 6. 9. 법률 제9754호로 개정되기 전의 것)

제1조(목적) 이 법은 대한민국 국민의 병역의무에 관하여 규정함을 목적으로 한다.

제3조(병역의무) ② 이 법에 의하지 아니하고는 병역의무에 대한 특례를 규정할 수 없다[43].

③ 제1항에 따른 병역의무 및 지원은 인종ㆍ피부색 등을 이유로 차별하여서는 아니 된다.

④ 병역의무자로서 6년 이상의 징역 또는 금고의 형을 선고받은 사람은 병역에 복무할 수 없으며 병적에서 제적된다.

제5조(병역의 종류) ① 병역은 다음 각 호와 같이 현역ㆍ예비역ㆍ보충역ㆍ제1국민역 및 제2국민역으로 구분한다.

1. 현역: 징집 또는 지원에 의하여 입영한 병과 이 법 또는 「군인사법」에 의하여 현역으로 임용된 장교ㆍ준사관ㆍ부사관 및 무관후보생
2. 예비역: 현역을 마친 사람 기타 이 법에 의하여 예비역에 편입된 사람
3. 보충역: 징병검사를 받아 현역복무를 할 수 있다고 판정된 사람중에서 병력수급사정에 의하여 현역병입영대상자로 결정되지 아니한 사람과 공익근무요원ㆍ공중보건의사ㆍ징병전담의사ㆍ국제협력의사ㆍ공익법무관ㆍ공익수의사ㆍ전문연구요원ㆍ산업기능요원으로

복무 또는 의무종사하고 있거나 그 복무 또는 의무종사를 마친 사람 기타 이 법에 의하여 보충역에 편입된 사람

4. 제1국민역: 병역의무자로서 현역 · 예비역 · 보충역 또는 제2국민역이 아닌 사람
5. 제2국민역: 징병검사 또는 신체검사결과 현역 또는 보충역복무는 할 수 없으나 전시근로소집에 의한 군사지원업무는 감당할 수 있다고 결정된 사람 기타 이 법에 의하여 제2국민역에 편입된 사람

## I. 심판대상의 특정

- 병역법 제3조 제1항 후문 : 심판대상에서 제외[44].

| 구 병역법 제3조 제1항 후문은 여성의 병역에 관한 사항을 정한 것으로 남성인 청구인에 대하여 자기관련성이 인정되지 아니함이 명백하다.<br>그러므로 이 사건의 심판대상은 구 병역법(1983. 12. 31. 법률 제3696호로 개정되고, 2009. 6. 9. 법률 제9754호로 개정되기 전의 것) 제3조 제1항 전문 및 제8조 제1항이 청구인의 기본권을 침해하여 위헌인지 여부로 한정하기로 한다. |
|---|

43) 이러한 규정은 다른 법률에도 종종 있는데, 예컨대 조세특례제한법 제3조 제1항("이 법, 「국세기본법」 및 조약과 다음 각 호의 법률에 따르지 아니하고는 조세특례를 정할 수 없다")이나 『부담금관리 기본법』 제3조("부담금은 별표에 규정된 법률에 따르지 아니하고는 설치할 수 없다")를 들 수 있다. 그러나 이런 규정에 위배되어 다른 법률에서 특례를 정한다 하더라도, 위 조항들을 위배하였다는 이유로 그 효력이 영향을 받지는 않는다. '상위규범'이 아니라 '동위의 규범'인 법률조항에 불과하기 때문이다.

44) 심판의 대상은 원칙적으로 심판청구의 대상과 일치하여야 한다. 그러므로 심판청구의 대상이 된 법률조항 중 일부에 대한 청구가 일견 명백하게 부적법한 경우라 하더라도, 그 일부를 포함하여 심판대상으로 일단 삼고 그 일부에 대하여 주문에서 각하결정을 하여야 하는 것이 원칙이다. 그러나 실무적으로는 간이하게 그러한 일부를 처음부터 심판대상에서 제외하기도 한다. 헌법재판에서는 민사소송에서와 같은 엄격한 처분권주의가 적용되지 않기 때문에, 헌재가 심판대상을 확정하는 데 일정한 재량을 가지기 때문이다. 그리고 이러한 경우에 '심판대상을 한정하는 판단'은 '적법여부의 판단'에 선행한다. 그리고 결정의 주문은 심판대상에 대한 것이기 때문에, 이와 같이 심판대상에서 제외된 부분에 대하여는 주문이 없게 된다. 아래의 이 사건 결정주문을 참조.

## II. 적법요건에 대한 판단

### 1. 병역법 제8조 제1항에 대한 청구 : 청구기간 도과 → 부적법.

> 헌법재판소법 제68조 제1항의 규정에 의한 헌법소원심판은 그 사유가 있음을 안 날부터 90일, 그 사유가 있은 날부터 1년 이내에 청구하여야 하므로(헌법재판소법 제69조 제1항), 법령에 대한 헌법소원심판은 법령의 시행과 동시에 기본권의 침해를 받게 되는 경우에는 그 법령이 시행된 사실을 안 날부터 90일, 법령이 시행된 날부터 1년 이내에, 법령이 시행된 뒤에 비로소 그 법령에 해당되는 사유가 발생하여 기본권의 침해를 받게 되는 경우에는 그 사유가 발생하였음을 안 날부터 90일, 그 사유가 발생한 날부터 1년 이내에 청구하여야 한다(헌재 2007. 2. 22. 2003헌마428등, 판례집 19-1, 118, 131 참조).
>
> 그런데 1981. 8. 13.생인 청구인은 구 병역법 제8조 제1항, 제2조 제2항에 의하여 1999. 1. 1. 제1국민역에 편입되었고, 그 때에 구 병역법 제8조 제1항으로 인한 기본권 침해의 사유가 발생하였다고 할 것인바, 그로부터 1년이 경과하여 한 이 사건 심판청구 가운데 구 병역법 제8조 제1항에 대한 청구는 청구기간이 도과한 것으로서 부적법하다.

※ '사유가 발생한 날부터 1년'이 경과하였다고 인정되는 경우에는, '사유가 발생하였음을 안 날부터 90일'이 경과하였는지의 여부를 따로 검토할 필요가 없다.

### 2. 병역법 제3조 제1항 전문(이하 '이 사건 법률조항')에 대한 청구

#### 가. ① 청구인의 기본권주체성, ② 법률조항의 공권력행사성, ③ 기본권침해의 현재성, ④ 보충성, ⑤ 변호사강제주의에 관하여는 별다른 문제가 없다.

#### 나. 기본권침해가능성, 자기관련성

(1) 법정의견(8인) : 긍정하는 전제에서 본안판단에 나아감.

(2) 민형기 재판관의 반대의견 : 부정.

> 수혜적인 법률의 경우에는 수혜범위에서 제외된 자가 자신이 평등원칙에 반하여 그 대상에서 제외되었다는 주장을 하는 것이 보통이고, 그와 같은 경우 상대방 비교집단에게 혜택을 부여하는 법률이 헌법에 위반된다고 선언되어 그러한 혜택이 제거됨으로써 비교집단과의 관계에서 자신의 법적 지위가 상대적으로 향상된다고 볼 여지가 있다면, 그 법률을 직접 적용받는 자가 아니라 하더라도 자기관련성을 인정할 수 있다.

⇒ 이 사건 법률조항으로 인하여 청구인의 기본권, 즉 평등권이 침해될 가능성이 있다고 보기 어려울 뿐만 아니라, 설령 그 기본권침해 가능성이 인정된다 하더라도 이 사건 법률조항에 대한 위헌결정으로 인하여 그러한 기본권침해의 상태가 회복되거나 청구인에게 유리한 법적 효과 내지는 법적 지위의 향상을 가져올 것이라고 보기도 어려우므로, 자기관련성 또는 심판청구의 이익이 인정되지 않는다.

**생각해 볼 점 (1) : 위 반대의견에 대하여 가능한 반론**

1. 위 반대의견은 '모든 국민'이 군대를 가야 하는 것이 원칙적인 상태라는 전제하에, '여성이 군대를 안 가는 것'이 일종의 편익이라는 관점에서 접근한 것으로도 보인다. 그러나, 이 사건 법률조항의 수범자는 어디까지나 남자뿐이라는 점에서, 이 사건 법률조항은 수익적 법률조항이 아니라 침익적 법률조항이라고 보아야 한다. 즉, 전제가 타당하지 않다.
2. 평등권의 침해가능성이 없다는 것은, 차별 자체가 없다는 것을 의미한다. 그러나 남자와 여자에 대하여 법적 처우를 달리하는 것이 바로 차별이라는 점에서(물론 서로 다른 것을 다르게 처우하는 것이므로 차별이 없다는 논리도 가능한 것이나, 민형기 재판관이 이를 지적하는 것은 아니다), 평등권의 침해가능성이 없다고 보기는 곤란하다.
3. 성별을 이유로 하는 차별이 문제되는 상황에서, 한 성별에 대한 처우내용이 상대 성별과의 관계에서 갖는 상대적인 우열은 평등권 침해여부를 결정할 수 없다. 미국 연방대법원은 Brown 판결[45]에서, '분리되지만 평등한 처우(separate but equal)'를 합헌이라고 결정했던 1896년의 Plessy v. Ferguson 판결(열차요금, 시설, 차장 등의 유형적인 요소가 같다면, 인종에 따라 칸을 분리하더라도 평등에 반하지 않는다는 취지)의 입장을 명시적으로 변경하였다. 이는, 분리로 인한 '처우의 내용'이 상대집단보다 열악한 것인지의 여부와는 관계없이, 인종을 이유로 하는 '분리 그 자체가' 평등권을 침해한다는 취지이다. ⇒ 만약에 여자를 나약한 존재로 보는 것을 문제삼아, 여자도 징병해 줄 것을 '여자가' 요구한다면, 즉 병역법 제3조 제1항 전문이 위헌이라고 여자가 헌법소원을 제기한다면 어떻게 될 것인가? 열등한 여자로 보는 시선 자체가 평등권을 침해하는 '차별'인 것이다. 이 점에서도, 평등권의 침해가능성이 없다고 볼 수는 없다.
4. 이 사건 법률조항이 수익적 법률조항이라고 가정한다면, 수익으로부터 배제된 자의 청구에 의하여 평등권 침해가 인정될 경우 헌재는 헌법불합치 결정을 하게 되는데, 이는 합헌적 상태를 어떻게 회복할 것인가에 대하여 의회가 다시 결정하여야 함을 의미한다[46]. 그리고 이때의 합헌적 법률상태란, 청구인의 법적 지위가 나아지지 않는 경우도 예정하고 있는 것으로서, 논리필연적으로 그의 법적 지위가 나아져야 하는 것은 아니다. 청구인의 법적 지위가 의회의 입법형성권을 구속할 수는 없기 때문이다.
   (이에 관한 대표적인 예로서, 국적법 부칙 제7조 제1항에 관한 사건을 들 수 있다. 종전에 부계혈통주의를 규정하고 있던 국적법이 부모양계혈통주의를 취하는 내용으로 1997. 12. 13. 개정되면서 개정법 부칙 제7조 제1항은, '신법 시행 전 10년 동안에 태어난 자'로서

父가 외국인이어서 대한민국 국적을 취득할 수 없었던 자에게 국적취득을 신청할 수 있도록 하였다. 이에 대하여 1955년생인 제청신청인의 위헌제청신청을 법원이 받아들였고, 헌재는 2000. 8. 31. 선고 97헌가12 결정으로 위 부칙조항에 대하여 헌법불합치를 선언하였다. 그리하여 위 부칙조항은 2001. 12. 19. 개정되었으나, 그 내용은 '신법 시행 전 20년 동안에 태어난 자'에 한하여 신청권을 부여하는 것이어서, 제청신청인의 법적 지위는 결국 달라지지 않았다.)

**생각해 볼 점 (2) : 문제될 수 있는 그 외의 적법요건들**

1. 직접성

(1) 헌법 제39조 제1항으로부터 바로 어떤 구체적인 의무가 발생하는가? '모든 국민'은 '국방의 의무'를 진다는 것으로부터, 개개인의 '병역의무'가 직접 도출되지는 않는다.

(2) 그렇다면 이 사건 법률조항에 의해 어떤 의무가 바로 발생하는가? 이 사건 법률조항에 의하여 대한민국 국민인 남성은 추상적인 병역의무를 부담하게 된다고 할 수 있지만(이와 관련하여 아래의 청구기간 문제도 참조), 구체적으로 어떤 병역의무를 부담하게 될지는 다음과 같은 과정을 통하여 결정된다. 즉, 병역처분을 매개로 해서 비로소 구체적인 병역의무가 발생한다.

(가) 만 18세가 되는 해의 1월 1일부터 제1국민역에 편입(병역법 제8조, 제5조 제1항 4호, 제2조 제2항).

(나) 19세가 되는 해에 징병검사(제11조), 신체등위 판정(제12조).

(다) 판정된 신체등위에 따른 지방병무청장의 병역처분(제14조).

(라) 병역의무자에게 '병역의무를 부과하는' 통지서 송달(제6조).

(3) 이 사건 법률조항이 위헌으로 결정된다 하더라도, 그로부터 모든 사람이 군대를 가지 않아도 된다는 결론이 곧바로 도출되지 않는다. 실제로 군대를 가는 것은 '남성'이 아니라 '병역처분을 받아서 의무부과 통지서를 송달받은 자'인데, 이 사건 법률조항이 사라진다 하더라도 이미 이루어졌거나 장래에 이루어질 병역처분의 근거가 소멸하는 것은 아니기 때문이다.

이 점과 관련하여 이 사건에서처럼 헌법소원을 제기한 것이 아니라, 만약 병역처분의 효력을 다투는 행정소송절차에서 위헌법률심판제청신청이 이루어졌다면, 이 사건 법률조항에 대하여 재판의 전제성이 인정되지 않는다고 볼 여지도 크다고 본다. (간접적용되는 법률조항[47])으로 보아 재판전제성을 인정할 여지도 있기는 하나, 분명하게 말하기는 어렵다.)

(4) 이와 같이 위헌법률심판절차에서는 재판전제성이 부정되고, 헌법소원심판절차에서는 직접성이 부정된다면, 결국 병역법 제3조 제1항 전문에 대하여는 다툴 수 있는 절차 자체가 없게 된다고 볼 수가 있게 된다. 이러한 난점을 피하기 위해서 법정의견은 직접성을 문제삼지 않고 긍정하는 전제하에 본안판단에 나아간 것이라고 이해할 수도 있다.

---

45) Brown v. Board of Education of Topeca, Kansas 347 U.S. 483(1954).

46) 반면에 침익적인 조항으로 볼 경우 그러한 문제는 생기지 않고, 단순위헌결정을 선고하게 된다.

47) 간접적용되는 조항에 관한 대표적인 예로서, 1996. 12. 26. 선고 94헌바1 결정에서 헌재는, 검사의 제1회 공

2. 권리보호이익

(1) 심판청구인은 2006. 3. 10.에 이 사건 심판을 청구하였고, 2006. 3. 13.에 카투사에 입대하였으며, 이 사건 결정은 2010. 11. 25.에 선고되었다. 즉, 이미 입대하여 제대까지 한 청구인에 대한 주관적 권리보호이익은 이미 소멸하였다.
이에 관하여 헌재가 결정문에서 명시하지는 않았으나, 헌법적 해명의 필요성으로 인하여 예외적으로 심판의 이익이 있는 경우로 본 것이라고 이해할 수 있다.

(2) 청구인의 법적 지위가 개선될 여지가 있는지의 여부는, '평등권에 대한 자기관련성'의 문제라기보다는 권리보호이익의 문제라고 볼 여지가 있다. 심판대상 조항이 위헌으로 결정되는지의 여부에 따라서 청구인에게 달라지는 것이 있는지의 문제가 권리보호이익의 문제라는 점에서, 권리보호이익은 위헌법률심판절차에서의 '재판전제성' 요건과 유사한 측면이 있다.

3. 청구기간

위 1.에서 본 바와 같이, 이 사건 법률조항은 개개인에게 구체적인 병역의무를 부과하는 조항이 아니라, '대한민국 국민인 남성'에게 추상적인 병역의무를 부과하는 조항에 불과하다. 그렇다면 청구기간의 기산점이 되는 '기본권침해 사유가 발생한 날'은 언제라고 보아야 할 것인가?

(1) 추상적인 의무조항이라는 점에 충실하게 본다면, 남성으로 태어난 날이 사유 발생일이라고 볼 여지가 적지 않다. 다만 그렇게 볼 경우, 청구인이 만 1세가 되는 날에는 언제나 청구기간이 도과된다는 문제가 생긴다.

(2) 조금이라도 더 구체적인 의무가 발생한 때에 기본권침해가 현실화된다는 점을 중시한다면, 위에서 본 병역법 제8조 제1항의 경우와 같이, 청구인이 제1국민역에 편입되는 날, 즉 만 18세가 되는 해의 1월 1일을 기산점으로 볼 수도 있다. 이 경우에도, 청구기간이 도과된 것으로 보아야 할 것이다.

(3) 이 사건에서 헌재는 청구기간의 문제에 대하여 아무런 판단을 설시하지 않았다. 그러나 다른 사건에서 헌재는 다음과 같이 판시하였다.

| **헌재 2012. 10. 25. 2011헌마307** |
|---|
| 남성에 한해 병역의무를 부과하고 있는 구 병역법(법률 제9754호) 제3조 제1항 전문으로 인하여 청구인의 기본권침해 사유가 발생한 날은 <u>늦어도 청구인이 육군훈련소에 입대한 날</u>인 2009. 12. 14.이므로 그 각 기본권침해 사유 발생일로부터 각각 1년이 지났음이 명백한 2011. 2. 22. 국선대리인 선임신청을 한 이 부분 심판청구는 청구기간을 준수하지 아니하여 부적법하다. |

위 사건에서 헌재로서는 청구기간이 도과했다는 결론만 도출하면 되었겠지만, '늦어도'라는 표현을 쓴 것은 위와 같은 문제점들을 인식한 결과로도 보인다. 그러나, 병역법 제3조 제1항 전문의 문언에 비추어볼 때, '입대한 날'이 '기본권침해 사유가 발생한 날'이라고 보기에는 무리가 많다.

## III. 문제되는 기본권 : 평등권

### 생각해 볼 점 (3) : 심사의 방법

1. 이 사건은 헌법 제39조의 국방의 의무를 형성하는 입법에 관한 사건인 바, 기본권과 기본의무는 준별되어야 한다는 점에 충실하게, '기본권제한의 한계준수 여부의 문제'와는 다른 심사방법으로서 '의무부과의 정당성 유무의 문제'를 심사해야 한다는 견해가 있다(김종대 재판관). [13. 제2차 양심적 병역거부 사건]을 참조. 구체적인 내용은 해당 판례에서 보겠으나, 적어도 이와 같은 경우에 심사방법을 어떻게 선택할지 자체가 하나의 논점이 될 수 있다는 점을 확인할 필요가 있다.
2. 위와 같은 견해대립은, 헌재법 제68조 제1항의 헌법소원을 제기할 수 있는지의 여부와 관련하여 특히 의미를 가진다. 헌재법 제68조 제1항의 헌법소원은 '기본권을 침해받은 자'만이 제기할 수 있기 때문이다. 즉, 김종대 재판관의 견해에 따를 경우 이 사건 심판청구는 각하되어야 한다는 결론에 이르게 된다.
3. 私見으로는, 의무부과도 '관점'의 문제로서는 기본권의 문제로 볼 수 있다는 점에서, 법정의견의 접근이 타당하다고 본다. 의무에는 항상 그에 대척되는 권리가 수반되기 때문이다. 이 사건에서도 의무의 부과가 문제되고는 있지만, 청구인이 소구하는 바는 결국 헌법 제11조가 청구인에게 보장하는 기본권이 침해되었다는 것이다. 따라서 '헌법 제11조의 문제로서' 이 사건 법률조항을 어떻게 평가하여야 하는가 하는 것이 쟁점으로 되어야 할 것이다.
   다른 예로서 헌재 2006. 2. 23. 2004헌마675 결정 [국가유공자 가산점 사건]의 상황을 생각해 볼 수 있다. 설령 국가유공자에게 취업시에 우선적 처우를 하는 것이 헌법 제32조 제6항의 근거를 가지고 있다고 하더라도[48], 그러한 처우를 받지 못하는 상대방으로서는 헌법 제11조의 평등권이 침해되었다고 주장할 수 있는 것이다. 헌법 제11조의 관점에서 보았을 때 헌법 제32조 제6항이 어떤 의미를 가지는가, 하는 점은 앞으로 더 분석해 보아야 할 것이다.
4. 그와 관련하여, 헌재 2006. 2. 23. 2004헌마675 결정 [국가유공자 가산점 사건]에서 입장이 변경되지 않은 부분을 통하여 볼 때, 현재까지 헌재는 헌법 제32조 제6항이 평등권의 심사기준을 정하는(엄격심사/완화심사) 인자라고 보는 것 같다[49]. 그러나 私見으로는, 그보다는 길항하는 두 개의 규범에 대한 조화적 해석의 문제로 보아야 하는 것 아닐까 싶다. 헌법 스스로 두 개의 충돌(길항)하는 규범을 만들어 놓고, 그 조절을 후세에 맡긴 것으로 볼 수도 있다고 본다. 예컨대 [4. 제대군인가산점 사건]의 경우를 보더라도, 헌법 제32조 제4항(여성에 대한 우대)와 제11조(여성과 남성의 동등대우)가 대척하는 규범으로서 서로 마주하고 있다.

---

판기일 전 증인신문청구권에 관한 형사소송법 제221조의2가 증거채부결정의 재판에서 전제성을 가진다고 본 바 있다.

48) 다만 실제로 헌재 2006. 2. 23. 2004헌마675 [국가유공자 가산점 사건]에서는, 헌법 제32조 제6항이 유공자

## Ⅳ. 평등권의 침해 여부

### 생각해 볼 점 (4) : 차별의 존부 확인

평등권의 침해여부에 대한 심사는 (1) 차별의 존재를 확인하고 (2) 존재하는 차별이 정당화되는지의 여부를 판단하는 2단계로 이루어지며, 심사기준의 선택은 (2)의 판단을 시작하는 단계에서 이루어진다. 차별의 존재 자체가 인정되지 않는 경우, 평등권에 관하여는 적법요건으로서의 '기본권침해의 가능성' 자체가 인정되지 않기 때문에 심판청구는 부적법하게 된다. 그리고 '같은 것은 같게, 다른 것은 다르게' 처우하는 것이 평등이라고 보는 상대적 평등설의 개념에 따를 경우, 차별의 존재는 '같은 것을 다르게, 또는 다른 것을 같게' 처우하고 있다는 평가로써 확인된다. 그러나 실제에 있어서 헌재는, 일단 '다른 처우'가 있다는 점만 확인하고 나면 그것이 위와 같은 개념의 '차별'을 구성하는지의 여부를 더 나아가 판단하지 않고 지나가는 경우가 많고, 이 사건의 경우도 그러하다.

이 사건의 경우, 헌재는 이 사건 법률조항에 의한 처우가 당연히 '같은 것을 다르게' 처우하는 것으로 보았다고 여겨진다. 그러나 논리적으로 볼 때에는, '다른 것을 다르게' 처우하고 있는 것으로 볼 여지도 없지 않다. 특히, '다른 것'으로 볼 근거를 헌법 제39조 제1항에서 찾아낼 여지도 충분히 있다고 본다.

## 1. 심사기준의 선택

평등권 침해 여부를 심사함에 있어 엄격한 심사척도에 의할 것인지, 완화된 심사척도에 의할 것인지는 입법자에게 인정되는 입법형성권의 정도에 따라 달라지게 될 것이다. 헌법에서 특별히 평등을 요구하고 있는 경우나 차별적 취급으로 인하여 관련 기본권에 대한 중대한 제한을 초래하게 되는 경우에는 입법형성권은 축소되고, 보다 엄격한 심사척도가 적용되어야 할 것이다(헌재 1999. 12. 23. 98헌마363, 판례집 11-2, 770, 787 참조).

1) 헌법 제11조 제1항은 "모든 국민은 법 앞에 평등하다."고 선언하면서, 이어서 "누구든지 성별·종교 또는 사회적 신분에 의하여 정치적·경제적·사회적·문화적 생활의 모든 영역에 있어서 차별을 받지 아니한다."고 규정하고 있다.
이 사건 법률조항은 '성별'을 기준으로 병역의무를 달리 부과하도록 한 규정이고, 이는 헌법 제11조 제1항 후문이 예시하는 사유에 기한 차별임은 분명하다. 그러나 헌법 제11조 제1항 후문의 위와 같은 규정은 불합리한 차별의 금지에 초점이 있고, 예시한 사유가 있는 경

가산점의 근거가 된다고 보았던 종전 입장을 폐기하였다.

49) 한편 헌법 제32조 제4항의 경우에 대하여는, 심사기준의 선택에 관한 이 사건 법정의견 설시를 참조.

우에 절대적으로 차별을 금지할 것을 요구함으로써 입법자에게 인정되는 입법형성권을 제한하는 것은 아니다.

'성별'의 경우를 살펴보면, 성별은 개인이 자유로이 선택할 수 없고 변경하기 어려운 생래적인 특징으로서 개인의 인간으로서의 존엄과 가치에 영향을 미치는 요소는 아니다. 그럼에도 불구하고 역사적으로 매우 오랜 기간 동안 대표적인 차별가능사유로서 정당화되어 왔기 때문에, 불합리한 차별을 극복해야 할 절실한 필요에 의하여 우리 헌법이 이를 차별금지의 사유로 예시하기에 이른 것이다. 그러나 이와 같은 헌법규정이 남성과 여성의 차이, 예컨대 임신이나 출산과 관련된 신체적 차이 등을 이유로 한 차별취급까지 금지하는 것은 아니며, 성별에 의한 차별취급이 곧바로 위헌의 강한 의심을 일으키는 사례군으로서 언제나 엄격한 심사를 요구하는 것이라고 단정짓기는 어렵다.

우리 헌법은 '근로', '혼인과 가족생활' 등 인간의 활동의 주요부분을 차지하는 영역으로서 성별에 의한 불합리한 차별적 취급을 엄격하게 통제할 필요가 있는 영역에 대하여는 양성평등 보호규정(제32조 제4항, 제36조 제1항)을 별도로 두고 있으며, 헌법재판소는 위와 같이 헌법이 특별히 양성평등을 요구하는 경우에는 엄격한 심사기준을 적용하여 왔으나, 이 사건 법률조항은 그에 해당한다고 보기 어렵다.

2) '국가의 안전보장'은 국가의 존립과 영토의 보존, 국민의 생명 · 안전의 수호를 위한 불가결한 전제조건이자 모든 국민이 자유를 행사하기 위한 기본적 전제조건으로서 헌법상 인정되는 중대한 법익이고, 국방의 의무는 국가의 안전보장을 실현하기 위하여 헌법이 채택한 하나의 중요한 수단이다(헌법재판소 2004. 10. 28. 2004헌바61등, 공보불게재). 즉 우리 헌법은 제39조 제1항에서 "모든 국민은 법률이 정하는 바에 국방의 의무를 진다."고 규정하는바, 모든 국민은 외부 적대세력의 직 · 간접적인 침략행위로부터 국가의 독립을 유지하고 영토를 보전하기 위하여 법률이 정하는 바에 의한 의무를 진다고 할 것이다.

현재 국방의 의무는 병역법과 향토예비군설치법, 민방위기본법, 비상대비 자원관리법, 징발법, 재난 및 안전관리 기본법 등 여러 법률을 통하여 구체화되어 있는바, 병역법에서 구체화된 국방의 의무를 이행함에 있어서 그 의무자의 기본권이 여러 가지 면에서 제약을 받게 되는 점은 인정되나, 이는 헌법상의 국방의 의무의 규정에 의하여 이미 예정되어 있는 것으로서, 국가나 공익목적을 위하여 개인이 특별한 희생을 하는 것이라고 할 수 없으므로(헌재 1999. 12. 23. 98헌마363, 판례집 11-2, 770, 783) 관련 기본권에 대한 중대한 제한이 인정된다고 보기는 어렵다.

3) 나아가 징집 대상자의 범위를 정하는 문제는 그 목적이 국가안보와 직결되어 있고, 그 성질상 급변하는 국내외 정세 등에 탄력적으로 대응하면서 최적의 전투력을 유지할 수 있도록 합목적적으로 정해야 하는 사항이기 때문에, 본질적으로 입법자 등의 입법형성권이 매우 광범위하게 인정되어야 하는 영역이다(헌재 2002. 11. 28. 2002헌바45, 판례집 14-2, 704, 710).

국제무대에서의 패권 추구를 목적으로 하지 않는 한 군사력은 위험하지 않을 정도의 수준을 유지하는 것이 최선이고, 한 국가의 적정한 병력규모는 일반적으로 그 나라가 처한 군사적 위협의 정도를 우선으로 하여, 정치 · 외교 환경, 경제규모 등에 따라 결정되어야 할 것인바,

헌법상 국방의 의무를 부담하는 국민들 중에서 구체적으로 어떤 사람을 국군의 구성원으로 할 것인지는 원칙적으로 입법자가 국가의 안보상황, 재정능력 등의 여러 가지 사정을 고려하여 국가의 독립을 유지하고 영토를 보전함에 필요한 범위 내에서 결정할 사항인 것이다(헌재 1999. 2. 25. 97헌바3, 판례집 11-1, 122; 헌재 2002. 11. 28. 2002헌바45, 판례집 14-2, 704, 709-710 참조).

4) 결국 이 사건 법률조항이 헌법이 특별히 평등을 요구하는 경우나 관련 기본권에 중대한 제한을 초래하는 경우의 차별취급을 그 내용으로 하고 있다고 보기 어려운 점, 징집대상자의 범위 결정에 관하여는 입법자의 광범위한 입법형성권이 인정되는 점에 비추어, 이 사건 법률조항이 평등권을 침해하는지 여부는 완화된 심사척도에 따라 자의금지원칙 위반 여부에 의하여 판단하기로 한다.

**생각해 볼 점 (5) : 위 설시 1) 부분의 의의**

1. 위 판시의 1) 부분은, 헌법이론적 관점에서 보았을 때 이 사건에서 가장 중요한 판시라고 생각한다. 헌법 제11조 제1항 후문에서 열거한 사유가 심사기준을 설정하는 데 있어서 아무런 기능을 하지 못한다는 입장을 명시적으로 밝힌 최초의 판시이기 때문이다.

[4. 제대군인가산점 사건]의 경우 대상조항에 대하여 엄격심사가 이루어졌지만, 그 근거는 헌법 제11조 제1항 후문(성별)이 아니라, 헌법 제32조 제4항이었다. 그리고 [4. 제대군인가산점 사건] 이후로도, 헌법 제11조 제1항 후문에 열거된 사유에 대하여는 엄격심사를 해야 한다는 취지로 설시한 결정례들이 많이 있었다. 일례로, 다음과 같이 설시한 결정을 들 수 있다.

| 헌재 2008. 10. 30. 2005헌마1156 |
|---|
| (가) 성별에 의한 차별인지 여부<br>헌법 제11조 제1항 후문은 <u>헌법이 차별의 근거로 삼아서는 아니되는</u> 기준의 하나로 '성별'에 의한 차별을 명시하고 있다. 이 사건 법률조항은 그 문언상 육아휴직과 관련하여 단기복무군인 중 '여자군인'에게만 육아휴직을 허용할 수 있는 것으로 되어있는 바, 이것이 <u>헌법이 금지하고 있는</u> 성별에 의한 차별에 해당하는 것이 아닌가 하는 의문이 있을 수 있다.<br>그러나 …(중략)… 이 사건 법률조항은 육아휴직과 관련하여 성별을 기준으로 차별한 것이 아니라 직업군인 여부를 기준으로 차별한 것이라고 보아야 할 것이다. |

그런데 이 사건에서는 갑자기, "성별에 의한 차별취급이 곧바로 위헌의 강한 의심을 일으키는 사례군으로서 언제나 엄격한 심사를 요구하는 것이라고 단정짓기는 어렵다"고 판시한 것이다. 왜 이렇게 보았을까? 만약 헌법 제11조 제1항 후문의 사유들에 의한 차별에 대해서는 엄격한 심사를 하여야 한다는 판단을 하면, 이 사건 법률조항이 위헌이라는 결론에 이를 가능성이 매우 높아진다. 남녀를 차별하여 얻을 수 있는 '공익'이 존재하지 않기 때문이다. 결국, 이 사건의 법정의견은 대상조항에 대하여 위헌선언을 하지 않겠다는 결론을 먼저 세워놓고 접근한 것이 아닌가 하는 의혹이 강하게 든다.

2. 이 사건에서는 '성별'에 관하여 위와 같은 입장을 취하였고, 2011년의 [친일재산귀속법 사건]에서는 '사회적 신분'에 관하여 이 사건과 동일한 입장을 명시하였다. 이로써, 헌법 제11조 제1항 후문의 사유가 심사기준의 선택에 별다른 기능을 하지 못한다는 입장이 헌재의 결정례로 '확고하게' 자리잡았다고 평가할 수 있다.

## 2. 심사기준의 구체적 적용 : 합헌론(6인의 법정의견)

1) 일반적으로 집단으로서 남자는 여자에 비하여 근력, 순발력 등이 우수하고, 여자는 남자에 비하여 유연성 등이 우수한 것으로 평가되는 등 서로 다른 신체적 능력을 보유하고 있다고 보인다. 그런데 전투를 수행함에 있어 요청되는 신체적 능력과 관련하여 본다면, 무기의 소지·작동 및 전장의 이동에 요청되는 근력 등이 우수한 남자가 전투에 더욱 적합한 신체적 능력을 갖추고 있다고 할 수 있다. (중략)
2) 한편 청구인은 현역 외에 보충역으로 복무하는 데에는 신체적 능력이 크게 영향을 미치지 아니함에도 여자를 배제하는 것은 자의적인 것이라 주장한다. 그러나 현역 외의 보충역이나 제2국민역 역시 국가 안보를 위한 병력자원으로서 역할을 하는 것이다. (중략)
3) 또한 비교법적으로 보아도, 이 사건 법률조항과 같은 입법이 현저히 자의적인 기준에 의한 것이라 볼 수 없다. 징병제가 존재하는 70여 개 나라 가운데 여성에게 병역의무를 부과하는 국가는 이스라엘 등 극히 일부 국가에 한정되어 있으며, 여성에게 병역의무를 부과하는 대표적 국가인 이스라엘의 경우도 남녀의 복무기간 및 병역거부 사유를 다르게 규정하는 한편, 여성의 전투단위 근무는 이례적인 것이 현실이다.
4) 그 밖에 남녀의 동등한 군복무를 전제로 한 시설과 관리체제를 갖추는 것은 역사적으로나 비교법적으로 전례가 없어 추산하기 어려운 경제적 비용이 소요될 수 있고, 현재 남자를 중심으로 짜여져 있는 군조직과 병영의 시설체계 하에서 여자에 대해 전면적인 병역의무를 부과할 경우, 군대 내부에서의 상명하복의 권력관계를 이용한 성희롱 등의 범죄나 남녀간의 성적 긴장관계에서 발생하는 기강 해이가 발생할 우려가 없다고 단언하기 어렵다.
5) 결국 이 사건 법률조항이 성별을 기준으로 병역의무자의 범위를 정한 것이 합리적 이유 없는 차별취급으로서 자의금지원칙에 위배하여 평등권을 침해한 것이라고 볼 수 없다.

**생각해 볼 점 (6) : 비슷한 다른 상황과의 관련성**

1. 이 사건과는 반대로, 지원병제 하에서 남자에게만 지원의 기회를 주는 상황에서, 모병에 응할 수 없는 여성이 평등권 침해를 주장하는 상황을 생각해 보자. 그 경우, 위와 같은 판단 내지 논증의 상당부분은 달라질 여지가 크고, 나아가 판단의 결론도 달라질 수 있다. 예컨대 위 '심사기준의 구체적 적용'에서의 설시 1)과 같은 논거는, 위와 같은 상황에서는 적절하지도 타당하지도 않을 것이다(그러한 점에서, 위와 같은 설시는 성역할에 대한

stereotype에 기반한 것일 뿐, 논증으로서는 적절하지 못했다고 생각된다).

2. 이 사건과 1999년의 [4. 제대군인가산점 사건]과의 관련성을 생각해 보는 것도 흥미롭다. 특히 동 사건의 다음과 같은 설시를 참조.

| 헌재 1999. 12. 213. 98헌마363 [4. 제대군인가산점 사건] |
| --- |
| 가산점제도는 제대군인과 제대군인이 아닌 사람을 차별하는 형식을 취하고 있다. 그러나 제대군인, 비(非)제대군인이라는 형식적 개념만으로는 가산점제도의 실체를 분명히 파악할 수 없다. 현행 법체계상 제대군인과 비제대군인에 어떤 인적 집단이 포함되는지 구체적으로 살펴보아야만 한다. 위에서 본 바와 같이 제대군인에는 ① 현역복무를 마치고 전역(퇴역·면역 포함)한 남자 ② 상근예비역 소집복무를 마치고 소집해제된 남자 ③ 지원에 의한 현역복무를 마치고 퇴역한 여자, 이 세 집단이 포함되고, 비제대군인에는 ① 군복무를 지원하지 아니한 절대다수의 여자 ② 징병검사 결과 질병 또는 심신장애로 병역을 감당할 수 없다는 판정을 받아 병역면제처분을 받은 남자(병역법 제12조 제1항 제3호, 제14조 제1항 제3호) ③ 보충역으로 군복무를 마쳤거나 제2국민역에 편입된 남자, 이 세 집단이 포함된다.<br>그러므로 먼저 무엇보다도 가산점제도는 실질적으로 남성에 비하여 여성을 차별하는 제도이다. 제대군인 중 위 ③의 유형에는 전체여성 중의 극히 일부분만이 해당될 수 있으므로 실제 거의 모든 여성은 제대군인에 해당하지 아니한다. 그리고 남자의 대부분은 제대군인 중 위 ①과 ②유형에 속함으로써 제대군인에 해당한다. 이 사건 심판기록에 편철된「병역처분자료 통보」에 의하면 1994년부터 1998년까지 5년간 현역병입영대상자 처분을 받은 비율은 81.6%에서 87%(보충역은 4.6%에서 11.6%, 제2국민역은 6.4%에서 9.8%, 병역면제는 0.4%에서 0.6%)까지 이르고 있음을 알 수 있는데, 이는 우리나라 남자 중의 80%이상이 제대군인이 될 수 있음을 나타내는 것이다. 이와 같이 전체 남자 중의 대부분에 비하여 전체 여성의 거의 대부분을 차별취급하고 있으므로 이러한 법적 상태는 성별에 의한 차별이라고 보아야 한다. |

## 3. 심사기준의 구체적 적용 : 위헌론(이공현, 목영준 재판관의 위헌의견)[50]

| (가) 남성과 여성은 전반적으로 다른 신체적 구조와 체력을 가지고 있고 이에 따라 국가나 사회에서의 역할이 상이하여야 하는 점은 아무도 부인할 수 없는 사실이므로, 국방의무의 이행에 있어서도 이로 인한 차별취급은 당연히 용인되어야 한다.<br>그런데 병역법상의 병역의무 중 복무의 내용 자체가 신체적인 조건이나 능력과 직접 관계되는 것은 현역 복무(병역법 제24조, 제25조의 전환복무를 포함한다)와 상근예비역 및 승 |
| --- |

50) 이 위헌의견에서도, 완화된 심사로 족하다는 점에 대하여는 법정의견과 견해를 같이한다.

선근무예비역에 한정된다(제21조 내지 제23조의5). 즉 일정한 기간 동안 원칙적으로 군부대 내에서 생활하며(상근예비역의 경우 국방부장관의 허가에 의하여 군부대 밖에서 거주할 수 있다), 전시(戰時)를 대비하여 군사훈련을 받고 전투용 체력을 유지하여야 하는 것은 현역 복무자와 위 예비역들 뿐이다.

보충역은 일정기간 복무의무만이 있을 뿐, 군부대 내에서 거주하지 않으면서 공익근무요원으로서 사회서비스업무나 공익목적에 필요한 행정업무 등의 지원, 문화창달과 국위선양을 위한 예술·체육 분야 근무, 개발도상국가의 경제·사회·문화 발전 등을 지원 등의 업무를 담당하거나, 공중보건의, 공익법무관, 전문연구요원 등으로 복무하므로, 대부분의 경우 남성의 특성인 체력적 강인함 등과는 큰 관계가 없다. 또한 제2국민역은 일정기간의 복무의무 자체가 없다는 점에서 남성 고유의 신체적 특징이 고려될 여지가 없다.

한편, 전시·사변 또는 이에 준하는 국가비상사태에는 보충역 중 일부는 부대편성이나 작전수요를 위하여 병력동원소집의 대상이 되고, 나머지 보충역과 제2국민역은 군사업무를 지원하기 위하여 전시근로소집의 대상이 되지만, 이에 응하여야 할 의무 자체는 군작전명령에 복종하고 협조하여야 할 의무일 뿐이다. 국가비상사태가 발생하는 경우 병력동원 및 근로소집의 대상자 가운데 누구를 동원·소집할 것인지는 동원·소집권자가 당시의 필요인력 수급상황 등 및 대상자의 신체적 조건이나 적성 등을 고려하여 선택하게 되므로, 국가비상사태에 군작전명령에 복종·협조할 의무를 부담하는데 반드시 남성으로서의 신체적 능력이 필수적 전제가 된다고 보기는 어렵다.

그러므로 남성과 여성 간의 신체적 상이 및 그에 따른 사회적 역할의 차이를 고려하더라도, 이 사건 법률조항에 의하여 병역법상의 모든 국방의무를 남자에게만 부과하는 것은, 헌법상 규정된 국방의무의 부담에 있어서 남성과 여성을 합리적으로 차별한다고 볼 수 없다. 이는 오히려 과거에 전통적으로 남녀의 생활관계가 일정한 형태로 형성되어 왔다는 사실이나 관념에 기인하는 차별로 보이는바, 그러한 성역할에 관한 고정관념에 기초한 차별은 허용되지 않는 것이다(헌재 2005. 2. 3. 2001헌가9, 판례집 17-1, 1, 19 참조).

(나) 한편 위와 같은 차별의 불합리성을 완화하기 위하여는, "누구든지 병역의무의 이행으로 인하여 불이익한 처우를 받지 아니한다"고 규정한 헌법 제39조 제2항의 취지를 존중하여 병역의무의 이행에 따른 기본권 제한을 완화시키거나 그 제한으로 인한 손실을 전보하여 주는 제도적 장치가 존재하여, 성별에 따른 국방의무의 부담이 전체적으로 보아 균형을 이룰 수 있도록 하는 보완장치가 마련되어야 한다.

그러나 앞에서 살핀 바와 같이, 현재 국방의 의무를 구체화하고 있는 여러 법률들은 남자에 대하여 대부분의 의무를 부과하고, 여자는 소극적 지원에 그치게 함으로써 국방의무의 배분이 전체적으로 균형을 이루고 있다고 인정하기 어렵고, 나아가 남자에 대하여 병역의무의 이행에 따르는 기본권 제한을 완화시키거나 그 제한으로 인한 손실 및 공헌을 전보하여 주는 제도적 장치가 마련되어 있지도 않다(여성의 임신 및 출산에 의한 국가·사회적 역할의 중요성에 대하여 이론의 여지가 없지만, 국가가 이로 인한 손실 및 공헌을 전보하는 장치를 마련하여야 하는 문제는 병역의무의 문제와 별도로 이루어져야 한다).

## V. 결론

| 구 병역법(1983. 12. 31. 법률 제3696호로 개정되고, 2009. 6. 9. 법률 제9754호로 개정되기 전의 것) 제8조 제1항에 대한 청구를 각하한다.<br>구 병역법(1983. 12. 31. 법률 제3696호로 개정되고, 2009. 6. 9. 법률 제9754호로 개정되기 전의 것) 제3조 제1항 전문에 대한 청구를 기각한다. |
|---|

# 6. 5·18 사건

## 5 · 18민주화운동등에관한특별법 제2조 위헌제청 등
## 헌재 1996. 2. 16. 96헌가2, 판례집 8-1, 51

(1) 서울지방검찰청 검사는 1994.10.29. 이른바 12 · 12 군사반란사건(이하 "12 · 12사건"이라 한다)과 관련된 피의자 38명에 대하여 기소유예의 불기소처분을 하고, 1995.7.18. 이른바 5 · 18 내란사건(이하 "5 · 18사건"이라 한다)과 관련된 피의자 35명에 대하여 공소권없음의 불기소처분을 하였다.

(2) 그런데 5 · 18민주화운동등에 관한 특별법(이하 "특별법"이라 한다)이 1995. 12. 21.자로 제정 · 공포되자, 서울지방검찰청 검사는 1995. 12. 29. 위 두 사건과 관련된 피의자들 전원에 대하여 사건을 재기한 다음, 1996. 1. 17. 96헌가2 사건의 제청신청인들에 대하여는 12 · 12사건과 관련된 반란중요임무종사 등 혐의로, 96헌바7 사건의 청구인들에 대하여는 같은 반란 및 5 · 18사건과 관련된 내란중요임무종사 등 혐의로 서울지방법원[51]에 각각 구속영장을 청구하는 한편, 1996. 1. 30. 96헌바13 사건의 청구인들에 대하여 같은 반란 및 내란중요임무종사 등의 혐의로 서울지방법원에 구속영장을 청구하였다.

(3) 96헌가2 사건의 제청신청인들 및 96헌바7,13 사건의 청구인들은 위 각 영장청구일에 각 그 영장청구사건에 관한 재판의 전제가 되는 특별법 제2조(이하 "이 법률조항"이라 한다)는 공소시효가 이미 완성된 그들의 범죄혐의사실에 대하여 소급하여 그 공소시효 진행의 정지사유를 정한 것으로서 형벌불소급의 원칙을 천명하고 있는 헌법 제13조 제1항에 위반되는 규정이라고 주장하면서 서울지방법원에 이 법률조항에 대한 위헌심판의 제청신청을 하였다(제청신청인 및 96헌바7 사건 청구인들의 제청신청사건번호: 96초178, 96헌바13 사건 청구인들의 제청신청사건번호: 96초362).

(4) 그런데 위 법원은 1996.1.18. 96헌바2 사건 제청신청인들의 위헌제청신청은 이를 받아들여 헌법재판소에 위 법률조항의 위헌여부에 대한 심판을 제청하였으나(96헌가2), 96헌바7 사건의 청구인들의 신청과 96헌바13 사건의 청구인들의 신청은 그들의 5·18사건과 관련한 내란중요임무종사 등의 피의사실이 이 법률조항과 관계없이 아직 공소시효가 완성되지 아니하여 그 혐의사실만으로 구속영장을 발부하는 이상 이 법률조항의 위헌여부는 재판의 전제가 되지 않는다는 이유로 1996.1.18.과 1996.1.31.에 이를 각 기각하였다. 이에 96헌바7 사건의 청구인들은 1996.1.26.에, 96헌바13 사건의 청구인들은 1996.2.10.에 헌법재판소법 제68조 제2항에 따라 각각 이 사건 헌법소원심판을 청구하였다.

---

51) 당시의 서울지방법원과 서울지방검찰청은 2004. 2. 1.자로 서울중앙지방법원과 서울중앙지방검찰청으로 명칭이 변경되어 현재에 이른다.

**5 · 18민주화운동등에 관한 특별법**

제2조(공소시효의 정지) ① 1979년 12월 12일과 1980년 5월 18일을 전후하여 발생한 헌정질서파괴범죄의공소시효등에관한특별법 제2조의 헌정질서파괴범죄행위에 대하여 국가의 소추권행사에 장애사유가 존재한 기간은 공소시효의 진행이 정지된 것으로 본다.

② 제1항에서 "국가의 소추권행사에 장애사유가 존재한 기간"이라 함은 당해 범죄행위의 종료일부터 1993년 2월 24일[52]까지의 기간을 말한다.

**[참고] 이 사건을 전후한 12·12 및 5·18 사건 처리의 경과**

이 사건을 [5·18 사건]으로 약칭하기는 하였으나, '역사 바로세우기'를 기치로 하여 시작되었던 12·12 사건 및 5·18 사건의 형사소추 과정은 상당히 길고 복잡하다. 그 속에서 이 사건의 좌표를 이해하는 데 도움이 되는 한도에서 사건 처리의 전반적인 경과를 간략히 서술하기로 한다.

1. 12·12 사건[53]에 대한 검찰과 헌재의 초기 사건처리

가. 1979. 12. 12.을 전후하여 전두환, 노태우 등을 주축으로 발생한 군사쿠데타 사건(이하 '12·12 사건')에 관하여, 당시 납치되었던 前 육군참모총장 정승화 등은 1993. 7. 19. 전두환, 노태우 등을 내란, 반란 등의 죄명으로 고소하였다.

나. 이에 대하여 서울지방검찰청 검사는 1994. 10. 29. ① 전두환의 내란수괴죄 등에 대하여는 '혐의없음', ② 일부 관련자의 반란부화뇌동죄 및 내란부화뇌동죄 등에 대하여는 '공소권없음', ③ 피고소인들의 나머지 죄 모두에 대하여는 '기소유예'의 각 불기소처분을 하였다. 고소인들은 불복하였으나, 서울고등검찰청에서 1994. 11. 10. 항고를, 대검찰청에서 1994. 11. 18. 재항고를 각 기각하였다.

다. 이에 고소인들은 서울지방검찰청 검사의 불기소처분에 대한 헌법소원심판을 1994. 11. 24. 청구하였으나, 헌재는 다음과 같은 이유로 심판청구를 모두 각하 또는 기각하였다(**1995. 1. 20. 94헌마246 결정**).

(1) 형법상의 내란수괴, 내란목적살인 및 내란목적살인미수의 점에 대한 '혐의없음' 처분 부분 : 공소시효의 기산점(범행종료일)인 1979. 12. 12. 또는 동월 13.로부터 15년이 지나 공소시효가 완성되었으므로, 권리보호이익이 없다. → 각하[54].

(2) 군형법상의 반란목적군용물탈취 및 일반이적의 점에 대한 '혐의없음' 처분 부분 및 (3) '기소유예' 처분 부분 : 피청구인의 위 인정, 판단에 잘못이 있다고 할 수 없고 달리 피청구인이 이 부분 피의사실(고소사실)에 관하여 현저히 정의와 형평에 반하는 수사를 하였다거나 헌법의 해석, 법률의 적용 또는 증거판단에 있어서 위 "혐의없음"처분의 결정에 영향을 미친 중대한 잘못을 저질렀다고도 볼 수 없다. → 모두 기각.

52) 노태우 대통령의 임기 만료일이다.

2. 5·18 사건에 대한 검찰과 헌재의 초기 사건처리

가. 1980. 5. 18.을 전후하여 전두환 등이 주축이 된 광주민주화운동 관련 사건(이하 '5·18 사건')에 관하여, 피해자들이 1994년 3차례에 걸쳐 각기 다른 날짜에 전두환 등을 내란 등 죄명으로 고소하였다.

나. 이에 대하여 서울지방검찰청 검사는 위 고소건 모두에 대하여 1995. 7. 18. 피고소인 전원에 대한 '공소권없음'의 불기소처분을 하였다[55]. 고소인들은 불복하였으나, 서울고등검찰청에 대한 항고 및 대검찰청에 대한 재항고가 모두 기각되었다.

다. 이에 고소인들은 1995년 각기 다른 날짜에 서울지방검찰청 검사의 불기소처분에 대한 헌법소원심판을 청구하여 3건이 병합되었으나, 헌재의 결정선고가 예정된 1995. 11. 30.의 전날인 11. 29. 청구인들이 심판청구를 취하함으로써[56], 결국 소송종료선언이 이루어졌고, 다만 성공한 내란의 가벌성 등에 대하여 선고될 예정이었던 평의결과는 소수의견에 실려 공표되었다(**1995. 12. 15. 95헌마221등 결정**).

3. 5·18 특별법의 제정 및 검찰의 재기수사

가. 위와 같은 검찰 및 헌재의 대응양상을 통해 12·12 사건 및 5·18 사건 관련자들에 대한 공소시효의 만료여부에 관한 논란이 계속되면서, 공소시효 문제를 입법적으로 해결해야 한다는 주장이 정치권에서 제기되었다. 특히 1995. 12. 15. 95헌마221등 결정의 취하로써 논란이 정점에 이르자, 이 사건 대상조항을 핵심으로 하는 5.18 특별법안이 1995. 12. 19. 법제사법위원장에 의해 직권상정되고[57] 당일 국회 본회의를 통과하고, 12. 21. 대통령이 이를 공포하여 당일 시행되었다.

나. 그러자 서울지방검찰청 검사는 1995. 12. 29. 위 두 사건의 피의자 전원에 대하여 수사를 재기하였고, 그 과정에서 일부 **피의자들**이 위헌법률심판제청신청(96헌가2) 또는 헌재법 제68조 제2항에 의한 헌법소원심판청구(96헌바7, 13)를 한 것이 이 **사건이다**. 결국 검사는 전두환, 노태우 등 16명을 ① 12·12 사건에 관하여는 군형법상 반란의 죄로, ② 5·18 사건에 관하여는 형법상 내란의 죄로 각 구속기소하였다[58].

4. 법원의 판결 및 특별사면

가. 제1심에서는 전두환에 대하여 사형, 노태우에 대하여 징역 22년 6월 등을 선고하였다(**서울지방법원 1996. 8. 26. 선고 95고합1228등(병합) 판결**)[59]. 항소심에서는 전두환에 대하여 무기징역, 노태우에 대하여 징역 17년 등을 선고하였고(**서울고등법원 1996. 12. 16. 선고 96노1892 판결**)[60], 대법원에서 피고인들과 검사들의 상고가 모두 기각되어 재판이 확정되었다(**대법원 1997. 4. 17. 선고 96도3376 전원합의체 판결**).

나. 한편 헌재의 이 사건 합헌결정 이후에도 피고인들은 공소시효가 완성되었다고 주장하였으나, 대법원의 위 판결은 다음과 같이 이를 배척하면서, 5·18 특별법이 진정소급입법인지 여부에 관하여는 판단하지 않았다.

---

53) 12·12 사건 및 아래의 5·18 사건과 관련하여 법원이 최종적으로 인정한 사실관계에 관하여는, 서울고등법원

| 대법원 1997. 4. 17. 선고 96도3376 전원합의체판결 |
| --- |
| 2. 공소시효의 완성 등<br>가. 5·18특별법 제2조가 위헌이므로 적용되어서는 아니되고, 공소시효가 완성되었다는 피고인 황영시, 차규헌, 허화평, 허삼수, 이학봉, 정호용의 변호인들의 주장에 대하여<br>5·18특별법 제2조는 그 제1항에서 그 적용대상을 '1979년 12월 12일과 1980년 5월 18일을 전후하여 발생한 헌정질서파괴범죄특례법 제2조의 헌정질서파괴범죄행위'라고 특정하고 있으므로, 그에 해당하는 범죄는 <u>위 법률 조항의 시행 당시 이미 형사소송법 제249조에 의한 공소시효가 완성되었는지의 여부에 관계없이</u> 모두 그 적용대상이 됨이 명백하다고 할 것인데, 위 법률 조항에 대하여는 헌법재판소가 1996. 2. 16. 선고 96헌가2, 96헌마7, 13 사건에서 위 법률 조항이 헌법에 위반되지 아니한다는 합헌결정을 하였으므로, 위 법률 조항의 적용범위에 속하는 범죄에 대하여는 이를 그대로 적용할 수밖에 없다고 할 것이다.<br>그런데 위 피고인들에 대하여 공소가 제기된 군사반란에 관한 범죄, 내란에 관한 범죄 및 내란목적살인죄(이하 '이 사건 헌정질서파괴범죄'라 한다)는 1979. 12. 12.과 1980. 5. 18.을 전후하여 발생하였고, 이들은 헌정질서파괴범죄특례법 제2조에서 헌정질서파괴범죄로 규정하고 있는 형법 제2편 제1장 내란의 죄 또는 군형법 제2편 제1장 반란의 죄에 해당하는 범죄로서, 5·18특별법 제2조의 적용범위에 속하는 범죄임이 명백하므로, <u>이에 대하여는 위 법률 조항을 그 시행 당시 이미 형사소송법 제249조에 의한 공소시효가 완성되었는지 여부에 관계없이 적용할 수밖에 없다고 할 것이다</u>.<br>한편 5·18특별법 제2조는 그 적용범위에 속하는 범죄에 대하여는 1993. 2. 24.까지 그 공소시효의 진행이 정지된 것으로 본다고 규정하고 있으므로, 이 사건 헌정질서파괴범죄에 대하여는 1993. 2. 25.부터 그 공소시효가 진행한다고 할 것인데, 이 사건 헌정질서파괴범죄는 모두 형사소송법 제249조 제1항 제1호에서 규정하고 있는 '사형에 해당하는 범죄'로서 그 공소시효의 기간이 15년이고, 그 중 이른바 12·12군사반란에 관련된 부분의 공소는 1996. 2. 28.에, 이른바 5·18내란에 관련된 부분의 공소는 1996. 1. 23.과 1996. 2. 7.에 각 제기되었음이 기록상 분명하므로, 모두 그 공소시효가 완성되기 전에 공소가 제기되었음이 역수상 명백하다.<br>이 점에 관한 원심판결의 이유설시 중 위 피고인들의 내란에 관한 범죄의 공소시효의 완성 여부에 대한 판단 부분에 적절하지 아니한 점이 없는 것은 아니나, 그 공소시효가 완성되지 아니하였다고 본 원심의 결론은 정당하고, 위 피고인들의 나머지 범죄의 공소시효의 완성 여부에 대한 판단 부분은 위에서 본 법리에 따른 것으로서 정당하며, 거기에 상고이유로 지적하는 바와 같은 법리를 오해한 위법이 있다고 할 수 없다. (반대의견 생략) |

다. 1997. 12. 18. 제15대 대통령선거가 마쳐진 직후, 김영삼 대통령과 김대중 대통령당선인 간에 이루어진 ('국민대통합'을 이유로 한) 합의에 따라, 1997. 12. 22. 위 사건들 관련 수형자 전원이 특별사면됨으로써 2년여간의 구금이 종료되었다.

## Ⅰ. 적법요건에 대한 판단

### 1. 병합된 사건 모두에 공통되는 요건 : 재판전제성

#### 가. '재판' : 여기서의 '당해사건'은 영장청구 사건이다.

#### 나. '전제성' : 특히 '재판의 결론에 영향을 미치는지의 여부'

(1) 문제의 소재 : 5·18 특별법이 '확인적' 법률인지 '형성적 법률'인지와 관련된다[61]. '형성적 법률'이라는 점이 전제되고 나서야, 뒤에서 문제되는 '진정 또는 부진정소급입법' 중 어느

---

1996. 12. 16. 선고 96노1892 판결의 '범죄사실' 란을 참조.

54) 94헌마246 결정에서는, ① 전두환 등의 내란 이외의 죄에 관하여는 헌법 제84조에 따라 전두환이 대통령으로 재직한 7년 5개월 24일 동안은 소추가 불가능하였으므로 공소시효가 정지되었다고 판단한 반면, ② 내란죄에 대하여는 헌법 제84조에 의해 대통령 재직기간 동안에도 소추가 법률상 가능하였기 때문에 공소시효가 정지되지 않았다고 판단하였다.

55) 이 당시의 불기소처분 이유가 '성공한 쿠데타는 처벌할 수 없다'는 요지로 이해되어 널리 알려졌다.

56) 취하가 이루어진 경위에 관하여, 1988~1994년간 헌법재판관을 역임한 변정수는 다음과 같은 요지로 글을 남긴 바 있다. 변 前 재판관은 1995년 당시 제1야당이던 새정치국민회의의 상임고문 겸 인권특별위원회 위원장이었는데, 결정선고가 예정된 1995. 11. 30. 직전에 "헌재가 평의를 마친 내용 중 5·18 사건에 관한 공소시효의 기산점을 1980. 8. 16.(최규하 대통령의 하야일)로 판시하는 내용이 포함되어 있다"는 내용을 전해듣고는, 그대로 결정이 선고되는 경우에는 후일 5·18 특별법이 제정된다 하더라도 공소시효(15년)이 만료된 1995. 8. 16. 이후의 진정소급입법에 해당하여 위헌이라는 비판에 직면하게 될 것이며, 헌재가 사실은 5·18 특별법의 제정을 방해하려고 판단한 변 前 재판관이 청구인들로 하여금 심판청구를 취하하도록 하였다는 것이다. 변정수, 5.18특별법 제정의 전말, 민주법학 제13호, 1997.12., pp.347-364.

57) 각각 1995. 9. 22., 1995. 11. 13., 1995. 12. 2.에 유사한 내용의 3개 법률안이 발의되어 있었다.

58) 전두환은 1995. 12. 3., 노태우는 1995. 11. 16.에 각각 구속되었다.

59) 제1심 재판장이었던 김영일은 그 후 1999~2005년간 헌법재판관을 역임하였다.

60) 항소심 재판장이었던 권성이 전두환의 양형이유로 판시한 "자고로 항장(降將)은 불살(不殺)이라 하였으니 공화(共和)를 위하여 감일등(減一等)하지 않을 수 없다"는 말이 논란의 대상이 되기도 하였다. 권성은 2000~2006년간 헌법재판관을 역임하였다.

61) 이 사건 결정문에서는, 이 문제를 명시적으로 '재판전제성'이라는 적법요건의 문제로 다루지 않았다. 그러나 논리적으로는, 이 사건 법률조항이 확인적인 규정에 지나지 않는 한은 재판전제성이 없다고 볼 수밖에 없다. 이 점은 뒤에서 보다 분명하게 살펴보기로 한다.

것인지가 문제된다.

| 이 법률조항이 헌법에 위반되는 여부를 판단함에 있어서는, 먼저 이 법률조항이, 공소시효제도의 본질이나 그 제도에 관한 실정법의 해석에 의하여 당연히 도출되는 사유를 확인하여 공소시효정지 사유의 하나로 규정한 것에 지나지 않는 것(확인적 법률)인지, 그런 것이 아니라 사후에 새로운 공소시효의 정지사유를 규정한 이른바 소급입법에 해당하는 것(형성적 법률)인지를 가려야 할 필요가 있다. 왜냐하면 만일 이 법률조항이 그 입법취지대로 기존의 실정법 규정에 따른 공소시효의 정지사유를 규범적으로 확인한 것에 지나지 않는 것이라면, 그로 인하여 기존의 법률관계에 아무런 영향을 미치는 것이 아님은 물론 법원의 재판권을 제한하는 것도 아니어서 처음부터 소급입법이나 사법권의 침해 등 헌법적인 문제가 생길 여지가 없기 때문이다. |
|---|

(2) 입법자의 의도 : 확인적 법률

| 특별법이 제정된 경위 및 그 입법과정에서의 논의내용(제177회 국회법제사법위원회 회의록 제18호)과 이 법률조항의 내용 및 그 표현형식 등에 비추어보면, 국회가 이 법률조항을 제정한 취지는, 공소시효제도의 본질에 비추어 국가가 소추권을 행사할 수 없는 법률상 또는 중대한 사실상의 장애사유가 있는 때에는 **법률에 명문으로 규정된 바가 없다고 하더라도** 공소시효의 진행이 정지된다고 해석하여야 할 것이므로, 이 사건 범죄행위의 경우에는 그 범죄행위자들이 바로 그 범죄행위를 통하여 국가권력을 장악함으로써 국가가 소추권을 행사할 수 없었던 1993.2.24.까지는 공소시효의 진행이 정지되었다고 볼 수밖에 없음에도 불구하고, 국가의 소추권행사에 이러한 장애사유가 있는 때에 공소시효의 진행이 정지되는 것으로 보는 법원의 의견이 명백히 판시된 바 없으므로, 입법을 통하여 이를 규범으로 확인하고자 하는 데 있는 것으로 판단된다. |
|---|

(3) 이 사건 제청법원(96헌가2) 및 당해사건법원(96헌바7,13)의 판단

(가) 96헌가2 사건의 제청법원 : 위헌여부에 따라 재판의 결과가 달라진다 → 재판전제성 인정 → 헌재에 위헌법률심판제청. (5·18 특별법을 '형성적 법률'로 보는 입장.)

| 96헌가2 사건 제청법원의 위헌제청이유 요지 |
|---|
| (1) 이미 공소시효가 완성된 사람에 대하여 소급해서 그 시효를 정지 내지 배제하는 내용의 법률은 위헌이라 판단된다.<br>(2) 영장이 청구된 1996.1.17.은 범죄행위가 종료한 때로부터 15년이 이미 경과된 날임이 기록상 명백하다.<br>(3) 내란 등이 일단 성공하여 그 주도세력이 정치권력을 장악한 경우에는 그 공소시효가 정당 |

| 한 국가기관이 그 기능을 회복한 이후부터 비 로소진행된다는 규정은 특별법 제정 이전에는 형사소송법 기타 어떤 법률에도 없었다.<br>그렇다면 과연 일반적인 공소시효 규정의 해석을 통하여 군사반란죄의 경우 그 주도세력등이 집권한 때에는 공소시효가 정지된다고 볼 수 있는지 문제가 될 것인바, … 자유민주적 기본질서를 정면으로 유린하는 내란죄에 있어서는 "국가권력의 장악에 성공한 내란행위자에 대하여는 국민으로부터 정당하게 국가권력을 위탁받은 국가기관이 그 기능을 회복하기까지 사실상 처벌되지 않는 상태가 지속되는 경우에 그 공소시효는 그 기간 동안 정지되는 것으로 보는 견해"가 자유민주적 기본질서의 회복이라는 또 다른 헌법상의 요청에 의하여 가능하다고 보더라도 그 성격을 달리하는 군사반란죄에 대하여서까지 기존의 적법절차원리나 법률불소급원칙과의 부조화를 감수하면서 그 공소시효가 정지된다고 해석하기는 어렵다고 판단된다. 그러므로 이 법률조항은 헌법에 위배될 소지가 있다. |
|---|

(나) 96헌바7,13 사건의 당해사건법원 : 위헌여부에 따라 재판의 결과가 달라지지 않는다 → 재판전제성 부정 → 위헌법률심판제청신청 기각 → 청구인들이 헌재법 제68조 제2항에 의해 헌법소원심판청구. (5·18 특별법을 '확인적 법률'로 보는 입장과 결과적으로 같다.)

| 96헌바7,13 사건 각 당해사건 법원의 위헌제청신청 기각이유 요지 |
|---|
| 신청인들의 5·18사건과 관련한 내란중요임무종사 등의 피의사실이 이 법률조항과 관계없이 아직 공소시효가 완성되지 아니하여 그 혐의사실만으로 구속영장을 발부하는 이상 이 법률조항의 위헌여부는 재판의 전제가 되지 않는다. |

## (4) 헌재의 판단

(가) 재판관 김용준, 정경식, 고중석, 신창언의 4인 의견 : 공소시효가 완성되었는지 여부는 법원이 판단할 사항이다. 다만, 법원이 형성적 법률이라고 볼 때를 대비한 판단으로 족하다. (5·18 특별법을 '형성적 법률'로 보는 입장과 결과적으로 유사하다.)

| (4인 의견의 요지) |
|---|
| 공소시효제도는 헌법이 마련하고 있는 제도가 아니라 법률이 규정하고 있는 제도이므로, 그 제도의 구체적인 적용은 사실의 인정과 법률의 해석에 관련된 문제로서 기본적으로 법원의 전속적인 권한에 속하는 사항이며, 헌법재판소가 관여할 사항이 아니다. 따라서 헌법재판소로서는 위 법률조항이 확인적 법률인지의 여부에 관하여는 법원의 판단에 맡기고, |

만일 법원이 이 점에 관하여 소극적 견해를 취할 경우 제기될 수 있는 헌법적 문제에 대하여 판단하면 된다.

(나) 재판관 김진우, 이재화, 조승형의 3인 의견 : 확인적 법률이다 → 논리적으로는 각하 의견.

(3인 의견의 요지)

가. 특별법 제2조는 법 및 법집행의 왜곡에 따르는 소추의 장애사유가 존재하여 헌정질서 파괴 행위자들에 대한 검찰의 소추권행사가 불가능하였으므로 당연히 공소시효의 진행이 정지된 것으로 보아야 한다는 법리를 확인하여 입법한 데 불과하므로 **소급입법에 해당하지 않는다**.

나. 공소시효는 소추기관이 유효하게 공소권을 행사할 수 있었음에도 불구하고 이를 행사하지 아니한 채 그 기간이 경과되었을 것을 요건으로 하여 완성하며, 소추기관이 유효하게 공소권을 행사하는 데 법적·제도적 장애가 없을 때에만 진행할 수 있다.

다. 형사법의 집행을 담당하는 국가의 소추기관이 법제도상 군사반란 내지 내란행위자들에 의해 장악되거나 억압당함으로써 이들의 의사나 이익에 반하는 소추권행사가 더 이상 가능하지 않게 되는 등 반란행위나 내란행위를 처벌하여야 할 법률의 기능이 마비되어, 적어도 위 행위자들에 관한 한 법치국가적 원칙이 완전히 무시되고 법률의 집행이 왜곡되는 법질서상의 중대한 장애사유가 있는 경우에는, 비록 헌법이나 법률에 명문의 규정은 없다 하여도 단순한 사실상의 장애를 넘어 법규범 내지 법치국가적 제도 자체에 장애가 있다고 보아야 하고, 이러한 장애로 군사반란행위자와 내란행위자가 불처벌로 남아있을 수밖에 없는 상태로 있는 기간 동안에는 공소시효가 정지된다고 보아야 하며, 또 이것이 공소시효제도의 본질에도 부합하는 해석으로 성공한 내란도 처벌되어야 한다는 당위성에 합치되고 정의의 관념과 형평의 원칙에도 합치한다.

(다) 재판관 김문희, 황도연의 의견 : 형성적 법률이다.

(2인 의견의 요지)

공소시효는 법률로써 명문규정을 둔 경우에 한하여 정지되는 것이고, 헌법 제84조의 규정도 공소시효의 정지에 관한 명문규정으로 볼 수 없으므로[62], 위 법률조항에서 공소시효가 정지되는 것으로 규정한 전기간, 모든 피의자에 대하여 이 법률조항으로 말미암아 비로소 공소시효의 진행이 정지되는 것으로 보아야 한다. 따라서 이 법률조항은 **소급적 효력을 가진 형성적 법률이다**.

## 2. 96헌바7, 96헌바13 사건에만 적용되는 요건

### 가. 청구기간

- 96헌가2 사건의 경우 : 위헌법률심판제청이 이루어진 경우 → 청구기간이 문제되지 않는다(재판절차가 정지됨).
- 96헌바7,13 사건의 경우 : 청구기간이 문제된다(헌재법 제69조 제2항) → ① 96헌바7 사건의 경우 1996. 1. 18. 제청신청 기각결정을 받고 동년 1. 26.에 심판청구, ② 96헌바13 사건의 경우 1996. 1. 31. 기각결정을 받고 동년 2. 10.에 심판청구. → 모두 준수되었다.

### 나. 변호사강제주의는 준수되었다.

## 3. 소결 : 이 사건 심판제청 및 심판청구는 모두 적법하다.

## II. 평등원칙의 위배여부 - '개별사건법률'이므로 그 자체로서 위헌인지의 여부

(1) (중략) 특별법 제2조는 제1항에서 "1979년 12월 12일과 1980년 5월 18일을 전후하여 발생한…… 헌정질서파괴행위에 대하여…… 공소시효의 진행이 정지된 것으로 본다."라고 규정함으로써, 특별법이 이른바 12·12 사건과 5·18 사건에만 적용됨을 명백히 밝히고 있으므로 다른 유사한 상황의 불특정다수의 사건에 적용될 가능성을 배제하고 오로지 위 두 사건에 관련된 헌정질서파괴범만을 그 대상으로 하고 있어 특별법 제정당시 이미 적용의 인적범위가 확정되거나 확정될 수 있는 내용의 것이므로 **개별사건법률임**을 부인할 수는 없다.

(2) 그러나 우리 헌법은 개별사건법률에 대한 정의를 하고 있지 않음은 물론 개별사건법률의 입법을 금하는 명문의 규정도 없다.

62) 이러한 2인 의견과 달리, 이 사건 전에 선고되었던 1995. 1. 20. 94헌마246 결정의 법정의견은, ① 공소시효는 헌법/법률상 명문규정이 있는 경우에만 정지되는 것이고(따라서 헌법소원심판청구로써 공소시효가 정지되지는 않음), ② 대통령의 재직기간 동안 내란·외환 이외의 죄에 대한 소추를 금지한 헌법 제84조는 재직기간 동안의 공소시효 정지를 규정한 헌법상의 명문규정으로 보아야 한다는 것이었다(위 2인 재판관은 94헌마246 결정의 ② 부분에 대하여 반대의견을 개진하였었다).

개별사건법률금지의 원칙은 "법률은 일반적으로 적용되어야지 어떤 개별사건에만 적용되어서는 아니된다"는 법원칙으로서 헌법상의 평등원칙에 근거하고 있는 것으로 풀이되고, 그 기본정신은 입법자에 대하여 기본권을 침해하는 법률은 일반적 성격을 가져야 한다는 형식을 요구함으로써 평등원칙위반의 위험성을 입법과정에서 미리 제거하려는 데 있다 할 것이다.

개별사건법률은 개별사건에만 적용되는 것이므로 원칙적으로 평등원칙에 위배되는 자의적인 규정이라는 강한 의심을 불러일으킨다. 그러나 개별사건법률금지의 원칙이 법률제정에 있어서 입법자가 평등원칙을 준수할 것을 요구하는 것이기 때문에, 특정규범이 개별사건법률에 해당한다 하여 곧바로 위헌을 뜻하는 것은 아니다. 비록 특정법률 또는 법률조항이 단지 하나의 사건만을 규율하려고 한다 하더라도 이러한 차별적 규율이 합리적인 이유로 정당화될 수 있는 경우에는 합헌적일 수 있다. 따라서 개별사건법률의 위헌여부는, 그 형식만으로 가려지는 것이 아니라 나아가 평등의 원칙이 추구하는 실질적 내용이 정당한지 아닌지를 따져야 비로소 가려진다.

(3) 이른바 12·12 및 5·18 사건의 경우 그 이전에 있었던 다른 헌정질서파괴범과 비교해보면, 공소시효의 완성 여부에 관한 논의가 아직 진행중이고, 집권과정에서의 불법적 요소나 올바른 헌정사의 정립을 위한 과거청산의 요청에 미루어볼 때 비록 특별법이 개별적사건법률이라고 하더라도 입법을 정당화할 수 있는 공익이 인정될 수 있다고 판단된다. 따라서 이 법률조항은 개별사건법률에 내재된 불평등요소를 정당화할 수 있는 합리적인 이유가 있으므로 헌법에 위반되지 아니한다.

## III. 헌법 제13조 제1항(형벌불소급의 원칙)의 위배여부 : 부정(9인 전원일치).

### 1. 일반론

헌법 제12조 제1항 후단은 "……법률과 적법한 절차에 의하지 아니하고는 처벌· 보안처분 또는 강제노역을 받지 아니한다"라고 규정하고, 제13조 제1항 전단은 "모든 국민은 행위시의 법률에 의하여 범죄를 구성하지 않는 행위로 소추되지 아니하며……"라고 하여 죄형법정주의와 형벌불소급의 원칙을 규정하고 있다. 헌법 제12조 제1항과 제13조 제1항의 근본 뜻은 형벌법규는 허용된 행위와 금지된 행위의 경계를 명확히 설정하여 어떠한 행위가 금지되어 있고, 그에 위반한 경우 어떠한 형벌이 정해져 있는가를 미리 개인에 알려 자신의 행위를 그에 맞출 수 있도록 하자는데 있다. 이로써 **위 헌법조항은 실체적 형사법 영역에서의 어떠한 소급효력도 금지하고 있고**, "범죄를 구성하지 않는 행위"라고 표현함으로써 절대적 소급효금지의 대상은 "범죄구성요건"과 관련되는 것임을 밝히고 있다.

### 2. 공소시효의 연장에 형벌불소급의 원칙이 미치는지의 여부

> 우리 헌법이 규정한 형벌불소급의 원칙은 형사소추가 "언제부터 어떠한 조건 하에서" 가능한가의 문제에 관한 것이고, "얼마동안" 가능한가의 문제에 관한 것은 아니다. 다시 말하면 헌법의 규정은 "행위의 가벌성"에 관한 것이기 때문에 소추가능성에만 연관될 뿐, 가벌성에는 영향을 미치지 않는 **공소시효에 관한 규정은 원칙적으로 그 효력범위에 포함되지 않는**다. 행위의 가벌성은 행위에 대한 소추가능성의 전제조건이지만 소추가능성은 가벌성의 조건이 아니므로 공소시효의 정지규정을 과거에 이미 행한 범죄에 대하여 적용하도록 하는 법률이라 하더라도 그 사유만으로 헌법 제12조 제1항 및 제13조 제1항에 규정한 죄형법정주의의 파생원칙인 형벌불소급의 원칙에 언제나 위배되는 것으로 단정할 수는 없다.

※ 주의 : 이와 같이, 이 사건 법률조항이 소급입법('형성적 규정')이라고 하여 '헌법 제13조 제1항에' 위반되지는 않는다는 점에는 재판관 9인의 견해가 모두 일치하였다. 그러나, 대상조항이 ("절대적으로" 소급입법이 금지되는") 헌법 제13조 제1항의 적용대상이 되지 않는 경우에, 소급입법이 경우에 따라 '법치주의의 일반원칙(신뢰보호원칙 등)에' 위반하기 때문에 위헌이라고 볼 수 있는지는, 다른 문제이다. 이에 관하여 견해가 나뉨을 보여주는 것이 아래의 IV.이다.

## IV. 법치주의 일반원칙의 위배여부

### 1. 문제의 소재 : 진정소급입법 또는 부진정소급입법

> 공소시효제도가 헌법 제12조 제1항 및 제13조 제1항에 정한 죄형법정주의의 보호범위에 바로 속하지 않는다면, 소급입법의 헌법적 한계는 법적 안정성과 신뢰보호원칙을 포함하는 법치주의의 원칙에 따른 기준으로 판단하여야 한다. (중략) 법치국가적 요청으로서의 법적 안정성과 신뢰보호원칙은 무엇보다도 바로 소급효력을 갖는 법률에 대하여 민감하게 대립할 수밖에 없고, 구체적으로는 어떤 법률이 이미 종료된 사실관계에 예상치 못했던 불리한 결과를 가져오게 하는 경우인가 아니면 현재 진행중이나 아직 종료되지 않은 사실관계에 작용하는 경우인가에 따라 헌법적 의미를 달리하게 된다.
>
> 그렇다면 이 법률조항에 대한 위헌여부를 판단하기 위하여는 먼저 이 법률조항이 이미 종료된 사실관계(이른바 진정소급효)에 관련된 것인지, 아니면 현재 진행중인 사실관계(이른바 부진정소급효)에 관련된 것인지를 밝혀야 할 것이고, 이는 결국 특별법 시행당시 특별법 소정 피의자들에 대한 공소시효가 이미 완성되었는지의 여부에 따라 판가름될 성질의 것이다.

(중략) 구체적 범죄행위에 관한 공소시효의 완성 여부 및 그 완성시점 등은 당해사건을 재판하는 법원이 이를 판단할 성질의 것이지 헌법재판소가 판단할 수 있는 사항이 아니다. 따라서 법원의 판단에 따라 특별법 시행당시 공소시효가 이미 완성되었다면, 특별법은 이미 과거에 완성된 사실 또는 법률관계를 규율대상으로 하여 사후에 그 전과 다른 법적 효과를 생기게 하는(진정소급효) 법률이라 할 것이고, 한편 공소시효가 아직 완성되지 않았다면, 특별법은 과거에 이미 개시되었지만 아직 완결되지 않고 진행과정에 있는 사실 또는 법률관계와 그 법적 효과에 장래적으로 개입하여 법적 지위를 사후에 침해하는(부진정소급효) 법률이라 할 것이다[63].

그러므로 헌법재판소로서는 당해사건을 재판하는 법원에 의하여 특별법 시행당시 공소시효가 완성된 것인지의 여부가 아직 확정되지 아니한 터이므로 위 두 가지 경우를 가정하여 판단할 수밖에 없다.

## 2. 공소시효가 완성되지 않았다고 볼 경우 : 부진정소급입법 → 위헌이 아니다(재판관 9인 전원일치).

공소시효가 아직 완성되지 않은 경우 위 법률조항은 단지 진행중인 공소시효를 연장하는 법률로서 이른바 부진정소급효를 갖게 되나, 공소시효제도에 근거한 개인의 신뢰와 공소시효의 연장을 통하여 달성하려는 공익을 비교형량하여 공익이 개인의 신뢰보호이익에 우선하는 경우에는 소급효를 갖는 법률도 헌법상 정당화될 수 있다.

위 법률조항의 경우에는 왜곡된 한국 반세기 헌정사의 흐름을 바로 잡아야 하는 시대적 당위성과 아울러 집권과정에서의 헌정질서파괴범죄를 범한 자들을 응징하여 정의를 회복하여야 한다는 중대한 공익이 있는 반면, 공소시효는 행위자의 의사와 관계없이 정지될 수도 있는 것이어서 아직 공소시효가 완성되지 않은 이상 예상된 시기에 이르러 반드시 시효가 완성되리라는 것에 대한 보장이 없는 불확실한 기대일 뿐이므로 공소시효에 대하여 보호될 수 있는 신뢰보호이익은 상대적으로 미약하여 위 법률조항은 헌법에 위반되지 아니한다.

## 3. 공소시효가 완성되었다고 볼 경우 : 진정소급입법 → 견해가 나뉨.

### 가. 재판관 김진우, 이재화, 조승형, 정경식 4인의 합헌의견

가. 진정소급입법이라 하더라도 기존의 법을 변경하여야 할 공익적 필요는 심히 중대한 반면에 그 법적 지위에 대한 개인의 신뢰를 보호하여야 할 필요가 상대적으로 적어 개인의 신뢰이익을 관철하는 것이 객관적으로 정당화될 수 없는 경우에는 예외적으로 허용된다.

63) 그러나 이 사건 결정 이후에 대법원 1997. 4. 17. 96도3376 판결은, 5·18 특별법이 제정되지 않았다고 가정할 경우의 공소시효의 완성여부를 구체적으로 판시하지 않았다.

나. **진정소급입법이 허용되는 예외적인 경우**로는 일반적으로, 국민이 소급입법을 예상할 수 있었거나, 법적 상태가 불확실하고 혼란스러웠거나 하여 보호할 만한 신뢰의 이익이 적은 경우와 소급입법에 의한 당사자의 손실이 없거나 아주 경미한 경우, 그리고 신뢰보호의 요청에 우선하는 심히 중대한 공익상의 사유가 소급입법을 정당화하는 경우를 들 수 있다.

다. 이 사건 반란행위 및 내란행위자들은 우리 헌법질서의 근간을 이루고 있는 자유민주적 기본질서를 파괴하였고, 그로 인하여 우리의 민주주의가 장기간 후퇴한 것은 말할 것도 없고, 많은 국민의 그 생명과 신체가 침해되었으며, 전국민의 자유가 장기간 억압되는 등 국민에게 끼친 고통과 해악이 너무도 심대하여 공소시효의 완성으로 인한 이익은 단순한 법률적 차원의 이익이고, 헌법상 보장된 기본권적 법익에 속하지 않는 반면, 집권과정에서 헌정질서파괴범죄를 범한 자들을 응징하여 정의를 회복하여 왜곡된 우리 헌정사의 흐름을 바로 잡아야 할 뿐만 아니라, 앞으로는 우리 헌정사에 다시는 그와 같은 불행한 사태가 반복되지 않도록 자유민주적 기본질서의 확립을 위한 헌정사적 이정표를 마련하여야 할 공익적 필요는 매우 중대한 반면, 이 사건 반란행위자들 및 내란행위자들의 군사반란죄나 내란죄의 공소시효완성으로 인한 법적 지위에 대한 신뢰이익이 보호받을 가치가 별로 크지 않다는 점에서, 이 법률조항은 위 행위자들의 신뢰이익이나 법적 안정성을 물리치고도 남을 만큼 월등히 중대한 공익을 추구하고 있다고 평가할 수 있어, 이 법률조항이 위 행위자들의 공소시효완성에 따르는 법적 지위를 소급적으로 박탈하고, 그들에 대한 형사소추를 가능하게 하는결과를 초래하여 그 합헌성 인정에 있어서 엄격한 심사기준이 적용되어야 한다고 하더라도, 이 법률조항은 헌법적으로 정당화된다고 할 것이다.

라. 위 법률조항은 헌정질서파괴범죄자들에 대하여 국가가 실효적으로 소추권을 행사할 수 있는 기간을 다른 일반국민들에 대한 시효기간과 동일하게 맞춤으로써, 그 범죄행위로 인하여 초래되었던 불평등을 제거하겠다는 것에 불과하여, 위 범죄행위자들을 자의적으로 차별하는 것이 아닐 뿐만 아니라, 오히려 실질적 정의와 공평의 이념에 부합시키는 조치라고 할 수 있고, 적법절차 원리에도 반하지 않는다.

### 생각해 볼 점 (1) : 위 4인 중 3인의 의견에서 보이는 모순점

합헌의견을 제시한 위 4인 재판관 중 3인(김진우, 이재화, 조승형 재판관)은, 앞서 이 사건 법률조항이 '확인적 법률'의 성격을 가진다는 의견을 개진하였다. 이에 따르면, 이 사건 법률조항은 범죄자에 대하여 국가의 소추가 불가능한 객관적인 사유가 있는 동안에는 공소시효가 "명문규정의 유무에 관계없이, 당연히" 정지된다는 법리를 확인적으로 명문화한 것에 불과하다는 것이다.

그러나 만약 이러한 견해에 따른다면, 5·18 특별법이 설사 제정된 바 없다 하더라도 '당연히' 이 사건 제청신청인들 및 심판청구인들에 대하여는 공소시효가 완성되지 않았으므로 기소 및 재판이 가능하다고 보아야 할 것이다. 따라서, 5·18 특별법은 그러한 재판의 결론이나 법률상 의미에 아무런 영향을 줄 수 없다고 해야 할 것이다. 즉, 재판의 전제성 자체가 없는 것이다.

이렇게 볼 때 위 3인 재판관의 의견은 논리적으로, 이 사건 제청 및 심판청구가 '각하'되어야 한다는 견해로 귀결될 수밖에 없다. 그럼에도 불구하고 위 3인이 본안에 관한 '합헌의견'에 참여하고 있다는 것은, 모순이다.

특히 헌재는 역대로 (i) '적법여부'에 관하여 다수결에 따른 합의제를 먼저 거치고 (ii) 적법하다는 결론이 도출된 경우에는 부적법(각하) 의견을 내었던 재판관들도 '위헌여부'에 관하여 의견을 제시하도록 하는 "쟁점별 합의제"를 채택하고 있지 않다. 헌재는 결정의 주문(헌법에 위반된다/위반되지 아니한다, 각하한다 등)에 대하여만 의견을 제시하여, 각하의견을 제시한 재판관은 본안의 판단에 참여하지 않는 "주문별 합의제"를 채택하고 있으므로, 이러한 점에서도 위 3인의 견해는 모순이라고 볼 수밖에 없다. 애당초 대상조항을 '확인적 법률'로 본 이상, "진정소급입법이라고 볼 경우"에 관하여 논의한다는 것은 앞뒤가 맞지 않는 것이다.

이들 3인 재판관이 '각하의견'을 내었다고 하더라도 이 사건 결정의 주문이 달라지지는 않는다. 적법하다는 의견이 다수를 점하는 이상 본안판단은 이루어지게 되어있고, 위헌의견이 6인 이상이 되지 않는 한 '위헌이 아니라는' 결정이 선고되기 때문이다. 그러나 그 경우, 적극적으로 '이 사건 법률조항은 헌법에 위반되지 않는다'는 의견을 낸 재판관은 정경식 재판관 1인이 될 것이다.

### 나. 재판관 김용준, 김문희, 황도연, 고중석, 신창언 5인의 한정위헌의견

형사실체법의 영역에서 형벌은 바로 신체의 자유와 직결되기 때문에 적어도 범죄구성요건과 형벌에 관한 한, 어떠한 공익상의 이유도, 국가적인 이익도 개인의 신뢰보호의 요청과 법적 안정성에 우선할 수 없고, 공소시효가 이미 완성되어 소추할 수 없는 상태에 이른 뒤에 뒤늦게 소추가 가능하도록 하는 새로운 법률을 제정하는 것은 결과적으로 형벌에 미치는 사실적 영향에서는 형벌을 사후적으로 가능하게 하는 새로운 범죄구성요건의 제정과 실질에 있어서는 마찬가지이므로, 공소시효가 이미 완성된 경우에 그 뒤 다시 소추할 수 있도록 법률로써 규정하는 것은 헌법 제12조 제1항 후단의 적법절차의 원칙과 제13조 제1항의 형벌불소급의 원칙 정신에 비추어 헌법적으로 받아들일 수 없는 위헌적인 것이다.

따라서 이 법률조항이 특별법 시행일 이전에 특별법 소정의 범죄행위에 대한 공소시효가 이미 완성된 경우에도 적용하는 한 헌법에 위반된다.

## V. 결론

5·18민주화운동등에관한특별법(1995년 12월 21일 법률 제5029호) 제2조는 헌법에 위반되지 아니한다.

**생각해 볼 점 (2) : '법정의견'은 무엇인가?**

'법정의견(法庭意見, court opinion)'은 일반적으로, 합의제 재판기관에 있어서 재판의 결론 또는 이유에 관한 의견이 나뉘는 경우에, 그 중에서 재판의 主文을 뒷받침하는 의견을 지칭한다고 이해된다. 따라서 이 사건을 예로 들면, 이 사건 법률조항이 진정소급입법이라고 보는 경우에 대하여는 재판관 4인이 합헌의견을, 5인이 한정위헌의견을 각 제시하였으나, '법정의견'은 4인 합헌의견이라고 보는 것이 일반적이고, 헌재의 판례도 '법정의견'을 이와 같이 이해한다.

그러나 저자의 私見은 다르다. '법정의견'이라는 말은 곧 '재판소의 견해'를 뜻하는 것인데, 위헌의견이 보다 다수를 점했음에도 불구하고 합헌의견이 '법정의견'이라고 보는 데에는 어폐가 있다. 따라서 저자의 생각으로는, 결정의 주문에 반영되었는지의 여부와는 별개로, 재판관 다수가 지지한 의견을 법정의견이라고 하는 것이 타당하다.

앞서 본 바와 같이, 현행의 합의방식에 따르면 ① 적법여부에 관한 판단은 단순다수결에 의하고, ② 위헌여부(본안)에 관한 판단은 '6인에 달하는지의 여부'에 의해 결정된다. 이러한 방식에 따르면, 예컨대 각하의견이 3인, 위헌의견이 5인, 합헌의견이 1인인 경우에 주문은 "헌법에 위반되지 아니한다"는 것이 되는데, 이 경우에 1인 재판관의 의견이 '법정의견'이고 이것이 재판소의 견해라고 보는 것은 타당하지 않다고 생각한다.

보다 극단적인 예로는, 각하의견이 4인, 위헌의견이 5인인 경우에도 주문은 "헌법에 위반되지 아니한다"고 선고된다. 이러한 경우에 대상조항이 '헌법에 위반되지 않는다'는 의견을 개진한 재판관은 단 한 명도 없는데, 이런 경우에는 '법정의견'이라고 할 수 있는 것 자체가 존재하지 않는다.

이에 대하여는 '법정의견과 主文이 분리된다'는 비판이 가능할 것이다. 그러나, 우리 헌법은 위헌결정에 재판관 '6인'의 참여를 요한다는 점에 비추어, 위헌의견이 다수를 점하더라도 위헌결정이 선고되지 못할 수 있다는 점은 이제 상식에 속한다. 따라서 '재판소의 견해'가 주문과 별개일 수 있다고 보더라도 무리할 것은 없다고 생각된다.

# 7. 당구장 사건

**체육시설의설치 · 이용에관한법률시행규칙 제5조에 대한 헌법소원**
**헌재 1993. 5. 13. 92헌마80, 판례집 5-1, 365**

청구인은 1992. 4. 2. 체육시설의설치 · 이용에관한법률(1989. 3. 31. 법률 제4106호, 개정 1990. 12. 27. 법률 제4268호) 제8조 및 동 시행규칙 제8조 제1항의 규정에 의거 서울특별시장으로부터 체육시설업 신고필증을 교부받고 주소지에서 "응암당구장"을 경영하는 자인바, 체육시설의설치·이용에관한법률시행규칙(1992. 2. 27. 문화체육부령 제20호) 제5조 소정의 체육시설업의 시설, 설비, 안전관리 및 위생기준을 규정하고 있는 (별표 1) 2. 안전관리 및 위생기준(체육시설업자의 준수사항) (2) 개별기준 자. 당구장업 3) "출입문에 18세 미만자의 출입을 금지하는 내용의 표시를 하여야 한다."는 규정(이하 심판대상규정이라 한다)이 청구인의 헌법상의 기본권을 침해하고 있다고 하여 같은 해 4. 18. 이 사건 헌법소원심판을 청구하였다.

**체육시설의설치·이용에관한법률**(1993. 3. 6. 법률 제4541호로 개정된 것) 제5조 (시설기준) 체육시설업자는 체육시설업의 종류별로 문화체육부령이 정하는 시설·설비(안전 및 위생기준을 포함한다)를 갖추고 이를 유지·관리하여야 한다.

제11조 (시정명령) 시·도지사는 체육시설업자가 이 법 또는 이 법에 의한 명령에 위반하거나 체육시설업자의 체육시설이 제5조의 규정에 의한 시설·설비기준에 미달하게 된 때에는 당해 체육시설업자에게 그 시정을 명할 수 있다.

제12조 (등록취소등) ① 시·도지사는 체육시설업자가 다음 각호의 1에 해당하는 때에는 그 등록의 취소 또는 영업의 폐쇄명령을 하거나 6월이내의 기간을 정하여 그 사업의 전부 또는 일부의 정지를 명할 수 있다.

1. 허위 기타 부정한 방법으로 등록 또는 신고를 한 때
2. 정당한 사유없이 3월이상 휴업한 때
3. 기타 이 법 또는 이 법에 의한 명령에 반복하여 위반한 때

② 제1항의 규정에 의한 행정처분의 세부적인 기준은 그 행정처분의 사유와 위반의 정도를 참작하여 대통령령으로 정한다.

제22조 (벌칙) ③ 다음 각호의 1에 해당하는 자는 6월이하의 징역 또는 200만원이하의 벌금에 처한다.

1. 제5조의 시설·설비중 안전 또는 위생기준에 미달하여 제11조의 규정에 의한 시정명령을 받고 이를 위반한 자

**체육시설의설치·이용에관한법률시행규칙**(1992. 2. 27. 문화체육부령 제20호) 제5조 (체육시설업의 시설기준) 법 제5조의 규정에 의한 체육시설업의 시설·설비·안전관리 및 위생기준은 별표 1과 같다.

[별표 1] 체육시설업의 시설·설비·안전관리 및 위생기준(제5조 관련)
2. 안전관리 및 위생기준(체육시설업자의 준수사항)
(2) 개별기준
자. 당구장업
1) 관리인을 배치하여 당구장안의 질서를 유지하고 안전사고를 예방하도록 하여야 한다. 다만, 당구장업을 경영하는 자가 직접 관리하는 경우에는 관리인을 배치하지 아니할 수 있다.
2) 주무관청의 장이 정하는 영업시간을 준수하여야 한다.
3) 출입문에 18세미만자의 출입을 금지하는 내용의 표시를 하여야 한다.

## I. 적법요건에 대한 판단

### 1. ① 청구인의 기본권주체성, ② 자기관련성, ③ 권리보호이익, ④ 변호사강제주의에 관하여는 별다른 문제가 없다.

### 2. 공권력행사성64)

이 사건 심판대상규정은 체육시설의설치 · 이용에관한법률 제5조의 위임에 의거 문화체육부령(정부조직법중개정법률 1993. 3. 6. 법률 제4541호에 의하여 '체육청소년부령'에서 '문화체육부령'으로 변경되었다)인 동 시행규칙 제5조에 규정되어 있으므로 이는 행정기관에 의하여 제정된 전형적인 위임입법의 하나로서 그 법적 성격은 법규명령의 일종인 위임명령에 속한다고 할 것이다. 명령 · 규칙이라 할지라도 그 자체에 의하여 직접 국민의 기본권이 침해되었을 경우에는 그것을 대상으로 하여 헌법소원심판을 청구할 수 있음은 당 재판소가 일찍이 확립하고 있는 판례인데(헌법재판소 1990. 10. 15. 선고, 89헌마178 결정; 1991. 7. 22. 선고, 89헌마174 결정; 1992. 6. 26. 선고, 91헌마25 결정 각 참조), 다만 그 경우 제소요건으로서 당해 법령이 구체적 집행행위를 매개로 하지 아니하고 직접적으로 그리고 현재적으로 국민의 기본권을 침해하고 있어야 함을 요하는 것이다.65)

64) 공권력행사성은 기본적으로, 문제된 대상이 청구인의 법적 지위를 변경시키는 효력을 가지고 있는지의 문제라고 이해하면 될 것이다.

65) 다만 이하의 표현이 필요할까? 그것들은 따로 직접성과 현재성의 요건으로 검토되면 족한 것 아닐까?

**생각해 볼 점 (1) : 명령·규칙의 '공권력행사성'과 헌법 제107조 제2항**

1. 법원의 재판권에 관한 규정인 헌법 제107조 제2항[66]에 대하여는 대법원과 헌재의 접근방식이 다르다는 점을 이해해 둘 필요가 있다.
   (1) 대법원은, '명령·규칙 또는 처분'을 대법원의 위헌심사에 대한 '대상성'의 문제로, 그리고 '그 위헌여부가 재판의 전제가 될 것'을 위헌심사를 하기 위한 '별도의 요건'으로 본다.
   (2) 반면에 헌재는, '명령·규칙 또는 처분의 위헌여부가 재판의 전제가 될 것' 전체를 '대상성'의 문제로 이해하여, (가) 명령·규칙 또는 처분의 위헌여부가 재판전제성을 갖는 경우에는 대법원의 심사대상이 되고, (나) 명령·규칙 또는 처분이 '직접' 국민의 기본권을 침해하여 그 위헌여부가 재판전제성을 갖지 않는 경우에는 헌재법 제68조 제1항에 의한 헌법소원심판의 대상(=공권력행사)이 된다고 이해하는 것으로 보인다.

2. 그러나 私見으로는, 헌법 제107조 제2항과 같은 취지의 헌법규정은 (헌재가 창설된 1988년보다 훨씬 전인) 제헌헌법부터 계속하여 있어왔고, 당시부터 대법원이 이해하는 바와 같이 해석되어 왔었다. 헌재의 해석은 헌재법 제68조 제1항이 1988. 9. 1. 시행됨으로 인하여 비로소 등장할 수 있었던 것인데, 이는 결국 법률(헌재법)의 내용에 따라서 헌법규정의 해석을 달리한다는 것이고, 본말전도(wag the dog)라고 하지 않을 수 없다. 대법원의 해석이 보다 타당하다고 생각한다.
   그리고 이렇게 볼 때, 이 사건에서와 같이 명령·규칙에 대한 헌법소원은 헌재법 차원의 '공권력행사성' 문제로서 접근할 것이 아니라, 헌법 제107조 제2항에 의한 법원-헌재간의 권한배분의 문제로서 접근하는 것이 이론적으로 보다 타당하다고 본다.

## 3. 현재성, 직접성

| 이 사건의 경우 당구장을 경영하고 있는 청구인은 심판대상규정에 의하여 당구장의 출입문에 18세 미만자의 출입금지표시를 하여야 할 법적의무를 부담하게 되므로 따로 구체적인 집행행위를 기다릴 필요 없이 위 규정자체에 의하여 아래 판단과 같이 그의 기본권이 현재 직접 침해당하고 있는 경우라고 할 것이다. |
|---|

66) "명령·규칙 또는 처분이 헌법이나 법률에 위반되는 여부가 재판의 전제가 된 경우에는 대법원은 이를 최종적으로 심사할 권한을 가진다."

## 4. 보충성

**생각해 볼 점 (2) : 이 사건 규칙조항의 보충성요건 충족여부**

1. 이 사건 결정 당시에는 행정소송법상 행정입법을 '처분'으로 보는 해석론이나 판례는 없었으므로, 보충성원칙의 위배여부가 문제될 바 없었다. 그러나 그 후 대법원에서 '처분적 조례'[67]나 '처분적 고시'[68]의 처분성을 인정하면서, '처분적 행정입법'이 행정소송의 대상이 되어 헌재법 제68조 제1항 헌법소원의 보충성요건을 충족하지 못한다고 볼 여지가 생기게 되었다[69].

2. 그러나 적어도 현재까지는, 조례·명령·규칙이 처분성을 가진다는 이유로 보충성위배를 들어 헌재가 심판청구를 각하한 예는 없다. 다음의 판시를 참조. '전심절차(행정소송)의 존부가 객관적으로 불확실하여 그 이행의 기대가능성이 없는 경우'라고 이해하면 되겠다.

| 헌재 1989. 9. 4. 88헌마22 : 보충성의 예외 |
|---|
| 헌법소원심판청구인이 그의 불이익으로 돌릴 수 없는 정당한 이유 있는 착오로 전심절차를 밟지 않은 경우 또는 전심절차로 권리가 구제될 가능성이 거의 없거나 <u>권리구제절차가 허용되는지의 여부가 객관적으로 불확실하여 전심절차이행의 기대가능성이 없을 때</u>에는 그 예외를 인정하는 것이 청구인에게 시간과 노력과 비용의 부담을 지우지 않고 헌법소원심판제도의 창설취지를 살리는 방법이라고 할 것이므로, 본건의 경우는 위의 예외의 경우에 해당하여 적법하다고 할 것이다. |

## 5. 청구기간

| 나아가 청구기간의 준수여부에 관하여 보건대, 법령에 대한 헌법소원에 있어서는 원칙적으로 그 법령의 시행과 동시에 기본권의 침해를 받게 된다고 할 것이나 법령이 시행된 뒤에 비로소 그 법령에 해당되는 사유가 발생하여 기본권의 침해를 받게 된 자는 그 사유가 발생하였음을 안 날로부터 60일 이내에, 그 사유가 발생한 날로부터 180일 이내에 헌법소원을 청구할 수 있다고 하여야 할 것이고[70] <u>"사유가 발생한 날"이라는 것은 당해 법령이 청구인의 기본권을 명백히 구체적으로 현실 침해하였거나 그 침해가 확실히 예상되는 등 실체적 제요건이 성숙하여 헌법판단에 적합하게 된 때를 말한다고 할 것인바</u>[71](헌법재판소 1990. 10. 8. 선고, 89헌마89 |
|---|

67) 대법원 1996. 9. 20. 선고 95누8003 판결. 소위 두밀분교폐지조례 사건이다.

68) 대법원 2003. 10. 9. 선고 2003무23 판결. 소위 보건복지부 약사고시 사건이다.

69) 현재 국회에 계류중인 행정소송법 개정안에서도 행정입법의 처분성을 인정하는 내용이 포함되어 있는 바, 이 개정안이 입법되는 경우 이러한 여지는 현실화하게 될 것이다.

결정 참조), 기록에 의하면 청구인은 체육시설의설치 · 이용에관한법률 및 동 시행규칙이 제정된 이후인 1992. 4. 2. 체육시설업 신고필증을 교부받았으므로 그 때 그 사유가 발생하였다고 할 것이고 따라서 같은 해 4. 18. 당재판소에 제기된 이 사건 헌법소원심판청구는 청구기간 내에 행하여진 것으로서 적법하다고 할 것이다.

## II. 문제되는 기본권[72)]

### 1. 청구인이 제한을 주장한 기본권

#### (1) 제34조의 사회보장을 받을 권리

헌법 제34조에서 규정하고 있는 사회보장을 받을 권리는 국민이 인간다운 생활을 하기 위해 사회적 · 국가적으로 사회보험, 공적부조 등을 받고 널리 사회복지혜택을 받을 수 있는 권리를 의미한다고 할 것인데 당구장 경영자로서 이 사건 심판청구를 한 청구인에게 18세 미만자 출입금지 규정으로 그 어떤 사회보장권의 침해 여부가 논의될 여지는 없다.

#### (2) 헌법 제37조 제1항

헌법 제37조 제1항은 헌법에 열거되지 아니한 자유와 권리의 존중 규정으로서 헌법의 명문규정으로 다른 기본권침해 주장이 가능한 경우에는 구태여 위 조항까지 운위할 필요가 없다.

70) 현행 헌재법 제69조 제1항(2003. 3. 12. 개정)에 의하면 90일, 1년임을 주의해야 한다.

71) 후자, 즉 "그 침해가 확실히 예상되는 등 실체적 제요건이 성숙하여 헌법판단에 적합하게 된 때"부터 청구기간이 기산된다는 이른바 상황성숙성이론은 폐기되었음에 주의(헌재 1996. 3. 28. 93헌마198 결정). 상황성숙성 이론은 청구기간을 앞당기는 효과가 있다. [4. 제대군인가산점 사건]의 [생각해 볼 점 (1)]을 참조.

72) 결결정문에서는 "침해된 기본권의 판단"이라고 되어 있으나, 제한되는 기본권이라 함은 별론으로 하고, 침해라는 표현을 쓰는 것은 적절하지 않다. 다만, 헌재법 제68조 제1항은 "헌법상 보장된 기본권을 침해받은 자"가 헌법소원심판을 청구할 수 있다고 규정하고 있으나, '침해받았다고 주장하는 자'로 이해되고 있다{헌법재판소, 헌법재판실무제요(제1개정증보판), 2008, 235}. 다른 한편, '헌법상 보장된 기본권'의 경우도 '헌법상 보장된 권리' 또는 '기본권'이라 하는 것이 적절하다.

## 2. 당사자의 주장에 의하지 않고 제한이 인정된 기본권

### (1) 직권주의

> 그런데 헌법소원심판이 청구되면 헌법재판소로서는 청구인의 주장에만 얽매이어 판단을 한정할 것이 아니라 가능한 한 모든 범위에서 헌법상의 기본권 침해의 유무를 직권으로 심사하여야 할 것인바(1989. 9. 4. 선고, 88헌마22 결정 참조), 청구인이 주장하는 사실관계라면 위 심판대상규정이 청구인의 헌법상 기본권인 직업선택의 자유 내지 그 기본권에서 파생된 직업종사(또는 직무수행)의 자유의 침해 여부가 검토되어야 할 것으로 판단된다. 그리고 그러한 기본권 침해를 전제로 해서 심판대상규정 소정의 18세 미만자의 당구장 출입금지표시 의무부과가 여타의 체육시설과 비교해 볼 때 합리적인 이유가 있다고 인정될 수 있는 것인지의 여부와 모법의 위임의 범위 내의 법규명령인지의 여부가 가려져야 할 것이다.

### (2) 제한이 인정된 기본권 : 직업의 자유

> 그런데 당구장 경영자인 청구인에게 당구장 출입문에 18세 미만자에 대한 출입금지 표시를 하게 하는 심판대상규정은 법령이 직접적으로 청구인에게 그러한 표시를 하여야 할 법적 의무를 부과하는 사례에 해당하는 경우로서, 설사 그것이 법무부의 의견처럼 게시(揭示)의무에 그치고 출입 그 자체를 제한하는 규정은 아니라고 할지라도 게시된 그 표시에 의하여 18세 미만자에 대한 당구장 출입을 저지하는 사실상의 규제력을 가지게 되는 것이므로 이는 결국 그 게시의무 규정으로 인하여 당구장 이용고객의 일정범위를 당구장 영업대상에서 제외시키는 결과가 된다고 할 것이고 따라서 청구인을 포함한 모든 당구장 경영자의 직업종사(직업수행)의 자유가 제한되어 헌법상 보장되고 있는 직업선택의 자유가 침해된다고 할 것이다. 뿐만 아니라 위 게시의무를 이행치 않아 시정명령을 받게 되고도 시정치 않을 때에는 영업정지 등 행정조치와 아울러 형사처벌까지 받게 되어 있는 점을 간과할 수 없는 것이다.

## 3. 그 외 문제될 여지가 있는 기본권 : 평등권

## 4. 기본권 경합

## III. 법치주의("법률로써") 위배여부

### 1. 모법의 위임의 존부 : 부정

#### 생각해 볼 점 (3) : 법규명령과 '공권력행사성', '법치주의'의 관계

이 사건 심판대상인 시행규칙(부령) 조항이 모법의 위임에 의한 법규명령인지의 문제는 앞서 본 '공권력행사성'의 문제로서도 등장하였는데, 여기서는 '법치주의의 위배여부' 문제로서 나타나고 있어서, 양자의 맥락이 어떻게 구별되는지를 살펴볼 필요가 있다.

적법요건으로서의 '공권력행사성'과 관련해서는, 대상조항이 '규정형식상' 부령이어서 법규명령이라는 점만이 문제된다. 그래서 일단 부령이면, 공권력행사성은 인정된다.

반면에 본안문제로서 '법치주의 위배여부'를 검토함에 있어서는 그 '내용면에서' 모법의 위임에 기한 것인지가 문제된다. 그래서 형식상 부령이라 하더라도 모법의 위임이 없거나 위임범위를 초과한 내용을 담고 있으면, 공권력행사성은 인정되어 심판청구는 적법하지만 법치주의에 위배된 법령으로서 대상조항은 위헌이 된다.

> 18세 미만자 출입금지표시 게시의무는 청구인의 직업선택의 자유라는 헌법상의 기본권을 제한하고 있는 것이므로 그 제한에 있어서는 반드시 법률상의 근거가 필요한 것이다. 그런데 문화체육부가 심판대상규정의 형태로 정하고 있는 그러한 기본권제한이 모법으로부터 구체적으로 범위를 정하여 위임받은 사항에 해당되는 것이라고 할 수 있겠는가가 문제된다.
>
> 위임입법이란 법률 또는 상위명령에서 구체적으로 범위를 정하여 위임받은 사항에 관하여 법규로서의 성질을 가지는 일반적·추상적 규범을 정립하는 것을 의미하는 것으로서 형식적 의미의 법률(국회입법)에는 속하지 않지만 실질적으로는 행정에 의한 입법으로서 법률과 같은 성질을 갖는 법규의 정립이기 때문에 권력분립주의 내지 법치주의 원리에 비추어 그 요건이 엄격할 수밖에 없으니 법규적 효력을 가지는 행정입법의 제정에는 반드시 구체적이며 명확한 법률의 위임을 요하는 것이다(헌법 제75조).
>
> 우리 헌법의 지도이념인 법의 지배 내지 법치주의의 원리는 국가권력행사의 예측가능성 보장을 위하여 그 주체와 방법 및 그 범위를 법률로 규정한 것을 요구하며 예외적으로 위임입법을 허용하는 경우에 있어서도 법률에 의한 수권에 의거한 명령의 내용이 어떠한 것이 될 수 있을 것인가를 국민에게 예측가능한 것임을 요구하는 것으로서 그것은 법규명령에 의하여 비로소가 아니라 그보다 먼저 그 수권법률의 내용으로부터 예견가능하여야 하는 것을 의미하는 것이다. 그리고 후술하는 바와 같이 형벌이나 행정제재와 관련되는 경우에는 그 요건은 더욱 엄격한 것이다. 물론 법규명령제도의 생성내력에 비추어 볼 때 장래 정립될 법규명령의 구체적 내용이 정확하게 예견될 수 있을 것을 의미하는 것은 아니라 할지라도 적어도 정립될 수 있는 법규명령의 기본적 윤곽에 대한 예견가능성은 보장이 되어야 한다는 것이다.

체육시설의설치·이용에관한법률 제5조[73]는 체육시설업의 시설, 설비(안전 및 위생기준을 포함한다)를 문화체육부령으로 정하도록 위임하고 있으며, 이에 따라 동 시행규칙(문화체육부령) 제5조는 체육시설업의 시설, 설비, 안전관리 및 위생기준을 정하고 있고 그 안전관리 및 위생기준(체육시설업자의 준수사항)에서 당구장업에 대하여 출입문에 18세 미만자의 출입을 금지하는 내용의 표시를 하여야 한다고 규정하고 있는데 동법 제5조에서 위임한 안전관리 및 위생기준은 동법 제1조가 규정하고 있는 목적을 달성하는데 필요한 체육시설업의 건전한 질서유지 및 사고방지, 청결성 등을 보장하는 기준일 뿐이라고 보여지므로 위의 수권규정을 아무리 넓게 해석한다고 할지라도 그 규정에서 18세 미만자 출입금지표시의무와 같은 일정한 범위의 시설이용자 배제에 관한 근거를 찾기는 어렵다고 할 것이다.

환언하면 수권규정은 시설 · 설비(안전 및 위생기준 포함)를 갖추고 이를 유지, 관리하여야 하는 주로 물적 시설, 설비의 기준에 대한 것으로서 그 문언을 통하여서는 18세 미만자의 출입금지의 취지를 전혀 찾을 수 없고 수권법률의 제정 배경이나 전체의 취지 또는 다른 관련제규정과의 의미관계 등을 종합해 보더라도 법률제정자의 객관적 의사가 18세 미만자의 출입금지를 예정하고 있음을 인정하기가 어려운 것이다.

문화체육부장관은 당구가 체력증진 측면보다는 오락적 성격이 강하여 청소년의 탈선 또는 비행을 조장하는 측면이 있고 따라서 그들의 출입규제가 불가피하다고 주장하고 있으나 당구장이 18세 미만자에게 유해하다는 객관적인 자료는 없다고 밝히고 있을 뿐만 아니라(헌법소원에 대한 문화체육부장관의 의견서 결론부분 참조) 설사 문화체육부장관의 위와 같은 주장이 이유있는 것이라고 하더라도 그러한 출입규제 내지 봉쇄는 법률(또는 법률이 구체적으로 명확히 범위를 정하여 위임한 경우의 법규명령)에 의하여서만 비로소 가능하다고 할 것으로서 심판대상규정은 모법의 위임이 없는 사항을 규정하고 있어 결국 위임의 범위를 일탈한 것이라고 하지 않을 수 없는 것이다.

이 점과 관련하여 문화체육부장관은 심판대상규정의 법률적 근거를 모법(체육시설의설치 · 이용에관한법률)이 아닌 청소년육성법에서 찾아 전술(문화체육부장관의 의견)과 같이 동법 제6조 제1항(청소년기본법 제7조 제2항 동지[74])의 규정이 당구장 출입금지의 근거규정이라고 주장하고 있다. 그러나 모든 국민의 기본권은 존중되면 될수록 그리고 제한은 억제되면 될수록 헌법의 기본권보장 정신에 합치되는 것이라고 할 수 있기 때문에 어떠한 법률조항의 적용이나 해석에 있어서 국민의 자유와 권리를 신장하기 위한 것이라면 확대가 가능할 수도 있겠지만 그 반대로 국민의 기본권을 제한하는 경우라면 그것이 불가하다고 할 것이므로(헌법재판소 1990. 9. 3. 선고, 89헌가95 결정 취지 참조) 청소년기본법의 관련조항을 18세 미만 소년의 당구장 출입금지의 근거규정으로 확대해석할 수는 없는 것이다.

그리고 법무부장관은 심판대상규정은 시설 · 설비에 관한 규정이므로 18세 미만자의 출입을 금지하는 문구 게시만을 의무화하고 있는 것이며 출입 그 자체를 제한하는 규정이 아니라고 하고 있다. 그러나 출입을 제한할 수 있는 법률상의 근거가 없는데 출입금지표시는 할 수 있다는 주장은 논리의 비약이라 아니할 수 없다.

73) 제5조(시설기준) 체육시설업자는 체육시설업의 종류별로 체육부령이 정하는 시설·설비(안전 및 위생기준을 포함

## 2. 처벌법규[75]에 관한 포괄위임금지원칙 위배 여부 : 긍정

### 생각해 볼 점 (4) : '모법의 위임존부'와 '포괄위임금지'의 구별

위에서는 ① '심판대상이 된 하위법령의 규정이 모법의 위임범위 내의 것인지의 여부'를 살펴보았고, 아래에서 문제되는 것은 ② '위임을 하는 상위법령이 포괄위임을 한 것인지의 여부'이다. 둘 모두 법치주의원칙 위배를 구성하는 사유가 되지만, 직접적으로 ①은 하위법령의 위헌성 유무를, ②는 상위법령의 위헌성 유무를 문제삼는 것으로서 구별된다.

다만 ②의 문제로서 상위법령 조항이 포괄위임금지원칙에 위배되어 위헌이라고 보게 되면, 그 위임을 받은 하위법령 조항도 당연히 위헌이 된다. 따라서 하위법령의 위헌성을 다투는 방식으로서, ①을 주장하는 것은 직접적인 방식이고, ②를 주장하는 것은 간접적인 방식이 될 수 있는데, 실제로 헌재가 이러한 논리로 위임입법을 위헌선언한 예로는, [19. 불온통신 사건]을 들 수 있다.

이하 본문에서 보게 될 설시는 ②의 논증을 하고 있는 것으로 볼 수 있다. 다만 보다 엄밀하게 말한다면, 다음의 두 가지 점을 지적할 수 있다.

(가) 위 본문 1.에서의 상위법령(수권규정)은 '체육시설의설치·이용에관한법률 제5조'인 반면에, 본문 2.에서의 수권규정은 '동법 제22조 제3항'이어서, 양자는 평면을 달리하고 있다.

(나) 위 본문 1.의 경우 위임은 [제5조 → 규칙조항]인 반면, 2.에서의 위임은 [제22조 제3항 → 제5조 → 규칙조항]의 구조로 이루어져 있고, 2.의 판시는 제22조 제3항이 구성요건을 제5조에 백지위임하고 있다는 점을 문제삼고 있는 것이다. 아래 판시는 "심판대상규정이 모법의 위임의 범위내의 규정이라고 인정하기는 어려운 것"이라고 끝맺고 있지만, 이는 제22조 제3항은 이 사건의 심판대상이 아니므로 그에 대하여 정면으로 위헌판단을 하기를 회피한 결과로 보아야 하고, 결국은 제22조 제3항의 포괄위임금지원칙 위배로 인한 위헌성으로 말미암아 규칙조항이 위헌이라는 점을 논증하고 있는 것으로 볼 수 있다.

---

한다)를 갖추고 이를 유지 · 관리하여야 한다.

74) 청소년기본법 제7조(사회의 책임) ② 모든 국민은 청소년의 사고와 행동양식의 특성을 인식하고 사랑과 대화를 통하여 청소년을 이해하고 지도하여야 하며, 청소년의 비행을 방임하지 아니하는 등 그 선도에 최선을 다하여야 한다.

75) 이 점은 아래 본문에서 판시하고 있는 바와 같이, 체육시설의설치 · 이용에관한법률 제22조 제3항에서 '동법 제5조의 시설, 설비 중 안전 또는 위생기준에 미달하여 시정명령을 받고 이를 위반한 자에 대하여 6개월 이하의 징역 또는 200만원 이하의 벌금에 처하도록' 규정되어 있어서, 대상조항은 형사처벌의 구성요건을 규정한 것이 되기 때문에 문제되는 것이다.

아울러 법치주의와의 관계에서 한 가지 더 언급한다면 죄형법정주의로서 구성요건에 대한 백지위임의 문제점이 지적되지 않을 수 없다. 법률이 없으면 범죄도 없고, 형벌도 없다는 말로 표현되는 죄형법정주의는 어떠한 행위가 처벌될 수 있는 행위인가를 국민이 사전에 예측할 수 있도록 성문법의 형태로 형벌법규가 제정되어야 함을 의미하고 그러므로서 국가의 형벌권의 자의적인 발동으로부터 개인의 자유와 권리를 보장하려는 제도로서 우리헌법은 제12조 제1항 후단에서 이를 명시하고 있으며 이는 형벌 불소급의 원칙(헌법 제13조 제1항 전단)과 함께 형사법에 관한 헌법의 2대원칙이라 할 수 있는 것이다. 따라서 형사법은 원칙적으로 형식적인 의미의 법률의 형태로 제정되어야 하고 다만 부득이 예외적으로 행정부에서 법규명령의 형태로 제정하는 경우라 하더라도 그 법규명령에는 반드시 구체적이고 명확한 법률상의 위임근거 규정이 있어야 비로소 가능한 것이라 할 것이다. 즉 형벌법규라고 하더라도 일정사항의 위임이 불가능하지는 않지만 죄형법정주의의 원칙에 비추어 보건대 최소한도 범죄의 구성요건의 윤곽만큼은 수권규정 자체에서 예측될 수 있어야 한다는 것이다.

체육시설의설치 · 이용에관한법률 제22조 제3항에 의하면 동법 제5조의 시설, 설비 중 안전 또는 위생기준에 미달하여 시정명령을 받고 이를 위반한 자에 대하여 6개월 이하의 징역 또는 200만원 이하의 벌금에 처하도록 규정되어 있는바, 그렇다면 이 사건 심판대상규정은 위 처벌조항의 구성요건에 해당된다고 할 것이므로 비록 처벌의 전제절차로서 "시정명령"이 구성요건의 일부로 제한 규정되어 있기는 하지만 죄형법정주의의 존재이유에 비추어 그것이 모법의 규정에서 전혀 예측할 수 없는 내용이라면 허용될 수 없는 것이라고 하지 아니할 수 없는데 그러한 의미에서도 심판대상규정이 모법의 위임의 범위내의 규정이라고 인정하기는 어려운 것이다.

## IV. 직업종사(직업수행)의 자유의 침해 여부

### 1. 직업수행의 자유 침해 여부의 심사기준

헌법 제15조는 직업선택의 자유를 규정하고 있는데 이는 자기가 선택한 직업에 종사하여 이를 영위하고 언제든지 임의로 그것을 전환할 수 있는 자유로서 민주주의 · 자본주의 사회에서는 매우 중요한 기본권의 하나로 인식되고 있는 것이다. 왜냐하면 직업선택의 자유는 근세 시민사회의 출범과 함께 비로소 쟁취된 기본권으로서 중세 봉건적 신분사회에서는 인정될 수 없었던 것이며 현대사회에서도 공산주의 국가에서는 원칙적으로 인정되지 않는 기본권이기 때문이다.

여기서 직업이란 생활의 기본적 수요를 충족시키기 위한 계속적인 소득활동을 의미하며 그러한 내용의 활동인 한 그 종류나 성질을 불문하는데 헌법재판소는 직업선택의 자유를 비교적 폭넓게 인정하고 있으며 그에 관련하여 여러 개의 판례를 남기고 있는 것이다(1989. 11. 20. 선고, 89헌가102 결정; 1990. 10. 8. 선고, 89헌가89 결정; 1990. 10. 15. 선고, 89헌마178

결정; 1990. 11. 19. 선고, 90헌가48 결정; 1991. 6. 3. 선고, 89헌마204 결정 각 참조).
직업선택의 자유에는 직업결정의 자유, 직업종사(직업수행)의 자유, 전직의 자유 등이 포함되지만 직업결정의 자유나 전직의 자유에 비하여 직업종사(직업수행)의 자유에 대하여서는 상대적으로 더욱 넓은 법률상의 규제가 가능하다고 할 것이고 따라서 다른 기본권의 경우와 마찬가지로 국가안전보장 · 질서유지 또는 공공복리를 위하여 필요한 경우에는 제한이 가하여질 수 있는 것은 물론이지만 그 제한의 방법은 법률로써만 가능하고 제한의 정도도 필요한 최소한도에 그쳐야 하는 것 또한 의문의 여지가 없이 자명한 것이다(헌법 제37조 제2항). 청구인이 경영하고 있는 당구장업에 대한 신고제도 바로 영업규제의 일환이라고 할 수 있지만 그것은 자격제나 허가제에 비하면 제한의 정도가 훨씬 약한 것이라고 할 수 있다.

**생각해 볼 점 (5) : 직업의 자유 제한에 관한 단계이론**

이 사건에서 직업선택의 자유에 대한 제한보다 직업수행의 자유에 대한 제한을 보다 폭넓게 인정하고 있는 것은, 소위 '단계이론'의 영향을 보여준다. 헌재는 직업의 자유 제한에 관한 독일의 이 이론을 수입하여 판례에 반영해 왔는데, 그 시초로 보이는 것은 헌재 1990. 10. 15. 89헌마178 결정 [법무사법 시행규칙 사건]에서의 이성렬 재판관의 반대의견이다. 단계이론의 내용을 잘 설명해 주고 있다고 여겨지므로 아래에 인용해 본다.

**헌재 1990. 10. 15. 89헌마178 [법무사법 시행규칙 사건]에서 이성렬 재판관의 반대의견**

헌법상 보장된 직업선택의 자유도 역시 절대적인 것은 아니고 이를 제한하는 것이 필요하고 불가피한 경우에는 그 본질적 내용을 침해하지 않는 한, 헌법 제37조 제2항의 기본권제한입법의 범위내에서 이를 제한할 수도 있는 것이다. 다만, 그 제한의 범위 및 한계에 관하여 일반적으로 보면, 선택된 직업의 행사를 제한하는 것은 직업의 선택을 제한하는 경우보다는 개성신장에 대한 침해의 진지성이 적다고 할 것이므로 직업선택에 대한 제한은 행사에 대한 제한보다 더 엄격한 제약을 받는다 할 것이고 나아가 직업선택의 자유를 제한하는 경우에도 그 제한의 사유가 기본권주체에 일정한 자격을 요구하는 주관적 사유를 이유로 하는 경우보다는 기본권주체와는 전혀 무관하여 그 스스로는 요건을 충족시킬 수 있는 방법이 없는 객관적 사유를 이유로 하는 경우에는 직업의 자유에 대한 침해의 진지성이 가장 크다 할 것이므로, 매우 엄격한 요건을 갖춘 경우에만 이를 허용할 수 있다고 할 것이다.

다만, 여기에서 다시 문제로 되는 것은 직업의 자유를 제한하는 경우를 위와 같이 단계적으로 나누어서 순차적으로 그 제한의 엄격성을 강하게 요구한다 하더라도 각각의 경우에 있어서 과연 어느 범위에서 제한이 허용되는 것인지의 기준이 해결의 요체가 될 것이나 이는 일률적으로 말할 수는 없을 것이고, 각각의 경우에 있어서 첫째로 제한의 목적 내지는 필요성, 둘째로 제한되는 직업의 성질과 내용, 그리고 셋째로 제한의 정도 및 방법 등을 종합적으로 비교·교량하여 신중히 결정하여야 할 것이지만, 제한의 목적이 사회·경제정책적인 것인 경우에는 그 타당성 여부의 판단은 1차적으로 입법기관의 권한 내지는 책무로서, 그 제한이

| 명백히 비합리적이고 불공정하지 아니하는 한 그 판단은 가급적 존중되어야 할 것 … |
|---|

이 중에서 특히 '객관적 사유에 의한 직업선택의 자유 제한'에 관하여는 심사기준에 관한 판례의 입장이 다른 경우에 비하여 선명한 편이다. 다음 판시를 참조.

| 헌재 2002. 4. 25. 2001헌마614 |
|---|
| 이미 선택한 직업을 어떠한 제약 아래 수행하느냐의 관점이나 당사자의 능력이나 자격과도 상관없는 객관적 사유에 의한 이러한 제한은 직업의 자유에 대한 제한 중에서도 가장 심각한 제약이 아닐 수 없다. 따라서 이러한 제한은 월등하게 중요한 공익을 위하여 명백하고 확실한 위험을 방지하기 위한 경우에만 정당화될 수 있다고 보아야 한다. 헌법재판소가 이 사건을 심사함에 있어서는 헌법 제37조 제2항이 요구하는 바 과잉금지의 원칙, 즉 엄격한 비례의 원칙이 그 심사척도가 된다는 것도 바로 이러한 이유 때문이다. |

이상의 내용을 요약하면 다음 판시로 정리할 수 있다.

| 헌재 2010. 5. 27. 2008헌바110 |
|---|
| 좁은 의미의 직업선택의 자유를 제한하는 것은 인격발현에 대한 침해의 효과가 직업수행의 자유를 제한하는 경우보다 일반적으로 크기 때문에 전자에 대한 제한은 후자에 대한 제한보다 더 엄격한 제약을 받는다. 또한 직업선택의 자유를 제한하는 경우에 기본권주체의 능력이나 자격 등 주관적 사유에 의한 제한보다는 기본권주체와는 전혀 무관한 객관적 사유를 이유로 하는 제한이 가장 심각한 제약이 되므로, 객관적 사유에 의한 직업선택의 자유의 제한은 가장 엄격한 요건이 갖추어진 경우에만 허용될 수 있고 그 제한법률에 대한 심사기준도 엄격한 비례의 원칙이 적용된다. |

## 2. 과잉금지원칙 위배 여부[76)]

| 당구장 경영자인 청구인에게 당구장 출입문에 18세 미만자에 대한 출입금지 표시를 하게 하는 심판대상규정은 법령이 직접적으로 청구인에게 그러한 표시를 하여야 할 법적 의무를 부과하는 사례에 해당하는 경우로서, 설사 그것이 법무부의 의견처럼 게시(揭示)의무에 그치고 출입 그 자체를 제한하는 규정은 아니라고 할지라도 게시된 그 표시에 의하여 18세 미만자에 대한 |
|---|

76) 이 사건에서는 과잉금지원칙의 위배여부 내지 본질침해금지원칙의 위배여부에 대한 판단을 正式에 따라서 하지는 않고, 직업수행 자유의 침해를 인정하였는데, 이는 이 사건이 아직 헌재 설립초기인 1기 재판부에서 선고되었다는 점과 관련된다. 소위 과잉금지의 4원칙은 일찍이 천명되었으나, 1기 재판부의 결정례에서는 이 4원칙별로 항목을 나누어서 헌법 제37조 제2항의 위반여부를 판단한 예가 거의 없고, 보다 '종합적인' 판시를 보여주었고, 4원칙을 항목별로 판시한 예는 2기 재판부 때인 1995년부터 비로소 발견된다. 그러나 현재에는 항목별 판단이 정식화된 지 오래이다.

당구장 출입을 저지하는 사실상의 규제력을 가지게 되는 것이므로 이는 결국 그 게시의무 규정으로 인하여 당구장 이용고객의 일정범위를 당구장 영업대상에서 제외시키는 결과가 된다고 할 것이고 따라서 청구인을 포함한 모든 당구장 경영자의 직업종사(직업수행)의 자유가 제한되어 헌법상 보장되고 있는 직업선택의 자유가 침해된다고 할 것이다. 뿐만 아니라 위 게시의무를 이행치 않아 시정명령을 받게 되고도 시정치 않을 때에는 영업정지 등 행정조치와 아울러 형사처벌까지 받게 되어 있는 점을 간과할 수 없는 것이다.

## V. 평등권 침해 여부

### 1. '당구장업자'와 '기타 등록체육시설업자' 간의 평등문제

#### 가. 차별의 존부

체육시설의설치 · 이용에관한법률 및 동 시행령에 의하면 등록체육시설업은 9종류이고 신고체육시설업은 당구장업을 포함한 10종류로 되어 있는데, 이 중 청소년출입금지 규제에 관한 조항은 오직 당구장업에만 규정되어 있는바, 당구장업에만 유독 18세 미만자 출입금지표시 규정을 두어 영업의 대상범위에 일정한 제한을 가하고 있는 점에 합리적인 이유가 있다고 인정될 수 있겠는가가 이 사건의 핵심이라 할 수 있다.

#### 나. 차별의 정당화여부

(1) 심사기준의 선택 : 완화된 심사[77)]

(2) 선택된 심사기준의 적용

<u>그런데 문제의 해결방향은 당구가 과거에는 오락이었으나 현재는 운동으로 규정되어 있다는 토대 위에서 구해야 할 것이다</u>. 왜냐하면 당구를 유기(遊技)의 일종으로 규정하였던 구 공중위생법(1986. 5. 10. 법률 제3822호) 제2조 제1항 제1호'바'소정의 유기장업 이라는 용어의 정의를 보면 "유기시설을 갖추고 손님으로 하여금 대중오락을 하게 하는 영업"이라고 되어 있었고 당구를 운동의 일종으로 규정하고 있는 체육시설의설치 · 이용에관한법률 제2조 제1호 소정의 체육시설이라는 용어의 정의를 보면 "이용자가 직접 참여하여 운동을 하거나 운동경기를 관람할 수 있는 시설, 설비를 말한다."라고 되어 있기 때문이다. 그리고 관련법률인 국민체육진흥

77) 평등권 침해여부의 심사기준이 엄격심사/자의심사로 이원화되기 시작한 것은 1999년 말의 [4. 제대군인가산점 사건]을 그 효시로 한다. 그 이전에 결정이 선고된 이 사건에서는 자의심사, 즉 차별에 합리적인 이유가 있는지의 여부에 대한 심사만이 있었다. 그러나 현재에는 심사기준의 선택을 항상 염두에 둬야 할 것이다.

법(1982. 12. 31. 법률 제3612호 전문개정) 제2조가 규정하고 있는 체육의 정의를 보면 운동경기, 유희(遊戱) 및 야외운동등 신체적활동을 통하여 건전한 신체와 정신을 배양하는 것을 말한다고 되어 있다.

공지의 사실이지만 당구는 당구대(臺) 위에 당구공을 놓고 당구봉(棒:큐-cue)으로 이를 쳐서 승부를 가리는 오락(娛樂)이지만 당구공을 치는 과정에서 헤아릴 수 없이 많이 허리와 양팔을 굽혔다 폈다 하여야 하고 당구대 주변을 빙빙 돌면서 걷게 되어 있어 실내운동의 요소도 아울러 갖추고 있는 것이다. 그 때문에 오락적 요소를 강조한다면 오락이고 운동적 요소를 강조한다면 운동인데 당구장을 규율하는 법률은 과거에는 당구장을 오락장의 하나로 보아 공중위생법 소정의 유기장(遊技場)으로 규정하여 보건사회부 소관으로 하였으나 현재는 체육시설의 하나로 규정하여(체육시설의설치 · 이용에관한법률 제4조 제1항 제2호 및 동 법시행령 제3조 제1항 제10호) 문화체육부(과거의 체육청소년부) 소관으로 하고 있는 것이다.

여하간 입법자(법률)는 종래 당구를 오락 내지 유기의 일종으로 보고 당구장 영업에 허가를 요하게 하였던 태도를 바꾸어 현재는 운동 내지 체육의 범주에 속하는 것으로 보고 그 영업도 신고로서 족하게 하므로써 개업요건을 완화하고 있는 것을 주목할 필요가 있는 것이다.

당구를 오락 내지 유기의 범주에서 떼내어 운동 내지 체육의 범주로 편입시키고 있는 것은 입법자가 당구에도 실내운동의 요소가 있다고 보고 있는데서 기인하는 것이겠지만, 서울 장애자올림픽이나 바르셀로나 장애자올림픽에서 당구가 정식경기종목으로 채택되어 있었던 사정과 한국체육대학에서 체육교재로 쓰여지고 있는 '생활체육 스포츠'라는 책자의 내용에 당구에 대하여서도 수록하고 있는 점을 종합한다면 당구는 운동량은 많지 않을지라도 운동의 일종임이 분명한 것으로 판단되는 것이다.

요컨대 입법부가 체육시설의설치 · 이용에관한법률 제1조(목적)에서 이 법이 체육시설의 설치 · 이용을 장려하고 체육시설업을 건전하게 발전시켜 국민의 건강증진과 여가선용에 이바지하게 함을 목적으로 한다고 밝힌 이상, 같은 19종의 체육시설업종 중 유독 당구장업에만 문화체육부령으로 연령제한을 규정하고 있는 것은 후술하는 위임입법의 한계 문제는 별론으로 하더라도, 차별의 합리적 이유가 있어야 할 것인데 피청구인이 주장하는 문제점만으로는 위 법률에 명시되어 있는 국회의 입법의지에 비추어 볼 때 합리적이라 하기라 어렵고 대국가적 기속성에 기인하는 입법에 있어서의 평등의 원칙에 대한 적합한 예외사유로 판단되기가 어려운 것이다.

당구에는 약간의 신체운동적 요소와 아울러 경기의 속성상 정신을 집중시키고 성격을 침착하게 하는 기능도 없지 않은 것이고 나아가 문화체육부장관도 인정하고 있는 바와 같이 짧은 시간에 스트레스 해소나 기분전환을 할 수 있는 등 여가선용이라는 의미에서 긍정적인 측면이 있고 비용부담의 문제도 승마장이나 골프장에 비하여 반드시 과중하다고 하기 어렵다. 또한 음주, 흡연이나 도박의 문제도 당구장에 한해서 문제되는 것은 아닐 것이고 학생소년이나 근로소년의 경우 장차 당구가 올림픽의 정식종목으로 채택될 경우라거나 세계당구선수권대회의 참가에 대비한다고 함과 같은 장래문제는 우선 차치하고라도 장애소년의 경우에는 정기적으로 개최되는 장애자올림픽에 대비한 조기발굴 · 조기훈련이 불가피하다는 현재적인 수요를 묵과할 수 없는 것이다. 당구장에 문화체육부나 법무부가 지적하는 바와 같은 문제점이 있다는 것을 헌법재판소가 외면하는 것은 아니나, 당구에 관한 부정적인 시각은 당구자체의 속성에서 유래되는 것이라기보다는 주로 당구장의 시설·환경과 출입자의 성분 때문이라고 보여지기 때문에, 예컨대 학교보건법 제6조 제1항 제13호 소정의 학교와 당구장의 거리를 엄격하게 유지함과 아울러 형법의 도박방조죄를 활용하거나, 청소년기본법 제7조 소정의 사회의 책임을 당구장경영자에게 강조하거나, 당구장의 시설환경을 획기적으로 개선한다거나, 학교의 교사나 선도위원들의 적정한 계도방법을 모색한다거나, 학교 · 직장의 당구부 또는 청소년 전용당구장을 설치함과 같은 적극적인 해결방안을 우선적으로 모색해 보는 것이 입법목적에 부응하는 것이라 할 것이며, 그러한 시도(試圖)조차 없이 무조건 18세 미만자의 출입을 봉쇄하는 규제방법은 합리적이라 하기가 어려운 것이다.

그러한 규제방법은 청소년 비행 관련문제의 예방 또는 해결책이 아니라 그 방치라고 할 것이며 다른 체육시설과 비교해서 보더라도 합리적인 차별이라 하기가 어렵기 때문에 결국 심판대상규정은 합리적인 이유없이 체육시설업 중 당구장 경영자에 대하여서만 영업 대상자의 범위에 있어서 차별을 강요하는 것이라 아니할 수 없어 헌법 제11조 제1항 소정의 평등권을 침해하고 있는 것이라고 할 것이다.

## 2. '당구를 찰 치는 18세 미만 소년'과 '다른 종류의 운동 지망생' 간의 평등문제[78]

이 사건 소원심판청구인인 당구장 경영자의 입장에서 침해된 기본권은 직업선택의 자유 및 평등권임은 전술과 같은데 당구장을 이용하는 고객 중 출입이 제지되는 18세 미만 소년의 입장에서 침해되는 기본권은 무엇인지 잠시 살펴보고자 한다. 특히 어떤 소년이 운동선수로 대성할 수 있는 재질로 출생하였고 그 중에서도 당구에 선천적으로 비상한 소질이 있어 그 방면에서 자신의 능력을 발휘해 보고자 하는 경우 다른 종류의 운동 지망생과의 관계에서 평등의 원칙이 문제될 수 있음은 물론이다.

요컨대 당구장 출입자의 자숙이나 시설, 환경의 정화로 당구의 실내 스포츠로서의 이미지 개선은 가능한 것으로 사료되며 당구자체에 청소년이 금기시해야 할 요소가 있는 것으로는 보여지지 않기 때문에 당구를 통하여 자신의 소질과 취미를 살리고자 하는 소년에 대하여 당구를 금하는 것은 헌법상 보장된 행복추구권의 한 내용인 일반적인 행동자유권의 침해가 될 수 있을 것이다.

78) 실제 결정문은 이 설시부분을 '18세 미만 소년의 기본권 침해여부'라는 별도의 항목으로 다루었고, 본문에서 보는 바와 같이 평등권의 침해 문제는 방론으로만 설시하였다. 그러나 이 사건에서, '18세 미만의 소년'은 청구인이 아니라는 점에서, '청구인의' 기본권침해 여부를 판단함을 원칙으로 하는 헌재법 제68조 제1항 헌법소원의 관점에서는 소송법적으로 문제가 있는 설시였다는 비판이 가능하다.

## VI. 결론

| 체육시설의설치 · 이용에관한법률시행규칙(1989. 7. 12. 체육부령 제13호, 개정 1992. 2. 27. 문화체육부령 제20호) 제5조의 체육시설업의 시설, 설비, 안전관리 및 위생기준(별표1)에 수록되어 있는 "2. 안전관리 및 위생기준(체육시설업자의 준수사항)"의 "(2) 개별기준" 중 "자. 당구장업"란 3)에 기재된 "출입문에 18세 미만자의 출입을 금지하는 내용의 표시를 하여야 한다."는 규정은 평등권과 직업선택의 자유를 침해한 것이므로[79] 헌법에 위배된다. |
|---|

79) "제68조제1항에 따른 헌법소원을 인용할 때에는 인용결정서의 주문에 침해된 기본권과 침해의 원인이 된 공권력의 행사 또는 불행사를 특정하여야 한다."(헌재법 제75조 제2항) 그러나, 법령에 대한 헌재법 제68조 제1항의 헌법소원의 경우에는 침해된 기본권을 특정하지 않는다. 위헌임을 밝힐 뿐 침해된 기본권을 밝히지 아니한 앞의 [26. 당연퇴직 사건]을 참조. 그 주된 이유는, 법령에 대한 헌법소원이 '객관적 헌법질서의 확립'이라는 성격을 갖기 때문이라고 한다(헌재 1991. 3. 11. 91헌마21). 이 사건에서는 특이하게도 침해된 기본권을 특정하였다. 이와 같이 예외적으로 피침해기본권을 특정한 사례로는 헌재 1990. 10. 15. 89헌마178 결정 [법무사법 시행규칙 사건]이 있다.

법령소원에 대한 이러한 판례의 태도는, 행정작용에 대한 위헌심사에 있어서는 '누구의' '어떤' 기본권이 침해되었는지를 밝힌다는 점과 확연히 대비된다. 예컨대 헌재 2001. 7. 19. 2000헌마546 [유치장 내 화장실 사건]을 참조.

# 8. 법전원 사건

**변호사시험법 제5조 제1항 위헌확인 등**
**헌재 2012. 4. 24. 2009헌마608, 판례집 24-1하, 160**

(1) 2009헌마608

청구인들은 법과대학에 재학 중인 학생들로, 장래 법조인이 되기 위하여 변호사시험에 응시하고자 하는 사람들이다. 청구인들은 '법학전문대학원의 설치·운영에 관한 법률'(이하 '법학전문대학원법'이라 한다)에 따른 법학전문대학원의 석사학위를 취득한 자만이 변호사시험에 응시할 수 있도록 규정한 변호사시험법 제5조 제1항이 청구인들의 기본권을 침해한다고 주장하면서 2009. 10. 26. 이 사건 헌법소원심판을 청구하였다.

(2) 2010헌마248

청구인들은 장래 법조인이 되기 위하여 변호사시험에 응시하고자 하는 사람들이다. 청구인들은 변호사시험법 제5조가 청구인들의 기본권을 침해한다고 주장하면서 2010. 4. 19. 이 사건 헌법소원심판을 청구하였다.

(3) 2011헌마263

청구인은 법과대학을 졸업한 자로서, 제1회 변호사시험에 응시하려 하였으나 변호사시험법 제5조, 변호사시험법 시행령 제3조에 의하여 위 변호사시험에 응시할 수 없게 되어 기본권을 침해받았다고 주장하면서 위 조항들에 대하여 2011. 5. 16. 이 사건 헌법소원심판을 청구하였다.

(4) 2012헌마31

청구인은 장래 변호사시험에 응시하여 법조인이 되고자 하는 사람이다. 청구인은 변호사시험법 제5조 제1항 본문 및 제5조 제2항 본문이 청구인의 기본권을 침해한다고 주장하면서 2012. 1. 9. 이 사건 헌법소원심판을 청구하였다.

[심판대상 법률조항]

변호사시험법(2009. 5. 28. 법률 제9747호로 제정된 것) 제5조(응시자격) ① 시험에 응시하려는 사람은 「법학전문대학원 설치·운영에 관한 법률」 제18조 제1항에 따른 법학전문대학원의 석사학위를 취득하여야 한다. (단서 생략)

# I. 적법요건

**생각해 볼 점 (1) : '기본권침해의 가능성' 및 '자기관련성'**

1. 이 사건의 청구인들은 법학전문대학원에 진학하지 않았기 때문에 변호사시험에 응시할 수 없게 된 사람들이다. 이 사건 법률조항이 제정됨으로 인해 청구인들이 '제한'되었다고 주장할 수 있는 직업선택의 자유의 내용은, 청구인들이 '법조인을 직업으로 선택할 자유'가 아니다. 이 사건 각 심판청구 당시를 기준으로 '사법시험'이 존속하고 있고, 청구인들이 사법시험에 응시하는 데에는 아무런 규범적 제한이 없기 때문이다[80].

   실제로도, '사법시험을 준비하는 사람들로서' '법학전문대학원 설치 · 운영에 관한 법률'으로 인한 로스쿨 제도의 도입 자체에 대한 헌법소원심판이 청구된 사례에서, 헌재는 기본권침해의 가능성 내지 자기관련성이 없다고 판시한 바 있다.

| 헌재 2009. 2. 26. 2007헌마1262 |
|---|
| 1. 사건의 개요와 심판의 대상<br>가. 사건의 개요<br>(1) 청구인들은 현재 ○○대학교 법과대학 등 서울 소재 14개 대학교의 각 법과대학에 재학중인 학생들로서, <u>법조인이 되기 위하여 사법시험을 준비해오고 있다</u>.<br>(2) '법학전문대학원 설치 · 운영에 관한 법률'이 2007. 7. 27. 법률 제8544호로 제정됨에 따라 법학전문대학원(이하 '로스쿨'이라 한다)이 새로운 법조인 양성제도로서 2009. 3. 1.부터 설치· 운영되게 되었고, 앞으로 제정될 변호사시험법은 로스쿨 졸업자가 변호사시험에 합격하여야만 변호사가 될 수 있도록 규정될 것으로 예측되고 있다.<br>(3) 청구인들은, 로스쿨이 새로운 법조인 양성제도로 도입됨에 따라 현행 사법시험제도에 의한 사법시험 선발인원이 점차적으로 줄어들고 장기적으로는 사법시험제도가 폐지될 것으로 예상되자, 위 법률 제1조에 의한 로스쿨 제도가 청구인들의 직업선택의 자유, 평등권, 공무담임권을 침해하고, 위 법률 제6조 제2항, 제19조 제1항, 제20조 제2항이 포괄위임입법금지원칙에 위배되며, 위 법률 제26조 제2항 및 제3항이 청구인들의 직업선택의 자유, 평등권, 공무담임권을 침해하고, 위 법률 부칙 제1항 및 제2항이 신뢰보호원칙에 위배된다고 주장하며 2007. 11. 8. 이 사건 헌법소원심판을 청구하였다. (중략)<br><br>3. 판단<br>가. 법 제1조에 대한 심판청구의 적법 여부<br>(2) (중략) 이 부분 심판청구의 취지를 청구인들의 주장에 따라 선해하여, 법 제1조에 의한 **로스쿨 제도의 도입이** 청구인들의 기본권을 침해할 가능성이 있어서 이 |

에 대한 심판청구가 적법한지 여부를 살펴보기로 한다.

(가) 헌법재판소법 제68조 제1항에 의하면 헌법소원심판은 공권력의 행사 또는 불행사로 인하여 헌법상 보장된 기본권을 침해받은 자가 청구하여야 한다고 규정하고 있는 바, 여기에서 기본권을 침해받은 자라 함은 공권력의 행사 또는 불행사로 인하여 자기의 기본권이 현재 그리고 직접적으로 침해받은 자를 의미하며 단순히 간접적, 사실적 또는 경제적인 이해관계가 있을 뿐인 제3자는 이에 해당하지 않는다(헌재 1992. 9. 4. 92헌마175, 판례집 4, 579, 580 ; 2002. 7. 18. 2001헌마605, 판례집 14-2, 84, 94).

법률에 의하여 기본권을 침해받은 경우에는 법률에 의하여 직접 기본권을 침해당하고 있는 자만이 헌법소원심판청구를 할 수 있다고 할 것이고 제3자는 특별한 사정이 없는 한 기본권침해에 직접 관련되었다고 볼 수 없다. 다만 어떠한 경우에 제3자의 자기관련성을 인정할 수 있는가의 문제는 무엇보다도 법의 목적 및 실질적인 규율대상, 법규정에서의 제한이나 금지가 제3자에게 미치는 효과나 진지성의 정도, 규범의 직접적인 수규자에 의한 헌법소원제기의 기대가능성 등을 종합적으로 고려하여 판단해야 한다(헌재 1997. 9. 25. 96헌마133, 판례집 9-2, 410, 416- 417; 헌재 2002. 7. 18. 2001헌마605, 판례집 14-2, 84, 94).

(나) 이 사건 법률은 로스쿨 설치 및 운영 예정자와 로스쿨 입학 예정자를 직접적인 수규자로 하고 있어서 로스쿨을 설치하고 운영하려는 학교 법인들 및 로스쿨 입학 예정자들에게 직접적으로 적용되는 것이고, 장차 법조인이 될 것을 목표로 준비중에 있을 뿐인 사람들에게 직접 적용되는 것은 아니다. 따라서 사법시험을 준비중인 청구인들은 이 사건 법률의 직접적인 수규자가 아닌 제3자에 불과하므로, 청구인들에게 제3자로서의 기본권침해의 자기관련성을 인정할 수 있을 것인지 여부가 문제된다.

법 제1조에 의거하여 로스쿨 제도가 도입됨으로 인하여 장차 사법시험 선발인원이 축소되거나 사법시험이 폐지되는 결과가 발생할 것으로 예상된다 하더라도, 그러한 결과는 이 사건 법률이 아니라 장차 사법시험법의 개정 및 그에 의거한 법무부장관의 사법시험 실시 고시 또는 새롭게 제정될 변호사시험법에 의하여 초래될 것이다.

따라서 법 제1조에 의한 로스쿨 제도의 도입 자체는 사법시험을 준비중인 청구인들에게 무슨 직접적인 불이익을 준다고 할 수 없고, 설령 장래에 사법시험법의 개정 및 그에 의거한 법무부장관의 사법시험 실시 고시 또는 새로이 제정될 변호사시험법에 의하여 사법시험선발인원이 축소되거나 폐지되는 결과로 이어진다 하더라도 **그로 인한 불이익은 간접적이고 사실적인 이해관계에 불과하다 할 것이다**.

그렇다면, 법 제1조에 의한 로스쿨 제도의 도입은 **청구인들의 기본권을 침해할**

> **가능성이 없어서** 청구인들에게는 **기본권침해의 자기관련성이 인정되지 않으므로** 이에 대한 심판청구는 부적법하다. (중략)
>
> 다. 법 부칙 제1항, 제2항에 대한 심판청구의 적법 여부
>
> 청구인들은 위 법 부칙 조항에 따른 이 사건 법률의 시행으로 인하여 청구인들이 기존 사법시험제도에 의한 사법시험에 합격하여 법조인이 될 신뢰가 침해되므로 위 법 부칙 조항들이 청구인들의 기본권을 침해한다고 주장한다.
>
> 그런데 위 법 부칙 조항들은 이 사건 법률의 효력발생시기와 로스쿨의 최초 입학생 선발시기에 관하여 규정하고 있을 뿐, 사법시험의 폐지나 그 선발인원의 축소에 대해서는 규율하고 있지 않다. 사법시험 선발인원은 사법시험법 제4조 및 제14조에 의거하여 법무부장관이 매년 정하도록 되어 있고 사법시험 폐지 여부도 사법시험법의 존속 여부에 따라 결정된다. 따라서 사법시험에 대한 청구인들의 신뢰이익 침해 여부는 사법시험법 폐지나 사법시험법 제4조 및 제14조에 의거하여 매년 행해지는 법무부장관의 사법시험 실시계획 공고의 내용에 의하여 좌우된다고 할 것이다.
>
> 그렇다면 법 부칙 제1항 및 제2항은 **청구인들의 신뢰와 기본권을 침해할 가능성이 전혀 없다고 할 것이므로** 위 법조항들에 대한 심판청구는 부적법하다.

이 사건의 경우, 청구인들이 '사법시험을 준비하고 있는 사람'이라고 주장하지 않고 '변호사 시험을 응시하고자 하는 사람'이라고 주장한 것은, 이러한 문제점을 피하기 위한 것이라고 볼 수 있다.

2. 또한 나아가, 이 사건 법률조항은 청구인들이 법학전문대학원에 진학하여 소정의 요건을 갖추는 것을 전혀 규범적으로 제약하고 있지 않다[81)]는 점에서도, 과연 '기본권 침해가능성'이 있는지가 문제될 여지가 있다. 그러나, 설사 청구인들이 진학할 수 있다 하더라도, 그들은 3년간의 법학전문대학원 과정을 이수하는 등의 요건을 갖추어야만 법조인이라는 직업을 선택할 수 있게 된다. 따라서 최소한 직업선택의 자유를 행사할 수 있는 '시기' 등에 대한 제한은 있게 되는 것이고, 이러한 점에서 기본권 침해가능성은 인정되며, 나아가 자기관련성도 있다고 보아야 할 것이다.

80) 사법시험이 폐지되거나 합격자정원이 줄어든다는 점이 문제될 수는 있으나, 이는 적어도 이 사건 법률조항으로 인한 직접적인 효과가 아니다.

81) [9. 이대 로스쿨 사건]의 경우에는, 법학전문대학원설치법 자체가 총정원주의를 채택하고 있는 상태에서 이화여대 로스쿨에 대한 인가처분이 입학자격을 '여성에게만' 부여하는 내용으로 되어 있기 때문에 '규범적으로' 남성의 입학 총정원이 감소하는 효과가 발생한다는 점에서, 이 사건의 경우와 차이가 있다.

**생각해 볼 점 (2) : 이 사건에서 문제될 여지가 있는 기타 적법요건**

1. 앞서 살펴본 기본권침해가능성과 자기관련성을 논외로 하면, ① 청구인들의 기본권주체성, ② 이 사건 법률조항의 공권력행사성, ③ 변호사강제주의는 문제되지 않는다. 또한 ④ 보충성원칙도 문제되지 않는다. 법령의 효력을 직접 다투는 별도의 구제수단은 없기 때문이다.
2. 직접성 : 청구인들은 모두 법학전문대학원에 진학하지 않은 사람들이기 때문에, 이 사건 법률조항 자체에 의하여 변호사시험에 응시할 자격을 갖지 못하게 되고, 여기에 어떠한 처분이 매개될 여지는 없다.
3. 현재성 : 적어도 일부 청구인들은 변호사시험의 원서접수가 이루어지기도 전에 청구한 것으로 보인다는 점에서 현재성이 문제될 여지가 있으나, 원서의 접수 자체가 이루어지지 않을 것이 확실하게 예측된다는 점에서 현재성이 인정된다. [4. 제대군인가산점 사건]의 [생각해 볼 점 (1)]을 참조.
4. 청구기간 : 이 사건 법률조항이 포함된 변호사시험법은 2009. 8. 28. 시행되었다는 점에서, 적어도 일부 청구인의 경우 기본권침해사실이 있은 날로부터 1년이 도과하였는지가 문제될 수 있다. 그러나 그들이 주장하는 사실관계가 변호사시험에 '응시하고자 한다'는 것인 이상, 청구기간의 기산점이 되는 '기본권침해사실이 있은 때' 내지 '그 사실을 안 때'는 모두, 해당 청구인이 "시험에 응시하고자 하였을 때"라고 보아야 한다. 그런데 이 시점은 결국 청구인이 주장하는 때로 특정될 수밖에 없으므로[82], 청구인이 시험에 '응시하고자 한다'고 하는 한 청구기간은 사실상 문제되지 않는다.
5. 권리보호이익 : 2011헌마263 사건 청구인의 경우 '제1회 변호사시험에' 응시하고자 했던 사람인데, 제1회 변호사시험은 이 사건 결정이 선고되기 전에 이미 시행되었다. 그러나 청구인이 제2회 이후의 변호사시험에도 응시하고자 하는 이상, 적어도 그에 대한 기본권이 '반복적으로' 침해될 가능성이 있다고 보아야 할 것이므로, 설령 그의 주관적 권리보호이익이 소멸했다고 하더라도, '심판의 이익'이 인정된다고 보아야 할 것이다. (사실 이 사건과 같은 경우에, 청구인의 '주관적 권리보호이익'이 과연 소멸했다고 볼지도 의문이다.)

82) 더욱이 변호사시험은 매년 1회 시행되므로, 예컨대 제1회 변호사시험을 기준으로 할 경우의 청구기간이 도과하였다고 판단되면 "제2회 변호사시험에 응시하고자 한다"는 사실관계를 주장하면 청구기간 문제를 피할 수 있게 된다. 시험에 '응시하고자 한다'는 것의 시작점 자체가 정확히 특정되기 매우 곤란하기 때문이다.

## II. 문제되는 기본권 : 직업선택의 자유, 평등권 (기본권경합)

이 사건 법률조항은 법학전문대학원의 석사학위 취득자에게만 변호사시험 응시자격을 부여하고 있으므로 이로 인해 변호사시험에 응시하지 못하게 된 청구인들은 직업선택의 자유 및 평등권을 제한받게 된다.

한편, 자격시험이자 공무원 임용시험으로서의 성격을 가지는 사법시험과는 달리(헌재 2001. 9. 27. 2000헌마159, 판례집 13-2, 353, 362 참조), 변호사시험은 '변호사에게 필요한 직업윤리와 법률지식 등 법률사무를 수행할 수 있는 능력을 검정하기 위한'(변호사시험법 제1조) 순수한 변호사 자격시험이다. 따라서 다른 법령에서 변호사 자격을 판사·검사의 임용 조건으로 정하고 있더라도 이 사건 법률조항과 공무담임권과의 관련성은 간접적인 것에 불과하므로, 이 사건 법률조항으로 인하여 바로 청구인들의 공무담임권이 제한되는 것은 아니다.

## III. 법치주의("법률로써") 위배여부 : 특별히 문제될 바 없다.

## IV. 직업선택의 자유의 침해여부 : 과잉금지원칙 위배여부

그런데 입법부가 일정한 전문분야에 관한 자격제도를 마련함에 있어서는 그 제도를 마련한 목적을 고려하여 정책적인 판단에 따라 자격제도의 내용을 정함에 있어서 그 내용이 명백히 불합리하고 불공정하지 아니하는 한 원칙적으로 입법부에 광범위한 형성의 자유가 인정된다(헌재 2007. 4. 26. 2003헌마947, 판례집 19-1, 514, 531 등). 따라서 변호사라는 전문분야의 자격에 관한 이 사건 법률조항의 위헌성을 판단함에 있어서는 이와 같은 입법재량을 감안하여 **헌법 제37조 제2항의 요구가 다소 완화된다고 할 것이다**(헌재 2009. 2. 26. 2008헌마370, 판례집 21-1상, 292, 307 참조).

한편, 입법자가 공익상의 필요에 의하여 자격시험의 요건을 달리 정하는 등 자격제도를 변경함에 있어서는 기존 지원자들의 신뢰를 보호하는 것이 헌법상 법치국가원리로부터 요청되고, 그들에 대한 신뢰보호가 충분히 이루어졌는지 여부도 과잉금지원칙의 위반 여부를 판단하는 기준의 하나가 된다(헌재 2002. 7. 18. 99헌마574, 판례집 14-2, 29, 41 참조).

### 가. 목적의 정당성

이 사건 법률조항의 입법목적은, 양질의 법률서비스를 제공하기 위하여 다양한 학문적 배경을 가진 전문법조인을 법률이론과 실무교육을 통해 양성하고, 법학교육을 정상화하며, 과다한 응시생이 장기간 사법시험에 빠져 있음으로 인한 국가인력의 극심한 낭비와 비효율성을 막기 위한 취지에서 도입된 법학전문대학원제도의 지향목표(헌재 2009. 2. 26. 2008헌마370, 판례집 21-1상, 292, 303-304 참조)를 변호사시험제도와의 연계를 통하여 효과적으로 달성하는 데 있으므로 그 목적의 정당성이 인정된다.

## 나. 방법의 적절성

법학전문대학원의 석사학위 취득자에게만 변호사시험 응시자격을 부여하는 것은 위와 같은 교육을 통한 법조인 양성이라는 입법목적의 달성에 적합한 수단이라 할 것이다.

## 다. 침해의 최소성

앞서 본 바와 같이 입법자에게는 전문직 자격제도에 관한 형성의 자유가 인정되므로, 변호사시험에 있어서도 어떠한 제도를 선택할 것인지에 관하여 형성의 여지가 있다. 따라서 이 사건 법률조항에 있어서 침해의 최소성 판단은 **가장 덜 제약적인 방법인지가 아니라**, 완화된 기준으로 **입법목적을 달성하기 위한 필요한 범위 내의 것인지**를 심사하는 방법에 의하여야 할 것이다[83].

이 사건 법률조항은 법학전문대학원제도를 정착시키기 위해서는 법학전문대학원의 석사학위 취득자에게만 변호사시험에 응시할 기회를 부여할 필요가 있다는 판단에 근거한 것으로, 이러한 입법자의 판단은 합리적인 것으로 보인다.

한편, 사법시험을 계속해서 변호사시험과 병행 실시하는 방법(이하 '사법시험 병행제도'라 한다)과, 법과대학에서 학사학위를 취득한 자 또는 비인가 법학전문대학원을 졸업한 자 등 일정한 법학교육을 받은 자에게 시험에 응시할 수 있는 자격을 부여하고 이에 합격한 자들에게 다시 변호사시험 응시자격을 부여하는 방법(이하 '예비시험 제도'라 한다)을 통해서 이 사건 법률조항의 입법목적을 보다 효과적으로 달성할 수 있음에도 이러한 제도를 채택하지 않은 것이 침해의 최소성 원칙에 반하는 것은 아닌지 의문이 있을 수 있다.

그러나 사법시험 병행제도하에서는 일정 수준의 외국어 구사능력(영어대체시험제도)을 갖추고 법학과목 35학점을 이수(법학과목이수제도)하기만 하면 사법시험에 응시하여 변호사 자격을 취득할 수 있으며, '학점인정 등에 관한 법률'에 따라 대학교 이외의 교육기관에서의 학습과정에서도 법학과목 학점을 취득할 수 있고, 독학사제도 등에 의한 학점인정도 가능하므로 법조인 선

---

83) '입법목적을 달성하기 위한 필요한 범위 내의 것인지'를 판단하는 것에 그친다는 것은, 실질상 '방법의 적절성' 심사와 다를 바 없는 것으로 보인다. 그런데 '목적의 정당성'이나 '방법의 적절성' 자체가 부정된다는 이유로 법령이 위헌선언되는 예는 거의 없다는 점에서, 이와 같은 방식의 '완화된 심사방법'이라는 것은 결국 과잉금지심사를 형해화한다는 비판이 가능하다. 이러한 점은, 후술 [상업광고 검열 사건]에서도 똑같이 나타난다.

84) 앞서 "신뢰보호가 충분히 이루어졌는지 여부도 과잉금지원칙의 위반 여부를 판단하는 기준의 하나가 된다"고 판

발·양성과정과 법과대학에서의 법학교육이 제도적으로 연계되어 있지 않아(헌재 2009. 2. 26. 2008헌마370, 판례집 21-1상, 292, 304 참조), 이와 같은 제도로는 이 사건 법률조항의 입법목적을 달성하기 어렵다고 할 것이다.

그리고 법학전문대학원제도는 법조인의 전문성과 인문학적 소양을 강화하고 전반적인 대학교육의 정상화를 도모하기 위하여 다양한 전공지식을 학부 단계에서 습득하였음을 전제로 대학원 단계에서의 법학교육을 시행하는 것이기 때문에, 법학전문대학원의 과정을 거치지 않은 채 시험을 통하여 일정한 지식을 검증받게 하는 예비시험제도만으로는 법학전문대학원의 도입 목적을 달성하는 것이 어렵다. 그리고 인가 법학전문대학원은 교육과정, 교육인력, 물적 시설의 측면에서 일정한 요건을 갖출 것을 요구하고 있으므로 그러한 요건을 갖추지 못한 법과대학 등에서의 교육과 예비시험제도만으로는 법학전문대학원에서의 교육과 동일한 수준의 교육을 담보하기 어려울 것으로 보인다.

한편, 법학전문대학원법은 법학전문대학원들로 하여금 경제적 여건이 열악한 계층을 대상으로 학생을 선발하는 전형인 특별전형제도(제23조 제1항)나 장학금제도 및 학자금대출제도와 같은 학생에 대한 경제적 지원방안을 마련하도록 하여(제17조 제2항), 충분한 경제적 자력이 없는 사람들에게도 법학전문대학원 과정을 이수할 기회를 부여하는 제도를 마련하고 있다.

나아가 입법자는 사법시험 준비자들의 신뢰를 보호하기 위하여, 최근의 사법시험 평균합격연령을 고려하여 법학전문대학원제도의 도입이 확정된 2007년에 대학에 입학한 학생들이 만 28세가 되는 2017년까지는 사법시험을 변호사시험과 병행하여 실시하도록 하고 있다(변호사시험법 부칙 제3조 제1항). 기존 사법시험 준비자들로서는 법학전문대학원제도의 도입이 확정된 2007년부터 10년 후이자, 이 사건 법률조항이 시행된 때부터 8년 후인 2017년까지는 사법시험에 응시하거나 법학전문대학원에 진학하는 등의 선택권을 행사할 수 있으므로, 위 기간이 변화된 법적 상황에 적응하기에 부족한 시간이라고 보기도 어렵다. 따라서 이 사건 법률조항은 기존의 사법시험 준비자들의 신뢰이익을 침해하지 않는 범위 내에서 직업선택의 자유를 제한하고 있다고 할 것이다[84].

위와 같은 내용을 종합하여 볼 때, 이 사건 법률조항은 침해의 최소성 원칙에 위배되지 아니한다.

## 라. 법익의 균형성

이 사건 법률조항은 이로 인하여 청구인들이 받게 되는 불이익보다는, 법학전문대학원제도를 전제로 한 변호사시험제도의 도입을 통하여 다양하고 전문적인 전공 실력을 가진 우수한 법조인을 많이 양성함으로써 국민에 대한 법률서비스의 질을 향상시키고, 장기간 과다한 사법시험 응시로 인하여 국가의 인력이 낭비되는 폐해를 줄이고자 하는 공익이 더 크다고 할 것이어서 법익의 균형성 원칙에도 위배되지 아니한다.

---

시한 것을 구체화하는 대목이다. 신뢰보호 여부에 관한 판단을 '침해의 최소성' 부분에서 판단하고 있음을 보아둘 만하다.

## V. 평등권 침해 여부

### 1. 차별의 존부 : 부정

청구인들은 이 사건 법률조항이 법학전문대학원에 진학할 경제적 능력이 있는 자들과 그렇지 못한 자들을 차별하고 있다고 주장한다.

그러나 변호사시험법이나 법학전문대학원법은 법학전문대학원의 등록금과 수업료에 대하여 전혀 규정하는 바가 없고, 그 금액은 법학전문대학원을 설치한 대학이 개별적으로 정할 뿐이다. 또 교재비·생활비 등의 부대비용과 기회비용도 법학전문대학원의 석사학위를 취득하는 데 소요되는 비용인데, 이는 개인의 선택과 경제적 여건 등에 따라서 달라질 수 있다. 그러므로 경제력의 차이에 따른 사실상의 차별이 존재하는 것은 별론으로 하고, 규범적으로는 법학전문대학원의 석사학위라는 변호사시험 응시자격의 취득에 있어서 경제력의 차이에 따른 차별은 존재하지 아니하므로, 이 사건 법률조항은 청구인들의 평등권을 침해하지 아니한다.[85]

## VI. 결론

이 사건 심판청구를 기각한다.

85) 제대군인가산점 사건의 간접차별이론과는 차이가 있음.

# 9. 이대 로스쿨 사건

**법학전문대학원 설치인가 중 입학전형계획 위헌확인 등**
**헌재 2013. 5. 30. 2009헌마514, 공보 제200호, 663**

청구인 엄○모는 대학교 4학년에 재학 중인 학생, 청구인 황○섭은 대학교를 졸업한 자로서 2010년에 법학전문대학원을 입학하고자 진학을 준비하여 모집요강에 따라 입학지원을 하려던 남성들이다.
피청구인 교육과학기술부장관(현 교육부장관, 이하 '교육부장관'이라 한다)은 2008. 9. 1. 피청구인 학교법인 이화학당에게 법학전문대학원 설치인가를 하면서 학교법인 이화학당이 제출한 입학전형계획 중 여성만을 입학자격요건으로 한 부분을 인정하였고, 학교법인 이화학당은 2010학년 법학전문대학원 입학모집요강을 발표하면서 여성만을 입학자격요건으로 하였다.
이에 청구인들은 2009. 9. 8. **주위적으로** 피청구인 교육부장관이 2008. 9. 1. 학교법인 이화학당에게 한 법학전문대학원 설치인가 중 여성만을 입학자격요건으로 하는 입학전형계획을 인정한 부분 및 피청구인 학교법인 이화학당의 2010학년도 법학전문대학원 모집요강 중 여성만을 입학자격요건으로 한 부분, **예비적으로** 피청구인 교육부장관이 학교법인 이화학당의 2010학년도 법학전문대학원 모집요강에서 여성만을 입학자격요건으로 한 부분에 대해 시정조치를 하지 아니한 부작위가 남성인 청구인들의 평등권, 직업의 자유 및 교육을 받을 권리를 침해한다고 주장하면서 이 사건 헌법소원심판을 청구하였다.

이 사건 심판의 대상은 주위적으로 ① 교육부장관이 2008. 9. 1. 학교법인 이화학당에게 한 법학전문대학원 설치인가 중 여성만을 입학자격요건으로 하는 입학전형계획을 인정한 부분(이하 **'이 사건 인가처분'**이라 한다) 및 ② 학교법인 이화학당의 2010학년도 법학전문대학원 모집요강 중 여성만을 입학자격요건으로 한 부분(이하 **'이 사건 모집요강'**이라 한다), 예비적으로 ③ 교육부장관이 학교법인 이화학당의 2010학년도 법학전문대학원 모집요강에서 여성만을 입학자격요건으로 한 부분에 대해 시정조치를 하지 아니한 부작위(이하 **'이 사건 부작위'**라 한다)가 청구인들의 기본권을 침해하는지 여부이다.

[관련조항]
법학전문대학원설치·운영에관한법률(2013. 3. 23. 법률 제11690호로 개정된 것)
제7조(법학전문대학원의 입학정원) ① 교육부장관은 국민에 대한 법률서비스의 원활한 제공 및 법조인의 수급상황 등 제반사정을 고려하여 법학전문대학원의 총 입학정원을 정한다. 이 경우 교육부장관은 총 입학정원을 미리 국회 소관 상임위원회에 보고하여야 한다.
제22조(입학자격) 법학전문대학원에 입학할 수 있는 자는 학사학위를 가지고 있거나 법령에 따라 이와 동등 이상의 학력이 있다고 인정된 자(이하 "학사학위를 취득한 자"라 한다)로 한다.
제38조(시정명령) 교육부장관은법학전문대학원이 설치된 대학 또는 당해 법학전문대학원이 제5조

제2항 및 제4항, 제7조 제3항, 제8조, 제16조, 제17조, 제18조 제1항부터 제3항까지, 제19조, 제20조, 제22조, 제23조, 제25조, 제27조 및 제32조를 위반하는 경우에는 일정한 기간을 정하여 법학전문대학원이 설치된 대학의 설립·경영자 또는 대학의 장에게 시정명령을 할 수 있다.

## I. 주위적 청구에 대한 판단

### 1. 적법요건

#### 가. 이 사건 인가처분에 대한 판단

(1) 자기관련성

(가) 다수의견 : 자기관련성 인정.

가. 기본권침해의 자기관련성

헌법소원에 있어서는 원칙적으로 공권력의 행사 또는 불행사의 직접적인 상대방만이 자기관련성이 인정되고, 공권력의 작용에 단지 간접적이나 사실적 또는 경제적인 이해관계가 있을 뿐인 제3자의 경우에는 자기관련성이 인정되지 않는다(헌재 1993. 7. 29. 89헌마123, 판례집 5-2, 127, 133-134 참조). 다만 공권력 작용의 직접적인 상대방이 아닌 제3자라고 하더라도 공권력 작용이 그 제3자의 기본권을 직접적이고 법적으로 침해하고 있는 경우에는 예외적으로 그 제3자에게 자기관련성이 있다고 할 것이다(헌재 1993. 3. 11. 91헌마233, 판례집 5-1, 104, 111; 헌재 1994. 6. 30. 92헌마61, 판례집 6-1, 680, 684 등 참조).

교육부장관의 이 사건 인가처분은 학교법인 이화학당에 대한 것으로서 청구인들은 이 사건 인가처분의 직접적인 상대방이 아니다. 그런데 '법학전문대학원의 설치·운영에 관한 법률'은 일반대학의 입학정원과 달리 국민에 대한 법률서비스의 원활한 제공 및 법조인의 수급상황 등 제반사정을 고려하여 교육부장관이 법학전문대학원의 총 입학정원을 정하도록 하는 이른바 '총 정원주의'를 규정하고 있다(제7조 제1항). 이와 같이 전체 법학전문대학원의 총 입학정원이 한정되어 있는 상태에서 이 사건 인가처분이 여성만이 진학할 수 있는 여자대학에 법학전문대학원 설치를 인가한 것은, 결국 청구인들과 같은 남성들이 진학할 수 있는 법학전문대학원의 정원이 여성에 비하여 적어지는 결과를 초래하여 청구인들의 직업선택의 자유, 평등권을 침해할 가능성이 있으므로, 이 사건 인가처분의 직접적인 상대방이 아닌 제3자인 청구인들에게도 기본권 침해의 자기관련성이 인정된다.

(나) 재판관 2인의 반대의견 : 자기관련성 부정.

6. 재판관 이진성, 재판관 조용호의 일부 반대의견
(중략)
나. 청구인이 이 사건 인가처분에 대하여 다투고자 하는 점은 청구인이 '이화여자대학교 법학전문대학원'이라는 특정 학교의 입학이 불가능해졌다는 점이 아니고(청구인이 특정학교의 입학이 불가능하다는 점을 다투는 경우에 기본권 침해의 자기관련성 인정 여부는 별론으로 한다), 앞서 본 바와 같이 법학전문대학원의 총 입학 정원이 2,000명으로 한정되어 있는 상황에서, 청구인과 같은 남성의 경우 입학 가능한 총 정원이 이화여대 법학전문대학원의 입학 정원 100명을 제외한 1900명으로 사실상 줄어드는 효과가 발생하여 법학전문대학원에 합격할 가능성이 낮아졌다는 점이다.
그렇다고 하더라도 이 사건 인가처분에 의하여 청구인의 법학전문대학원의 진학 기회 자체가 봉쇄되었다고 볼 수 없고, 총 정원이 증가되지 않은 상태에서 청구인이 지원할 수 있는 학교가 줄어들고 산술적으로 청구인의 합격가능성이 낮아진 것은 사실이나, 이것이 청구인의 법학전문대학원의 입학가능성에 직접적인 영향을 미친다고 단정할 수는 없다. 청구인의 합격가능성에 영향을 미치는 요소는 기본적으로 법학적성시험(LEET) 성적, 학부 성적, 면접 점수 등 다양하기 때문에 남성이 입학가능한 법학전문대학원 총 정원이 여성의 경우보다 적다는 점은 결정적 요소라 할 수 없다. 따라서 청구인의 불이익은 사실상의 불이익에 불과할 뿐이고, 이 사건 인가처분으로 청구인의 자유의 제한, 의무의 부과, 권리 또는 법적 지위의 박탈이 생긴 경우라고 볼 수 없다.
따라서 이 사건 인가처분으로 인하여 청구인이 법학전문대학원에 진학할 수 있는 기회가 축소될 가능성이 있다고 하더라도 이로써 청구인의 헌법상 기본권의 침해 문제가 생길 여지는 없으므로 이 사건 인가처분에 대한 심판청구는 기본권침해의 자기관련성을 갖추지 못하여 부적법하다.

**(2) 청구기간 : 청구인 황○섭만 청구기간 도과, 나머지는 모두 준수.**

헌법재판소법 제68조 제1항에 의한 헌법소원심판은 기본권의 침해사유가 있음을 안 날부터 90일 이내에, 그 사유가 있은 날부터 1년 이내에 청구하여야 하는바(헌법재판소법 제69조 제1항), 이 사건 인가처분은 2008. 9. 1. 이루어졌고, 청구인 엄○모는 그로부터 1년이 지나지 아니한 2009. 6. 16. 이 사건 헌법소원심판 청구를 위한 국선대리인 선임신청을 하였으므로 청구기간을 준수하였다고 할 것이다[86].

한편, 청구인 황○섭은 이 사건 인가처분이 있은 날로부터 1년이 지난 2009. 9. 8. 비로소 이 사건 헌법소원심판을 청구하였으므로, 청구인 황○섭의 이 부분 심판청구는 청구기간을 도과하여 부적법하다.

86) 헌법재판소법 제70조(국선대리인) ① 헌법소원심판을 청구하려는 자가 변호사를 대리인으로 선임할 자력(資力)

**생각해 볼 점 (1) : 청구인 엄○모가 다른 법학전문대학원에 입학한 경우**

이 사건 결정문에 나타나 있지는 않으나, 만약 청구인 엄○모가 2009. 3. 2.에 다른 대학교 법학전문대학원에 입학하였다면,

(1) 위 판시와 같이 '기본권침해사실이 있은 날로부터 1년'의 청구기간은 준수되었다 하더라도, '그가 침해사실을 안 날로부터 90일'이라는 청구기간은 도과하여 부적법한 것으로 봄이 상당할 것이다. "늦어도" 2009. 3. 2.경에는 이 사건 인가처분으로 인하여 자신의 기본권이 제한된다는 사실을 알았다고 보아야 할 것이기 때문이다.

(2) 나아가 이러한 경우라면, 위 청구인의 주관적 권리보호이익은 소멸했다고 보아야 할 것이다. 이 경우 '기본권의 반복침해가능성'이 인정된다든지, '헌법적 해명'이 필요하다는 사정이 있어서 (주관적 권리보호이익의 소멸에 불구하고) 심판의 이익이 인정되는지의 여부가 문제될 것이다. 그것이 인정되지 않는 한, 심판청구는 모두 각하될 것이다.

**생각해 볼 점 (2) : 보충성**

이 사건 인가처분과 관련하여, 청구인은 그 처분의 직접적인 수범자가 아닌 '제3자'라는 점에서, 행정소송에서의 '제3자의 원고적격' 문제와 비슷한 문제가 생겨난다.

일전에 (로스쿨 인가를 받지 못한) A대학교가 B대학교에 대한 인가처분취소소송을 제기한 바 있었는데, 이 때 A대학교는 제3자이기는 하지만 '경원자(競願者)'로서, 인가처분취소를 구할 원고적격이 인정된다. 따라서 만약 A대학교가 이 사건 헌법소원심판을 청구한 경우였다면, 행정소송이라는 별도의 구제수단이 인정된다는 점에서 심판청구가 보충성의 원칙에 위반된다고 볼 여지가 컸을 것이다.

반면에 이 사건은, 경원자가 아니라 '사실상의 불이익을 입었다고 주장하는 수험생들'이 심판청구를 한 경우이다. 그렇기 때문에, 그들이 인가처분취소소송을 제기하더라도 원고적격이 인정되지 않을 가능성이 높다는 판단에서, 보충성 요건이 충족되었다고 헌재가 본 것이라고 여겨진다.

그리고 나아가 헌재가 이 사건에서 청구인들의 '자기관련성'을 인정하는 데 있어서도, 이러한 사정에 대한 고려가 있었을 것으로 추측된다. 별도의 구제수단이 없다는 점에서, 제3자의 자기관련성마저 부정하기는 쉽지 않기 때문이다. 이런 점에서는, 보충성에 관한 판단이 자기관련성의 유무 판단에도 간접적으로 영향을 주었다고 볼 수 있을 것이다.

---

이 없는 경우에는 헌법재판소에 국선대리인을 선임하여 줄 것을 신청할 수 있다. <u>이 경우 제69조에 따른 청구기간은 국선대리인의 선임신청이 있는 날을 기준으로 정한다.</u>

(3) 여타의 적법요건은 별다르게 문제되지 않는다.

## 나. 이 사건 모집요강에 대한 판단 : 공권력행사성 없음 → 모두 부적법.

> 헌법재판소법 제68조 제1항에 의하여 헌법소원의 대상이 되는 행위는 국가기관의 공권력작용에 속하여야 한다. 여기서의 국가기관은 입법 · 행정 · 사법 등의 모든 기관을 포함하며, 간접적인 국가행정, 예를 들어 공법상의 사단, 재단 등의 공법인, 국립대학교(헌재 1992. 10. 1. 92헌마68등, 판례집 4, 667-668 참조)와 같은 영조물 등의 작용도 헌법소원의 대상이 된다.
>
> 학교법인 이화학당의 이 사건 모집요강이 헌법소원의 대상이 되는 공권력의 행사로 볼 수 있느냐 하는 점은, 사립학교법인인 학교법인 이화학당을 공권력의 주체로 볼 수 있느냐 하는 문제와 직결된다.
>
> 법학전문대학원은 교육기관으로서의 성격과 함께 법조인 양성이라는 국가의 책무를 일부 위임받은 직업교육기관으로서의 성격을 가지고 있기는 하나(헌재 2009. 2. 26. 2008헌마370, 판례집 21-1상, 292, 305-307 참조), 이화여자대학교는 사립대학으로서 국가기관이나 공법인, 국립대학교와 같은 공법상의 영조물에 해당하지 아니하고, 일반적으로 사립대학과 그 학생과의 관계는 사법상의 계약관계이므로 **학교법인 이화학당을 공권력의 주체라거나 그 모집요강을 공권력의 행사라고 볼 수 없다**.
>
> 따라서 이 사건 모집요강은 헌법소원심판의 대상이 되는 공권력의 행사라고 볼 수 없으므로 이 부분 심판청구는 부적법하다.

**생각해 볼 점 (3) : state action theory**

이 사건에서 헌재는 이화여대와 학생 간의 관계가 '사법상의 계약관계'라는 점에만 주목하여, 학교법인의 공권력주체성이나 이 사건 모집요강의 공권력행사성을 모두 부정하였다.

그러나 이에 대하여는, 미국에서 대두된 state action theory에 내포된 사고방식을 도입할 여지가 있지 않을까 한다.

미국 수정헌법상의 기본권조항들은 (i) 1차적으로 '연방'이 아닌 주(state)만을 그 수범자로 하고, (ii) 다만 수정헌법 제5조의 '적법절차조항'(due process clause)를 통해서 비로소 '연방'을 그 수범자로 할 뿐, '私人'은 그 수범자가 되지 않는 것이 대원칙이었다. 여기서 미국 연방대법원은 일련의 판례를 통해 대체로 다음과 같은 유형들에 대하여[87], 행위주체가 설사 私人이라 하더라도 그의 행위를 주(state)의 행위로 의제하는 태도를 취해왔다[88].

(1) 공공행정의 이론(public administration theory) : 비록 주정부가 그 운영에 간접적으로만 연관되어 있다 하더라도 주정부에 의한 공식적인 감독, 통제 혹은 시설의 운영이 있다면 그것은 주의 행위로 의제된다는 것이다.
(2) 공적기능이론(public function theory) : 행위의 성질 자체가 매우 공적이고 배타적으로 정부의 기능이어서(예컨대 수용 등) 그것이 사실상 사인에 의해 이루어지더라도 주정부가

그 책임을 면탈할 수 없는 경우에, 그러한 영역에서 사인의 행위에 불구하고 주정부가 부작위 상태에 있는 경우에, 그 사인의 행위를 주의 행위로 의제한다는 것이다.

(3) 중대한 州 간여이론(significant state involvement theory) : 주정부가 문제된 사인의 행위에 대하여 허가를 내어주거나 재정지원을 해 주는 등으로, 주정부와 사적 당사자 사이에 충분히 긴밀한 관련성이 있고 사적 당사자의 행위가 주정부의 행위와 얽혀있는 경우에 그 사인의 행위가 주의 행위로 의제된다는 것이다.

(4) 장려, 수권, 승인 이론(encouragement, authorization and approval theory) : 주정부가 문제된 사인의 행위를 장려, 수권 또는 승인(묵인)한 경우에 그것이 주의 행위로 의제된다는 것이다.

그리하여 예컨대, 일정한 기업이 엄연히 私人이기는 하나, 적어도 그 기업이 주정부로부터 상당정도 이상의 보조금을 받아서 시행하는 사업에 관하여 참여업체를 선정하는 경우라면, 헌법상의 평등보호조항의 취지에 따라 공개입찰절차 등을 거침으로써 참여하고자 하는 업체들에게 균등한 기회를 부여해 주어야 한다는 것이, state action theory의 논리이다.

우리나라에서 사립대학교는 적지 않은 국고지원을 받는다[89]. 특히 로스쿨의 경우 학교내에서 상대적으로 많은 예산지원을 받는다는 점까지 감안하면, 직·간접적인 국고지원의 비율은 이보다 더 높을 것으로 보인다. 게다가 이 사건 결정 및 [8. 법전원 사건]에서 헌재가 판시한 바와 같이, 설사 사립대학교 로스쿨이라 하더라도 "법조인 양성이라는 국가의 책무를 일부 위임받은 직업교육기관으로서의 성격"을 가진다는 점, 즉 로스쿨의 '공공적 기능'에 초점을 두어볼 수도 있을 것이다.

이러한 점들에 비추어 미국의 state action theory가 그대로 적용될 수 있다거나, 그래야 한다고 주장하는 것은 아니다. 그러나 적어도, '사립학교는 私人에 불과하므로 공권력주체가 될 수 없다'는 단편적인 논리만으로 사립학교의 학교운영에 관한 일체의 헌법적 논의가능성을 일축하는 것보다는, 조금 더 세심한 고려가 필요하지 않았을까 생각된다.

---

87) 아래에서 드는 유형에 관하여는, 임지봉, 州行爲理論과 美國 聯邦大法院, 미국헌법연구 제21권 제1호(2010.2.), 미국헌법학회, pp.332-337을 인용하였다.

88) 한편 독일의 경우에는, 기본권규정의 수범자가 '연방'인지 '주'인지의 문제는 없었으나, 독일에서 헌법상의 기본권은 전통적으로 '대국가적인 방어권'으로 여겨졌기 때문에, '기본권의 對私人的 효력' 내지 '기본권의 제3자적 효력'의 문제가 나타났다. 이러한 독일이론의 내용양상은 미국과 다르지만, 私人에 대하여 기본권규정의 효력이 미치도록 하려고 시도하였다는 점에서는 미국의 state action theory와 공통점을 가진다.

89) 한국대학교육연구소의 통계에 따르면, 이 사건에서 문제된 이화여대의 경우 2013년 국고보조금으로 약 98,026,854,000원을 지원받았는바(전국 사립대 중 8위), 이는 위 학교의 총수입 대비 16.3%, 학생 1인당 금액으로 환산하면 약 441만원에 해당한다. 대교연 통계(기본), 2014-15년 16호(통권 35호), 한국대학교육연구소, 2015. 7. 2., 8쪽(http://khei-khei.tistory.com/attachment/cfile26.uf@272E23375593B55F301AF9.pdf) 참조.

## 2. 이 사건 인가처분에 대한 본안판단

### 가. 제한되는 기본권

#### (1) 직업선택의 자유

변호사시험법에 의하면, 법학전문대학원에 입학하여 소정의 교육과정을 마친 사람만이 변호사시험에 응시할 수 있는바(제5조), 이 사건 인가처분은 남성인 청구인 엄○모에 대하여 법학전문대학원에 입학가능한 총 정원을 감소시켜 변호사시험에 응시할 수 있는 자격을 얻기 위한 단계로의 진입을 규제하고 있다(헌재 2009. 2. 26. 2008헌마370등, 판례집 21-1상, 292, 306 참조). 그 결과 이 사건 인가처분은 청구인 엄○모가 법학전문대학원에 입학하여 종국적으로 변호사시험에 응시할 수 있는 기회를 제한하게 되므로, 이 사건 인가처분으로 인하여 변호사를 직업으로 선택하고자 하는 청구인의 직업선택의 자유가 침해되었는지 여부가 이 사건의 쟁점이다[90].

#### (2) 평등권 및 균등하게 교육받을 권리 : 별도로 판단하지 않음.

청구인 엄○모는 평등권 및 균등하게 교육받을 권리의 침해도 주장하고 있으나, 이 사건 인가처분은 남성에 대한 차별이나 여성에 대한 적극적 평등 실현의 목적으로 이루어진 것이 아니며, 이 사건 인가처분으로 인하여 청구인 엄○모는 이화여자대학교 법학전문대학원에 입학하는 것이 제한될 뿐이지 그 이외의 법학전문대학원에 입학하는 것이 제한되는 것은 아니고, 결국 그로 인한 불이익은 남성이 여성에 비하여 전체 법학전문대학원에 입학할 가능성이 줄어든다는 것이어서, 이에 대한 판단은 청구인 엄○모의 직업선택의 자유가 침해되는지 여부에 대한 판단과 중복된다.

**생각해 볼 점 (4) : 평등원칙(헌법 제11조 제1항)에 있어서의 '법'과 '법집행'**

헌재는 이 사건에서, 이 사건 인가처분이 청구인들의 평등권을 침해하는지의 여부에 관하여 나아가 판단하지는 않았다. 그런데, 이 사건 인가처분은 '법'인가, '법집행'인가? 헌법 제11조 제1항은 연혁상으로 보더라도, 1차적으로는 "법집행자에 대한" 명령이다. 이에 더하여 '입법자도' 구속하는지의 여부 문제가, 입법자구속설과 입법자非구속설의 문제인 것이다.

법집행자로서는, '법'의 내용 그대로 집행을 하면, 헌법 제11조 제1항의 명령을 준수한 것이 된다. '법'의 내용이 무엇인지는, 적어도 법집행자에 대한 관계에서는 이와 별도로 문제되어야 하는 것이다. 단순한 예로, "여자에게는 빵을 하나 주고, 남자에게는 주지 말라"는 내용의 '법'이 있다고 하자. 그렇다면 그 '법'이 내용상 남자의 평등권을 침해하는지의 여부는 물론 문제될

90) 이러한 문제상황은, 앞서의 [법전원 사건]의 경우와 일응 유사해 보일 수도 있지만 엄연히 다르다. [법전원 사건]의 [생각해 볼 점 (2)]를 참조.

수 있겠지만, '법집행'의 문제에 관한 한, 여자에게 빵을 하나 주고 남자에게는 주지 않는 법집행(행위)이 그 자체로서 남자의 평등권을 침해한다고 말할 수는 없는 것이다.

다시 말하자면, 법의 내용이 평등한지의 문제와 법의 집행이 평등한지의 문제는 본질적으로 다르다. 평등원칙의 위반이 있는지를 살펴보는 데 있어서, 이 점은 중요하다고 본다.

## 나. '학교법인 이화학당의 대학의 자율성'과의 기본권충돌

교육부장관의 이 사건 인가처분은 학교법인 이화학당이 법학전문대학원 설치인가를 받기 위해 제출한 입학전형계획을 그대로 인정함으로써 청구인 엄○모의 직업선택의 자유를 제한하고 있다.

그러나 한편으로 학교법인 이화학당은 헌법 제31조 제4항의 대학의 자율성의 주체이다. 헌법 제31조 제4항은 "교육의 자주성·전문성·정치적 중립성 및 대학의 자율성은 법률이 정하는 바에 의하여 보장된다"라고 규정하여 교육의 자주성·대학의 자율성을 보장하고 있는데, 교육의 자주성이나 대학의 자율성은 헌법 제22조 제12항이 보장하고 있는 학문의 자유의 확실한 보장수단으로 꼭 필요한 것으로서 이는 **대학에게 부여된 헌법상의 기본권**이다. 여기서 대학의 자율은 대학시설의 관리·운영만이 아니라 연구와 교육의 내용, 그 방법과 대상, 교과과정의 편성, 학생의 선발, 학생의 전형도 자율의 범위에 속해야 하고 따라서 입학시험제도도 자주적으로 마련될 수 있어야 한다(헌재 1992. 10. 1. 92헌마68 등, 판례집 4, 659, 670 참조).

학교법인 이화학당의 법학전문대학원 입학전형 계획은 학교법인 이화학당이 학생의 선발 및 입학 전형에 관하여 대학의 자율성을 행사한 것이고, 이 사건 인가처분은 이러한 대학의 자율성 행사를 보장하는 것이다.

따라서 이 사건 인가처분에 의하여 청구인 엄○모의 직업선택의 자유와 사립대학의 자율성이라는 두 기본권이 충돌하게 된다.

## 다. 과잉금지원칙 위배 여부

가. 목적의 정당성 및 수단의 적합성

교육부장관은 2008년 전국 25개의 대학에 법학전문대학원 설치인가를 하면서 각 대학의 교육목표, 교육과정, 교원, 학생(사회적 취약계층의 배려 여부 및 최근 5년간 사법시험 합격자 수), 교육시설, 재정 등의 요소를 평가하여 설치인가 심사를 실시하였으며, 그 심사결과 이화여자대학교는 설치인가를 신청한 대학 전체 중 5위를 차지하였다. 교육부장관이 이화여자대학교에 법학전문대학원 설치인가를 한 것은 대학의 교육역량에 대한 객관적인 평가에 따른 것이지 결코 여성 우대를 목적으로 한 것이 아니며, 설치인가를 하면서 이화여자대학교의 이 사건 모집요강 내용을 그대로 인정한 것은 여자대학으로서의 전통을 유지하려는 이화여자대학교의 대학의 자율성을 보장하고자 한 것이다.

따라서 이 사건 인가처분은 그 목적의 정당성이 인정되고, 이 사건 인가처분은 위 목적을 달성하기에 적합한 수단으로 보인다.

나. 기본권 제한의 비례성

이 사건과 같이 두 **기본권이 충돌하는 경우 헌법의 통일성을 유지하기 위하여 상충하는 기본권 모두 최대한으로 그 기능과 효력을 발휘할 수 있도록 조화로운 방법이 모색되어야 하므로**, 위에서 본 바와 같이 정당한 목적을 위한 적합한 수단인 이 사건 인가처분이 청구인 엄○모의 직업선택의 자유를 제한하는 정도와 대학의 자율성을 보호하는 정도 사이에 **적정한 비례를 유지하고 있는지**를 살펴본다(헌재 2011. 8. 30. 2009헌바42, 판례집 23-2상, 286, 294 참조).

(1) 학교법인 이화학당은 1886년 한국여성들에게 신교육의 기회를 주기 위하여 설립된 국내 최초의 여성 고등교육기관으로서 120년 이상 여자 사립대학의 전통을 유지하여 왔고, 교육목표는 '국가와 인류사회의 발전에 공헌하는 여성지도자 양성'에 두고 있다. 따라서 이화여자대학교의 정체성의 핵심은 '여성 고등교육기관'이라는 점이고, 교육목표의 핵심은 여성지도자 양성에 있다. 따라서 이화여자대학교가 여자대학교로서의 정체성을 유지할 것인지, 남녀공학으로 전환할 것인지는 사립대학인 이화여자대학교의 자율성의 본질적인 부분에 해당한다고 할 것이다.

만일 이화여자대학교 법학전문대학원의 모집요강에서 여성이라는 조건을 삭제하여 남성도 학생으로 받아들이도록 하거나, 혹은 여자대학으로서의 전통을 감안하여 남성의 입학 자체를 금지하지 않는 대신 일정비율의 여성 할당을 주는 방법을 선택하였다면 남성 지원자의 직업선택의 자유를 제한하는 정도가 보다 완화될 수 있을 것이나, 이는 곧 이화여대의 정체성을 훼손시키는 것이 될 것이므로 섣불리 대안으로 삼기 어려운 방법이다.

(2) 청구인 엄○모는 이 사건 인가처분으로 인하여 청구인이 전체 법학전문대학원 중 이화여자대학교 법학전문대학원의 정원인 100명만큼 지원할 수 없게 되어 법학전문대학원에 진학할 기회가 줄어든다고 주장하고 있다. 그런데 교육부장관이 제출한 사실조회 회보에 의하면 여자대학이 아닌 다른 법학전문대학원의 경우에도 여학생의 비율이 평균적으로 40%에 육박하고 있는 점(2009학년도 및 2010년도 기준)으로 미루어 볼 때, 실제로 이화여자대학교 법학전문대학원이 여성과 남성을 차별없이 모집하였을 경우를 상정하더라도 청구인 엄○모가 이 사건 인가처분으로 받는 직업선택의 자유의 제한 정도가 어느 정도인지는 산술적으로 명확하게 계산하기는 어렵지만, 청구인이 주장하는 2000분의 100에는 미치지 못할 것으로 보인다.

반면 청구인 엄○모는 이화여자대학교 이외에 전국의 24개 다른 법학전문대학원, 총 1900명의 입학정원에 지원할 수 있고, 입학하여 소정의 교육을 마친 후 변호사시험을 통해 법조인이 될 수 있는 충분한 가능성이 있으므로 이 사건 인가처분으로 청구인이 받는 불이익이 과도하게 크다고 보기는 어렵다.

(3) 그렇다면 이 사건 인가처분은 상충되는 청구인 엄○모의 직업선택의 자유와 이화여자대학교의 대학의 자율성 사이에 적정한 비례관계를 유지하고 있다 할 것이다.

## II. 예비적 청구에 대한 판단[91] = 이 사건 부작위에 대한 판단

| 청구인들은 예비적으로 이 사건 부작위의 위헌확인을 구하고 있으므로 이에 대하여 살펴본다.<br>헌법재판소법 제68조 제1항에 의하면 공권력의 행사뿐 아니라 공권력의 불행사도 헌법소원의 대상이 될 수 있는 것이지만, 행정권력의 부작위에 대한 헌법소원은 공권력의 주체에게 헌법에서 유래하는 작위의무가 특별히 구체적으로 규정되어 이에 의거하여 기본권의 주체가 행정행위 내지 공권력의 행사를 청구할 수 있음에도 공권력의 주체가 그 의무를 해태하는 경우에 한하여 허용된다고 하는 것이 우리 재판소의 확립된 판례이다(헌재 2004. 2. 26. 2001헌마718, 판례집 16-1, 313, 320; 헌재 2005. 9. 29. 2003헌마343 등 참조).<br>'법학전문대학원 설치·운영에 관한 법률' 제38조에 "교육부장관은 …… 시정명령을 할 수 있다."는 규정을 보면, 교육부장관의 시정명령은 그 문언상 재량행위임이 분명하고, 헌법 규정이나 헌법 해석상 교육부장관에게 학교법인 이화학당의 법학전문대학원 모집요강과 관련하여 같은 법 제38조에 의한 시정명령을 할 의무가 있다고 보이지 아니한다. 따라서 이 사건 부작위에 대한 심판청구는 헌법에서 유래하는 구체적 작위의무가 인정되는 공권력의 불행사를 대상으로 한 것이 아니므로 부적법하다(헌재 2008. 9. 25. 2008헌마456, 판례집 20-2상, 647면 참조). |
|---|

**생각해 볼 점 (5) : '헌법에서 유래하는 작위의무'**

순수히 법률에만 근거한('법률상의') 작위의무를 위배하였다는 것만으로는, 부작위위법확인심판 등의 행정쟁송을 할 수 있는지는 별론으로 하고, 공권력의 부작위에 대한 헌법소원심판을 청구할 수 없다. 원론적으로는, '헌법상의' 작위의무 위반만이 '부작위의 위헌확인을 구하는' 헌법소원의 대상이 될 수 있는 것이다.

그러나 실제로는, 엄밀한 의미에서 '헌법 그 자체가 명문으로' 공권력주체에 작위의무를 부과하는 경우는 그리 많지 않다. 헌재에서 입법부작위를 위헌선언한 예로서 이러한 경우에 해당하는 예로는 다음과 같은 것이 있다.

| 헌재 1994. 12. 29. 89헌마2 결정 (요지) |
|---|
| 우리 헌법은 제헌 이래 현재까지 일관하여 재산의 수용, 사용 또는 제한에 대한 보상금을 지급하도록 규정하면서 이를 법률이 정하도록 위임함으로써 국가에게 **명시적으로 수용 등의 경우 그 보상에 관한 입법의무를 부과하여 왔는바**, 해방 후 사설철도회사의 전 재산을 수용하면서 그 보상절차를 규정한 군정법령 제75호에 따른 보상절차가 이루어지지 않은 단계에서 조선철도의통일폐지법률에 의하여 위 군정법령이 폐지됨으로써 대한민국의 법령에 의한 수용은 있었으나 그에 대한 보상을 실시할 수 있는 절차를 규정하는 법률이 없는 상태가 현재까지 계속되고 있으므로, 대한민국은 위 군정법령에 근거한 수용에 대하여 보상에 관한 |

91) 주위적 청구가 인용될 경우에는 예비적 청구에 대한 판단을 할 필요가 없다. 따라서 주위적 청구의 적법여부 및 (적법한 경우에는) 인용여부를 모두 검토한 뒤에 예비적 청구의 적법여부 및 (적법한 경우의) 인용여부를 검토하는 것이 바람직하다고 본다.

법률을 제정하여야 하는 입법자의 헌법상 명시된 입법의무가 발생하였으며, 위 폐지법률이 시행된 지 30년이 지나도록 입법자가 전혀 아무런 입법조치를 취하지 않고 있는 것은 입법재량의 한계를 넘는 입법의무불이행으로서 보상청구권이 확정된 자의 헌법상 보장된 재산권을 침해하는 것이므로 위헌이다.

한편, 헌재는 1차적으로는 법률에 근거한 작위의무를 위반한 경우라 하더라도, 그것이 결국 헌법상의 작위의무를 위반한 것이라고 보아, 위헌이라고 판단하기도 하였다. 대표적인 예로, [23. 군법무관 보수 사건]에서의 '행정입법의무'는 1차적으로 법률(군법무관 보수에 관한 법률)에 근거한 의무이지만, 이것이 나아가 헌법상의 권력분립원칙 및 법치행정원칙에 반하여 위헌이라고 결정한 것이다. 이러한 경우를 포함하여, 헌재는 "헌법상의 작위의무"라는 표현보다는 "헌법에서 유래하는 작위의무"라고 표현하는 경우가 많다.

그런데 여기서, '헌법에서 유래하는' 작위의무라는 것은 그 포섭범위가 너무 넓지 않은가 하는 의문을 가져볼 수 있다. 보기에 따라, 헌법이 모든 종류의 공권력행사가 '적법하게' 이루어질 것을 명하고 있다는 관점에서는, '위법'이 문제되는 모든 경우를 두고 '헌법에서 유래하는' 작위의무를 위반한 것으로 볼 수도 있을 것이기 때문이다.

그러나 이에 대하여는, 적어도 두 가지의 요건이 충족되어야 '헌법에서 유래하는 작위의무'로 볼 수 있을 것이라고 생각된다.

첫째로는, 설사 헌법의 명문으로부터 직접 나오는 작위의무는 아니라 하더라도, 작위의무가 적어도 '법률해석'보다는 '헌법해석상', '구체적으로' 도출되는 것이어야 한다는 것이다(이 사건 판시 참조). 다소 추상적이기는 하나, 적어도 법률해석과 헌법해석이 구별된다는 관점에서는 당연한 요건이다.

둘째로는, 문제된 작위의무 위반에 대해 행정쟁송 등 다른 구제절차를 통하여 다툴 수 없는 경우여야 할 것이다. 부작위위헌확인을 구하는 헌법소원에는 '보충성'의 원칙이 적용되기 때문이다. 예컨대 위에서 본 [23. 군법무관 보수 사건]의 경우, 행정입법의무의 이행을 소로써 구하는 쟁송절차는 인정되지 아니하므로(해당 사건에 소개된 관련판례 참조), 헌재로서도 이를 '법률상의 작위의무에 불과하다'고 판단하기는 어려웠을 것이고, 이 점에서 이를 '헌법에서 유래하는 작위의무'로 인정하였을 것이라고 볼 수 있다.

## III. 결론

1. 청구인 엄○모의 교육부장관이 2008. 9. 1. 학교법인 이화학당에게 한 법학전문대학원 설치인가 중 여성만을 입학자격요건으로 하는 입학전형계획을 인정한 부분에 대한 심판청구를 기각한다.
2. 청구인들의 나머지 심판청구를 모두 각하한다.

# 10. 외국인고용법 사건

## 외국인근로자의 고용 등에 관한 법률 제25조 제4항 등 위헌확인 등
## 헌재 2011. 9. 29. 2007헌마1083, 공보 제180호, 1453

(가) 청구인은 인도네시아 국적의 외국인근로자로서 '외국인근로자의 고용 등에 관한 법률'에 의한 고용허가를 받아 2005. 7. 22. 우리나라에 입국하여 근로를 개시하였다.

(나) '외국인근로자의 고용 등에 관한 법률' 제25조 제4항은 외국인근로자는 자신이 근로하는 사업 또는 사업장(이하 '사업장'이라 한다)을 3회 초과하여 변경하는 것을 금지하고 있는데 청구인은 위 법률 제25조가 정한 절차에 따라 사업장을 3회 변경하였다.

(다) 청구인이 3회째 사업장 변경을 하여 2007. 5. 25.부터 근무한 사업장의 사업주는 경영악화를 이유로 2007. 6. 25.부터는 청구인을 고용할 수 없다는 의사를 통보하였다. 청구인은 사업주와 함께 안산고용지원센터를 찾아가 사업장 변경문제를 협의하였으나 위 법률 제25조 제4항 및 동법 시행령 제30조 제2항 규정에 의하여 더 이상 사업장 변경신청 또는 변경은 불가능하다는 통보를 받았다.

(라) 이에 청구인은 외국인근로자의 사업장 변경은 원칙적으로 3회를 초과할 수 없도록 하고, 예외적으로 사업장 변경이 모두 외국인근로자에게 귀책 없는 사유만으로 이루어진 경우 1회에 한하여 추가로 변경을 허용하고 있는 '외국인근로자의 고용 등에 관한 법률' 제25조 제4항 및 동법 시행령 제30조 제2항이 청구인의 직업선택의 자유, 근로의 권리 등을 침해하여 위헌이라고 주장하면서 2007. 9. 21. 이 사건 헌법소원심판을 청구하였다.

이 사건 심판의 대상은 구 '외국인근로자의 고용 등에 관한 법률'(2005. 5. 31. 법률 7567호로 제정되고, 2009. 10. 9 법률 제9798호로 개정되기 전의 것, 이하 '외국인고용법'이라 한다) 제25조 제4항(이하 '이 사건 법률조항'이라 한다) 및 구 '외국인근로자의 고용 등에 관한 법률 시행령'(2004. 3. 17. 대통령령 제18314호로 제정되고, 2010. 4. 7. 대통령령 제22114호로 개정되기 전의 것) 제30조 제2항(이하 '이 사건 시행령조항'이라 한다)이 청구인들의 기본권을 침해하는지 여부이며, 그 내용 및 관련조항의 내용은 다음과 같다.

[심판대상조항]

구 외국인근로자의 고용 등에 관한 법률(2005. 5. 31. 법률 7567호로 제정되고, 2009. 10. 9 법률 제9798호로 개정되기 전의 것) 제25조(사업 또는 사업장 변경의 허용) ④ 제1항의 규정에 의한 외국인근로자의 다른 사업 또는 사업장으로의 변경은 제18조 제1항의 규정에 의한 기간 중 원칙적으로 3회를 초과할 수 없다. 다만, 대통령령으로 정하는 부득이한 사유가 있는 경우에는 그러하지 아니하다.

구 외국인근로자의 고용 등에 관한 법률 시행령(2004. 3. 17. 대통령령 제18314호로 제정되고, 2010. 4. 7. 대통령령 제22114호로 개정되기 전의 것) 제30조(사업 또는 사업장의 변경) ② 법 제25조 제4항 단서의 규정에 따라 직업안정기관의 장은 외국인근로자가 법 제25조 제1항 제2호 내지 제4호의 1에 해당하는 사유만으로 사업 또는 사업장을 3회 변경한 경우에는 1회에 한하여 사업 또는 사업장의 변경을 추가로 허용할 수 있다.

# I. 적법요건에 관한 판단

## 1. 외국인의 기본권주체성

### 가. 일반적으로 인정되는지 여부

(1) 법정의견 : 재판관 8인(5인+2인+1인[92])

헌법재판소법 제68조 제1항 소정의 헌법소원은 기본권의 주체이어야만 청구할 수 있다고 한 다음, '국민' 또는 국민과 유사한 지위에 있는 '외국인'은 기본권의 주체가 될 수 있다고 판시하였다(헌재 1994. 12. 29. 93헌마120, 판례집 6-2, 477, 480). 즉, 인간의 존엄과 가치 및 행복추구권 등과 같이 단순히 '국민의 권리'가 아닌 '인간의 권리'로 볼 수 있는 기본권에 대해서는 외국인도 기본권 주체가 될 수 있다고 하여 인간의 권리에 대하여는 원칙적으로 외국인의 기본권주체성을 인정하였다(헌재 2001. 11. 29. 99헌마494, 판례집 13-2, 714, 724 참조).

(2) 반대의견 : 재판관 김종대

[요지 : 외국인은 기본권의 주체가 될 수 없다]

첫째, 우리 헌법 문언상 외국인은 기본권의 주체가 될 수 없다.
둘째, 국가와 헌법 그리고 기본권과의 근본적인 관계에 관해서 보더라도 우리나라 국적을 가진 국민만이 대한민국 헌법상의 기본권 주체가 될 수 있다고 보아야 한다.
셋째, 국민의 헌법상 기본적 권리는 헌법상 기본적 의무와 표리를 이루므로 양자는 그 주체가 같아야 한다는 것이 국민주권주의 헌법의 기본적 요청이므로, 기본권의 주체는 기본의무의 주체와 동일해야 한다.
넷째, 외국인의 지위는 상호주의를 기본으로 해서 보장해야 한다는 것이 우리 헌법의 기본원칙이다.

92) 법정의견을 이루는 재판관 5인과 2인(이정미, 목영준) 및 1인(송두환)은 이 점에 대하여 견해를 같이하였고, 다만 여기서 외국인인 청구인들의 기본권주체성을 인정할 수 있는 '인간의 권리'가 "직장선택의 자유"와 "근로계약의 자유" 중 어느 것이라고 볼지 및 그 인정범위에 관하여는 각각 견해가 나뉘었다.

93) 따라서 외국인은 '법률상의 권리'를 주장하여 한국 법원에 소를 제기할 수 있고, 그 소송절차에서 위헌법률심판

다섯째, 헌법재판 실무처리의 관점에서 보아도 다수의견은 부당하다.

- 국민의 권리와 인간의 권리를 구분하는 것이 자의적이다.
- 청구인이 주장하는 권리의 내용을 분석해서 기본권주체성을 정하는 판단순서가 옳지 않다.

여섯째, 외국인에게 기본권주체성을 인정할 수 없다고 하는 것은 외국인이 우리 헌법에 기한 기본권을 직접적 권원으로 해서 헌법소원심판을 청구할 수 없다는 의미일 뿐 외국인을 헌법상 보호의 대상에서 제외하겠다는 뜻은 아니다[93].

## 나. 이 사건에서의 '인간의 권리' : 법정의견(5인)을 따를 경우 → 직장선택의 자유

근로의 권리란 "일할 자리에 관한 권리"와 "일할 환경에 관한 권리"를 말하며, 후자는 건강한 작업환경, 일에 대한 정당한 보수, 합리적인 근로조건의 보장 등을 요구할 수 있는 권리 등을 의미하는바(헌재 2007. 8. 30. 2004헌마670, 판례집 19-2, 297, 305 참조), 직장변경의 횟수를 제한하고 있는 **이 사건 법률조항은 위와 같은 근로의 권리를 제한하는 것은 아니라 할 것이다**. (중략)

이 사건 법률조항은 외국인근로자의 사업장 최대변경가능 횟수를 설정하고 있는바, 이로 인하여 외국인근로자는 일단 형성된 근로관계를 포기(직장이탈)하는 데 있어 제한을 받게 되므로 이는 **직업선택의 자유 중 직장 선택의 자유를 제한하고 있다**. (중략)

직업의 자유 중 이 사건에서 문제되는 **직장 선택의 자유는 인간의 존엄과 가치 및 행복추구권과도 밀접한 관련을 가지는 만큼 단순히 국민의 권리가 아닌 인간의 권리로 보아야 할 것**이므로 권리의 성질상 참정권, 사회권적 기본권, 입국의 자유 등과 같이 외국인의 기본권주체성을 전면적으로 부정할 수는 없고, 외국인도 제한적으로라도 직장 선택의 자유를 향유할 수 있다고 보아야 한다(헌재 2000. 8. 31. 97헌가12 판례집 12-2, 168, 183 참조). (중략)

**청구인들이 이미 적법하게 고용허가를 받아 적법하게 우리 나라에 입국하여 우리나라에서 일정한 생활관계를 형성, 유지하는 등, 우리 사회에서 정당한 노동인력으로서의 지위를 부여받은 상황임을 전제로 하는 이상**, 청구인들이 선택한 직업분야에서 이미 형성된 근로관계를 계속 유지하거나 포기하는 데 있어 국가의 방해를 받지 않고 자유로운 선택·결정을 할 자유는 외국인인 청구인들도 누릴 수 있는 인간의 권리로서의 성질을 지닌다고 볼 것이다.

그렇다면, 위와 같은 직장 선택의 자유라는 권리의 성질에 비추어 보면 이 사건 청구인들에게 직장 선택의 자유에 대한 기본권주체성을 인정할 수 있다 할 것이다.

---

제청을 신청할 수도 있으며, 제청신청이 기각되는 경우에는 헌재법 제68조 제2항에 의한 헌법소원심판을 청구할 수도 있다.

**생각해 볼 점 (1) : 이 사건 법률 및 시행령 조항의 '직접성' 및 '청구기간' 문제**

이 사건 법률조항 또는 시행령조항에 의해, 청구인의 직장선택의 자유가 '직접' 제한되는지는 의문이다. 이 사건 법률조항과 시행령조항이 있다 하더라도, 이 사건의 사실관계에서처럼 청구인이 사업장이 '3회'(혹은 경우에 따라 '4회') 변경된 때에 비로소 청구인의 기본권이 현실적, 구체적으로 침해되는 것이라고 볼 수도 있을 것이기 때문이다.

우선 이에 대하여 이렇게 반론해 볼 수 있다. 청구인이 사업장을 '3회'(이 사건 법률조항) 혹은 경우에 따라 '4회까지'(이 사건 시행령조항)에 한해서만 변경할 수 있다는 법적 상태는, 그가 고용허가를 받음으로써 외국인고용법의 적용을 받게 된 때부터 이미 확정된 것이기 때문에, 그러한 법적 상태 자체가 기본권을 침해하는 것이라고 볼 수 있지 않는가 하는 것이다.

더구나 청구인의 사업장이 '3회' 또는 '4회' 변경되는 것은, 반드시 '법령조항'과 '기본권침해' 사이에 매개되는 '공권력작용'이라고 보기 어렵다. 청구인이 임의로 사업장을 변경하는 경우에도 이 사건 법률 및 시행령 조항은 적용되기 때문이다. 이런 점에서도, 위 조항들이 청구인의 기본권침해에 대한 '직접성'을 갖지 않는다고 보기는 어렵다고 할 수 있다.

다만 이러한 반론에는 함정이 있다. 이와 같이 보는 경우에는, 청구인이 고용허가를 받아 외국인고용법의 적용을 받게 된 때로부터 '청구기간'이 기산되므로(헌재법 제69조 제1항), 결국 이 사건 심판청구는 각하되어야 한다고 볼 여지가 크기 때문이다. 결국 직접성의 문제는 해결되더라도, 청구기간의 문제가 남을 수 있다. 그러나 이 사건에서 헌재는 이 문제를 굳이 따지지 않은 것으로 보인다.

## II. 제한되는 기본권 : 직업선택의 자유 중 직장선택의 자유

## III. 이 사건 법률조항의 위헌 여부

### 1. 포괄위임금지원칙 위배 여부

#### 가. 일반론

(가) 헌법 제75조는 "대통령은 법률에서 구체적으로 범위를 정하여 위임받은 사항에 관하여 대통령령을 발할 수 있다."라고 규정하여 위임입법의 헌법상 근거를 마련하는 한편 대통령령으로 입법할 수 있는 사항을 '법률에서 구체적으로 범위를 정하여 위임받은 사항'으로 한정함으로써 일반적이고 포괄적인 위임입법은 허용되지 않는다는 것을 명백히 하고 있다. <u>위임의 구체성 · 명확성의 요구 정도는 그 규율대상의 종류와 성격에 따라 달라질 것이지만 특히 처벌법규나 조세법규와 같이 국민의 기본권을 직접적으로 제한하거나 침해할 소지</u>

가 있는 법규에서는 구체성 · 명확성의 요구가 강화되어 그 위임의 요건과 범위가 일반적인 급부행정의 경우보다 더 엄격하게 제한적으로 규정되어야 하는 반면에, 규율대상이 지극히 다양하거나 수시로 변화하는 성질의 것일 때에는 위임의 구체성 · 명확성의 요건이 완화되어야 할 것이다(헌재 2002. 6. 27. 2000헌바88, 판례집 14-1, 579, 585).

(나) 법률의 위임은 반드시 구체적·개별적으로 한정된 사항에 대하여 행하여져야 할 것이다. 다만 구체적인 범위는 각종 법령이 규제하고자 하는 대상의 종류와 성격에 따라 달라진다 할 것이므로 일률적 기준을 정할 수는 없지만, 적어도 법률의 규정에 의하여 이미 대통령령으로 규정될 내용 및 범위의 기본사항이 구체적으로 규정되어 있어 누구라도 당해 법률로부터 대통령령에 규정될 내용의 대강을 예측할 수 있으면 족하고, 여기서 그 예측가능성의 유무는 당해 특정조항 하나만을 가지고 판단할 것이 아니고 관련 법조항 전체를 유기적·체계적으로 종합 판단하여야 하며, 각 대상 법률의 성질에 따라 구체적·개별적으로 검토되어야 할 것이다(헌재 2000. 12. 14. 98헌바104, 판례집 12-2, 387, 394).

## 나. 이 사건의 경우

(다) 이 사건 법률조항 본문은 외국인 근로자의 사업장 변경은 원칙적으로 3회를 초과할 수 없도록 규정하면서 단서에서 '다만, 대통령령이 정하는 부득이한 사유가 있는 경우에는 그러하지 아니하다'라고 규정하여, 3회를 초과하여 사업장을 변경할 수 있는 예외적인 경우에 대하여 대통령령에서 규정하도록 위임하고 있다.

즉, 이 사건 법률조항 단서는[94] 특별한 사정이 있는 경우에는 사업장변경횟수를 원칙보다 늘려줌으로써 외국인근로자의 기본권을 본문보다 더 배려하기 위해서 만들어진 조항이라고 할 것이다. 이러한 경우 어떠한 사유가 있을 때 본문의 예외를 인정하여 사업장 변경가능 횟수를 늘려줄 것인지 여부 등은 일률적으로 법률에 규정하기는 어렵다. 이는 내국인근로자의 고용기회와 중소기업의 인력수급 상황 등 국내 노동시장의 여러 가지 요소를 고려하여 정책적으로 결정되어야 할 사항이기 때문이다. 따라서 이는 규율하고자 하는 내용이 다양하거나 수시로 변화하는 성질의 것으로서 이를 법률에 일률적으로 규정하기는 어렵고 위임의 구체성·명확성의 요건이 완화되어야 할 경우에 해당한다고 할 것이다.

이와 더불어 외국인고용법의 입법목적과 전체적인 취지를 종합적으로 고려하여 보았을 때, 뒤에서 보는 바와 같이 이 사건 법률조항 단서의 위임에 의하여 대통령에 규정될 내용은 사업장 변경을 추가적으로 허용할 부득이한 사유의 구체적인 내용 및 추가 변경가능 횟수의 범위임을 알 수 있다.

한편 '부득이'의 사전적 의미는 '마지못하여 하는 수 없이'를 말하는바, 그렇다면 이 사건 법률조항 단서의 '부득이한 사유'는 외국인근로자로서는 어쩔 수 없이 사업장을 변경할 수밖에 없는 경우, 즉 외국인근로자의 귀책사유 없이, 자의에 의한 변경이 아닌 경우를 의미하며, 대통령령은 이와 같은 범위내에서 규정될 것임을 충분히 알 수 있다.

이에 따라 이 사건 시행령조항에서도 외국인근로자가 외국인고용법 제25조 제1항 제2호 내지 제4호 중 하나에 해당하는 사유만으로 사업장을 3회 변경한 경우에만 1회에 한하여 사업장 변경을 추가로 허용할 수 있다고 규정하고 있다.
따라서 이 사건 법률조항 단서는 포괄위임입법금지원칙에 위반되지 아니한다.

## 2. 헌법 제37조 제2항에 위반되는지 여부

### 가. 일반론 : 광범위한 입법재량이 인정되는 영역 → 과잉금지심사보다 완화(자의금지원칙에 유사).

(가) 심사기준
입법자가 외국인력 도입에 관한 제도를 마련함에 있어서는 내국인의 고용시장과 국가의 경제상황, 국가안전보장 및 질서유지 등을 고려하여 정책적인 판단에 따라 그 내용을 구성할 보다 광범위한 입법재량이 인정된다. 따라서 그 입법의 내용이 불합리하고 불공정하지 않는 한 입법자의 정책판단은 존중되어야 하며 광범위한 입법재량이 인정되고, 외국인근로자의 직장 선택의 자유는 입법자가 이러한 정책적 판단에 따라 법률로써 그 제도의 내용을 구체적으로 규정할 때 비로소 구체화된다. 따라서 입법자가 고용허가제라는 제도를 마련함에 있어 사업장 변경가능 횟수를 제한하고 있는 이 사건에 있어서는 그 입법의 내용이 합리적인 근거 없이 현저히 자의적인 경우에만 헌법에 위반된다고 할 수 있다.

### 나. 이 사건 법률조항의 경우

(나) 직장 선택의 자유 침해 여부
이 사건 법률조항에 의한 외국인근로자의 사업장 변경제한은 외국인근로자의 무분별한 사업장 이동을 제한함으로써 내국인근로자의 고용기회를 보호하고 외국인근로자에 대한 효율적인 고용관리로 중소기업의 인력수급을 원활히 하여 국민경제의 균형 있는 발전이 이루어지도록 하기 위하여 도입된 것이다. 특히 이 사건 고용허가제에 따라 국내 사업장에 취업하는 외국인근로자들은 주로 단순노무 직종에 종사하므로 이러한 고용시장의 범위내에서는 주로 우리 국민 중 단순노무 직종에 종사하는 경제적 취약계층과 경쟁하게 되는 것이 현실이므로 외국인근로자의 사업장 변경에 대한 제한을 완화하는 것은 내국인근로자의 고용기회뿐만 아니라 근로조건 개선에도 악영향을 미치게 될 것이다.
나아가 이 사건 법률에서는 외국인근로자의 사업장 변경을 전면적으로 금지하는 것이 아니

94) 청구인들은 조항 전체가 아닌 '단서'가 포괄위임금지원칙에 위반된다고 주장하고 있다. 이 '단서'가 이 사건 시행령조항의 근거조항이기 때문이다.

라 이 사건 법률 제25조 제1항과 이 사건 법률조항에 의하여 일정한 사유가 있는 경우에는 외국인근로자에게 3년의 체류기간 동안 3회까지 사업장을 변경할 수 있도록 하고 대통령령이 정하는 부득이한 사유가 있는 경우에는 추가로 사업장변경이 가능하도록 하여 외국인근로자의 사업장 변경을 일정한 범위내에서 가능하도록 하고 있다. 이는 내국인근로자의 고용기회 보호와 중소기업의 인력부족 해소라는 고용허가제의 도입목적을 달성하는 한편, 청구인들이 우려하고 있는 바와 같은 사업장 변경의 전면적 제한으로 인하여 발생할 수 있는 외국인근로자의 강제노동을 방지하기 위한 것으로 외국인근로자에 대한 보호의무를 상당한 범위에서 이행하고 있다고 할 것이므로 이 사건 법률조항이 입법자의 재량의 범위를 넘어 명백히 불합리하다고 할 수는 없다. 따라서 이 사건 법률조항은 청구인들의 직장 선택의 자유를 침해하지 아니한다.

# IV. 이 사건 시행령 조항의 위헌 여부

## 1. 법치주의 위배 여부('법률로써')

### 가. 법률유보원칙 위배 여부 : 부정(법률에 근거한 제한이다).

### 나. 헌법 제75조 위반 여부

(1) 법정의견

(가) 일반론

우리 헌법은 제75조에서 대통령령은 '법률에서 구체적으로 범위를 정하여 위임받은 사항'에 관하여만 발할 수 있다고 한정함으로써 위임입법의 범위와 한계를 제시하고 있다. 따라서 위임명령의 내용은 수권법률이 수권한 규율대상과 목적의 범위 안에서 정해야 하는데 이를 위배한 위임명령은 위임입법의 한계를 벗어난 것이고, 결국 법률의 근거가 없는 것으로서 법률유보원칙에 위반된다.

(나) 이 사건의 경우

사업장의 추가 변경을 무제한으로 허용하지 않는 이상 그 횟수 역시 시행령에 함께 규정하도록 위임하는 것이 당연한 요청인 점, 이 사건 법률조항 단서는 '대통령령으로 정하는 부득이한 사유가 있는 경우에는 그러하지 아니하다'라고 규정되어 있으나 이를 '대통령령으로 정하는 바에 따라 부득이한 사유가 있는 경우에는 그러하지 아니하다'라고 합헌적으로 해석할 수 있는 점에서 이 사건 법률조항은 추가 변경가능 횟수 역시 시행령에 위임한 것으로 봄이 타당

### (2) 반대의견(목영준, 이정미 재판관)

이 사건 시행령조항은 외국인근로자가 외국인고용법 제25조 제1항 제2호 내지 제4호의 하나에 해당하는 사유만으로 사업 또는 사업장을 3회 변경한 경우에는 '1회에 한하여' 사업 또는 사업장의 변경을 추가로 허용할 수 있다고 규정함으로써, 이 사건 법률조항에서 위임한 '부득이한 사유' 외에 이러한 '부득이한 사유'가 인정되는 경우에도 사업장의 추가 변경은 '1회에 한하여' 허용하는 것으로 제한하고 있다.

그렇다면 이 사건 시행령조항은 모법인 이 사건 법률조항에서 위임받지 아니한 사항을 하위법규에서 규정함으로써 위임입법의 한계를 일탈하여 법률상 근거 없이 청구인들의 근로계약의 자유를 제한하고 있으므로 법률유보원칙에 위배된다.

## 2. 헌법 제37조 제2항에 위반되는지 여부

### 가. 일반론

외국인력 도입에 관한 제도의 형성과 관련하여 입법자에게 광범위한 입법재량이 인정되고, 고용허가제의 내용을 이루는 이 사건 시행령 조항 역시 그 내용이 합리적인 근거 없이 현저히 자의적인 경우에만 헌법에 위반된다.

### 나. 이 사건 시행령조항의 경우

이 사건 시행령조항의 모법조항인 이 사건 법률조항이 앞서본 바와 같이 외국인근로자의 직장 선택의 자유를 침해한 것이 아닌 점, 이 사건 시행령조항은 외국인근로자의 3년의 체류기간 동안 3회의 사업장 변경 기회를 주는 이 사건 법률조항에 더하여 사업장 변경을 추가로 허용해 주기 위하여 마련된 것인 점, 이 사건 시행령조항에서 사업장을 추가변경할 수 있는 사유로 규정한 '외국인고용법 제25조 제1항 제2호 내지 제4호 중 하나에 해당하는 사유'는 외국인근로자의 자의가 아닌 이유로 사업장 변경이 가능한 경우를 거의 망라한 것으로 볼 수 있는 점, 외국인근로자의 언어적, 문화적 적응기간의 필요성, 국가안전보장, 질서유지를 위한 외국인근로자에 대한 체계적 관리의 필요성 등에 비추어 보아도 이 사건 시행령조항이 사업장의 추가적 변경을 1회에 한하여 허용한 것이 합리적인 이유 없이 현저히 자의적이라고 볼 수는 없다. 따라서 이 사건 시행령조항은 청구인들의 직장 선택의 자유를 침해하지 아니한다.

# V. 결론

이 사건 심판청구를 기각한다.

# 11. 집시법 제6조 사건

**집회 및 시위에 관한 법률 제2조 제1호 등 위헌소원**
**헌재 2009. 5. 28. 2007헌바22, 판례집 21-1하, 578**

청구인은 2005. 2. 18. 06:00경 '올바른 과거청산을 위한 범국민위원회'라는 시민운동단체 소속회원 10여 명과 함께 한나라당 전(前) 대표인 청구외 박근혜의 사택 앞에서 미리 모여 있던 20여 명의 기자들에게 과거청산 입법을 촉구하는 내용의 보도자료를 배포하고, 특정인이 탄 차량이 지나가지 못하도록 그 앞에 드러누워 구호를 외치는 등 미신고 옥외집회를 주최하여 구 '집회 및 시위에 관한 법률'(2004. 1. 29. 법률 7123호로 개정되고, 2007. 5. 11. 법률 제8424호로 전부 개정되기 전의 것) 제19조 제2항, 제6조 제1항을 위반하였다는 이유로 기소되어 제1심(서울중앙지방법원 2006고단2956)에서 벌금 200만 원을 선고받고 항소하였다.
청구인은 항소심 계속중(서울중앙지방법원 2006노2805), 위 법률 제2조 제1호, 제6조 제1항, 제19조 제2항 및 제13조가 헌법에 위반된다고 주장하면서 위헌법률심판제청신청을 하였으나, 2007. 2. 7. 기각되자(서울중앙지방법원 2006초기3526) 2007. 2. 12. 그 결정문을 송달 받고 2007. 3. 13. 위 각 조항들의 위헌확인을 구하는 이 사건 헌법소원심판을 청구하였다.

이 사건 심판의 대상은 구 '집회 및 시위에 관한 법률'(2004. 1. 29. 법률 7123호로 개정되고, 2007. 5. 11. 법률 제8424호로 전부 개정되기 전의 것, 이하 '구 집시법'이라 한다) 제2조 제1호, 제6조 제1항 중 '옥외집회'에 관한 부분, 제19조 제2항 중 '제6조 제1항의 옥외집회'에 관한 부분 및 제13조가 헌법에 위반되는지 여부이다(청구인은 제6조 제1항 및 제19조 제2항 전체를 심판대상으로 기재하고 있으나, 당해 사건에서 청구인과 관련된 부분은 제6조 제1항 중 '옥외집회'에 관한 부분 및 제19조 제2항 중 '제6조 제1항 중 옥외집회'에 관한 부분이므로 위와 같이 심판의 대상을 한정한다).

**[심판대상 법률조항]**

구 집회 및 시위에 관한 법률(2004. 1. 29. 법률 7123호로 개정되고, 2007. 5. 11. 법률 제8424호로 전부 개정되기 전의 것) 제19조(벌칙) ① 생략
② 제5조 제1항 또는 제6조 제1항의 규정에 위반하거나 제8조의 규정에 의하여 금지를 통고한 집회 또는 시위를 주최한 자는 2년 이하의 징역 또는 200만 원 이하의 벌금에 처한다.
③, ④ 생략

제6조(옥외집회 및 시위의 신고 등) ① 옥외집회 또는 시위를 주최하고자 하는 자는 그 목적, 일시(소요시간을 포함한다), 상소, 수최자(단체인 경우에는 그 대표자를 포함한다)·연락책임자·질서유지인의 주소·성명·직업·연락처, 참가예정단체 및 참가예정인원과 시위방법(진로 및 약도를 포함한다)을 기재한 신고서를 옥외집회 또는 시위의 720시간 전부터 48시간 전에 관할 경찰서장에게 제출하여야 한다. (단서 생략)

②~⑤ 생략

제2조(정의) 이 법에서 사용하는 용어의 정의는 다음과 같다.

1. "옥외집회"라 함은 천장이 없거나 사방이 폐쇄되지 않은 장소에서의 집회를 말한다.

2.~5. 생략

제13조(적용의 배제) 학문·예술·체육·종교·의식·친목·오락·관혼상제 및 국경행사에 관한 집회에는 제6조 내지 제12조의 규정을 적용하지 아니한다.

## I. 적법요건에 관한 판단

### 1. '법률'에 대한 재판의 전제성

헌법재판소법 제68조 제2항에 의한 헌법소원에 있어서는 법률이 헌법에 위반되는지 여부가 당해 사건의 재판의 전제로 되어야 한다. 이 경우 재판의 전제가 된다고 하려면 그 법률이 당해 사건 재판에서 적용되는 법률이어야 하고, 그 법률의 위헌 여부에 따라 재판의 주문이 달라지거나 재판의 내용과 효력에 관한 법률적 의미가 달라져야 한다(헌재 1995. 7. 21. 93헌바46, 판례집 7-2, 48, 58).

그런데 청구인은 기자회견을 하였다는 이유가 아니라, 다른 10여 명과 함께 20여 명의 기자들에게 과거청산 입법을 촉구하는 내용의 보도자료를 배포하고 특정인이 탄 차량이 지나가지 못하도록 그 앞에 드러누워 구호를 외치는 등 미신고 옥외집회를 주최하였다는 이유에서 구 집시법 제19조 제2항, 제6조 제1항 위반죄로 공소제기되었다. 따라서 청구인의 주장대로 기자회견이 구 집시법 제13조의 적용배제 범위에 포함된다고 하더라도 당해 사건 재판의 주문이나 이유가 달라질 여지가 없으므로, 구 집시법 제13조는 재판의 전제성이 인정되지 아니한다.95)

---

95) [공소장에 적용법조로 기재되지 아니한 법률조항의 재판전제성이 인정된 경우]

- 청구인들에 대한 공소장에는 적용법조로 직업안정법 제10조 제1항만 기재되어 있고 제10조 제2항은 기재되어 있지 아니 하나, 청구인들은 제10조 제1항이 헌법에 위반된다는 중요한 이유로서 제10조 제2항에서 허가요건을 법률로 규정하지 않고 대통령령에 위임을 하고 있는 것이 위임입법의 한계를 벗어나 위헌이라고 주장하고 있으므로 이 사건에서 제10조 제1항의 위헌 여부는 제10조 제2항의 위헌 여부와 불가분적인 관계에 있다고 할 것이므로 제10조 제2항도 재판의 전제성이 있다고 할 것이다.(헌재 1996. 10. 31. 93헌바14, 판례집 8-2, 422, 429)
- 정치자금에관한법률 제3조 제8호는 비록 당해사건에서 공소가 제기된 법률조항은 아니지만, '후원회에 관한 정의규정'으로서 정치자금을 주거나 받을 수 있는 주체를 정하고 있는 규정이므로 이 조항의 위헌여부에 따라 당해사건의 재판에 직접 적용되는 규범(동법 제30조 제1항)의 의미가 달라짐으로써 재판에 영향을 미치는 경우에 해당한다. 따라서 법 제3조 제8호는 재판의 전제성이 있다.(헌재 2001. 10. 25. 2000헌바5, 판례집 13-2, 469, 475)

[부진정입법부작위를 문제삼는 청구에서의 재판의 전제성]

청구인들의 주장취지는 집단에너지사업법 제18조의 부담금이 일방적 금전지급의무만을 의미하고 부담금을 납부

### 생각해 볼 점 (1) : 구 집시법 제13조의 '간접적용'으로 인한 재판전제성 유무

만약 청구인의 주장대로 이 사건 집회가 기자회견을 목적으로 한 것이고, 집시법 제6조 내지 제12조의 적용을 배제하는 사유에 '기자회견'을 포함시키지 않았다는 점에서(부진정입법부작위) 구 집시법 제13조가 위헌으로 판단될 수 있다면, '기자회견'의 경우에도 구 집시법 제6조의 적용이 배제되어, 결국 당해사건 재판의 결론이 달라질 수 있으므로, 재판의 전제성이 있다고 볼 수는 없을까?

일단 단순위헌결정이 선고되는 경우를 가정한다면, 재판전제성이 인정되기 어려울 것이다. 설령 구 집시법 제13조가 위와 같은 부진정입법부작위로서 위헌이라고 가정하더라도, 그에 대하여 단순위헌결정이 선고되는 경우에는 구 집시법 제13조 전체가 위헌결정으로 '폐지되는' 효과가 발생할 뿐이다(위헌결정의 효력에 관한 '폐지무효설'). 따라서 청구인이 기대하는 바와 같이 구 집시법 제13조가 열거한 적용배제사유에 '기자회견'이 더해지는 효과가 생겨서 제6조의 적용이 배제되는 것이 아니라, 오히려 제13조 자체가 사라지게 됨으로써, 미신고집회를 주최한 청구인에 대해서는 제6조가 여지없이 적용될 수밖에 없게 되는 것이다.

그러나 '부진정입법부작위'가 있다고 인정되는 경우에, 헌재는 단순위헌결정을 선고하지 않고 '헌법불합치결정'을 선고한다. 부진정입법부작위에서 문제되는 상황은, 대상조항 전체가 그 자체로 위헌이라는 것이 아니라, 이미 규정되어 있는 내용이 그 자체로는 헌법에 위반되지 않으나, 그에 더하여 일정한 입법사항을 포함시키지 않은 점이 헌법에 위반된다는 것이다. 그렇기 때문에, 그 자체로는 합헌성을 띠고 있는 기존 규정부분까지 위헌결정으로 소멸시키기보다는, 빠져 있는 입법사항을 포함시키는 '개선입법'을 하라는 것이다.

이 사건의 경우에도, 만약 제13조에 열거된 사유에 '기자회견'을 포함시키지 않은 것이 부진정입법부작위라고 보게 되면, 헌재가 '헌법불합치결정'을 선고함으로써 국회가 이를 포함한 개선입법을 하게 되는 경우 청구인은 집시법 제6조의 적용을 받지 않게 될 것이고, 결국 당해사건 재판의 결론이 달라지게 되므로 재판전제성이 있다고 볼 수 있을 것이다. 그리고 이러한 경우, 구 집시법 제13조는 비록 당해사건 재판에 직접 적용되는 법률조항은 아니지만, '간접적용'되는 조항이라 할 것이다.

---

한 사용자들의 열공급시설에 대한 소유권이나 주주권을 인정하지 않는 것은 사용자들의 재산권을 침해한다는 것인바, 결국 위 조항이 부담금의 납부를 규정하면서 사용자들의 열공급시설에 대한 소유권이나 주주권을 규정하지 않은 입법상의 흠결, 즉 부진정입법부작위를 문제삼고 있는 것이라 할 수 있다. 만약 헌법재판소에서 청구인들의 주장을 받아들여 법 제18조가 부담금의 납부를 정하면서 사용자들의 열공급시설에 대한 소유권이나 주주권을 규정하지 않은 부진정입법부작위로 인하여 청구인들의 헌법상 보장된 기본권이 침해된 것으로 판단하는 경우에는 주식상장 및 처분금지가처분 사건인 당해사건의 재판의 주문이나 이유가 달라질 수 있으므로 위 법률조항의 위헌 여부는 당해사건에 있어서 그 재판의 전제가 된다고 보아야 할 것이다.(헌재 2003. 5. 15. 2001헌바90, 판례집 15-1, 520, 528)

## 2. 청구기간, 변호사강제주의 : 별다른 문제가 없다.

## II. 문제되는 기본권 : 집회의 자유와 평등권이 경합.

## III. '법률로써' - 명확성원칙에 위반되는지의 여부 (심판대상조항들 모두에 대하여) : 부정

명확성원칙은 법치국가원리의 한 표현으로서 기본권을 제한하는 법규범의 내용은 명확하여야 한다는 헌법상의 원칙이다. 법률은 적용대상자가 그 규제내용을 미리 알 수 있도록 명확하게 규정하여 장래의 행동지침으로 삼을 수 있도록 하여야 하며, 이런 경우에만 차별적이거나 자의적인 법해석이 예방될 수 있다. 법규범의 의미 내용으로부터 무엇이 금지되는 행위이고 무엇이 허용되는 행위인지를 알 수 없다면, 법적 안정성과 예측가능성은 확보될 수 없게 될 것이고, 법집행 당국에 의한 자의적 집행이 가능하게 될 것이다(헌재 1998. 4. 30. 95헌가16, 판례집10-1, 327, 341-342 ; 헌재 2000. 2. 24. 98헌바37, 판례집 12-1, 169, 179 참조).

따라서 명확성원칙의 준수 여부는 당해 법규범이 수범자에게 법규의 의미 내용을 알 수 있도록 공정한 고지를 하여 예측가능성을 주고 있는지 여부 및 당해 법규범이 법을 해석·집행하는 기관으로 하여금 자의적인 법해석이나 법집행을 할 수 없도록 충분한 의미 내용을 규율하고 있는지 여부, 다시 말하면 **예측가능성 및 자의적 법집행 배제가 확보되는지 여부**에 따라 달라질 것이다. 법규범이 불확정개념을 사용하는 경우라도 자의를 허용하지 않는 통상의 합리적 해석방법에 의하여 그 의미 내용을 알 수 있는 때에는 명확성원칙에 위반되지 아니하고(헌재 2002. 4. 25. 2001헌바26, 판례집 14-1, 301, 322 ; 헌재 2004. 6. 24. 2004헌바16, 판례집 16-1, 759, 766 참조), 이때의 법규범의 의미 내용은 법규범의 문언뿐만 아니라 입법목적이나 입법취지, 입법연혁, 그리고 법규범의 체계적 구조 등을 종합적으로 고려하는 해석방법에 의하여 구체화하게 된다(헌재 2005. 6. 30. 2002헌바83, 판례집 17-1, 812, 821-822).

구 집시법에 '옥외집회'에 대한 정의규정은 있으나 '집회'에 대한 정의규정은 없음은 청구인의 주장과 같다. 그러나 일반적으로 <u>집회는, 일정한 장소를 전제로 하여 특정 목적을 가진 다수인이 일시적으로 회합하는 것을 말하는 것</u>으로 일컬어지고 있고, 그 공동의 목적은 '내적인 유대 관계'로 족하다고 할 것이다.

대법원도, "<u>집시법상의 집회란, 특정 또는 불특정 다수인이 특정한 목적 아래 일시적으로 일정한 장소에 모이는 것을 말하고, 그 모이는 장소나 사람의 다과에 제한이 있을 수 없다</u>"고 판시하고 있다(대법원 1983. 11. 22. 선고 83도2528 판결).

위에서 살핀 바와 같이, 건전한 상식과 통상적인 법감정을 가진 사람이면 누구나 구 집시법상 '집회'가 무엇을 의미하는지를 추론할 수 있다고 할 것이므로, 구 집시법상 '집회'의 개념이 불명확하다고 할 수 없다.

결국, 구 집시법 제2조 제1호, 제6조 제1항 중 '옥외집회'에 관한 부분, 제19조 제2항 중 '제6조 제1항의 옥외집회'에 관한 부분은 명확성원칙에 위배되지 아니한다.

# Ⅳ. 집회의 자유 침해 여부96)

## 1. 제6조 제1항 중 '옥외집회'에 관한 부분

### 가. 집회의 자유의 기능

집회의 자유는 공동으로 인격을 발현하기 위하여 타인과 함께 하고자 하는 자유로서 타인과의 의견교환을 통하여 공동으로 인격을 발현하는 자유를 보장하고, 국가권력에 의하여 개인이 타인과 사회공동체로부터 고립되는 것으로부터 보호한다(헌재 2003. 10. 30. 2000헌바67, 판례집 15-2하, 41, 52-53 참조).

또한, 집회를 통하여 국민들이 자신의 의견과 주장을 집단적으로 표명함으로써 여론의 형성에 영향을 미친다는 점에서, 집회의 자유는 표현의 자유와 더불어 민주적 공동체가 기능하기 위한 불가결의 근본요소로 기능하고(헌재 2003. 10. 30. 2000헌바67, 판례집 15-2 하, 41, 52-53 참조), 선거와 선거 사이의 기간에 유권자와 대표 사이의 의사를 연결하며, 정치적 문제를 확인하는 기능을 한다. 나아가 집회의 자유는 현대사회에서 언론매체에 접근할 수 없는 소수집단에게 그들의 권익과 주장을 옹호하기 위한 적절한 수단을 제공한다는 점에서, **소수의견을 국정에 반영하는 창구**로서 매우 중요한 의미가 있다(헌재 2003. 10. 30. 2000헌바67, 판례집 15-2하, 41, 52-53 참조).

### 나. 허가제 금지 위반 여부

우리 헌법 제21조 제2항은 '집회에 대한 허가는 인정되지 아니한다'고 규정함으로써 다른 기본권 조항과는 달리 기본권을 제한하는 특정 국가행위를 명시적으로 배제하고 있다.

그런데 집회의 자유의 행사는 다수인의 집단적인 행동을 수반하기 때문에 집단행동의 속성상 의사표현의 수단으로서 개인적인 행동의 경우보다 공공의 안녕질서나 법적 평화와 마찰을 빚을 가능성이 큰 것 또한, 사실이다(헌재 1994. 4. 28. 91헌바14, 판례집 6-1, 281, 300). 특히 옥외집회는 일정한 옥외장소나 도로의 사용을 전제로 하므로 그러한 가능성이 더욱 높고, 이에

96) 재판관 조대현, 김종대의 각 일부반대의견이 있으나, 여기에서는 법정의견만 적시하도록 한다.

따라 사전에 집회의 자유와 다른 법익을 조화시킬 수 있는 제도적 장치가 요청된다.

그리하여 구 집시법 제6조 제1항은, 옥회집회를 주최하려는 자는 그에 관한 신고서를 옥외집회를 시작하기 720시간 전부터 48시간 전에 관할 경찰서장에게 제출하도록 하고 있다. 이러한 사전신고는 경찰관청 등 행정관청으로 하여금 집회의 순조로운 개최와 공공의 안전보호를 위하여 필요한 준비를 할 수 있는 시간적 여유를 주기 위한 것으로서, 협력의무로서의 신고라고 할 것이다.

결국, 구 집시법 전체의 규정 체제에서 보면 법은 일정한 신고절차만 밟으면 일반적·원칙적으로 옥회집회 및 시위를 할 수 있도록 보장하고 있으므로(헌재 1994. 4. 28. 91헌바14, 판례집 6-1, 281, 302), 집회에 대한 사전신고제도는 헌법 제21조 제2항의 사전허가금지에 반하지 않는다고 할 것이다.

[참고] 집회에관한법률[법률 제554호, 1960.7.1., 제정][97]

제1조 (집회의 신고) 집회를 주최하려는 자는 그 목적, 시일, 장소, 회합예상인원과 주최자의 주소, 성명을 기재한 신고서를 늦어도 집회의 24시간전에 소할경찰서장에게 제출하여야 한다. 단 종교, 학술, 체육, 친목에 관한 집회와 정당, 단체등의 역원회(役員會) 또는 이에 준하는 집회는 예외로 한다.

제2조 (평화적시위행렬의 신고) 평화적시위행렬을 주최하려는 자는 그 목적, 시일, 장소, 노순(路順), 참가예상인원수와 주최자의 주소, 성명을 기재한 신고서를 늦어도 시위의 24시간전에 소할(所轄)경찰서장에게 제출하여야 한다.

제3조 (벌칙) 제1조의 규정에 위반한 자는 2만환이하의 벌금에, 제2조의 규정에 위반한 자는 5만환이하의 벌금에 처한다.

## 다. '필요한 경우에 한하여' - 과잉금지원칙

### (1) 목적의 정당성

위 법률조항은, 당해 집회가 방해받지 않고 개최될 수 있도록 개최 전 단계에서 집회 개최자와 제3자, 일반 공중 사이의 이익을 조정하여 상호간의 이익충돌을 사전에 예방하고, 집회에 대한 사전신고를 통하여 행정관청과 주최자가 상호 정보를 교환하고 협력함으로써 집회가 평화롭게 구현되도록 하는 한편, 옥외집회로 인하여 침해될 수 있는 공공의 안녕질서를 보호하고 그 위험을 최소화하고자 하는 것으로, 입법목적의 정당성이 인정된다.

97) 이 법의 조문은 이 3개조가 전부이고, 이 법에 따르면 신고의무는 있으나 그 신고에 대하여 행정청이 심사 내지 금지를 할 여지는 없어서, '허가제'로 볼 여지는 없음을 알 수 있다. 동법은 1962. 12. 31. 제정된『집회및시위에관한법률』(현행 집시법의 전신으로서, 1989. 3. 29. 전부개정되었다)의 시행과 동시에 폐지되었다.

### (2) 방법의 적절성

나아가 옥외집회가 사전신고 없이 무제한적으로 이루어진다면, 집회의 경합에 의하여 집회를 통하여 전달하고자 하는 의사를 제대로 표현할 수 없는 상황이 벌어지거나, 집회 참가자나 그 반대 입장의 제3자 사이에 충돌이 발생할 수 있으며, 집회로 인한 심각한 교통소통의 장애나 주거의 평온 침해 등 제3자의 법익에 대하여 중대한 위험이 발생할 가능성을 배제할 수 없으므로, 이를 예방하기 위하여 위와 같이 옥외집회에 대한 사전신고를 요구하는 데에는 그 수단의 적절성 또한, 인정된다.

### (3) 침해의 최소성

이와 같이 옥외집회에 대한 사전신고제가 평화적이고 효율적인 집회의 보장과 공공질서의 보호를 위해 요청된다고 하더라도, 신고가 불가능하거나 전혀 불필요한 것을 신고사항으로 하여 집회의 자유를 실질적으로 제한하거나 형해화할 정도에 이른다면, 이는 최소침해성원칙에 위반된다고 할 것이다.

살피건대, 구 집시법 제6조 제1항이 열거하는 신고사항 중 집회장소와 시간에 관한 신고는 여러 집회가 경합되지 않도록 하기 위하여 꼭 필요한 사항이고, 집회의 목적도 관할 관청이 참가자의 규모를 예상하거나 이에 항의하는 반대시위 등을 예측하여 질서유지 등 필요한 조치를 할 수 있도록 하는 중요한 정보이다. 또한, 주최자 및 개최자에 관한 사항은 집회와 관련하여 관할 행정관청이 협력의 주체를 파악하고, 집회가 법상 금지된 집회인 경우 그 금지통고를 누구에게 할 것인지를 확정하기 위해 필수적으로 알아야 하는 사항이며, 연락책임자·질서유지인의 주소·성명·직업·연락처 등도 집회 개최와 관련하여 관할 관청이 사전에 연락을 하여야 할 사정이 생길 경우의 상호 협조 등을 위하여 필요한 사항이다. 한편, 집회의 참가예정 단체 및 참가예정 인원과 시위방법 등은 미리 예측하기 어려운 사정이 있을 수 있으나, 이에 관하여 오차를 허용하지 않는 정확한 기재를 요구하는 것이 아니므로, 질서유지 및 집회의 경합을 방지하기 위하여 신고하도록 할 필요성이 인정된다. 따라서 위 법률조항이 열거하고 있는 신고사항이나 신고시간 등이 지나치게 과다하거나 신고불가능하다고 볼 수 없으므로, 최소침해성의 원칙에 반한다고 보기 어렵다.

### (4) 법익의 균형성

나아가 위 법률조항이 예정된 집회의 일정한 시간 전에 일정한 사항에 관한 사전신고를 의무화함으로써 집회개최자가 겪어야 하는 불편함이나 번거로움은, 신고로 인해 보호되는 집회의 자유 보장, 공공의 안녕질서와 비교해 볼 때 결코 중대하다고 할 수 없으므로, 법익 균형성의 요건도 충족하고 있다고 할 것이다.

## 2. 제19조 제2항 중 '제6조 제1항의 옥외집회'에 관한 부분

구 집시법 제19조 제2항은 신고 없는 옥외집회를 주최한 자 등에 대하여 행정형벌로서 2년 이하의 징역이나 200만 원 이하의 벌금을 과하고 있다.

청구인은, 위 법률조항이 단순한 신고의무위반에 대하여 행정질서벌인 과태료를 부과하지 아니하고 형벌을 부과함으로써, 옥외집회의 미신고에 대하여 지나치게 과중한 형벌을 과하고 있거나 신고제를 사실상 허가제로 변화시켰다는 취지로 주장한다.

이에 대하여 헌법재판소는 「어떤 행정법규 위반행위에 대하여, 이를 단지 간접적으로 행정상의 질서에 장해를 줄 위험성이 있음에 불과한 경우(단순한 의무태만 내지 의무위반)로 보아 행정질서벌인 과태료를 과할 것인가, 아니면 직접적으로 행정목적과 공익을 침해한 행위로 보아 행정형벌을 과할 것인가, 그리고 행정형벌을 과할 경우 그 법정형의 형종과 형량을 어떻게 정할 것인가는, 당해 위반행위가 위의 어느 경우에 해당하는가에 대한 법적 판단을 그르친 것이 아닌 한 그 처벌내용은 기본적으로 입법권자가 제반 사정을 고려하여 결정할 그 입법재량에 속하는 문제라고 할 수 있다. 이러한 관점에서 볼 때, 집시법 제19조 제2항에서 금지통고된 옥외집회·시위 등을 주최한 경우는 단순히 행정질서에 장해를 줄 위험성이 있는 정도의 의무태만 내지 의무위반이 아니고 직접적으로 행정목적을 침해하고 나아가 공익을 침해할 고도의 개연성을 띤 행위라고 볼 수 있으므로 이에 대하여 행정형벌을 과하도록 한 집시법 제19조 제2항이 위의 법리를 어긴 것이어서 헌법 제21조 제1항, 제2항에 위반된다고 할 수 없고, 또 그 행정형벌의 내용으로서 2년 이하의 징역이나 200만 원 이하의 벌금형에 처하도록 한 것이 위 입법재량의 한계를 벗어난 과중한 처벌이라고도 볼 수 없다. 그리고 형량이 높다고 하여 신고제가 사실상 허가제화한다거나 형량이 낮다고 하여 그 반대가 된다고도 볼 수 없다. 따라서 집시법 제19조 제2항은 헌법 제21조 제1항, 제2항에 위반되지 아니한다(헌재 1994. 4. 28. 91헌바14, 판례집 6-1, 281, 302-304)」는 이유로 합헌결정을 한 바 있다.

나아가 옥외집회에 대한 사전 신고는 집회가 공공질서에 주는 영향력을 예측하는 자료가 되는데, 미신고 집회의 경우 행정관청으로서는 해당 집회가 공공질서에 미치는 영향을 예측하기 어렵고, 이 경우 사전에 집회의 개최로 인한 관련 이익의 조정이 불가능하게 되어 신고제의 행정목적을 직접 침해하고, 공공의 안녕질서에 위험을 초래할 개연성이 높으므로, 이에 대하여 행정제재가 아닌 형사처벌을 통하여 엄정한 책임을 묻겠다는 입법자의 결단이 부당하다고 볼 수 없다.

한편 옥외집회의 신고의무는 집회 자체를 보호하고, 무엇보다 타인이나 공동체와의 이익충돌을 피하기 위해 요구하는 사전적 협력의무라는 점에서 결과적으로 미신고 집회가 평화롭게 진행되었다거나 공공의 안녕 질서를 침해하지 않았다는 사정만으로 신고의무의 해태가 정당화될 수는 없으므로, 그러한 사정을 처벌 여부에 반영하지 않은 것이 입법재량의 범위를 넘은 것이라 볼 수도 없다.

결국, 위 법률조항이 신고없는 옥외집회를 주최한 자 등에 대하여 과태료가 아닌 행정형벌을 부과하는 것이 과잉금지원칙에 위반하여 과도한 제재를 과하고 있다거나 신고제를 사실상 허가제로 변화시켰다고 볼 수 없으므로, 청구인의 위 주장은 이유없다.

## V. 평등원칙(평등권 침해 여부)98) : 제19조 제2항 중 '제6조 제1항의 옥외집회'에 관한 부분의 경우

청구인은, '집회'와 '시위'는 공공의 안녕질서에 미치는 영향에 있어서 차이가 있는데, 그 위험성이 적은 '집회'를 '시위'와 함께 규율하고 미신고 집회의 주최자를 미신고 시위 주최자와 동등하게 처벌하는 것은 평등원칙에 위반된다고 주장한다.

일반적으로는 시위가 옥외집회보다 공공의 안녕질서에 미치는 영향이 크다고 할 수 있을 것이나, 반드시 그런 것만은 아니고 개별적·구체적 사안에 따라서는 그 반대의 경우도 얼마든지 있을 수 있다(헌재 1994. 4. 28. 91헌바14, 판례집 6-1, 281, 296-297 참조). 즉, 옥외집회 장소의 위치, 넓이 또는 형태, 참가인원의 수, 그 집회의 목적, 성격 및 방법 등에 따라서는 옥외집회가 시위와 마찬가지로 공공의 안녕질서에 해를 끼칠 우려가 있을 수 있고, 특히 수많은 군중이 한꺼번에 모인 대규모 집회의 경우는 질서유지의 어려움으로 인하여 그러한 우려가 더욱 커진다고 할 것이다. 또한, 위 법률조항이 집회와 시위를 함께 신고대상으로 규정한 것은 양자 모두에 있어서 기본권의 효과적인 행사와 공익 간의 조화를 도모할 필요성이 있기 때문일 뿐, 집회와 시위가 공공의 안녕질서에 미치는 영향이 동일하여 이를 동등하게 취급하기 위한 것이라고 보기는 어렵다.

따라서 구 집시법 제19조 제2항이 미신고 집회의 주최자를 미신고 시위의 주최자보다 합리적 이유없이 불리하게 차별취급하고 있다고 볼 수 없다.

한편 위 법률조항이 미신고 옥외집회 주최자나 미신고 시위 주최자에 대한 법정형을 2년 이하의 징역 또는 200만 원 이하의 벌금으로 같게 정하고 있지만, 징역형과 벌금형을 선택적으로 규정하고 있음은 물론, 그 하한에 있어서도 제한을 두지 않고 있으므로, 설사 옥외집회가 시위보다 공공에 대한 위험성이 더 낮다고 하더라도 양자의 가벌성은 재판 과정에서 법관의 양형을 통해 조절이 가능하다고 할 것이다.

결국 구 집시법 제19조 제2항이 미신고 옥외집회 주최자와 미신고 시위 주최자를 함께 규율하면서 그 법정형을 같게 정하고 있다고 하더라도, 이것이 평등원칙에 위배된다고 할 수 없다.

98) '평등권'인지 '평등원칙'인지의 문제는, 그 침해여부가 헌법재판소법 제68조 제1항의 헌법소원심판을 청구할 수 있는 사유가 되는지의 여부와 관련하여 실익을 가진다. 동항은 '기본권을 침해받은 자'만이 헌법소원심판을 청구할 수 있다고 규정하고 있기 때문이다. 한편 평등권의 침해여부는 대부분 다른 기본권의 침해여부와 더불어서 문제되지만, 간혹 다른 기본권이 문제되는 바 없이 평등권의 침해여부만이 독자적으로 문제되기도 한다. 예컨대 국내거주 재외국민에 대하여 주민투표권을 인정하지 않고 있던 주민투표법 제5조 제1항을 헌법불합치선언한 헌재 2007. 6. 28. 2004헌마643 결정(주민투표권이 '기본권'은 아니라고 보고, 평등권 침해여부의 판단에 나아갔다)을 참조. 이와 같은 경우에, 평등권인지 평등원칙인지의 문제는 보다 중요해진다고 할 수 있다.

## VI. 결론

> 1. 청구인의 구 '집회 및 시위에 관한 법률'(2004. 1. 29. 법률 7123호로 개정되고, 2007. 5. 11. 법률 제8424호로 전부 개정되기 전의 것) 제13조에 대한 심판청구를 각하한다.
> 2. 구 '집회 및 시위에 관한 법률'(2004. 1. 29. 법률 7123호로 개정되고, 2007. 5. 11. 법률 제8424호로 전부 개정되기 전의 것) 제2조 제1호, 제6조 제1항 중 '옥외집회'에 관한 부분, 제19조 제2항 중 '제6조 제1항의 옥외집회'에 관한 부분은 헌법에 위반되지 아니한다.

# 12. 일요일 시험 사건

## 서울특별시 공립 중등학교 교사 임용후보자 선정 경쟁시험 시행공고 위헌확인
## 헌재 2010. 11. 25. 2010헌마199, 공보 제170호, 2144

피청구인은 2009. 10. 7. 서울특별시교육청 공고 제2009-101호로 2010학년도 서울특별시 공립 중등학교 교사(특수 · 보건 · 사서 · 영양 · 전문상담교사 포함) 임용후보자 선정 경쟁시험 시행공고를 하였는데, 제1차시험일자를 일요일인 2009. 11. 8.로 정하여 공고하였다.
청구인은 ○○대학교 문과대학 문헌정보학과 4학년에 재학 중에 위 제1차시험에 응시원서를 접수하였으나 청구인이 신봉하는 기독교의 교리상 일요일에는 교회에 출석하여 예배에 참석하는 것이 종교적 의무라는 이유로 시험에 응시하지 않았다.

이 사건 심판의 대상은 피청구인이 2009. 10. 7. 서울특별시교육청 공고 제2009-101호로 한 2010학년도 서울특별시 공립 중등학교 교사(특수 · 보건 · 사서 · 영양 · 전문상담교사 포함) 임용후보자 선정 경쟁시험 시행공고 중 제1차시험(이하 '이 사건 시험'이라 한다)일자를 일요일인 2009. 11. 8.로 정하여 공고한 부분(아래 밑줄 친 부분. 이하 '이 사건 공고' 라 한다)이 청구인의 종교의 자유 등 기본권을 침해하는지 여부이다.

이 사건 공고의 내용 및 관련 법령의 내용은 다음과 같다.

□ 서울특별시교육청공고 제2009-101호
2010학년도 서울특별시 공립 중등학교 교사(특수 · 보건 · 사서 · 영양 · 전문상담교사 포함) 임용후보자 선정 경쟁시험 시행공고

3. 시험일정 및 합격자 발표
가. 시험일정

<table>
<tr><th>전형별</th><th>시험과목</th><th>대 상</th><th>시험일</th><th>시험시간</th><th>비 고</th></tr>
<tr><td rowspan="2">제1차<br>시험</td><td>교육학</td><td rowspan="2">1차시험<br>응시자<br>전체</td><td rowspan="2">2009.<br>11. 8.<br>(일)</td><td>1교시<br>09:00-10:10<br>(70분)</td><td rowspan="2">장소 공고:<br>교육청 홈페이지<br>(www.sen.go.kr)<br>2009. 11. 2(월).</td></tr>
<tr><td>전 공<br>(영어과목은 영어듣기<br>평가실시 포함)</td><td>2교시<br>10:40-12:40<br>(120분)</td></tr>
</table>

## I. 적법요건

### 1. 달리 문제되지 않는 요건 : ① 청구인의 기본권주체성, ② 기본권침해의 법적 관련성(자기관련성, 현재성, 직접성), ③ 청구기간, ④ 변호사강제주의

### 2. '공고'의 공권력행사성

| 헌재 2001. 9. 27. 2000헌마159 [제42회 사법시험 제1차시험 시행일자 위헌확인][99] |
|---|
| 먼저 이 사건 심판청구의 심판대상인 이 사건 공고가 헌법소원심판의 대상이 될 수 있는 공권력의 행사에 해당하는지 여부에 관하여 보건대, 공고가 어떠한 법률효과를 가지는지는 일률적으로 말할 수 없고 개별 공고의 내용과 관련 법령의 규정에 따라 구체적으로 판단하여야 할 것이다. 피청구인의 이 사건 공고는 사법시험 등의 시험실시계획을 일반에게 알리는 것을 내용으로 하는 통지행위로서 일반적으로는 행정심판이나 행정쟁송의 대상이 될 수 있는 행정처분이나 공권력의 행사는 될 수 없지만 사전안내의 성격을 갖는 통지행위라도 그 내용이 국민의 기본권에 직접 영향을 끼치는 내용이고 앞으로 법령의 뒷받침에 의하여 그대로 실시될 것이 틀림없을 것으로 예상될 수 있는 것일 때에는 그로 인하여 직접적으로 기본권침해를 받게 되는 사람에게는 사실상의 규범작용으로 인한 위험성이 이미 발생하였다고 보아야 할 것이므로 이러한 것도 헌법소원의 대상이 될 수 있다(헌재 1992. 10. 1. 92헌마68등, 판례집 4, 659, 668 ; 헌재 2000. 1. 27. 99헌마123 결정, 판례집 12-1, 75, 83-84).<br>그런데 응시자격은 구 사법시험령 제4조에, 시험방법과 과목은 구 사법시험령 제5조와 제7조에 이미 규정되어 있으므로 그에 대한 공고는 이미 확정되어 있는 것을 단순히 알리는 데에 지나지 않는다 할 것이나 구체적인 시험일정과 장소는 위 공고에 따라 비로소 확정되는 것이다. 따라서 이 사건 공고는 헌법소원의 대상이 되는 공권력의 행사에 해당한다고 보아야 할 것이다. |

**생각해 볼 점 (1) : 시험공고의 공권력행사성**

이 사건 시험공고의 경우 ① 시험과목, ② 시험일, ③ 시험시간 등이 공고되어 있는데, 거의 모든 시험공고에는 이러한 사항들이 기본적으로 공고된다. 그렇다면, (이 사건을 떠나서) 위 모든 사항들에 대하여 "언제나" 시험공고가 공권력행사성을 가지는가? 그렇지는 않다.

이 사건 시험공고의 경우에는, 시험과목, 시험일, 시험시간이 '법령 자체에 의해' 정해져 있지는 않다(『교육공무원 임용후보자 선정경쟁시험규칙』 제8조(시험과목 및 배점비율) 제1항 : "시험과목과 그 배점비율은 시험실시기관이 정한다. 다만, 제1차시험에는 한국사 과목을 포함하

99) 이 사건과 대동소이하게, 사법시험 제1차 시험일자를 일요일로 공고한 것이 청구인의 종교의 자유, 평등권, 공무담임권, 휴식권을 침해한다는 이유로 헌법소원심판을 청구한 사건이다. 이 사건과 마찬가지로 심판청구는 기각되었다.

여야 한다"). 그러나, 시험에 따라서는 근거법령 자체에서 '시험과목'을 정해놓는 경우가 있다. 대표적인 예가 변호사시험이다(사법시험도 마찬가지이다).

> 변호사시험법 제9조(시험과목) ① 시험과목은 다음 각 호와 같다.
> 1. 공법(헌법 및 행정법 분야의 과목을 말한다)
> 2. 민사법(「민법」, 「상법」 및 「민사소송법」 분야의 과목을 말한다)
> 3. 형사법(「형법」 및 「형사소송법」 분야의 과목을 말한다)
> 4. 전문적 법률분야에 관한 과목으로 응시자가 선택하는 1개 과목
>
> ② 제1항제4호에 따른 전문적 법률분야에 관한 과목의 종류는 대통령령으로 정한다.
> ③ 시험의 각 과목에 대하여는 대통령령으로 정하는 바에 따라 출제 범위를 정하여 시험을 ·
> ④ 제2항에 따른 시험과목을 신설·폐지하거나, 제3항에 따라 시험과목의 출제 범위를 변경
> 시험 예정일부터 역산(逆算)하여 2년 이상의 유예기간을 두어야 한다.

이러한 변호사시험의 경우에는, [공고 중 '시험과목'에 관한 부분]은 근거법령과 별도로 공권력행사성을 가지지 못한다. 법령으로써 이미 확정되어 있는 내용을 공고가 확인적으로 기재한 것에 불과하기 때문이다. 다만 변호사시험 공고의 경우에도 '시험일'이나 '시험시간'과 같은 부분은 법령 자체에서 정해져 있지 않기 때문에, 이들 부분은 공권력행사성을 가질 수 있다.

따라서, "공고는 공권력행사성을 가진다"고 단편적으로 이해할 것이 아니라, 공고 중에서도 공권력행사성을 가지지 못하는 부분이 있을 수 있음을 유의해야 할 것이다.

## 3. 보충성

| 헌재 2001. 9. 27. 2000헌마159 [제42회 사법시험 제1차시험 시행일자 위헌확인] |
|---|
| <u>피청구인의 이 사건 공고는 사법시험 등의 시험실시계획을 일반에게 알리는 것을 내용으로 하는 통지행위로서 일반적으로는 행정심판이나 행정쟁송의 대상이 될 수 있는 행정처분이나 공권력의 행사는 될 수 없지만</u> 사전안내의 성격을 갖는 통지행위라도 그 내용이 국민의 기본권에 직접 영향을 끼치는 내용이고 앞으로 법령의 뒷받침에 의하여 그대로 실시될 것이 틀림없을 것으로 예상될 수 있는 것일 때에는 그로 인하여 직접적으로 기본권침해를 받게 되는 사람에게는 사실상의 규범작용으로 인한 위험성이 이미 발생하였다고 보아야 할 것이므로 이러한 것도 헌법소원의 대상이 될 수 있다(헌재 1992. 10. 1. 92헌마68등, 판례집 4, 659, 688; 헌재 2000. 1. 27. 99헌마123, 판례집 12-1, 75, 83-84). |

### 4. 권리보호이익

| 헌재 2001. 9. 27. 2000헌마159 [제42회 사법시험 제1차시험 시행일자 위헌확인] |
|---|
| 청구인이 일요일인 2000. 2. 20. 시행되는 제42회 사법시험에 관한 이 사건 공고에 대하여 헌법소원심판청구를 하여 왔지만 이미 제42회 사법시험은 2000. 12. 31.경 최종 합격자 발표를 마치고 그 시험일정이 모두 종료하였다. 따라서 청구인이 이 사건 심판청구에서 인용결정을 받더라도 이미 종료한 제42회 사법시험에 다시 응시하는 것은 불가능하므로 권리보호의 이익이 없다고 보아야 할 것이다.<br>그러나 동종의 침해행위가 앞으로도 반복될 위험이 있거나 헌법질서의 수호 · 유지를 위하여 긴요한 사항이어서 그 해명이 중대한 의미를 지니고 있는 때에는 예외적으로 권리보호의 이익이 인정되는 것인바(헌재 1992. 1. 28. 91헌마111, 판례집 4, 51, 56-57), 사법시험은 매년 반복하여 시행되고 피청구인의 의견서에 의하면 그 1차 시험은 응시자가 대폭 줄어드는 등의 특별한 사정이 없는 한 매년 일요일에 시행될 예정이므로 사법시험을 준비하고 있는 청구인으로서는 매년 사법시험 제1차 시험에 응시하기 위하여는 예배행사에 빠질 수밖에 없어 이 사건 역시 청구인의 기본권 침해가 반복될 위험이 있는 경우에 해당하여 권리보호의 이익을 인정하여야 것이다. |

## II. 문제되는 기본권

### 1. 종교의 자유

청구인이 믿고 있는 기독교의 교리에 따르면 일요일을 주일로 지키고 예배에 참석하는 등으로 거룩하게 지켜야 한다는 것인바, 이 사건 시험을 일요일에 치르도록 한 이 사건 공고에 따라 청구인으로서는 일요일 시험 응시를 하려면 위와 같은 교리에 위반할 수밖에 없다고 할 것이므로 청구인의 종교의 자유가 제한된다고 할 수 있다.

이처럼 일요일을 주일로 지키고 예배에 참석하는 등으로 거룩하게 지켜야 한다는 교리에 따라 생활할 자유는 **종교적 행위의 자유**에 속하는 영역인데, 종교적 행위의 자유는 절대적 자유가 아니므로 질서유지나 공공복리를 위하여 필요한 경우에 한하여 제한할 수 있는 것이다(헌재 2010. 6. 24. 2010헌마41).

## 2. 평등권

청구인은 이 사건 공고로 인하여 일요일에 종교행사가 없는 수험생들에 비하여 불합리한 차별을 받고 있다고 주장하나, 피청구인이 이 사건 공고를 통하여 이 사건 시험의 일자를 일요일로 정하여 공고한 것은 특정 종교를 믿는 수험생들을 차별대우하려는 것으로는 보이지 아니하고,[100] 일요일로 시험일자가 정해지다보니 그날에 종교행사를 갖는 수험생들의 예배 참석 등에 현실적인 불편이나 불이익이 초래된 점이 있다 하더라도 앞서 본 바와 같이 일요일 시험일자 선정에는 수많은 수험생들의 응시상의 편의와 시험장소의 마련 및 시험관리 상의 편의 등의 도모와 같은 합리적인 이유가 있는 것이므로 청구인의 평등권을 침해한 것으로 볼 수 없다.

## 3. 공무담임권

청구인은 이 사건 공고는 청구인이 종교 행사에 참석하는 날인 일요일에 시험이 실시되도록 하여 청구인이 공립학교 교사가 될 수 있는 시험에 응시할 수 없도록 함으로써 공무담임권을 침해하고 있다고 주장하나, 청구인은 일요일을 주일로 거룩하게 지키라는 종교 교리 때문에 일요일에 응시하는 것이 제한받는 것이고, 이 사건 공고에 의하여 일요일에 응시하는 것이 직접 금지되거나 제한되는 것이 아니므로 이 사건 공고로 인하여 청구인의 공무담임권이 바로 침해된다고 볼 수 없다(헌재 2010. 6. 24. 2010헌마41).

**생각해 볼 점 (2) : 기본권의 '제한' 내지 '차별' 자체가 없다고 볼 여지**

이 사건 공고가 시험일을 일요일로 한 것이, 일요일이 '종교적 축일(祝日)'이기 때문은 아니라고 보아야 할 것이고, 그 근거는 아래의 과잉금지심사 부분에 적힌 내용과 같다. 그렇다면 이 사건 공고는 종교 문제에 대하여는 전혀 '중립적인'(내지 '무관심한') 태도를 취하고 있다. 아래에서 보는 바와 같이 미국의 경우에도 소위 'Lemon Test'라고 하여, 종교문제에 대해 중립적인 규제는 정교분리원칙에 위반되지 않는 것으로 보고 있다. 그럼에도 종교에 기한 기본권의 '제한' 내지 '차별'이 있다고 볼 수 있는지 의문이다. 만약 그렇다고 본다면, 10원권 동전에 불교적 상징물인 '다보탑'이 새겨져 있음으로 인해서 기독교인의 종교의 자유에 대한 '제한'이 있다고 보아야 할 것이나, 이는 타당하다고 보기 어렵다.

헌재도 위에서 본 평등권 관련 판시에서 이렇게 생각할 여지를 보이고 있고, 논리적으로 보더라도 '종교에 기한 "다른 취급"'이 없다고 볼 수 있을 것이다.

이 사건에서는 이러한 문제점을 짚고 넘어가지 않은 채로 과잉금지심사에 나아갔기 때문에, 결국 '목적의 정당성' 심사의 내용에 있어서도 논리가 어긋나게 되었다고 생각된다. 일단 이

100) 일반적으로는, '차별' 자체가 없다는 취지의 판시가 있다면, 그에 뒤이어 '평등권의 침해여부'(즉 차별의 정당화 여부)에 대한 판단에 나아가지 않는 것이 타당할 것이다.

사건 공고가 종교의 자유 등을 '제한'한다고 보았다면, 목적의 정당성에 관하여 이 사건의 경우 문제되어야 하는 것은 [청구인의 종교의 자유를 제한하는(청구인에게 일정한 법적 불이익을 주는) 목적]이어야지, [일요일에 시험을 보도록 하는 목적]을 설시하는 것은 동문서답인 것이다. 이러한 관점에서 보면, 헌재는 종교의 자유에 대한 '제한'이 있다고 말해놓고도 정작 그에 충실한 판단을 하지는 못한 것이라고 볼 수 있다.

## III. '법률로써'의 문제(법률유보원칙 위배 여부)

- '법률에 근거한' 기본권제한인지의 여부 문제이다.
- 특별히 문제되지 않는다(관련 법령 참조)[101].

---

101) **국가공무원법** 제35조(평등의 원칙) 공개경쟁에 따른 채용시험은 같은 자격을 가진 모든 국민에게 평등하게 공개하여야 하며 시험의 시기와 장소는 응시자의 편의를 고려하여 결정한다.
**교육공무원법** 제11조(교사의 신규채용 등) ① 교사의 신규 채용은 공개전형에 의한다.
② 제1항의 규정에 의한 공개전형에 있어서 담당할 직무수행에 필요한 연령 기타 필요한 자격요건과 공개전형의 절차·방법 및 평가요소 등 공개전형의 실시에 관하여 필요한 사항은 대통령령으로 정한다.
**교육공무원 임용령** 제11조(공개전형의 방법 등) ① 법 제11조 제1항의 규정의 의한 공개전형은 필기시험·실기시험 및 면접시험 등의 방법에 의한다.
② 제1항의 규정에 의한 필기시험성적에는 우수한 교사임용후보자의 선정을 위하여 재학기간 중의 성적 등 필요하다고 인정하는 평가요소를 점수로 환산하여 가산할 수 있다.
③ 제1항의 규정에 의한 공개전형의 실시에 관하여 필요한 사항은 교육과학기술부령으로 정한다.
**교육공무원 임용후보자 선정 경쟁시험규칙** 제7조(시험의 방법) ① 제1차시험은 선택형의 필기시험으로, 제2차시험은 논술형의 필기시험으로, 제3차시험은 교직적성 심층면접과 수업능력(실기·실험을 포함한다) 평가로 한다. 다만, 응시자가 채용예정인원수에 미달되거나 시험실시기관이 필요하다고 인정할 때에는 시험의 일부를 면제할 수 있다.
② 제1차시험에서는 교육학과 전공(교과내용학과 교과교육학을 말한다. 이하 이 조에서 같다)을 평가하고, 제2차시험에서는 전공에 대한 종합적 이해와 교직수행 능력을 평가하되, 각각 채용예정직에 상응하는 학력과 능력을 평가한다.
③~⑤ 생략
제9조(시험의 실시 및 공고) ① 시험은 교원자격증소지자를 교사로 신규임용할 때에 실시한다.
② 시험실시기관이 시험을 실시하고자 할 때에는 그 일시·장소·방법·과목·배점비율·응시자격·원서제출절차 기타 시험실시에 관하여 필요한 사항을 시험기일 20일전까지 공고하여야 한다. 공고내용을 변경할 경우에는 시험기일 7일전까지 이를 다시 공고하여야 한다.

## Ⅳ. 종교의 자유 침해 여부 : 과잉금지원칙 위배 여부

### 가. 목적의 정당성

피청구인이 수많은 교원임용시험 수험생들의 응시상의 편의를 도모하고, 시험장소의 확보 및 시험관리 등을 용이하게 하기 위해, 이 사건 시험을 일요일에 실시하기로 결정하여 공고한 것은 그 목적의 정당성이 인정된다.

### 나. 방법의 적절성

일요일을 시험일로 정한 것은 수험생들의 편의와 시험장소의 확보 및 시험관리 상의 편의 등을 도모하기 위한 효과적인 조치로 보이므로 방법의 적절성도 인정된다.

### 다. 침해의 최소성 : 보다 '덜 침해적인' 대안이 있는지의 여부 문제

교원임용시험이 어느 요일에 실시되느냐에 따라서 어차피 일부 수험생들은 시험 응시에 어느 정도 지장이나 불편을 감내할 수밖에 없는 상황으로 보이므로 피해를 최소화할 수 있는 방안으로 시험 실시 요일을 결정함이 바람직하다. 교원임용시험을 평일에 실시하게 되면, 직장인인 수험생들은 시험을 치르기 위해 휴가를 내거나 결근해야 하고, 재학중인 수험생들 역시 방학 중이 아니라면 결석해야 하는 문제가 있을 뿐만 아니라, 매년 수만 명이 응시하는 교원임용시험 수험생들을 수용할 시험장 선정에 있어서 중·고등학교 건물을 임차하는 것 이외에 마땅한 대안이 없는데 평일에 시험을 치를 경우 시험장으로 선정된 학교가 방학 중이 아니라면 해당 학교의 학생들이 수업에 차질을 빚을 수밖에 없다는 점, 그리고 시험 관리를 위해 차출되는 공무원들의 경우 본연의 업무에 공백이 초래된다는 점 등도 감안하여야 하므로 평일에 교원임용시험을 실시하는 것이 바람직한 대안이라고 보기 어렵다.

청구인은 격주로 수업이 없는 토요일에 시험을 실시하면 청구인의 기본권제한이 최소화될 수 있다고 주장하나, 시험을 치르기 위해서는 고사장의 좌석배치, 안내문, 안내방송 등 점검, 시험감독 등의 준비가 사전에 모두 완료되어야 하는데 토요일 오후에 시험을 치르더라도 토요일 오전 시간 또는 금요일에 학생들이 귀가하고 난 이후 시간만 가지고서는 수십 개의 고사장 준비에 부족할 수 있고 예상하지 못한 사태가 생기더라도 보완할 시간 여유조차 없는 문제가 있는데 그렇다고 해서 전날인 금요일에 시험장소 등을 준비하면 고사장으로 쓰이는 많은 학교들이 금요일에 단축수업을 하여야 한다는 결과가 되어서 이러한 방안 역시 적절한 대안으로 보기 어렵다.

## 라. 법익의 균형성

교원임용시험을 일요일에 시행하는 것은 청구인의 종교행위의 자유를 직접 침해하거나 종교의 자유의 본질적인 내용을 침해한다고 보기 어려운 반면에, 수많은 수험생들의 응시상의 편의와 시험장소의 마련 및 시험관리 상의 편의 등의 공익에 이바지하는 바가 크기 때문에, 법익의 균형을 잃었다고 보기도 어렵다.

## ※ Lemon Test[Lemon v. Kurtzman, 403 U.S. 602(1971)]

- 미국연방대법원의 정교분리원칙에 대한 심사기준

(1) 그 정부의 행위는 세속적인 입법목적으로 가질 것.

(2) 정부 행위의 주요한 효과는 특정 종교를 선전하지도 금지하지도 않을 것.

(3) 정부의 행위는 종교에 대한 지나친 정부의 관여를 조장하는 것이 아닐 것.

# V. 평등권의 침해여부 - '차별'이 존재한다고 전제함

일요일로 시험일자가 정해지다보니 그날에 종교행사를 갖는 수험생들의 예배 참석 등에 현실적인 불편이나 불이익이 초래된 점이 있다 하더라도 앞서 본 바와 같이 일요일 시험일자 선정에는 수많은 수험생들의 응시상의 편의와 시험장소의 마련 및 시험관리 상의 편의 등의 도모와 같은 합리적인 이유가 있는 것이므로 청구인의 평등권을 침해한 것으로 볼 수 없다.

# VI. 공무담임권의 침해여부 - '제한'이 존재한다고 전제함

청구인은 이 사건 공고는 청구인이 종교 행사에 참석하는 날인 일요일에 시험이 실시되도록 하여 청구인이 공립학교 교사가 될 수 있는 시험에 응시할 수 없도록 함으로써 공무담임권을 침해하고 있다고 주장하나, 청구인은 일요일을 주일로 거룩하게 지키라는 종교 교리 때문에 일요일에 응시하는 것이 제한받는 것이고, 이 사건 공고에 의하여 일요일에 응시하는 것이 직접 금지되거나 제한되는 것이 아니므로 이 사건 공고로 인하여 청구인의 공무담임권이 바로 침해된다고 볼 수 없다(헌재 2010. 6. 24. 2010헌마41).

## Ⅶ. 결론

| 이 사건 심판청구를 기각한다. |
| --- |

# 13. 영화검열 사건

## 영화법 제12조 등에 대한 위헌제청
## 헌재 1996. 10. 4. 93헌가13, 판례집 8-2, 212

서울지방법원은 제청신청인(피고인) 강 ○에 대한 영화법위반 피고사건(92고단 7586)을 심리하던 중 제청신청인의 위헌법률심판제청신청(93초145)에 따라 영화법 (1984. 12. 31. 법률 제3776호로 개정된 것, 이하 "법"이라 한다)제12조 제1항, 제2항 및 제13조 제1항의 위헌 여부가 위 영화법위반 피고사건의 재판의 전제가 되고, 언론·출판에 대한 사전허가인 검열을 금지하고 있는 헌법 제21조 제2항에 위반될 소지가 있다는 이유로 1993. 9. 5. 이 사건 위헌법률심판제청을 하였다.

영화법 제12조 ① 영화(그 예고편을 포함한다)는 그 상영 전에 공연법에 의하여 설치된 공연윤리위원회의 심의를 받아야 한다.

② 제1항의 규정에 의한 심의를 필하지 아니한 영화는 이를 상영하지 못한다.

③~④ 생략

제13조 ① 공연윤리위원회 또는 방송심의위원회는 제12조 제1항 또는 제4항의 규정에 의한 심의에 있어서 다음 각호의 1에 해당된다고 인정되는 영화에 대하여는 이를 심의필한 것으로 결정하지 못한다. 다만, 그 해당부분을 삭제하여도 상영에 지장이 없다고 인정될 때에는 그 부분을 삭제하고 심의필을 결정할 수 있다.

1. 헌법의 기본질서에 위배되거나 국가의 권위를 손상할 우려가 있을 때
2. 공서양속을 해하거나 사회질서를 문란하게 할 우려가 있을 때
3. 국제간의 우의를 훼손할 우려가 있을 때
4. 국민정신을 해이하게 할 우려가 있을 때

② 생략

제32조 (벌칙) 다음 각호의 1에 해당하는 자는 2년 이하의 징역 또는 500만원 이하의 벌금에 처한다.

1.~4. 생략

5. 제12조 제1항 또는 제4항의 규정에 의한 심의를 받지 아니하고 영화를 상영한 자[102)]

102) 영화법에서는, 어떠한 영화가 "제13조 제1항 각호의 사유에 해당한다는 이유로" 그 상영이 금지되고 처벌되는 것이 아니라, 어디까지나 "심의를 받지 않았다는 이유로" 상영이 금지되고 처벌되는 것이라는 점을 유의할 필요가 있다. 이 점은, 앞서 살펴본 [야간집시법 사건] 및 [집시법 제6조 사건]에서 문제된 집시법의 경우와 성격을 달리한다는 점에서, 중요하다.

## I. 적법요건 : 재판의 전제성 있음.

- 만약 영화법 제12조 제1항, 제2항 및 제13조 제1항이 위헌이 된다면, 영화법위반 피고사건의 결론(주문)이 달라지게 된다.

## II. 문제되는 기본권 : 표현의 자유[103], 영업의 자유, 평등권 (기본권경합)

## III. 표현의 자유에 관한 검열금지원칙 위반 여부

가. 헌법 제21조 제2항의 검열금지의 원칙

(1) 의사표현의 자유는 헌법 제21조 제1항이 규정하는 언론·출판의 자유에 속하고, 여기서 의사표현의 매개체는 어떠한 형태이건 그 제한이 없다고 할 것이다. 영화도 의사표현의 한 수단이므로 영화의 제작 및 상영은 다른 의사표현수단과 마찬가지로 헌법에 의한 보장을 받음은 물론 영화는 학문적 연구결과를 발표하는 수단이 되기도 하고, 예술표현의 수단이 되기도 하므로 그 제작 및 상영은 학문·예술의 자유를 규정하고 있는 헌법 제22조 제1항에 의하여도 보장을 받는다.

헌법 제21조 제1항과 제2항은 모든 국민은 언론·출판의 자유를 가지며, 언론·출판에 대한 허가나 검열은 인정되지 아니한다고 규정하고 있다. 여기서의 검열은 행정권이 주체가 되어 사상이나 의견 등이 발표되기 이전에 예방적 조치로서 그 내용을 심사, 선별하여 발표를 사전에 억제하는, 즉 허가받지 아니한 것의 발표를 금지하는 제도를 뜻한다. 이러한 검열제가 허용될 경우에는 국민의 예술활동의 독창성과 창의성을 침해하여 정신생활에 미치는 위험이 클 뿐만 아니라 행정기관이 집권자에게 불리한 내용의 표현을 사전에 억제함으로써 이른바 관제의견이나 지배자에게 무해한 여론만이 허용되는 결과를 초래할 염려가 있기 때문에 헌법이 직접 그 금지를 규정하고 있는 것이다.

그러므로 헌법 제21조 제2항이 언론·출판에 대한 검열금지를 규정한 것은 비록 헌법 제37조 제2항이 국민의 자유와 권리를 국가안전보장·질서유지 또는 공공복리를 위하여 필요한 경우에 한하여 법률로써 제한할 수 있도록 규정하고 있다고 할지라도 언론·출판의 자유에 대하여는 검열을 수단으로 한 제한만은 법률로써도 허용되지 아니한다는 것을 밝힌 것이다. 물론 여기서 말하는 검열은 그 명칭이나 형식에 구애됨이 없이 실질적으로 위에서 밝힌 검열의 개념에 해당되는 모든 것을 그 대상으로 하는 것이다.

그러나 검열금지의 원칙은 모든 형태의 사전적인 규제를 금지하는 것이 아니고, 단지 의사

103) 헌법 제21조는 문언상 '언론, 출판, 집회, 결사의 자유'를 인정할 뿐이지만, 이를 두고 학설과 판례는 동조가 "표현의 자유"를 규정한 것으로 보는 데 일치하여 있다.

표현의 발표여부가 오로지 행정권의 허가에 달려있는 사전심사만을 금지하는 것을 뜻한다. 그러므로

**검열은 일반적으로 허가를 받기 위한 표현물의 제출의무, 행정권이 주체가 된 사전심사절차, 허가를 받지 아니한 의사표현의 금지 및 심사절차를 관철할 수 있는 강제수단 등의 요건을 갖춘 경우에만 이에 해당하는 것**이다[104)105)].

(2) 한편, 표현의 자유에 대한 검열을 수단으로 한 제한은 위에서 본 바와 같이 법률로써도 허용될 수 없는 것이기 때문에 검열의 의미는 다음과 같이 제한적으로 해석하여야 함이 마땅하다.

① 먼저 헌법 제21조 제2항이 금지하는 검열은 사전검열만을 의미하므로 개인이 정보와 사상을 발표하기 이전에 국가기관이 미리 그 내용을 심사·선별하여 일정한 범위내에서 발표를 저지하는 것만을 의미하고(헌법재판소 1992. 11. 12. 선고, 89헌마88 결정 참조), 헌법상 보호되지 않는 의사표현에 대하여 공개한 뒤에 국가기관이 간섭하는 것을 금지하는 것은 아니다(헌법재판소 1992. 6. 26. 선고, 90헌바26 결정). 그러므로 사후심사나 앞에서 밝힌 검열의 성격을 띠지 아니한 그 외의 사전심사는 검열에 해당하지 아니한다. 다만, 이러한 검열의 성격을 띠지 아니한 심사절차의 허용 여부는 표현의 자유와 이와 충돌되는 다른 법익 사이의 조화의 문제이므로 헌법상의 기본권제한의 일반적 원칙인 헌법 제37조 제2항에 의하여 상충하는 다른 법익과의 교량과정을 통하여 결정된다 할 것이다.

② 검열금지의 원칙은 정신작품의 발표 이후에 비로소 취해지는 사후적인 사법적 규제를 금지하는 것이 아니므로 사법절차에 의한 영화상영의 금지조치(예컨대 명예훼손이나 저작권침해를 이유로 한 가처분 등)나 그 효과에 있어서는 실질적으로 동일한 형벌규정(음란, 명예훼손 등)의 위반으로 인한 압수는 헌법상의 검열금지의 원칙에 위반되지 아니한다.

③ 검열금지의 원칙은 바로 영화에 대한 사전심사를 모두 금지하는 것도 아니다. 영화는 시청각을 표현수단으로 하는 영상매체의 특수성으로 말미암아 일단 상영되고 나면 그 자극이나 충격이 매우 강하게 그리고 직접 전달되어 영향력이 클 뿐만 아니라, 비데오의 보급이 일반화되면서 그 파급효과가 광범위하게 이루어 질 수 있게 되었고, 일단 소비자에게 보급되고 난 뒤에는 이를 효율적으로 규제할 방법마저 없다. 그러므로 영화를 상영 또는 보급하기 이전에 심사·규제해야 할 필요가 있음은 물론, 특히 청소년이 음란, 폭력 등 영화에 접근하는 것을 미리 막아야 할 필요성 역시 매우 크다.

심의기관에서 허가절차를 통하여 영화의 상영 여부를 종국적으로 결정할 수 있도록 하는 것은 검열에 해당하나, 예컨대, 영화의 상영으로 인한 실정법위반의 가능성을 사전에 막고, 청소년 등에 대한 상영이 부적절할 경우 이를 유통단계에서 효과적으로 관리할 수 있도록 미리 등급을 심사하는 것은 사전검열이 아니다. 설사 등급심사를 받지 아니한 영화의 상영을 금지하고 이에 위반할 때에 행정적 제재를 가하는 경우(예컨대 새 영화진흥법 시안 제11조의 등급심의)에도 검열에는 해당하지 아니한다. 여기서의 상영금지는 심의의 결과가 아니고 단지 일괄적인 등급심사를 관철하기 위한 조치에 지나지 아니하

기 때문이다.

나. 법 제12조 제1항, 제2항 및 제13조 제1항의 위헌성

(1) 법은, 영화는 상영 전에 공륜의 사전심의를 받아야 할 의무를 부과하고(제12조 제1항), 사전심의를 거치지 않은 모든 영화의 상영을 금지하고(제12조 제2항), 사전심의를 받지 아니하고 영화를 상영한 자는 2년이하의 징역 또는 500만원이하의 벌금에 처하도록(제32조 제5호) 규정하고 있다. 한편 법 제13조 제1항은 영화에 대한 심의기준을 정하고, 심의기관인 공륜이 그 기준에 적합하지 않은 영화에 대하여는 심의필 결정을 할 수 없으나, 해당 부분을 삭제하여도 상영에 지장이 없다고 인정되는 경우에는 그 부분을 삭제하고 심의필을 결정할 수 있도록 규정하고 있다.

그렇다면 법이 규정하고 있는 영화에 대한 심의제의 내용은 심의기관인 공륜이 영화의 상영에 앞서 그 내용을 심사하여 심의기준에 적합하지 아니한 영화에 대하여는 상영을 금지할 수 있고, 심의를 받지 아니하고 영화를 상영할 경우에는 형사처벌까지 가능하도록 한 것이 그 핵심이므로 이는 명백히 앞서 "가의 (1)"에서 밝힌 헌법 제21조 제2항이 금지한 사전검열제도를 채택하고 있다고 볼 수밖에 없다.

(2) 헌법상의 검열금지의 원칙은 검열이 행정권에 의하여 행하여지는 경우에 한하므로 영화의 심의기관인 공륜이 이에 해당한지에 대하여 의문이 있을 수 있다. 그러나 검열을 행정기관이 아닌 독립적인 위원회에서 행한다고 하더라도 행정권이 주체가 되어 검열절차를 형성하고 검열기관의 구성에 지속적인 영향을 미칠 수 있는 경우라면 실질적으로 보아 검열기관은 행정기관이라고 보아야 한다. 왜냐하면 그렇게 해석하지 아니한다면 검열기관의 구성은 입법기술의 문제이므로 정부에게 행정관청이 아닌 독립된 위원회의 구성을 통하여 사실상 검열을 하면서도 헌법상 검열금지원칙을 위반하였다는 비난을 면할 수 있는 길을 열어주기 때문이다.

그런데 법은 영화를 상영하기 전에 공륜의 사전심의를 받아야 한다고 규정하고 있고, 공연법과 그 시행령에 의하면 공륜의 위원은 문화체육부장관에 의하여 위촉되고(공연법 제25조의 3 제3항), 위원장과 부위원장의 선출은 장관의 승인을 받아야 하며(같은 법 시행령 제20조 제1항), 위원장은 심의결과를 장관에게 보고하여야 하고(같은 법 시행령 제21조), 공륜은 국가예산의 범위 안에서 공륜의 운영에 필요한 경비의 보조를 받을 수 있도록(같은 법 제25조의3 제6항) 규정하고 있다.

그렇다면 공륜이 민간인으로 구성된 자율적인 기관이라고 할지라도 법에서 영화에 대한 사전허가제도를 채택하고, 공연법에 의하여 공륜을 설치토록 하여 행정권이 공륜의 구성에 지속적인 영향을 미칠 수 있게 하였으므로 공륜은 검열기관으로 볼 수밖에 없다.

또한 공륜이 비록 그의 심의활동에 있어서 독립성이 보장된 심의기관이라 할지라도 검열기관인가를 판단하는데 있어서 그것은 결정적인 것이 되지 못한다. 심의기관의 독립성이 보장되어야 하는 것은 단지 심의절차와 그 결과의 공정성 및 객관성을 확보하기 위하여 모든 형태의 심의절차에 요구되는 당연한 전제일 뿐이기 때문이다. 국가에 의하여 검열절차가 입법의 형태로 계획되고 의도된 이상, 비록 검열기관을 문화체육부장관에서 민간인들로 구성된 공륜으로 대체했다고 하여 법이 정한 사전심의제도의 법적 성격이 바뀌는 것은 아니다.

※ (이하 'VII. 결론' 앞까지의 내용은, 가정적으로 검열금지에 해당하지 않는다고 볼 경우의 판단순서를 적어본 것이다.)

## IV. 표현의 자유 및 영업의 자유 침해여부

### 1. '법률로써' 기본권을 제한한 것인지의 여부

### 2. 과잉금지원칙 위반여부

- 본질침해금지원칙과의 관계를 밝혀주어야 할 수도 있다.

## V. 평등권 침해여부

### 1. 차별의 존부 : 예컨대 '영화를 상영하고자 하는 자'와 '책을 출판하고자 하는 자' 사이의 차별(본질적으로 같은 것을 다르게 취급) 확인.

### 2. 차별의 정당화 여부

#### 가. 심사기준 - '엄격한 심사' 또는 '완화된 심사'

#### 나. 심사기준의 적용

104) 이 사건에서 처음으로 설시된, 헌법 제21조 제2항 소정 '검열'의 4요건으로서, 이는 [(1) 사전제출의무, (2) 행정청의 심의, (3) 금지, (4) 처벌]로 외워두는 것이 좋다. / 이 중에서 실무적으로 가장 많이 문제되는 요건은 '행정청'인지의 여부인데, 그 판단은 대상법률 전체의 조항을 체계적·종합적으로 검토한 후에야 비로소 내릴 수 있어서 매우 어려운 경우가 적지 않다.

105) 언론·출판에 대한 '행정청의 심의' 및 '금지'는, 그것이 언론·출판의 '내용에 관한' 것인 때에만 [검열]을 구성한다. 이 점에서 헌재가 집회시위의 경우에는 '내용중립적인' 시간·장소·방법에 대한 규제도 [허가]를 구성한다고 보는 것과는 대비된다. [야간집시법 사건] 및 그 곳에 인용된 헌재 1992. 6. 26. 90헌가23 결정의 판시를 참조.

## VI. 적법절차원칙의 위배여부

- 영화에 대한 심사가 '검열'에는 해당하지 않는다 하더라도, 심사의 절차 자체가 적법절차에 위반될 여지는 있으므로, 적법절차원칙 위배여부를 판단할 실익이 있다. 다만, 이 쟁점이 실제로 다루어진 사례는 아직 없다.

## VII. 결론

| 영화법(1984. 12. 31. 법률 제3776호로 개정된 것) 제12조 제1항 및 제2항, 같은 법 제13조 제1항 중 공연윤리위원회의 심의에 관한 부분은 각 헌법에 위반된다. |
|---|

**[참고] 검열에 관한 다른 결정례들의 결론**

* 영상물등급위원회의 등급분류보류[106]제도(헌재 2001. 8. 30. 2000헌가9) → 검열에 해당
* 영상물등급위원회의 제한상영가 등급부여제도(헌재 2008. 7. 31. 2007헌가4)
→ 1명의 검열의견 / 법정의견은 등급부여기준에 대한 명확성 및 포괄위임입법금지원칙 위반을 이유로 한 헌법불합치의견
* 교과서 검 · 인정제도(헌재 1992. 11. 12. 89헌마88)
→ 자신의 연구결과를 책자로 발간 가능하므로 검열 아님
* 정기간행물의 납본[107]의무 제도 → 검열 아님(헌재 1992. 6. 26. 90헌바26)

106) 영상물등급위원회의 '등급분류'제도 자체에 대하여는 검열이 아니라고 보았다(헌재 2007. 10. 4. 2004헌바36). '분류' 자체는 제한이기는 하나 금지가 아니라고 보았기 때문이다. 이에 반하여 '분류보류'는 그 보류가 무기한으로 이루어질 수 있어서 (등급을 부여받지 않은 영상물을 상영하는 행위를 처벌한다는 점과 결합하여) 실질상 금지와 다를 바 없다고 보았기 때문에 검열로 인정한 것이다.

107) 새로 발간한 출판물 1부를 본보기로 해당기관(이 사건의 경우 공보처장관이었다)에 제출하는 것을 뜻한다.

# 14. SNS 사건

**공직선거법 제93조 제1항 등 위헌확인**
**헌재 2011. 12. 29. 2007헌마1001, 판례집 23-2하, 739**

(1) 청구인 갑은 2007. 12. 19. 실시된 대통령 선거와 관련하여 자신이 지지하거나 반대하는 후보자 또는 정당에 대해 이른바 UCC(User-Created Contents, 이용자제작콘텐츠)에 지지·추천·반대 등의 내용을 담아 이를 각종 포털사이트 또는 미니 홈페이지, 블로그 등 인터넷상에 게시하고자 한 사람이다.

중앙선거관리위원회는 2007. 1. 26. '선거 UCC물에 대한 운용기준'을 발표하여, 대통령 선거일전 180일부터 선거일까지 후보자 또는 정당에 대한 지지·추천·반대의 내용을 담거나 정당의 명칭이나 후보자의 성명을 나타내는 UCC를 인터넷에 올리는 경우, 그것이 단순한 의견 개진의 정도를 넘어 선거에 영향을 미칠 수 있는 것으로 인정된다면, 구 공직선거법 제93조 제1항 및 공직선거법 제255조 제2항 제5호의 규제대상이 된다고 하였다.

이에, 청구인 갑은 위 법률조항들이 명확성의 원칙에 위배되고 자신들의 정치적 의사 표현의 자유를 침해하는 것이라는 이유로, 2007. 9. 5. 그 위헌확인을 구하는 이 사건 헌법소원심판을 청구하였다.

(2) 청구인 을은 2007. 12. 19. 실시된 제17대 대통령선거와 관련하여 자신이 운영하는 인터넷 '민족신문 임시홈피' 사이트에 "이명박, 보수우파 대표주자 자격 전혀 없다! - 이명박은 보수우파를 더 이상 모독하지 말고 사퇴해야"라는 제목으로 글을 게재하고, 같은 내용의 글을 다른 인터넷사이트에 수차례 게재하였다는 이유로, 구 공직선거법 제93조 제1항 및 공직선거법 제255조 제2항 위반으로 기소되어 유죄판결을 선고받고, 이에 상고(대법원 2009도12232)한 후 2009. 12. 17. 위 법률조항들에 대한 위헌법률심판제청신청(대법원 2009초기785)을 하였으나 2010. 1. 14. 상고기각과 함께 위헌법률심판제청신청이 기각되자, 위 법률조항들이 과잉금지원칙에 위배하여 청구인의 언론의 자유 등을 침해하고 있다며 2010. 2. 11. 이 사건 헌법소원심판을 청구하였다.

이 사건 심판의 대상은 구 공직선거법 제93조 제1항 본문 중 '기타 이와 유사한 것' 부분 및 공직선거법 제255조 제2항 제5호 중 제93조 제1항의 '기타 이와 유사한 것' 부분이 청구인들의 기본권을 침해하여 헌법에 위반되는지 여부이다.

공직선거법 제93조(탈법방법에 의한 문서·도화의 배부·게시 등 금지) ① 누구든지 선거일전 180일(보궐선거 등에 있어서는 그 선거의 실시사유가 확정된 때)부터 선거일까지 선거에 영향을 미치게 하기 위하여 이 법의 규정에 의하지 아니하고는 정당(창당준비위원회와 정당의 정강·정책을 포함한다. 이하 이 조에서 같다) 또는 후보자(후보자가 되고자 하는 자를 포함한다. 이하 이 조에서 같다)를 지지·추천하거나 반대하는 내용이 포함되어 있거나 정당의 명칭 또는 후보자의 성명을 나타내는 광고, 인사장, 벽보, 사진, 문서·도화, 인쇄물이나 녹음·녹화테

이프 기타 이와 유사한 것을 배부·첩부·살포·상영 또는 게시할 수 없다. (단서 생략)

공직선거법 제255조(부정선거운동죄) ② 다음 각 호의 어느 하나에 해당하는 자는 2년 이하의 징역 또는 400만 원 이하의 벌금에 처한다.

5. 제93조(탈법방법에 의한 문서 · 도화의 배부 · 게시 등 금지) 제1항의 규정에 위반하여 문서 · 도화 등을 배부 · 첩부 · 살포 · 게시 · 상영하거나 하게 한 자, 같은 조 제2항의 규정에 위반하여 광고 또는 출연을 하거나 하게 한 자 또는 제3항의 규정에 위반하여 신분증명서 · 문서 기타 인쇄물을 발급 · 배부 또는 징구하거나 하게 한 자

## I. 적법요건에 관한 판단

### 생각해 볼 점 (1) : 헌재법 제68조 제1항 헌법소원사건과 제2항 헌법소원사건의 병합

1. 이 사건에서 청구인 갑은 헌재법 제68조 제1항의 헌법소원심판을 청구한 반면에, 청구인 을은 동조 제2항의 헌법소원심판을 청구한 것이다. 따라서 헌재가 적법요건을 판단함에 있어서는 각 청구인에 대하여 위 각 항에 따른 적법요건을 따로 판단해야 한다[108]. 이러한 경우에,
   (1) 예컨대 청구인 을의 청구는 적법하다고 인정되고 나아가 본안에 있어서도 위헌결정이 선고되는 경우라 하더라도, 청구인 갑의 청구는 부적법하여 각하되어야 할 경우가 생길 수 있다. 양자의 적법요건이 다르기 때문이다.
   (2) 한편 본안의 문제로서도, 똑같은 논리적 전제에 기초하고 있다 하더라도 예컨대 청구인 을의 청구는 기각되는 반면에 청구인 갑의 청구에 대하여는 위헌결정이 선고될 수가 있다. 헌재법 제68조 제1항의 헌법소원심판절차에서는 '기본권의' 침해여부만이 심사기준이 되는 반면에, 동조 제2항의 심판절차에서는 '헌법의' 위반여부가 심사기준이기 때문이다. 즉, 심판대상 법률조항이 기본권조항이 아닌 다른 헌법규정에 위반된다고 인정되는 경우에는, 위와 같은 문제가 발생할 수 있다.
2. 위와 같은 경우, 특히 위 (2)의 경우에는, 복잡한 문제가 생길 수 있다. 한 가지만 들어보자면 다음과 같다. 청구인 을의 청구에 대하여는 분명 위헌결정이 선고되었는데, 그렇다면 청구인 갑에 대한 당해사건 재판을 '당해사건'이나 '병행사건'으로 보아 위헌결정의 소급효를 인정할 수 있겠는가? 청구인 갑의 심판청구는 엄연히 '기각'되었다는 점에서, 그렇게 보기는 어려울 것이다. 그런데 그렇다면 양자의 청구를 병합하였다는 것은 별다른 의미를 갖지 못하게 되고, 위헌결정이 선고되었음에도 불구하고 청구인 갑은 그 편익에 참여할 수 없게 된다. 한편 그렇다고 하여, 심판기준을 넘어서 청구인 갑의 청구도 인용해 줄 수도 없다.
3. 헌재법 제68조 제1항의 헌법소원사건과 제2항의 헌법소원사건 간의 병합을 인정하는 것이 지금까지의 헌재의 입장이다. 그러나 위와 같은 이유로, 이러한 병합은 인정하지 말아야 한다는 것이 저자의 私見이다.

**생각해 볼 점 (2) : 청구인 갑에 대한 청구기간의 기산점 및 현재성**

이 사건에서 청구인 갑은 2007. 9. 5.에 헌법소원심판을 청구하였고, 이 청구의 적법여부를 검토함에 있어서 현재성 및 청구기간의 준수여부를 검토하기 위해서는 우선 '기본권침해사유'가 언제 발생했는지를 검토하여야 한다[109].

심판대상 조항인 공직선거법 제93조 제1항이 '기타 이와 유사한 것'의 배부 등을 금지하는 것은 '선거일 전 180일'부터이므로, 그 때에 기본권침해가 생기는 것이라고 보아야 할 것이다. 이 사건 대통령선거일은 2007. 12. 19.이었으므로 그 180일 전인 2007. 6. 22.이 청구기간의 기산점인 '기본권침해사유'가 발생하였고 동시에 청구인이 이를 알았다(후술)고 할 수 있다. 따라서 그로부터 90일 이내인 2007. 9. 5.에 이루어진 이 사건 심판청구는 청구기간을 준수하였고, 당연히 현재성도 있다고 보게 된다.

이와 관련하여 혼동하기 쉬운 다음과 같은 점들이 있다.

(1) 중앙선관위가 2007. 1. 26. '선거 UCC물에 대한 운용기준'을 발표한 때에 청구인이 기본권침해사유가 있음을 알았다고 생각하기가 쉽다. 그러나 논리적으로 생각하더라도, 이 때에 '기본권침해사유가 발생'하였다고 인정할 수 없는 한, 위 2007. 6. 22.보다 앞선 시점에 '기본권침해사유가 발생하였음을 알았다'고 할 수는 없다. 따라서 2007. 1. 26.이라는 날짜는 그 자체로 청구기간의 기산점이 될 수 없고, 기껏해야 위 2007. 6. 22.에 기본권침해사유가 발생함과 '동시에' 청구인이 그 사실을 알았다고 볼 근거가 될 수 있을 뿐이다.

(2) 한편, 대통령선거일 전 180일부터 '기타 이와 유사한 것'의 배부 등을 금지하는 공직선거법 제93조 제1항의 내용은 1994. 3. 16.에 공직선거법이 제정·시행되면서부터 있어왔다는 점에서, 1994. 3. 16. 이후 최초로 시행되는 대통령선거의 선거일 전 180일에 기본권침해사유가 발생한 것이 아닌가 하는 생각을 해 볼 수도 있다.

    그러나, 공직선거법에 의한 이러한 기본권제한은 주기적·간헐적으로, 5년마다 이루어진다. 적어도 저자가 이해하는 한에서는, ① 법령에 의한 기본권제한이 계속적으로 이루어지는 경우에는, 그 제한이 개시된 시점부터 청구기간이 기산되는 반면에, ② 이 사건에서와 같이 기본권제한이 주기적·간헐적으로만 이루어지는 경우에는, 그 '각' 제한이 시작되는 시점부터 청구기간이 기산된다.

    예를 들어, '19세 미만자는 투표할 수 없다'는 공직선거법 조항에 의한 19세 미만자에 대한 기본권제한은 탄생시로부터 있다고 볼 수 있는데, 그렇다면 만 1세가 되면서 (기본권침해가 있은 날로부터 1년이 지남으로써) 청구기간이 언제나 도과했다고 볼 것인가? 그렇게 보는 것은 타당하지도 않고, 헌재의 결정례에서도 그와 같이 보지는 않는 것으로 이해된다.

---

108) 헌재는 양자의 청구가 모두 적법하다고 보아, 적법요건에 관한 판단을 결정문에 별도로 판시하지는 않았다.

109) 원칙적으로 기본권침해사실이 있는 시점을 기준으로 하여 현재성의 유무가 달라지게 된다. 예외적으로 기본권침해가 있기 전이라 하더라도 현재성이 있다고 하기 위해서는, '기본권침해가 명백히 예상되는 경우'라는 점을 논증해야 한다. [4. 제대군인가산점 사건]의 [생각해 볼 점 (1)]을 참조.

### 생각해 볼 점 (3) : 한정위헌청구의 적법성

이 사건에서 헌재는 한정위헌결정을 선고하였지만, 청구인들이 한정위헌결정을 해 달라는 '한정위헌청구'를 하지는 않았던 것으로 보인다. 그러나 만약에 그러한 청구를 하였다면, 지금의 시점에서는 한정위헌청구의 적법여부를 반드시 검토해 줘야만 한다. 이를 원칙적으로 인정하지 않던 종래의 태도를 최근에 헌재가 변경하였기 때문이다.

**[종전 판례의 입장]**[110)]

법 제68조 제2항에 의한 헌법소원에 있어서는 법률이 헌법에 위반되는지 여부가 당해사건의 재판의 전제로 되어야 하고, 여기서 '법률이 헌법에 위반되는지 여부'는 '법률' 자체의 경우를 말하며 '법률의 해석'의 경우를 제외한다.

법률조항 자체의 위헌판단을 구하는 것이 아니라, '……라고 해석하는 한 위헌'이라는 심판청구는 부적법하지만, 단순히 법률조항의 해석을 다투는 것이 아니라, 법률조항 자체의 위헌성을 다투는 경우로 이해되는 경우에는 적법하다.[111)] 그러한 경우로는 다음과 같은 경우를 들 수 있다.

① 법률조항(법규정) 자체의 불명확성을 다투는 것으로 보는 경우,
② 소위 심판대상규정에 대한 일정한 해석이 상당기간에 걸쳐 형성, 집적되어 법원의 해석에 의하여 구체화된 심판대상규정이 위헌성을 지닌 경우,
③ 위 두 가지 경우에 해당되지는 않지만 한정위헌의 판단을 구하는 청구가 법률조항 자체에 대한 다툼으로 볼 수 있는 경우.

**헌재 2012. 12. 27. 2011헌바117 : 변경된 판례(요지)**

- 종래 헌법재판소의 선례는, 한정위헌청구는 원칙적으로 부적법하고, 예외적으로 법률조항 자체의 불명확성을 다투는 것으로 볼 수 있는 경우, 일정한 해석이 법원에 의해 형성·집적된 경우 등에는 적법성을 인정하였다.
- 그러나 법률의 의미는 결국 개별, 구체화된 법률해석에 의해 확인될 것이므로 이는 동전의 양면과 같아 법률과 법률의 해석을 구분할 수는 없고, 결국 재판의 전제가 된 법률에 대한 규범통제는 결국 해석에 의해 구체화된 법률의 의미와 내용에 대한 헌법적 통제로서 헌법재판소의 고유권한이다.
- 헌법합치적 법률해석[112)]의 원칙상 한정적으로 위헌성이 있는 부분에 대한 한정위헌결정은 입법권에 대한 자제와 존중으로서 당연하면서도 불가피한 결론이고, 이러한 한정위헌결정을 구하는 한정위헌청구 또한 인정되는 것이 합당하다.
- 다만, 재판소원을 금지하는 헌법재판소법 제68조 제1항의 취지에 비추어 개별, 구체적 사건에서의 단순히 법률조항의 포섭이나 적용의 문제를 다투거나, 의미 있는 헌법문제에 대한 주장없이 단지 재판결과를 다투는 경우 등에는 여전히 허용될 수 없다.

다만 변경 전후의 입장을 비교해 보면 알 수 있듯이, 원칙과 예외의 관계가 바뀌었을 뿐, 위와 같은 입장변경의 의미는 제한적이라고 볼 수도 있다.

## II. 문제되는 기본권 : 표현의 자유와 평등권의 경합

## III. '법률로써' : 명확성 원칙 위배여부[113)][114)]

| 헌재 2009. 7. 30. 2007헌마718 : 예시적 입법형식과 명확성의 원칙 |
|---|
| 형벌조항의 규율방식은 크게 그 규율대상에 포섭되는 모든 사례를 구성요건으로 빠짐없이 열거하는 방식과, 규율대상의 공통적인 징표를 모두 포섭하는 용어를 구성요건으로 규정하는 방식 등으로 나누어 볼 수 있다. 전자는 규율대상이 명확하다는 장점이 있는 반면 경우에 따라서는 법규범의 흠결이 발생하는 것을 막을 수 없다는 단점이 있고, 후자는 규율대상을 모두 포섭할 수 있다는 장점이 있는 반면, 법률을 해석 · 적용함에 있어 자의(恣意)가 개입함으로써 규율대상을 무한히 확대해 나갈 우려가 있다는 단점이 있다. 위와 같은 두 가지 규율방식의 단점을 보완하기 위하여 이른바 '예시적 입법'이라는 규율방식을 채택하는 경우가 있는데, 예시적 입법에서는 규율대상인 대전제를 규정함과 동시에 구성요건의 외연(外延)에 해당되는 개별사례를 예시적으로 규정하게 된다(헌재 2000. 4. 27. 98헌바95등, 판례집 12-1, 508).<br>이러한 예시적 입법형식의 경우, 구성요건의 대전제인 일반조항의 내용이 지나치게 포괄적이어서 법관의 자의적인 해석을 통하여 그 적용범위를 확장할 가능성이 있다면 죄형법정주의의 원칙에 위배될 수 있다. 따라서 예시적 입법형식이 법률명확성의 원칙에 위배되지 않으려면, 예시한 개별적인 구성요건이 그 자체로 일반조항의 해석을 위한 판단지침을 내포하고 있어야 할 뿐만 아니라, 그 일반조항 자체가 그러한 구체적인 예시를 포괄할 수 있는 의미를 담고 있는 개념이 되어야 한다(헌재 2002. 6. 27. 2001헌바70, 판례집 14-1, 601, 608). (중략)<br>이 사건 법률조항은 금지되는 행위의 수단으로 광고 등을 열거하면서, 시간적으로 '선거일 전 180일부터 선거일까지', 내용적으로 '선거에 영향을 미치게 하기 위하여 정당 또는 후보자를 지지, 추천하거나 반대하는 내용이 포함되어 있거나 정당의 명칭 또는 후보자의 성명을 나타내는' 것으로 그 범위를 한정하고 있다. 이러한 시간적·내용적 한정은 이 사건 법률조항의 '기 |

110) 헌재 1999. 3. 25. 98헌바2; 헌재 2001. 9. 27. 2000헌바20 등.

111) 헌재 1997. 2. 20. 95헌바27, 판례집 9-1, 156, 162; 헌재 1995. 7. 21. 92헌바40, 판례집 7-2, 34, 37.

112) 한정위헌청구의 적법논거 중 가장 핵심이 되는 것이 이 '헌법합치적 법률해석'이라고 생각한다.

113) 이 사건의 실제 결정문에서는 청구인들이 명확성원칙 위배를 주장하였음에도 불구하고, 헌재는 다른 논거로써 한정위헌의 결론을 도출하여 명확성원칙 위배여부를 판단하지 않았다. 그러나 체계상으로 볼 때에는 언급을 해 주는 것이 타당하다.

114) 이 사건에서 한정위헌결정을 선고하면서도 명확성원칙 위배여부를 판단하지 않은 것은, 대법원의 판례가 UCC를 '기타 이와 유사한 것'에 포함되는 것으로 해석하고 있었기 때문이라고 생각된다. 즉, 이 사건 법률조항이 과잉금지원칙에 위배되는지의 여부에 나아가 판단할 것도 없이 '명확성원칙에 위배되어' (한정)위헌이라고 선언하는 것은, 법원의 해석 그 자체에 대하여 (한정)위헌을 선언하는 것과 다름없게 된다는 점이 헌재에는 부담으로 작용하였을 것이다. 그래서 헌재는 이 사건에서 명확성원칙에 대하여는 판단하지 않고, 과잉금지심사에 나아가 비로소 한정위헌결정을 선고한 것으로 보인다.

타 이와 유사한 것'에도 그대로 적용된다. 이러한 점을 고려하여 이 사건 법률조항의 의미를 살펴보면, 위 조항은 매체의 형식에 중점을 두고 있는 것이 아니라 사람의 관념이나 의사를 시각이나 청각 또는 시청각에 호소하는 방법으로 다른 사람에게 전달하는 것에 중점을 두고 있다는 것을 알 수 있다. 즉 어떠한 매체를 수단으로 사용하느냐보다는 어떠한 매체이든 이를 사용하여 관념이나 의사를 전달하고 있는가 여부에 중점을 두고 있는 것이다. 따라서 일반조항으로서의 '기타 이와 유사한 것'은 선거에 영향을 미치게 하기 위하여 정당 또는 후보자를 지지, 추천하거나 반대하는 내용을 포함할 수 있는 가독성 내지 가청성을 가진 앞에 열거된 매체와 유사한 매체, 관념이나 의사전달의 기능을 가진 매체나 수단을 의미하는 것으로 볼 수 있다(헌재 2009. 5. 28. 2007헌바24, 공보 152, 1138).

이 사건 법률조항을 위와 같이 이해할 때, 일반적으로 이용자가 상업적 의도없이 개인적으로 창작한 것으로서 글(텍스트)과 사진·음악(오디오)·동영상 등을 포괄하는 콘텐츠를 일컫는 'UCC(User-Created Contents, 이용자제작콘텐츠)'는 관념이나 의사전달을 목적으로 하는 것으로 이 사건 법률조항이 예시하는 매체가 가지는 고유의 기능을 그대로 보유하고 있어 '기타 이와 유사한 것'에 해당한다고 해석될 수 있다.

대법원도 "무선정보통신으로 전달되는 것이 유형물이 아니라 전자정보에 해당하더라도 문자와 기호를 사용하여 관념이나 의사를 다른 사람에게 전달하는 문서 가 가지는 고유의 기능을 그대로 보유하고 있는 점, 컴퓨터가 보편적으로 보급되어 일상생활화된 이른바 정 보 통신시대에 있어 이용자제작콘텐츠 (UCC, User Created Contents)는 유체물인 종이문서 등을 대신하는 기능과 역할을 담당하고 있어 인터넷 홈페이지에 게시될 경우 선거에 미치는 영향이 문서 못지않으므로 이를 규제할 필요성이 클 뿐만 아니라 선거의 공정성을 보장하려는 공직선거법 규정의 입법취지에도 부합한다고 보이는 점 등 여러 사정을 종합적으로 고려하면, 인터넷 홈페이지에 후보자(후보자가 되고자 하는 자를 포함한다)를 지지·추천하거나 반대하는 내용이 포함되어 있거나 정당의 명칭 또는 후보자의 성명을 나타내는 내용이 포함된 제작물을 게시한 행위는 공직선거법 제255조 제2항 제5호, 제93조 제1항의 구성요건에 해당한다."고 해석하고 있다 (대법원 2008. 9. 25. 선고 2008도6555 판결).

한편, 이 사건 법률조항의 '게시'는 유형물을 현실적 공간에 내붙이는 행위뿐만 아니라 전자적 정보를 입력하여 여러 사람이 볼 수 있는 인터넷 홈페이지 등 온라인상의 공간에 공개하는 것을 포함한다고 할 것이고, '배부'는 출판물이나 서류 등과 같은 문서 또는 이와 유사한 것을 불특정 다수에게 나누어주는 행위로서, 전자적 방식을 통한 정보의 전송과 같은 행위를 포함한다고 할 것이므로 이용자제작콘텐츠의 '제작'에 그쳐 그 내용이 공개되지 아니한 때에는 이 사건 법률조항의 '배부 등'에 해당하지 아니하나, '배포'한 때에는 그 행위 유형에 따라 '게시' 또는 '배부'에 해당할 것이다.

결국, 건전한 상식과 통상적인 법감정을 가진 사람이라면 어떠한 행위가 이 사건 법률조항의 구성요건에 해당되는지 여부를 예측할 수 있다고 판단되고, 공직선거법 제93조 제1항이 예시하는 광고·인사장·문서·도화 등은 '기타 유사한 것'을 해석하는 유용한 판단지침이 되며, 대법원 판결 등에 의하여 이미 이에 관한 구체적인 해석기준이 제시되고 있는 이상, 법률적용자가 이 사건 법률조항을 자의적으로 확대하여 해석할 염려는 없다고 할 것이므로 이 사건 법률조항은 명확성원칙에 반하지 아니한다.

# IV. 표현의 자유 침해 여부

## 1. 일반론

헌법 제21조 제1항에서 규정하고 있는 언론·출판의 자유는 자유로운 인격발현의 수단임과 동시에 합리적이고 건설적인 의사형성 및 진리발견의 수단이며, 민주주의 국가의 존립과 발전에 필수불가결한 기본권이다.

또한, 대의민주주의를 원칙으로 하는 오늘날 민주정치 아래에서의 선거는 국민의 참여가 필수적이고, 정치적 표현의 자유는 국민이 선거과정에서 정치적 의견을 자유로이 발표 · 교환함으로써 비로소 그 기능을 다하게 된다 할 것이므로, 선거운동의 자유는 헌법에 정한 언론 · 출판 · 집회 · 결사의 자유 보장 규정에 의한 보호를 받는다.

이와 같은 정치적 표현의 자유의 헌법상 지위, 선거운동의 자유의 성격과 중요성에 비추어 볼 때, 정치적 표현 및 선거운동에 대하여는 '자유를 원칙으로, 금지를 예외로' 하여야 하고, '금지를 원칙으로, 허용을 예외로' 해서는 안 된다는 점은 자명하다.

따라서, 입법자는 선거의 공정성을 보장하고 탈법 · 금권적 혼탁선거를 방지하기 위하여 부득이하게 선거 국면에서의 정치적 표현 자유와 선거운동의 자유를 제한하는 경우에도, 입법목적 달성과의 관련성이 구체적이고 명백한 범위 내에서 가장 최소한의 제한에 그치는 수단을 선택하지 않으면 안 된다 할 것이다.

## 2. '필요한 경우에 한하여'

### 가. 목적의 정당성

이 사건 금지조항을 포함한 이 사건 법률조항은 헌법 제116조 제1항의 선거운동 기회균등 보장의 원칙에 입각하여 선거운동의 부당한 경쟁 및 후보자들 간의 경제력 차이에 따른 불균형이라는 폐해를 막고, 선거의 평온과 공정을 해하는 결과의 발생을 방지함으로써 선거의 자유와 공정의 보장을 도모하여 선거관계자를 포함한 선거구민 내지는 국민 전체의 공동이익을 달성하고자 하는 것으로 그 입법목적이 정당하다(헌재 2009. 7. 30. 2007헌마718, 판례집 21-2상, 311, 324).

### 나. 방법의 적절성

인터넷은 누구나 손쉽게 접근 가능한 매체이고, 이를 이용하는 비용이 거의 발생하지 아니하거나 또는 적어도 상대적으로 매우 저렴하여 선거운동비용을 획기적으로 낮출 수 있는 정치

공간으로 평가받고 있고, 오히려 매체의 특성 자체가 '기회의 균형성 · 투명성 · 저비용성의 제고'라는 공직선거법의 목적에 부합하는 것이라고도 볼 수 있는 점[115], 후보자에 대한 인신공격적 비난이나 허위사실 적시를 통한 비방 등을 직접적으로 금지하고 처벌하는 법률규정은 이미 도입되어 있고 모두 이 사건 법률조항보다 법정형이 높으므로, 결국 허위사실, 비방 등이 포함되지 아니한 정치적 표현만 이 사건 법률조항에 의하여 처벌되는 점, 인터넷의 경우에는 정보를 접하는 수용자 또는 수신자가 그 의사에 반하여 이를 수용하게 되는 것이 아니고 자발적 · 적극적으로 이를 선택(클릭)한 경우에 정보를 수용하게 되며, 선거과정에서 발생하는 정치적 관심과 열정의 표출을 반드시 부정적으로 볼 것은 아니라는 점 등을 고려하면, 이 사건 법률조항에서 선거일전 180일부터 선거일까지 인터넷상 선거와 관련한 정치적 표현 및 선거운동을 금지하고 처벌하는 것은 후보자 간 경제력 차이에 따른 불균형 및 흑색선전을 통한 부당한 경쟁을 막고, 선거의 평온과 공정을 해하는 결과를 방지한다는 입법목적 달성을 위하여 적합한 수단이라고 할 수 없다.

## 다. 침해의 최소성

대통령 선거, 국회의원 선거, 지방선거가 순차적으로 맞물려 돌아가는 현실에 비추어 보면, 기본권 제한의 기간이 지나치게 길고, 그 기간 '통상적 정당활동'은 선거운동에서 제외됨으로써 정당의 정보제공 및 홍보는 계속되는 가운데, 정당의 정강 · 정책 등에 대한 지지, 반대 등 의사표현을 금지하는 것은 일반국민의 정당이나 정부의 정책에 대한 비판을 봉쇄하여 정당정치나 책임정치의 구현이라는 대의제도의 이념적 기반을 약화시킬 우려가 있다는 점, 사이버선거부정감시단의 상시적 운영, 선거관리위원회의 공직선거법 위반 정보 삭제요청 등 인터넷 상에서 선거운동을 할 수 없는 자의 선거운동, 비방이나 허위사실 공표의 확산을 막기 위한 사전적 조치는 이미 별도로 입법화되어 있고, 선거관리의 주체인 중앙선거관리위원회도 인터넷 상 선거운동의 상시화 방안을 지속적으로 제시해오고 있는 점, 일정한 정치적 표현 내지 선거운동 속에 비방 · 흑색선전 등의 부정적 요소가 개입될 여지가 있다 하여 일정한 기간 이를 일률적 · 전면적으로 금지하고 처벌하는 것은 과도하다고 볼 수 밖에 없는 점 등을 감안하면, 최소침해성의 요건도 충족하지 못한다.

115) UCC가 '기타 이와 유사한 것'에 포함된다고 보면서도 UCC가 '돈 안 드는' 선거운동방법이라는 점을 들어 심판대상의 방법의 적절성을 부정하는 이 부분 설시가, "선거운동 기회균등 보장의 원칙에 입각하여 선거운동의 부당한 경쟁 및 후보자들 간의 경제력 차이에 따른 불균형이라는 폐해를 막"는다는 위 목적의 정당성에 관한 설시와는 조화되지 않는 면이 있다. 일관성을 기하기 위해서는, 입법목적 자체를 설정함에 있어서 '돈 안 드는' 선거운동방법까지도 포섭할 수 있는 목적을 상정했어야 한다. 그러나 사실, 선거일 전 180일 동안 사실상 사람의 의사소통수단 모두를 이용한 찬반의 의사표시를 통째로 금지할 입법목적을 찾는 것 자체가 지극히 어려웠을 것이다.

## 라. 법익의 균형성

한편, 이 사건 법률조항에 대한 법익균형성 판단에는 국민의 선거참여를 통한 민주주의의 발전 및 민주적 정당성의 제고라는 공익 또한 감안하여야 할 것인데, 인터넷 상 정치적 표현 내지 선거운동을 금지함으로써 얻어지는 선거의 공정성은 명백하거나 구체적이지 못한 반면, 인터넷을 이용한 의사소통이 보편화되고 각종 선거가 빈번한 현실에서 선거일 전 180일부터 선거일까지 장기간 동안 인터넷 상 정치적 표현의 자유 내지 선거운동의 자유를 전면적으로 제한함으로써 생기는 불이익 내지 피해는 매우 크다 할 것이므로, 이 사건 법률조항은 법익균형성의 요건도 갖추지 못하였다고 할 것이다.

## ※ 재판관 이동흡, 재판관 박한철의 반대의견

입법자가 선거의 평온과 공정의 확보를 위하여 국가 전체의 정치, 사회적 발전단계와 국민의식의 성숙도, 종래의 선거풍토 등 제반 여건을 종합적으로 고려하여 제한이 필요하다고 본 선거운동에 관하여는 입법자의 판단을 최대한 존중해야 한다.

이 사건 법률조항은 선거운동의 부당한 경쟁 및 후보자들 간의 경제력 차이에 따른 불균형이라는 폐해를 막고, 선거의 과열로 말미암아 선거의 평온과 공정을 해하는 결과가 발생하는 것을 방지함으로써 선거의 자유와 공정의 보장을 도모하려는 정당한 입법목적을 가지고 있고, 인터넷 선거운동의 경우에도 후보자간 조직동원력, 경제력에 따른 불균형이 발생할 소지는 충분하며, 선거운동기간 이전부터 선거일에 이르기까지 일반 유권자들뿐만 아니라 정당, 후보자 등 및 이들과 관련된 단체로부터 허위사실, 비방, 과대선전 등 선거에 영향을 미치는 표현행위가 무제한 쏟아질 경우 선거의 과열로 연결되어 선거의 평온과 공정성을 해할 가능성은 더욱 커질 것이므로, 수단의 적절성도 인정된다.

또한 허위사실공표나 비방 등을 처벌하는 공직선거법 제110조, 제250조, 제251조, 선거관리위원회의 시정조치라든가 사이버선거부정감시단 등 선거관리감독을 위한 제도적 장치만으로 위와 같은 폐해를 막기에 부족하므로, 선거에 영향을 미치는 표현행위 자체를 금지시키는 것 이외에는 입법목적을 효과적으로 달성할 만한 다른 대안이 없다 할 것이므로, 기본권 침해의 범위도 최소한의 범위 내로 제한되어 있다 할 것이다.

후보자들 사이의 선거운동에 있어 기회균등을 보장하고 선거의 과열을 막아 선거의 평온과 공정성을 확보하려는 공익에 비하여, 법에 의하여 허용되는 선거운동기간 이전에 허용되지 않은 방법이나 매체를 통하여 선거운동에 준하는 영향력을 가진 표현행위를 하지 못함으로써 입게 되는 불이익은 그다지 크지 않다고 할 것이므로, 법익의 균형성 요건도 충족한다.

## 3. 본질침해금지

- 아래에 든 것은, 이 사건 결정 전에 선고되었던, 같은 심판대상에 대한 합헌결정례이다. 아래의 결정에서는 "인쇄물, 광고 등의 제작·배부라고 하는 특정한 선거운동방법에만 국한되는 부분적인 제한에 불과하여 이러한 방법 이외의 방법은 자유롭게 선택될 수 있는 여지"가 있다는 점을 주된 논증자료로 삼았다. 그러나 이러한 논리를 일관한다면, 인터넷을 이용한 매체의 경우에도 금지된다고 해석하는 것은 본질침해금지원칙에 위반된다고 볼 여지도 있을 것이다.

| 헌재 1995. 4. 20. 92헌바29 |
|---|
| 청구인은 이 사건 심판대상조항들이 헌법 제37조 제2항의 규정에 위배하여 헌법 제21조 제1항에 의하여 보장된 언론의 자유(이에서 도출되는 의사표현의 자유 내지는 선거운동의 자유)의 본질적 내용을 침해하고 있다고 주장한다.<br>그러나 위 조항들에 의하여 제한되는 것은 의사표현의 내용 그 자체가 아니라 표현의 특정한 수단 방법에 한정되어 있다. 즉 모든 선거운동방법의 전반에 대한 전면적인 제한이 아니라 특히 폐해의 우려가 크다고 인정되는 인쇄물, 광고 등의 제작·배부라고 하는 특정한 선거운동방법에만 국한되는 부분적인 제한에 불과하여 이러한 방법 이외의 방법은 자유롭게 선택될 수 있는 여지를 남겨두고 있으므로 이로써 선거운동의 자유 내지 이를 한 태양으로 하는 의사표현의 자유가 전혀 무의미해지거나 형해화된다고 단정할 수는 없다고 판단된다. |

# V. 평등권 침해 여부

## 1. 차별의 확인

- 인터넷 매체 / 비인터넷 매체를 같게 처우하는 것 → 본질적으로 다른 것을 같게 처우하는 것

## 2. 정당화

### 가. 심사기준의 선택

- 헌법이 특별히 평등을 명하는 경우
- 관련 기본권에 중대한 제한을 가하는 경우 : 기본권 기준 / 제한의 양 기준

## 나. 심사기준의 적용

# VI. 결론

구 공직선거법 제93조 제1항 및 공직선거법 제255조 제2항 제5호 중 제93조 제1항의 각 '기타 이와 유사한 것'에, '정보통신망을 이용하여 인터넷 홈페이지 또는 그 게시판·대화방 등에 글이나 동영상 등 정보를 게시하거나 전자우편을 전송하는 방법'이 포함되는 것으로 해석하는 한 헌법에 위반된다.

[이유설시 中]

종전에 헌법재판소가 이와 견해를 달리하여 공직선거법(2005. 8. 4. 법률 제7681호로 개정된 것) 제93조 제1항 중 '기타 이와 유사한 것' 부분은 헌법에 위반되지 아니한다고 판시한 헌법재판소 2009. 7. 30. 2007헌마718 결정은 이 결정과 저촉되는 범위 내에서 변경하기로 한다.

**생각해 볼 점 (4) : '한정위헌'에 대하여 대체가능한 주문형식**

이 사건 결정의 주문은 '…으로 해석하는 한 헌법에 위반된다'는, 한정위헌결정의 전형적인 주문형식을 보여주고 있다. 이러한 한정위헌결정 형태의 결정에 대하여는 대법원이 그 기속력을 인정하지 않는 입장을 일관하고 있기 때문에 수많은 문제가 발생하여 왔다. 그러나 결정의 효과 면에서 실질적으로 같으면서도 '한정위헌'의 형식을 피하는 방법이 있다고 생각된다. 즉, 다음과 같은 주문형식을 취하는 것이다.

구 공직선거법 제93조 제1항 및 공직선거법 제255조 제2항 제5호 중 제93조 제1항의 각 '기타 이와 유사한 것' 중 '정보통신망을 이용하여 인터넷 홈페이지 또는 그 게시판·대화방 등에 글이나 동영상 등 정보를 게시하거나 전자우편을 전송하는 방법' 부분은 헌법에 위반된다.

한정위헌결정이 대법원으로부터 반발을 사는 가장 주된 이유는 그 주문형식 자체가 어떠한 '해석'이 헌법에 위반된다는 것으로서, 법령해석의 가장 대표적인 주체가 바로 법원이어서 일견 '법원의 이러이러한 해석이 헌법에 위반된다'는 결정으로 보이기 때문이다. 반면에 위 예시와 같은 형식은, 한정위헌결정이 '질적 일부위헌'인 것과는 달리 '양적 일부위헌'의 형태를 띰으로써, 법원의 이러한 반감을 불식시킬 수 있게 된다.

헌재 2006. 6. 29. 2002헌바80등 결정의 다음과 같은 주문례를 참조. 이 사건의 경우에는 법원으로부터 그 어떤 반발에도 부딪치지 않았다(판례집 18-1하, 196, 199).

| 헌재 2006. 6. 29. 2002헌바80등 |
| --- |
| 각 구 법인세법(1998. 12. 28. 법률 제5581호로 개정되기 전의 것) 제41조 제14항 제1호 중 "제66조 제1항의 규정에 의하여 계산서를 교부하지 아니한 경우" 부분, 제2호 중 "제66조 제2항의 규정에 의하여 매출 … 처별 계산서합계표를 동조에 규정된 기간 내에 제출하지 아니하거나" 부분, 구 법인세법(2001. 12. 31. 법률 제6558호로 개정되기 전의 것) 제76조 제9항 제1호 중 "제121조 제1항 … 의 규정에 의하여 계산서를 교부하지 아니한 경우" 부분, 제2호 중 "제121조 제3항의 규정에 의하여 매출 … 처별 계산서합계표를 동조에 규정된 기간 내에 제출하지 아니하거나" 부분 중 토지 또는 건축물의 공급에 관련된 부분은 헌법에 위반된다. |

## ※ 한정위헌결정의 기속력

| 헌재 2012. 12. 27. 2011헌바117 |
| --- |
| (가) 나아가 헌법재판소가 구체적 규범통제권을 행사하기 위하여 법률조항을 해석함에 있어 당해 법률조항의 의미가 다의적이거나 넓은 적용영역을 가지는 경우에는 가능한 한 헌법에 합치하는 해석을 선택함으로써 법률조항의 효력을 유지하도록 하는 것(**헌법합치적 법률해석의 원칙**)은 규범통제절차에 있어서의 규범유지의 원칙이나 헌법재판의 본질에서 당연한 것이다.<br>(나) 나아가 구체적 규범통제절차에서 당해 사건에 적용되는 법률조항이 다의적 해석가능성이나 다의적 적용가능성을 가지고 있고 그 가운데 특정한 해석이나 적용부분만이 위헌이라고 판단되는 경우, 즉 부분적·한정적으로 위헌인 경우에는 그 부분에 한정하여 위헌을 선언하여야 하는 것 역시 당연한 것이다. 즉 심판대상 법률조항의 해석가능성이나 적용가능성 중 부분적·한정적으로 위헌부분이 있는 경우에는 당해 법률조항 전체의 합헌을 선언할 수 없음은 앞서 본 법리에 비추어 자명한 것이고, 반면에 부분적·한정적인 위헌 부분을 넘어 법률조항 전체의 위헌을 선언하게 된다면, 그것은 위헌으로 판단되지 않은 수많은 해석·적용부분까지 위헌으로 선언하는 결과가 되어 규범통제에 있어서 규범유지의 원칙과 헌법합치적 법률해석의 원칙에도 부합하지 않게 될 것이다.<br>(다) 헌법재판소가 종래 규범통제절차 등에서 당해 법률조항에 대한 다의적인 해석이나 적용가능성 중에서 특정한 해석이나 적용부분을 한정하여 위헌이라고 선언한 한정위헌결정들은 이러한 법리에 근거한 것으로서 법률조항에 대한 위헌심사절차에서는 당연하면서도 불가피한 결론이며, 따라서 독일을 비롯한 선진각국의 헌법재판에서 일상적으로 활용되고 있는 위헌결정방식인 것이다.<br><br>그리고 이러한 한정위헌결정도 위헌결정의 한 형태이고, 일부 위헌결정의 한 방식인 이상, |

법 제47조 제1항에 의하여 법원 기타 국가기관을 기속하는 것이다. 따라서 한정위헌결정이 선고된 경우에는 심판대상인 법률조항 그 자체의 법문에는 영향이 없지만 법원 기타 국가기관은 장래에는 한정적으로 위헌으로 선언된 내용으로 해석하거나 집행하지 못하게 되는 법적 효력이 발생하는 것이다.

**대법원 2013. 3. 28. 2012재두299[116] (요지 발췌)**

[1] 헌법재판소가 법률 조항 자체는 그대로 둔 채 그 법률 조항에 관한 특정한 내용의 해석, 적용만을 위헌으로 선언하는 이른바 한정위헌결정에 관하여는 헌법재판소법 제47조 가 규정하는 위헌결정의 효력을 부여할 수 없으며, 그 결과 한정위헌결정은 법원을 기속할 수 없고 재심사유가 될 수 없다. 이와 같은 대법원의 판단은 다음과 같은 이유에서 비롯된 것이다.

(가) 법원과 헌법재판소 간의 권력분립 구조와 사법권 독립의 원칙에 관한 헌법 제101조 제1항, 제2항, 제103조, 제111조 제1항 규정의 내용과 취지에 비추어 보면, 구체적인 사건에서 어떠한 법률해석이 헌법에 합치되는 해석인가를 포함하는 법령의 해석·적용에 관한 권한은 대법원을 최고 법원으로 하는 법원에 전속한다. 헌법재판소는 헌법 제111조 제1항 제1호에 의하여 국회가 제정한 '법률'이 위헌인지를 심판할 제한적인 권한을 부여받았을 뿐, 이를 넘어서 헌법의 규범력을 확보한다는 명목으로 법원의 법률해석이나 판결 등에 관여하여 다른 해석 기준을 제시할 수 없다. 이와 달리 보는 것은 헌법재판소의 관장사항으로 열거한 사항에 해당하지 않는 한 사법권은 포괄적으로 법원에 속하도록 결단하여 규정한 헌법에 위반된다.

(나) 민사소송법 제423조, 제442조, 제449조, 제451조 제1항, 제461조, 행정소송법 제8조 제2항, 형사소송법 제383조 제1호, 제415조, 제420조의 내용과 취지에 따르면, 당사자가 제1심법원이나 항소법원의 법률해석이 헌법에 위반된다고 주장하는 경우에는 상소를 통하여 다투어야 하고, 어떠한 법률해석이 헌법에 합치되는 해석인가는 최종적으로 최고법원인 대법원의 심판에 의하여 가려지며, 대법원의 심판이 이루어지면 그 사건의 판결 등은 확정되고 기판력이 발생하게 된다. 이로써 그 법적 분쟁은 종결되어 더는 같은 분쟁을 되풀이하여 다툴 수 없게 되고 이에 따라 법적 안정성이 확보되며 사회 전체는 그 확정판결에서 제시된 법리를 행위규범으로 삼아 새로운 법률관계를 형성하게 되는 것이다.

(다) 헌법재판소법 제41조 제1항, 제45조 본문은 헌법재판소는 국회가 제정한 '법률'이 헌법에 위반되는지를 당해 사건을 담당하는 법원으로부터 제청받아 '법률의 위헌 여부'만을 결정할 뿐 특정한 '법률해석이 위헌인지 여부'에 관하여 제청받아 이를 심판하는 것이 아님을 분명히 밝히고 있다. 헌법재판소법 제41조 제1항 에서 규정하는 '법률의 위헌 여부'에 대한 심판에 '법률해석의 위헌 여부'에 대한 심판이 포함되어 있다고 해석한다면, 헌법재판소법 제42조 제1항에 의하여 법원은 어떠한 법률해석이 헌법에 합치되는지 여부의 심판을 헌법재판소에 제청한 후 헌법재판소의 결정이 있을 때까지 재판을

정지하여야 하는 수긍할 수 없는 결과가 발생한다. 헌법재판소법 제47조 제1항, 제2항, 제3항의 규정을 헌법재판소가 '법률의 위헌 여부'만을 결정할 수 있도록 한 헌법재판소법 제45조 본문과 함께 살펴보면, 헌법재판소법 제47조 제1항 에서 규정한 '법률의 위헌결정'은 국회가 제정한 '법률'이 헌법에 위반된다는 이유로 그 효력을 상실시키는 결정만을 가리키고, 단순히 특정한 '법률해석'이 헌법에 위반된다는 의견을 표명한 결정은 '법률'의 위헌 여부에 관한 결정이 아닐 뿐만 아니라 그 결정에 의하여 법률의 효력을 상실시키지도 못하므로 이에 해당하지 아니함이 명백하다. 따라서 헌법재판소가 '법률'이 헌법에 위반된다고 선언하여 그 효력을 상실시키지 아니한 채 단지 특정한 '법률해석'이 헌법에 위반된다고 표명한 의견은 그 권한 범위를 뚜렷이 넘어선 것으로서 그 방식이나 형태가 무엇이든지 간에 법원과 그 밖의 국가기관 등을 기속할 수 없다. 또한 그 의견이 확정판결에서 제시된 법률해석에 대한 것이라 하더라도 법률이 위헌으로 결정된 경우에 해당하지 아니하여 법률의 효력을 상실시키지 못하는 이상 헌법재판소법 제47조 제3항에서 규정한 재심사유가 존재한다고 할 수 없다. 헌법재판소가 법률의 해석기준을 제시함으로써 구체적 사건의 재판에 관여하는 것은 독일 등 일부 외국의 입법례에서처럼 헌법재판소가 헌법상 규정된 사법권의 일부로서 그 권한을 행사함으로써 사실상 사법부의 일원이 되어 있는 헌법구조에서는 가능할 수 있다. 그러나 우리 헌법은 사법권은 대법원을 최고법원으로 한 법원에 속한다고 명백하게 선언하고 있고, 헌법재판소는 사법권을 행사하는 법원의 일부가 아님이 분명한 이상, 법률의 합헌적 해석기준을 들어 재판에 관여하는 것은 헌법 및 그에 기초한 법률체계와 맞지 않는 것이고 그런 의견이 제시되었더라도 이는 법원을 구속할 수 없다.

(라) 헌법재판소법 제41조 제1항에 의한 법률의 위헌 여부 심판의 제청은 법원이 국회가 제정한 '법률'이 위헌인지 여부의 심판을 헌법재판소에 제청하는 것이지 그 법률의 의미를 풀이한 '법률해석'이 위헌인지 여부의 심판을 제청하는 것이 아니므로, 당사자가 위헌제청신청이 기각된 경우 헌법재판소에 헌법소원심판을 청구할 수 있는 대상도 '법률'의 위헌 여부이지 '법률해석'의 위헌 여부가 될 수 없음은 분명하다. 따라서 헌법재판소가 '법률해석'에 대한 헌법소원을 받아들여 특정한 법률해석이 위헌이라고 결정하더라도, 이는 헌법이나 헌법재판소법상 근거가 없는 결정일 뿐만 아니라 법률의 효력을 상실시키지도 못하므로, 이를 헌법재판소법 제75조 제1항에서 규정하는 '헌법소원의 인용결정'이라거나, 헌법재판소법 제75조 제7항에서 규정하는 '헌법소원이 인용된 경우'에 해당된다고 볼 수 없고, 이러한 결정은 법원이나 그 밖의 국가기관 등을 기속하지 못하며 확정판결 등에 대한 재심사유가 될 수도 없다. 법원의 판결 등에서 제시된 법률해석을 헌법소원의 대상으로 받아들이는 것은 국회의 입법작용을 통제하기 위하여 헌법재판소에 부여된 '법률'의 위헌 여부에 대한 심판권을 법원의 사법작용을 통제하는 수단으로 변질시킴으로써 헌법이 결단한 권력분립 구조에 어긋나고 사법권 독립의 원칙을 해치며 재판소원을 금지한 헌법재판소법 제68조 제1항의 취지를 위반하는 결과를 가져온다. 또한 위와 같은 헌법소원을 허용하게 되면, 재판의 당사자는 제1심 법원부터 대법원에 이르기까지 법원이 자신에게 불리하게 적용하거나 적용할 것으로 예상되는 하나 또는

여러 법률해석에 대하여 수시로 위헌제청신청을 하고 그 신청이 기각당하면 헌법소원심판을 청구할 수 있게 된다. 이렇게 되면 법원의 재판과 이에 대한 상소를 통하여 최종적으로 대법원에서 가려야 할 법률해석에 대한 다툼이 법원을 떠나 헌법재판소로 옮겨가고 재판의 반대당사자는 이 때문에 사실상 이중으로 응소하여야 하는 고통을 겪게 되며, 승소 확정판결을 받은 당사자는 확정판결 등에 의하여 보장받아야 할 법적 안정성을 침해받게 된다. 이는 사실상 재판절차에서 또 하나의 심급을 인정하는 결과로서 현행 헌법과 법률 아래에서 가능한 일이 아니다.

116) 2012. 7. 26. 2009헌바35등 [KSS 해운 사건]에서 한정위헌결정이 선고된 이후에 청구인 ㈜KSS해운이 대법원에 재심청구를 한 데 대하여, 대법원이 기각판결을 선고한 사건이다. [GS 칼텍스 사건]과 [KSS 해운 사건]은 최근 많은 논란의 대상이 되고 있는 사건이나, 기초사실과 쟁점이 상당히 복잡하여 이 교재의 범위를 넘기에 구체적인 소개를 하지는 않기로 한다.

# 15. 실명인증 사건

**공직선거법 제82조의6 제1항 등 위헌확인 등**
**헌재 2010. 2. 25. 2008헌마324, 판례집 22-1상, 347**

(1) 2008헌마324 사건

(가) 청구인 박○훈은 2008. 4. 9. 실시된 제18대 국회의원선거의 선거운동기간 중 인터넷 언론 '○○' 등에 정당·후보자에 대한 지지·반대 의견을 게시하고자 하였으나, 인터넷 언론사들이 선거기간 중이라는 이유 또는 먼저 실명확인 절차를 거치지 아니하였다는 이유로 글의 게시조차 막는 바람에 의견을 게시하지 못하였다.

(나) 이에 청구인 박○훈은 구 공직선거법 제82조의6 제1항, 제6항, 제7항이 선거운동기간 중 실명을 확인하지 아니하면 인터넷언론사의 게시판 등에 의견을 게시할 수 없도록 하여 청구인에게 보장된 헌법 제21조의 표현의 자유 등을 침해하였다며 2008. 4. 8. 이 사건 헌법소원심판을 청구하였다.

(2) 2009헌바31 사건

(가) 청구인 사단법인 ○○은 2007. 12. 19. 실시된 제17대 대통령선거에서 관할 선거관리위원회 위원장으로부터 청구인이 발행하는 인터넷신문인 '민중언론 ○○' 홈페이지에 관하여, 구 공직선거법 제82조의6 제1항이 정하는 실명확인의 기술적 조치를 하라는 명령을 받았다.

(나) 청구인 사단법인 ○○은 2007. 12. 하순경, 정해진 기한까지 위 명령을 이행하지 아니함으로써 공직선거법 제82조의6 제1항, 제261조 제1항을 위반하였다는 이유로 1,000만 원의 과태료처분을 받고 법원에 이의신청을 하였다.

(다) 청구인 사단법인 ○○은 2009. 2. 16. 서울서부지방법원 2008과53 공직선거법위반(이의신청) 사건에서 구 공직선거법 제82조의6 제1항, 제3항 내지 제7항, 제261조 제1항에 대하여 위헌심판제청신청(2008카기681)을 하였으나 기각결정을 받자, 2009. 2. 26. 헌법재판소법 제68조 제2항에 따른 이 사건 헌법소원심판을 청구하였다.

2008헌마324 사건에서는 구 공직선거법(2008. 2. 29. 법률 제8879호로 개정되고, 2010. 1. 25. 법률 제9974호로 개정되기 전의 것) 제82조의6 제1항, 제6항, 제7항이 청구인 박○훈의 표현의 자유 등 기본권을 침해하는지 여부이고, 2009헌바31 사건에서는 구 공직선거법(2005. 8. 4. 법률 제7681호로 개정되고, 2008. 2. 29. 법률 제8879호로 개정되기 전의 것) 제82조의6 제1항, 제3항 내지 제7항, 제261조 제1항이 위헌인지 여부이며, 심판대상조항 및 관련조항의 내용은 다음과 같다.

**[심판대상조항]**

(1) 2008헌마324 사건

구 공직선거법(2008. 2. 29. 법률 제8879호로 개정되고, 2010. 1. 25. 법률 제9974호로 개정되기 전의 것) 제82조의6(인터넷언론사 게시판 · 대화방 등의 실명확인) ① 인터넷언론사는 선거운동기간 중 당해 인터넷홈페이지의 게시판 · 대화방 등에 정당 · 후보자에 대한 지지 · 반대의 글을 게시할 수 있도록 하는 경우에는 행정안전부장관 또는 「신용정보의 이용 및 보호에 관한 법률」 제2조 제4호에 따른 신용정보업자(이하 이 조에서 "신용정보업자"라 한다)가 제공하는 실명인증방법으로 실명을 확인받도록 하는 기술적 조치를 하여야 한다. 다만, 인터넷언론사가 「정보통신망 이용촉진 및 정보보호 등에 관한 법률」 제44조의5에 따른 본인확인조치를 한 경우에는 그 실명을 확인받도록 하는 기술적 조치를 한 것으로 본다.

⑥ 인터넷언론사는 당해 인터넷홈페이지의 게시판 · 대화방 등에 "실명인증"의 표시가 없는 정당이나 후보자에 대한 지지 · 반대의 글이 게시된 경우에는 지체 없이 이를 삭제하여야 한다.

⑦ 인터넷언론사는 정당 · 후보자 및 각급선거관리위원회가 제6항의 규정에 따른 글을 삭제하도록 요구한 경우에는 지체없이 이에 따라야 한다.

(2) 2009헌바31 사건

구 공직선거법(2005. 8. 4. 법률 제7681호로 개정되고, 2008. 2. 29. 법률 제8879호로 개정되기 전의 것) 제82조의6(인터넷언론사 게시판 · 대화방 등의 실명확인) ① 인터넷언론사는 선거운동기간 중 당해 인터넷홈페이지의 게시판 · 대화방 등에 정당 · 후보자에 대한 지지 · 반대의 글을 게시할 수 있도록 하는 경우에는 행정자치부장관이 제공하는 실명인증방법으로 실명을 확인받도록 하는 기술적 조치를 하여야 한다.

③ 행정자치부장관은 제1항 및 제2항의 규정에 따라 제공한 실명인증자료를 실명인증을 받은 자 및 인터넷홈페이지별로 관리하여야 하며, 중앙선거관리위원회가 그 실명인증자료의 제출을 요구하는 경우에는 지체없이 이에 따라야 한다.

④ 인터넷언론사는 제1항의 규정에 따라 실명인증을 받은 자가 글을 게시한 경우 당해 인터넷홈페이지의 게시판 · 대화방 등에 "실명인증" 표시가 나타나도록 하는 기술적 조치를 하여야 한다.

⑤ 인터넷언론사는 당해 인터넷홈페이지의 게시판 · 대화방 등에서 글을 게시하고자 하는 자에게 주민등록번호를 기재할 것을 요구하여서는 아니된다.

⑥ 인터넷언론사는 당해 인터넷홈페이지의 게시판 · 대화방 등에 "실명인증"의 표시가 없는 정당이나 후보자에 대한 지지 · 반대의 글이 게시된 경우에는 지체 없이 이를 삭제하여야 한다.

⑦ 인터넷언론사는 정당 · 후보자 및 각급선거관리위원회가 제6항의 규정에 따른 글을 삭제하도록 요구한 경우에는 지체없이 이에 따라야 한다.

제261조(과태료의 부과 · 징수 등) ① 제82조의6(인터넷언론사 게시판 · 대화방 등의 실명확인) 제1항의 규정을 위반하여 기술적 조치를 하지 아니한 자는 1천만 원 이하의 과태료에 처한다.

## I. 적법여부에 대한 판단

### 1. 2008헌마328 : 헌재법 제68조 제1항의 헌법소원

**가. ① 청구인의 기본권주체성, ② 법률조항의 공권력행사성, ③ 현재성, ④ 보충성, ⑤ 권리보호이익, ⑥ 변호사강제주의, ⑦ 청구기간에 관하여는 별다른 문제가 없다.**

**나. 자기관련성**

- 대상조항들의 직접적인 수범자는 청구인이 아닌 '인터넷언론사'이므로, '제3자의 자기관련성'이 인정될 수 있는지가 문제된다.

> 심판대상조항 중 구 공직선거법 제82조의6 제1항은 인터넷언론사로 하여금 정당·후보자에 대한 지지·반대의 글을 게시하는 경우에 실명확인을 할 수 있는 방법을 필수적으로 마련하도록 하고, 제82조의6 제6항, 제7항은 실명확인의 표시가 없는 정당·후보자에 대한 지지·반대의 글에 대한 삭제의무를 규정하고 있는바, 청구인이 정당·후보자에 대한 지지·반대의 의견을 게시할 경우 실명확인 절차를 거쳐야 할 부담을 지게 되고 이를 거치지 않으면 정당·후보자에 대한 지지·반대의 의견이 삭제되는 불이익을 받게 된다.
>
> 이와 같이 구 공직선거법 제82조의6 제1항, 제6항, 제7항의 입법목적 및 실질적인 규율대상, 제한이나 금지가 청구인에게 미치는 효과나 진지성의 정도 등을 고려하면 기본권침해의 자기관련성을 인정할 수 있다(헌재 1997. 9. 25. 96헌마133, 판례집 9-2, 410, 416).

**다. 직접성**

- '글의 삭제행위'라는 집행행위가 매개되는 것이 아닌지 의문이 있을 수 있다. 그러나, 실명확인 없이 글을 올리는 경우 이를 삭제할 (인터넷언론사의) 의무가 이미 대상조항에 의해 부과되어 있고, 그로 인하여 '실명확인 없이는 글을 올릴 수 없다'는 법적 상태가 이미 확정되어 있으므로, 직접성이 인정된다고 보아야 할 것이다.

**라. 소결 : 구 공직선거법 제82조의6 제1항, 제6항, 제7항에 대한 심판청구가 모두 적법하다.**

## 2. 2009헌바31 : 헌재법 제68조 제2항의 헌법소원

### 가. '법률'에 대한 재판의 전제성

헌법재판소법 제68조 제2항에 의한 헌법소원에 있어서는 일반법원에 계속중인 구체적 사건에 적용할 법률이 헌법에 위반되는지 여부가 당해 사건의 재판의 전제로 되어야 한다. 이 경우 재판의 전제가 된다고 하려면 우선 그 법률이 당해 사건에 적용할 법률이어야 하고 그 위헌 여부에 따라 재판의 주문이 달라지거나[117] 재판의 내용과 효력에 관한 법률적 의미가 달라지는 경우를 말한다(헌재 1995. 7. 21. 93헌바46, 판례집 7-2, 48, 58).

청구인 사단법인 ○○은 용산구 선거관리위원회 위원장으로부터 정해진 기한까지 실명확인의 기술적 조치명령을 이행하지 아니하였다는 이유로 구 공직선거법 제82조의6 제1항, 제261조 제1항에 의하여 과태료처분을 받고 그 이의신청 사건에서 헌법재판소법 제68조 제2항에 따른 이 사건 헌법소원심판을 청구하였다.

따라서 재판의 전제성이 인정되는 조항은 제82조의6 제1항 및 제261조 제1항이라고 할 것이고, 심판대상조항 중 행정자치부 장관 등의 자료제출 의무를 정한 제82조의6 제3항, 실명확인의 표시가 나타나도록 하는 기술적 조치를 정한 제4항, 인터넷언론사의 이용자에 대한 정보수집을 금지한 제5항, 실명확인 위반의 글에 대한 인터넷언론사의 삭제의무를 규정한 제6항, 제7항은 그 위헌 여부에 따라서 위 과태료 이의신청의 재판의 내용과 효력에 관하여 법률적 의미가 달라지거나 제1항과 체계적으로 밀접 불가분한 관계에 있는 법률조항이라고 할 수 없으므로, 구 공직선거법 제82조의6 제3항 내지 제7항은 당해 사건의 재판의 전제성이 없다(이하 본안판단 대상 중 과태료 규정인 제261조 제1항을 제외한 위 각 제82조의6 제1항과 제6항, 제7항을 '이 사건 법률조항'이라 한다).

### 나. 청구기간, 변호사강제주의에 관하여는 별다른 문제가 없다.

### 다. 소결 : 구 공직선거법 제82조의6 제1항, 제261조 제1항에 대한 심판청구만 적법하고, 나머지 심판청구는 부적법하다.

117) '재판의 이유를 달리하는 데 관련되어 있을 것'이라는 설시가 빠져있음을 볼 수 있다. 이는, '이유만을 달리할 뿐'인 경우에 재판전제성을 인정해야 할 경우가 거의 없기 때문이다.

## II. 문제되는 기본권

### 1. 표현의 자유 : 보호범위가 문제된다.

- 인터넷을 통한 의사표시도 표현의 자유로써 보호된다.

(가) 언론 · 출판의 자유의 내용 중 의사표현 · 전파의 자유에 있어서 의사표현 또는 전파의 매개체는 어떠한 형태이건 가능하며 그 제한이 없다. 즉 담화 · 연설 · 토론 · 연극 · 방송 · 음악 · 영화 · 가요 등과 문서 · 소설 · 시가 · 도화 · 사진 · 조각 · 서화 등 모든 형상의 의사표현 또는 의사전파의 매개체를 포함한다(헌재 1993. 5. 13. 91헌바17, 판례집 5-1, 275, 284-285).

정보통신망의 발달로 선거기간 중 인터넷언론사의 선거와 관련한 게시판 · 대화방 등도 정치적 의사를 형성 · 전파하는 매체로서 역할을 담당하고 있으므로, 의사의 표현 · 전파의 형식의 하나로 인정되고 따라서 언론 · 출판의 자유에 의하여 보호된다고 할 것이다.

- 익명 또는 가명으로 표현하는 것도 표현의 자유로써 보호된다.[118)]

이러한 '자유로운' 표명과 전파의 자유에는 자신의 신원을 누구에게도 밝히지 아니한 채 익명 또는 가명으로 자신의 사상이나 견해를 표명하고 전파할 익명표현의 자유도 그 보호영역에 포함된다고 할 것이다.

### 2. 양심의 자유 : 보호범위에 포함되지 않는다. → 문제되지 않는 기본권.

스스로의 의사에 의하여 정당 · 후보자에 대한 지지 · 반대의 글을 게시하는 행위는 정당 · 후보자에 대한 단순한 의견 등의 표현행위에 불과하여 양심의 자유나 사생활 비밀의 자유에 의하여 보호되는 영역이라고 할 수 없으므로, 그 과정에서 실명확인 절차의 부담을 진다고 하더라도 이를 두고 양심의 자유나 사생활 비밀의 자유를 제한받는 것이라고 볼 수 없어 그 침해 여부에 관하여 더 나아가 판단하지 아니한다.

- 우리 헌법상 '사상의 자유'가 따로 규정되어 있지 않아 양심의 자유의 영역에 든다고 해석되고 있는 만큼, 정치적인 지지나 찬반 등도 양심의 자유의 문제가 될 수 있다고

118) 이는 집회의 자유에 관하여 '평화적인 집회'만이 보호범위에 든다고 하는 것과는 상반된다.

볼 여지가 있으나, 판례는 그렇게 보지 않음을 유의.

### 3. 개인정보자기결정권 : 기본권 제한가능성이 인정되지 않음. → 문제되지 않는 기본권.

개인정보자기결정권의 보호대상이 되는 개인정보는 반드시 개인의 내밀한 영역이나 사사(私事)의 영역에 속하는 정보에 국한되지 않고 공적 생활에서 형성되었거나 이미 공개된 개인정보까지 포함한다. 또한 그러한 개인정보를 대상으로 한 조사 · 수집 · 보관 · 처리 · 이용 등의 행위는 모두 원칙적으로 개인정보자기결정권에 대한 제한에 해당한다(헌재 2005. 5. 26. 99헌마513등, 공보 105, 666, 672).

구 공직선거법은 "행정자치부장관은 제1항 및 제2항의 규정에 따라 제공한 실명인증자료를 실명인증을 받은 자 및 인터넷홈페이지별로 관리하여야 하며, 중앙선거관리위원회가 그 실명인증자료의 제출을 요구하는 경우에는 지체 없이 이에 따라야 한다."(제82조의6 제3항)라고 규정하지만, 이는 중앙선거관리위원회가 개별 인터넷언론사의 실명확인 조치의무의 이행 현황을 파악하고 지도 · 감독을 위하여 필요한 자료를 행정자치부장관으로부터 제출받기 위한 것일 뿐, 개인의 인적정보를 수집할 목적으로 규정된 조항은 아니므로 개인정보를 대상으로 한 개인정보자기결정권에 대한 제한은 아니라고 할 것이다.

오히려 이와는 별도로 정보통신망을 이용한 공직선거법 위반행위의 혐의가 있다고 인정되는 상당한 이유가 있는 때에는 선거관리위원회는 소재지를 관할하는 법원의 승인을 얻어 정보통신서비스제공자에게 당해 정보통신서비스 이용자의 성명(이용자를 식별하기 위한 부호를 포함한다) · 주민등록번호 등에 대한 자료의 열람이나 제출을 요청할 수 있는바(공직선거법 제272조의3 제1항[119]), 이 자료는 정보통신서비스제공자가 보유하는 자료로서 이 사건 실명확인 절차에서 발생한 정보를 말하는 것이 아님이 명백할 뿐만 아니라, 선거관리위원회는 인터넷언론사의 게시판 · 대화방에서의 공직선거법 위반행위의 혐의가 있는 경우에는 제82조의6 제3항이 아니라 이 제272조의3 제1항에 따라서만 개인정보자료를 취득할 수 있다고 할 것이므로(또한 제82조의6 제5항이 인터넷언론사의 이용자에 대한 정보수집을 금지하고 있음은 앞서 본 바이다), 이 사건 법률조항으로 인한 개인정보자기결정권의 제한 가능성은 없다고 할 것이다.

119) 제272조의3(통신관련 선거범죄의 조사) ① 각급선거관리위원회(읍·면·동선거관리위원회를 제외한다. 이하 이 조에서 같다)직원은 정보통신망을 이용한 이 법 위반행위의 혐의가 있다고 인정되는 상당한 이유가 있는 때에는 당해 선거관리위원회의 소재지를 관할하는 고등법원(구·시·군선거관리위원회의 경우에는 지방법원을 말한다) 수석부장판사 또는 이에 상당하는 부장판사의 승인을 얻어 정보통신서비스제공자에게 당해 정보통신서비스 이용자의 성명(이용자를 식별하기 위한 부호를 포함한다)·주민등록번호·주소(전자우편주소·인터넷 로그기록자료 및 정보통신망에 접속한 정보통신기기의 위치를 확인할 수 있는 자료를 포함한다)·이용기간·이용요금에 대한 자료의 열람이나 제출을 요청할 수 있다.

## Ⅳ. 표현의 자유 침해 여부

### 1. 검열금지원칙 위배 여부(헌법 제21조 제2항) : 검열에 해당하지 않음.

헌법 제21조 제1항과 제2항은 모든 국민은 언론·출판의 자유를 가지며, 언론·출판에 대한 허가나 검열은 인정되지 아니한다고 규정하고 있다. 여기서의 검열은 행정권이 주체가 되어 사상이나 의견 등이 발표되기 이전에 예방적 조치로서 그 내용을 심사, 선별하여 발표를 사전에 억제하는, 즉 허가받지 아니한 것의 발표를 금지하는 제도를 뜻한다(헌재 1996. 10. 4. 93헌가13, 판례집 8-2, 212, 222).

이 사건 법률조항과 관련한 인터넷언론사의 의무는 후보자·정당에 대한 지지·반대의 글을 게시하려는 이용자의 경우에는 실명을 확인받도록 하는 기술적 조치를 할 의무(제1항), 그와 같은 실명확인을 받은 경우 '실명확인' 표시가 나타나도록 기술적 조치를 취할 의무(제4항), '실명확인'의 표시가 없는 지지·반대의 글이 이미 게시되어 있을 경우 이를 삭제할 의무(제6항, 제7항)를 부담할 뿐이고, 이용자로서는 스스로의 판단에 따라 자신이 게시하려는 글이 지지·반대의 글에 해당하면 실명확인 절차를 거쳐 '실명확인'의 표시가 나타나게 게시하고 그렇지 아니하다고 판단되면 실명확인 절차를 거치지 아니하고 게시하는 것이 가능하므로, 이러한 제한이 사전검열금지의 원칙에 위배된다고 할 수 없다.

또한 위와 같은 인터넷언론사의 의무내용을 종합할 때, 청구인이 주장하는 바와 같이 당해 인터넷언론사가 내용과 상관없이 먼저 실명확인의 절차를 거치지 아니하면 글을 게시조차 못하게 하였다고 하더라도, 이는 자신의 홈페이지 관리의 편의를 위한 사실상의 조치일 뿐 이 사건 법률조항들로 인하여 생기는 법률효과는 아니라고 할 것이다.

나아가 앞서 본 관련조항에서 알 수 있듯이 인터넷언론사의 삭제의무 위반의 과태료는 당해 선거관리위원회의 삭제명령에 불응할 경우에 한하여 부과될 뿐이므로, 이른바 상시적인 자기검열의 의무 또한 사실상 없다고 할 수 있다.

### 2. 명확성원칙('법률로써') : 위배되지 않음.

(가) '인터넷언론사'의 범위

이 사건 법률조항의 '인터넷언론사'의 개념을 공직선거법 제8조의5(인터넷선거보도심의위원회) 제1항에서 규정하고 있음은 위 관련조항 항목에서 본 바와 같고, 같은 조 제6항은 "인터넷선거보도심의위원회는 인터넷 선거보도의 정치적 중립성·형평성·객관성 및 권리구제 기타 선거보도의 공정을 보장하기 위하여 필요한 사항을 정하여 이를 공표하여야 한다."라고 규정하고, 이에 의한 '주요 심의대상 인터넷언론사의 관리 등에 관한 규정' 제2조는 인터넷언론사의 범위에 관하여 "1. 「신문 등의 자유와 기능보장에 관한 법률」제2조 제3호의 신문사업자와 같은 조 제4호의 인터넷신문사업자, 「잡지 등 정기간행물의 진흥에 관한 법률」제2조 제1호 가목의 잡지와 「방송법」제2조 제1호의 방송을 경영 · 관리하는 자, 「뉴스통신진흥에 관한 법률」 제2조 제3호의 뉴스통신사업자 등이 직접 운영하거나 별도 법인으로 운영하는 인터넷홈페이지, 2. 자체적으로 기사 · 논평 · 칼럼 등을 생산하여 신문 · 방송 · 웹진 등의 형태로 보도하는 인터넷홈페이지, 3. 인터넷포털사이트(뉴스공급원으로부터 뉴스나 기사를 제공받아 편집 · 가공하거나 매개하여 제공하는 경우를 포함한다), 4. 그 밖에 위 각 호의 어느 하나에 해당하지 아니하는 경우로서 심의위원회가 인터넷언론사로 결정한 인터넷홈페이지"로 구체적으로 규정하고, 제4조 내지 제7조에서는 인터넷언론사를 결정할 때에는 작성기준일 전 3개월 동안 최소 1회 이상의 새로운 보도기사를 게재하고 있는지 등을 확인하여 매 분기 첫 달의 10일 이내에 결정하여 이를 심의위원회 홈페이지에 공개하도록 하고 있다.

위와 같은 관계법령의 규정 내용이 구체적으로 인터넷언론사의 범위에 관하여 규정하고 있고 독립된 헌법기관인 중앙선거관리위원회가 설치 · 운영하는 인터넷선거보도심의위원회가 이를 결정 · 게시하는 이상, 해당 인터넷언론사가 자신이 실명확인 확인 조치의무를 지는지 여부에 관하여 확신이 없는 상태에 빠지는 경우는 없다고 할 것이다.

나아가 이 사건 법률조항은 인터넷언론사의 '당해 인터넷홈페이지'의 게시판 · 대화방 등으로 범위를 한정하고 있으므로, '당해 인터넷홈페이지'에 해당하지 아니하는 공간, 예컨대 개인의 카페 · 블로그 등은 실명확인조치의 범위에 포함되지 아니함이 명백하다.

(나) '지지 · 반대의 글'의 의미

공직선거법은 후보자, 후보자가 되고자 하는 자가 개설한 인터넷 홈페이지를 이용한 '선거운동'을 허용하고(제59조 제3호), 선거운동을 할 수 있는 자가 선거운동기간 중에 인터넷 홈페이지 또는 그 게시판 · 대화방 등에 선거운동을 위한 내용의 정보를 게시하는 등의 '선거운동'을 허용하며, 후보자(후보자가 되고자 하는 자를 포함), 그의 배우자 등에 대한 허위사실의 유포나 비방을 금지하면서(제82조의4 제1항, 제2항), 선거운동기간 중에 인터넷언론사의 인터넷홈페이지의 게시판 · 대화방 등에 정당 · 후보자에 대한 '지지 · 반대의 글'을 게시할 수 있도록 하는 경우에 이 사건 실명확인 절차를 거치도록 함으로써, 인터넷 선거운동에서 발생할 수 있는 폐해를 예방하는 한편 '선거운동'과 '지지 · 반대의 글'을 구분하고 있다.

한편 공직선거법상의 '선거운동'이란, 특정 후보자의 당선 내지 이를 위한 득표에 필요한 모든 행위 또는 특정 후보자의 낙선에 필요한 모든 행위중 당선 또는 낙선을 위한 것이라는 목적의사가 객관적으로 인정될 수 있는 능동적, 계획적 행위를 말하는 것이다(헌재 1994. 7. 29. 93헌가4등, 판례집 6-2, 15, 33 ; 헌재 2001. 8. 30. 2000헌마121등, 판례집 13-2, 263, 274).

따라서 이와 같은 선거운동의 개념, 허위사실 유포나 비방의 발생이 빈번한 인터넷홈페이지에서 책임 있는 글쓰기를 유도하려는 이 사건 법률조항의 입법취지와 목적, 공직선거법 관련조항과의 관계와 용어의 구분 등을 고려하면, 이 사건 '지지 · 반대의 글'은 위와 같은 선거운동에 이르는 글을 포함하면서, 그에 이르지 아니 한다고 하더라도 정당 · 후보자에 대하여 찬동하여 원조하거나 찬성하지 않고 맞서서 거스르는 글을 의미하고, 건전한 상식과 통상적인 법감정을 가진 사람이면 자신의 글이 이에 해당하는지를 충분히 알 수 있다고 할 것이므로 헌법이 요구하는 명확성의 원칙에 위배된다고 할 수 없다.

## 3. 과잉금지원칙 위배 여부('필요한 경우에 한하여')

### 가. 목적의 정당성

선거기간 중 인터넷홈페이지의 게시판 · 대화방 등에서 후보자에 대한 인신공격과 흑색선전이 난무하는 경우가 많고, 부당한 선거운동이나 소수에 의한 여론 왜곡으로 선거의 평온과 공정이 위협받을 가능성이 있기 때문에, 이 사건 법률조항은 이로 인한 사회경제적 손실과 부작용을 방지하고 선거의 공정성을 확보하기 위한 것이므로 목적의 정당성이 인정된다.

### 나. 방법의 적절성

정당 · 후보자에 대한 지지 · 반대의 글을 게시할 수 있도록 하는 경우에는 실명확인을 거치도록 함으로써 후보자에 대한 인신공격이나 각종 흑색선전이 줄어들 수 있고, 이로 인하여 선거의 공정성의 확보 효과를 거둘 수 있음이 예상되므로 수단의 적합성도 인정되고 그 제한의 실효성이 의심된다는 이유만으로는 이를 부정할 수는 없다고 할 것이다.

### 다. 침해의 최소성

인터넷의 특성상 흑색선전이나 허위사실이 빠르게 유포되어 정보의 왜곡이 쉬울 뿐만 아니라 특히 짧은 선거운동기간(대통령 선거 23일, 국회의원, 지방자치단체의 의회의원 및 장 선거 14일, 공직선거법 제49조 제1항, 제59조) 중 이를 치유하기란 불가능하므로 결국 선거결과의 왜곡우려가 크다는 점에서, 현행법상 명예훼손에 관한 법리나 후보자비방죄로 규제하는 사후적 구제수단만으로는 선거에 있어 당선을 목적으로 하는 정당 · 후보자의 실질적인 권리구제가 이루어 질 수 없고, 같은 이유로 삭제명령 또는 삭제조치 전 이용자에 대하여 이의신청 등의 절차를 두기도 어렵다.

이와 같은 사정과 실명확인 기간을 '선거운동기간 중'으로 한정한 점, 대상을 '정당 · 후보자에 대한 지지 · 반대의 글'에 한정한 점, 인터넷이용자의 실명이 표출되지 않고 다만 '실명확인' 표시만이 나타나는 점을 함께 고려하면, 이 사건 법률조항은 피해를 최소화하기 위한 요건을 갖추었으며 달리 덜 제약이면서도 같은 효과를 달성할 수 있는 수단이 명백히 존재한다고 볼 수도 없으므로, 침해의 최소성이 인정된다.

### 라. 법익의 균형성

| 인터넷에 의한 허위사실 유포 등으로 인하여 후보자의 인격권 침해, 선거의 공정과 평온의 훼손 및 소수인에 의한 여론 왜곡 등의 폐해 방지라는 이 사건 실명확인제로 얻는 공익이, 인터넷언론사 이용자가 실명확인 과정에서 겪는 불편함이나 글을 게시하면서 겪게 될 수 있는 주저함, 인터넷언론사의 비용발생 또는 이용자 수의 감소 등의 사익보다 비중이 더 크므로 법익의 균형성도 인정된다. |
|---|

## V. 결론

| 1. 구 공직선거법(2005. 8. 4. 법률 제7681호로 개정되고, 2008. 2. 29. 법률 제8879호로 개정되기 전의 것) 제82조의6 제1항, 제261조 제1항은 헌법에 위반되지 아니한다.<br>2. 청구인 사단법인 ○○의 나머지 청구를 각하한다.<br>3. 청구인 박○훈의 청구를 기각한다. |
|---|

# 16. 불온통신 사건

**전기통신사업법 제53조 등 위헌확인**
**헌재 2002. 6. 27. 99헌마480, 판례집 14-1, 616**

청구인은 항공대학교 학생으로서, 1998. 9. 14.부터 주식회사 나우콤에서 운영하는 종합컴퓨터 통신망인 '나우누리'에 '이의제기'라는 이용자명(ID)으로 가입하여 컴퓨터통신을 이용하여 왔다. 청구인은 1999. 6. 15. 위 '나우누리'에 개설되어 있는 '찬우물'이라는 동호회의 '속보란' 게시판에 "서해안 총격전, 어설프다 김대중!"이라는 제목의 글을 게시하였는데, '나우누리' 운영자가 같은 달 21. 정보통신부장관의 명령에 따라 위 게시물을 삭제하고 청구인에 대하여 '나우누리' 이용을 1개월 중지시켰다.

이에 청구인은 정보통신부장관의 위와 같은 명령의 근거조항인 전기통신사업법 제53조, 같은 법 제71조 제7호 중 제53조 제3항 부분 및 같은 법 시행령 제16조가 청구인의 헌법상 보장된 표현의 자유, 학문과 예술의 자유를 침해하고, 적법절차 및 과잉금지원칙에 어긋나는 위헌조항이라고 주장하면서, 1999. 8. 11. 이 사건 헌법소원심판을 청구하였다.

> 이 사건 심판의 대상은 전기통신사업법(1991. 8. 10. 법률 제4394호로 전문개정된 것) 제53조(다만, 제3항의 "정보통신부장관"은 본래 "체신부장관"이었던 것이 1996. 12. 30. 법률 제5220호로 개정시 변경되었다), 같은 법 제71조 제7호(1996. 12. 30. 법률 제5220호로 개정된 것) 중 제53조 제3항 부분 및 같은 법 시행령(1991. 12. 31. 대통령령 제13558호로 전문개정된 것) 제16조의 위헌여부이고, 그 규정내용은 다음과 같다.
>
> 전기통신사업법 제53조(불온통신의 단속) ① 전기통신을 이용하는 자는 공공의 안녕질서 또는 미풍양속을 해하는 내용의 통신을 하여서는 아니된다.
> ② 제1항의 규정에 의한 공공의 안녕질서 또는 미풍양속을 해하는 것으로 인정되는 통신의 대상 등은 대통령령으로 정한다.
> ③ 정보통신부장관은 제2항의 규정에 의한 통신에 대하여는 전기통신사업자로 하여금 그 취급을 거부 · 정지 또는 제한하도록 명할 수 있다.
>
> 제71조(벌칙) 다음 각호의 1에 해당하는 자는 2년 이하의 징역 또는 2천만원 이하의 벌금에 처한다.
> 7. 제53조 제3항 또는 제55조의 규정에 의한 명령을 이행하지 아니한 자
>
> 같은 법 시행령 제16조(불온통신) 법 제53조 제2항의 규정에 의한 공공의 안녕질서 또는 미풍양속을 해하는 것으로 인정되는 전기통신은 다음 각호와 같다.
> 1. 범죄행위를 목적으로 하거나 범죄행위를 교사하는 내용의 전기통신
> 2. 반국가적 행위의 수행을 목적으로 하는 내용의 전기통신
> 3. 선량한 풍속 기타 사회질서를 해하는 내용의 전기통신

## I. 적법요건

**1. 문제되지 않는 적법요건 : 이 사건 법률 및 시행령 조항들 모두에 관하여, ① 청구인의 기본권주체성, ② 법률 또는 시행령 조항의 공권력행사성, ③ 기본권침해의 현재성, ④ 보충성(법령소원은 언제나 보충성요건을 충족한다), ⑤ 권리보호이익, ⑥ 변호사강제주의, ⑦ 청구기간에 관하여는 별다른 문제가 없다.**

**2. 전기통신사업법 제71조 제7호 중 제53조 제3항 부분에 대한 심판청구의 경우**

- 자기관련성 흠결 → 부적법.

> 직권으로, 전기통신사업법 제71조 제7호 중 제53조 제3항 부분에 대한 심판청구가 위와 같은 자기관련성의 요건을 갖추고 있는지 여부에 관하여 본다.
>
> 전기통신사업법 제71조 제7호는 '제53조 제3항……의 규정에 의한 명령을 이행하지 아니한 자'는 2년 이하의 징역 또는 2천만원 이하의 벌금에 처한다고 규정하고 있는바, 위 조항의 처벌대상은 청구인과 같은 전기통신이용자가 아니라 전기통신사업자임이 명백하다. 따라서, 이 부분에 대한 심판청구는 자기관련성을 결여한 것으로서 부적법하다.

- 다만 아래에서 보듯이, 전기통신사업법 제53조 제3항에 관하여는 '제3자의 자기관련성'이 인정된다는 점을 주의.

**3. 나머지 심판대상 조항들에 대한 심판청구의 경우 → 적법.**

- 직접성

> 정보통신부장관은 이 사건 심판대상조항은 그 자체로서 직접적인 기본권 침해의 결과를 가져온다고 볼 수 없어 이 사건 헌법소원이 부적법하다고 주장하므로, 이에 관하여 본다.
>
> (1) 전기통신사업법 제53조 제1항, 제2항, 같은 법 시행령 제16조에 관하여
>
> 위 조항들은 **서로 불가분의 관계를 가지면서 전체적**으로 이른바 불온통신의 내용을 확정하고 이를 금지하는 규정으로서, 전기통신을 이용하는 자들에게 공공의 안녕질서 또는 미풍양속을 해하는 내용의 통신을 하지 말 것을 명하고 있다. 따라서, 전기통신이용자들은 어떠한 집행행위에 의하여 비로소 그러한 불온통신의 금지의무를 지게 되는 것이 아니라, 위 조항들 자체에 의하여 직접 위와 같은 의무를 부담하게 된다고 할 것이므로, 위 조항들은 기본

권침해의 직접성의 요건을 갖춘 것으로 보아야 한다.[120]

(2) 전기통신사업법 제53조 제3항에 관하여

헌법소원심판의 대상이 될 수 있는 법률은 그 법률에 기한 다른 집행행위를 기다리지 않고 직접 국민의 기본권을 침해하는 법률이어야 하나, 구체적 집행행위가 존재하는 경우라고 하여 언제나 반드시 법률자체에 대한 헌법소원심판청구의 적법성이 부정되는 것은 아니며, 예외적으로 집행행위가 존재하는 경우라도 그 집행행위를 대상으로 하는 구제절차가 없거나 구제절차가 있다고 하더라도 권리구제의 기대가능성이 없고, 다만 기본권침해를 당한 청구인에게 불필요한 우회절차를 강요하는 것밖에 되지 않는 경우 등으로서 당해 법률에 대한 전제관련성이 확실하다고 인정되는 때에는 당해 법률을 헌법소원의 직접 대상으로 삼을 수 있다(헌재 1992. 4. 14. 90헌마82, 판례집 4, 194, 203 ; 헌재 1997. 8. 21. 96헌마48, 판례집 9-2, 295, 303-304).

전기통신사업법 제53조 제3항은 정보통신부장관이 전기통신사업자로 하여금 불온통신의 취급을 거부, 정지 또는 제한하도록 명할 수 있다고 규정하고 있어, 이 조항으로 인한 기본권의 침해는 정보통신부장관의 명령이라는 집행행위를 매개로 하여 발생하게 된다.

그런데 이 조항으로 인해 실질적으로 표현의 자유를 규제받는 자는 청구인과 같은 이용자임에도 불구하고, 정보통신부장관의 명령의 상대방인 전기통신사업자가 아닌 제3자라는 이유로 행정소송의 제기를 통한 권리구제를 받지 못할 가능성이 있다. 그러므로 예외적으로 이 조항을 직접 헌법소원의 대상으로 삼을 수 있다고 봄이 상당하다.

(3) 결국 이 사건 심판대상조항에 관하여 기본권침해의 직접성이 없어 부적법하다고 하는 정보통신부장관의 주장은 이유없다.

### 생각해 볼 점 (1) : 전기통신사업법 제53조 제3항에 관한 자기관련성 및 직접성, 보충성

1. 자기관련성에 관하여

위 판시 중에서 전기통신사업법 제53조 제3항에 관한 부분은 문면상으로는 '직접성'에 관한 것이지만, 논리적으로는 직접성 이외에 자기관련성에 관한 판단도 포함하는 것으로 보아야 한다.

전기통신사업법 제53조 제3항은 정보통신부장관이 전기통신사업자로 하여금 불온통신의 취급을 거부, 정지 또는 제한하도록 명할 수 있다는 것을 그 내용으로 한다. 따라서 위 조항의 직접적인 수범자는 '전기통신사업자'이지, 청구인(이용자)이 아니다. 그럼에도 "이 조항으로 인해 실질적으로 표현의 자유를 규제받는 자는 청구인과 같은 이용자"라는 점에서, 청구인에 대한 기본권침해의 자기관련성이 인정된다고 보아야 할 것이다.

이 점은, 위 조항의 위반에 대한 처벌규정(전기통신사업법 제71조 제7호 중 제53조 제3항 부분)이 청구인에 대하여 기본권침해의 자기관련성을 갖지 못한다는 점과 구별되어야 한다. 제

120) 헌재 2010. 10. 28. 2008헌마638 결정([불온문서 사건])과 비교해 볼 것.

53조 제3항에 의해서는 '전기통신사업자'뿐만 아니라 실질적으로는 청구인(이용자)에 대한 '표현의 자유 규제'라는 효과가 미치는 반면에, 그와 별개로, 처벌규정으로 인해 전기통신사업자가 처벌되는 것 자체는 청구인(이용자)에 대한 규제효과를 가지는 것이 아니기 때문이다(논의의 여지는 있겠으나, 적어도 헌재는 그와 같이 판단한 것으로 보인다).

2. 직접성에 관하여

전기통신사업법 제53조 제3항에 의한 정보통신부장관의 명령이 청구인(이용자)에 대한 기본권침해의 자기관련성을 가진다고 하더라도, 그러한 기본권침해는 '명령'(집행행위)이 있기 전까지는 현실적으로 발생하지 않는다는 점에서, 원칙적으로 직접성은 부정되어야 할 것이다(명령을 '할 수 있다'는 형식을 취하는 데서부터 이미 직접성의 문제가 생긴다). 그러나 판시에서 든 것과 같이, 그 '명령'에 대하여 청구인(이용자)이 스스로 불복하여 다툴 수 있는 구제수단이 없을 수 있다는 점에서, 위 원칙에 대한 예외로서 직접성이 인정된다는 것이, 위 판시의 취지라고 할 수 있다.

3. 보충성에 관하여

한편 "정보통신부장관의 명령의 상대방인 전기통신사업자가 아닌 제3자라는 이유로 행정소송의 제기를 통한 권리구제를 받지 못할 가능성이 있다"는 판시부분은, 얼핏 보아서는 기본권침해의 보충성과 관련되는 판시라고 볼 수도 있겠으나, 이는 잘못된 생각이다. 누차 언급한 바와 같이, 법령에 대하여는 헌재를 통하지 않는 별도의 구제수단이 없으므로, 언제나 보충성원칙은 충족된다. 위 판시부분은 보충성에 관한 판시가 아니라고 보아야 한다.

## II. 표현의 자유 침해 여부

### 1. 전기통신사업법 제53조 제1항의 위헌여부 : 위헌

#### 가. 명확성의 원칙 위배 여부 : 위배

법률은 명확한 용어로 규정함으로써 적용대상자에게 그 규제내용을 미리 알 수 있도록 공정한 고지를 하여 장래의 행동지침을 제공하고, 동시에 법집행자에게 객관적 판단지침을 주어 차별적이거나 자의적인 법해석을 예방할 수 있다(헌재 1992. 4. 28. 90헌바27등, 판례집 4, 255, 268-269). 법률은 되도록 명확한 용어로 규정하여야 한다는 이러한 명확성의 원칙은 민주주의·법치주의 원리의 표현으로서 모든 기본권제한입법에 요구되는 것이며, 죄형법정주의, 조세법률주의, 포괄위임금지와 같은 원칙들에도 명확성의 요청이 이미 내재되어 있다.

그런데 표현의 자유를 규제하는 입법에 있어서 이러한 명확성의 원칙은 특별히 중요한 의미를 지닌다. 현대 민주사회에서 표현의 자유가 국민주권주의의 이념의 실현에 불가결한 존재인 점에 비추어 볼 때, 불명확한 규범에 의한 표현의 자유의 규제는 헌법상 보호받는 표현에 대한 위축적 효과를 수반하고, 그로 인해 다양한 의견, 견해, 사상의 표출을 가능케 하여 이러한 표현들이 상호 검증을 거치도록 한다는 표현의 자유의 본래의 기능을 상실케 한다. 즉, 무엇이 금지되는 표현인지가 불명확한 경우에, 자신이 행하고자 하는 표현이 규제의 대상이 아니라는 확신이 없는 기본권주체는 대체로 규제를 받을 것을 우려해서 표현행위를 스스로 억제하게 될 가능성이 높은 것이다. 그렇기 때문에 표현의 자유를 규제하는 법률은 규제되는 표현의 개념을 세밀하고 명확하게 규정할 것이 헌법적으로 요구된다(헌재 1998. 4. 30. 95헌가16, 판례집 10-1, 327, 342).

"공공의 안녕질서 또는 미풍양속을 해하는"이라는 불온통신의 개념은 너무나 불명확하고, 애매하다.

헌법 제37조 제2항은 모든 자유와 권리는 국가의 안전보장 · 질서유지 또는 공공복리를 위하여 필요한 경우에 한하여 법률로써 제한할 수 있음을 규정하고 있고, 헌법 제21조 제4항은 언론 · 출판은 공중도덕이나 사회윤리를 침해하여서는 아니된다고 규정하고 있다. 그런데 위 전기통신사업법 제53조 제1항은 불온통신을 "공공의 안녕질서 또는 미풍양속을 해하는 통신"으로 규정하고 이를 금지하고 있는바, 여기서의 "공공의 안녕질서"는 위 헌법 제37조 제2항의 "국가의 안전보장 · 질서유지"와, "미풍양속"은 헌법 제21조 제4항의 "공중도덕이나 사회윤리"와 비교하여 볼 때 동어반복이라 해도 좋을 정도로 전혀 구체화되어 있지 아니하다. 즉 "불온통신"의 개념을 정하고 있는 것이 아니라 헌법상 기본권제한에 필요한 최소한의 요건 또는 헌법상 언론 · 출판자유의 한계를 그대로 법률에 옮겨 놓은 것에 불과할 정도로 그 의미가 불명확하고 추상적이다.

이처럼, "공공의 안녕질서", "미풍양속"이라는 것은 매우 추상적인 개념이어서 어떠한 표현행위가 과연 "공공의 안녕질서"나 "미풍양속"을 해하는 것인지, 아닌지에 관한 판단은 사람마다의 가치관, 윤리관에 따라 크게 달라질 수밖에 없고, 법집행자의 통상적 해석을 통하여 그 의미내용을 객관적으로 확정하기도 어렵다.

위와 같이 불명확한 불온통신의 개념은, 비록 같은 조 제2항에서 그 대상 등을 대통령령으로 정하도록 규정하고 있어 시행령에 의하여 구체화될 것이 예정되어 있다고 하더라도 어떤 내용들이 대통령령에 정하여질지 예상할 수 없어, 수범자인 국민으로 하여금 어떤 내용의 통신이 금지되는 것인지 고지하여 주지 못하고 있다. "공공의 안녕질서"나 "미풍양속"에 관하여 어렴풋한 추측마저 전혀 불가능한 것은 아니라 할지라도, 그것은 각자마다 다른 대단히 주관적인 것일 수밖에 없다.

물론 입법에 있어서 추상적 가치개념의 사용이 필요한 것은 일반적으로 부인할 수 없으며, 또한 "공공의 안녕질서", "미풍양속"이라는 개념을 사용하는 것이 언제나 허용되지 않는다고 단정할 수도 없다. 법률의 입법목적, 규율의 대상이 되는 법률관계의 성격, 관련 법규범의 내용 등에 따라서는 그러한 개념의 사용이 허용되는 경우도 있을 수 있을 것이다. 그러나 적어도 공권력에 의하여 표현의 내용을 규제하는 입법에서 아무런 추가적인 제한요건 없이 막연히 "공공의 안녕질서 또는 미풍양속을 해하는"이라는 잣대로 일체의 표현을 규제하는 것은, 비록 같은 조 제2항에서 그 대상 등을 대통령령으로 정하도록 규정하고 있어 대통령령에 의하여 구체화될 것이 예정되어 있다고 하더라도, 표현의 자유에서 요구하는 명확성의 요청에 현저하게 부응하지 못한 것이라 하지 않을 수 없다.

- 표현의 자유를 제한하는 법령에 대한 '명확성의 원칙'과 관련해서는, "위축효과(chilling effect)"라는 개념이 가장 중요하다고 할 수 있다.

## 나. 과잉금지원칙 위배 여부 : 위배

(가) 온라인매체상의 정보의 신속한 유통을 고려한다면 표현물 삭제와 같은 일정한 규제조치의 필요성 자체를 부인하기는 어렵다고 하더라도, 내용 그 자체로 불법성이 뚜렷하고, 사회적 유해성이 명백한 표현물 - 예컨대, 아동 포르노, 국가기밀 누설, 명예훼손, 저작권 침해 같은 경우가 여기에 해당할 것이다 - 이 아닌 한, 청소년보호를 위한 유통관리 차원의 제약을 가하는 것은 별론으로 하고, 함부로 내용을 이유로 표현물을 규제하거나 억압하여서는 아니된다. 유해성에 대한 막연한 의심이나 유해의 가능성만으로 표현물의 내용을 광범위하게 규제하는 것은 표현의 자유와 조화될 수 없다.

그런데, <u>전기통신사업법 제53조는 "공공의 안녕질서 또는 미풍양속을 해하는"이라는 불온통신의 개념을 전제로 하여 규제를 가하는 것으로서 불온통신 개념의 모호성, 추상성, 포괄성으로 말미암아 필연적으로 규제되지 않아야 할 표현까지 다함께 규제하게 되어 과잉금지원칙에 어긋난다</u>.

(나) 먼저, 우리 재판소가 명시적으로 보호받는 표현으로 분류한 바 있는 "저속한" 표현(헌재 1998. 4. 30. 95헌가16, 판례집 10-1, 327)도 "미풍양속"에 반하는 것으로 되어 규제될 수 있다. 우리 재판소는 "음란한" 표현과 달리 "저속한" 표현은 일정한 사회적 가치를 가지고 있어서 이를 전면 금지시키는 것은 표현의 자유에 대한 침해가 된다고 하면서, 외설성이 음란에는 달하지 않는 성적 표현, 한두 번의 폭력적 표현, 다소 상세한 살인현장의 묘사, 성을 소재로 한 유머, 왜곡된 사회도덕이나 윤리를 풍자하는 다소 품위없는 표현 등이 "저속"에 해당한다고 하였는데(헌재 1998. 4. 30. 95헌가16, 판례집 10-1, 352-353), 이러한 저속한 표현 중에는 "공공의 안녕질서"나 "미풍양속"에 반하는 것이 얼마든지 있을 수 있기 때문이다.

(다) <u>청소년유해매체물은 청소년보호를 위해 그 유통·관리를 규제하는 매체물이다. 여기에는 성인에게도 금지되는 음란물 같은 불법표현물도 포함될 수 있지만, 성인에게는 접근이 허용될 수 있지만 청소년에게만 금지되는 표현물도 포함되어 있다</u>.

그런데 "공공의 안녕질서 또는 미풍양속" 개념의 포괄성으로 말미암아 청소년에 대한 접근만 금지하여도 족할 표현물도 불온통신에 해당되어 규제받게 된다. 예를 들어 성적인 욕구를 자극하는 선정적인 표현물은 청소년의 접근으로부터는 차단할 필요가 있다 하더라도(청소년보호법 제10조 제1항 제1호 참조), 그것이 음란물에 이르지 않는 한 성인에 의한 표현과 접근까지 금지할 이유는 없는 것이다. 그럼에도 불구하고 그러한 표현물들도 "미풍양속"에 반하는 불온통신이라 하여 규제받을 수 있게 된다.

(라) 다양한 의견간의 자유로운 토론과 비판을 통하여 사회공동체의 문제를 제기하고, 건전하게 해소할 가능성을 봉쇄한다. 성(性), 혼인, 가족제도에 관한 표현들(예컨대, 혼전동거, 계약결혼, 동성애 등에 관한 표현)이 "미풍양속"을 해하는 것으로 규제되고 예민한 정치적, 사회적 이슈에 관한 표현들(예컨대, 징집반대, 양심상의 집총거부, 통일문제 등에 관한 표현)이 "공공의 안녕질서"를 해하는 것으로 규제된다면, 전기통신의 이용자는 표현행위에 있어 위축되지 않을 수 없고, 이로 말미암아 열린 논의의 가능성은 원천적으로 배제되어 표현의 자유의 본질적 기능이 훼손된다.

<u>대저 전체주의 사회와 달리 국가의 무류성(無謬性)을 믿지 않으며, 다원성과 가치상대주의를 이념적 기초로 하는 민주주의 사회에서 "공공의 안녕질서"나 "미풍양속"과 같은 상대적이고 가변적인 개념을 잣대로 표현의 허용 여부를 국가가 재단하게 되면 언론과 사상의 자유시장이 왜곡되고, 정치적, 이데올로기적으로 악용될 우려가 있다. 더욱이 집권자에 대한 비판적 표현은 "공공의 안녕질서"를 해하는 것으로 쉽게 규제될 소지도 있다. 우리 재판소는, 민주주의에서 어떤 표현이나 정보의 가치 유무, 해악성 유무를 국가가 1차적으로 재단하여서는 아니되고 시민사회의 자기교정기능, 사상과 의견의 경쟁메커니즘에 맡겨야 한다고 확인한 바 있음을(헌재 1998. 4. 30. 95헌가16, 판례집 10-1, 327, 339-340) 환기하여 둔다</u>.

(마) 마지막으로 1961년 구 전기통신법 제6조에 의하여 도입될 당시의 모습에서 크게 벗어나지 않은 현재의 불온통신 규제제도는 인터넷을 비롯, 온라인매체를 이용한 표현행위의 비중이 점점 커지고 있는 변화된 시대상황에도 어울리지 않는다는 점을 지적하고자 한다.

불온통신 규제의 주된 대상이 되는 매체의 하나는 인터넷이다. 인터넷은 공중파방송과 달리 "가장 참여적인 시장", "표현촉진적인 매체"이다. 공중파방송은 전파자원의 희소성, 방송의 침투성, 정보수용자측의 통제능력의 결여와 같은 특성을 가지고 있어서 그 공적 책임과 공익성이 강조되어, 인쇄매체에서는 볼 수 없는 강한 규제조치가 정당화되기도 한다. 그러나 인터넷은 위와 같은 방송의 특성이 없으며, 오히려 진입장벽이 낮고, 표현의 쌍방향성이 보장되며, 그 이용에 적극적이고 계획적인 행동이 필요하다는 특성을 지닌다. 오늘날 가장 거대하고, 주요한 표현매체의 하나로 자리를 굳힌 인터넷상의 표현에 대하여 질서위주의 사고만으로 규제하려고 할 경우 표현의 자유의 발전에 큰 장애를 초래할 수 있다. 표현매체에 관한 기술의 발달은 표현의 자유의 장을 넓히고 질적 변화를 야기하고 있으므로 계속 변화하는 이 분야에서 규제의 수단 또한 헌법의 틀 내에서 다채롭고 새롭게 강구되어야 할 것이다.

(바) 결론적으로, 전기통신사업법 제53조 제1항은 표현의 자유를 지나치게 광범위하게, 포괄적으로 제한함으로써 과잉금지원칙에 위배된다.

## 2. 전기통신사업법 제53조 제2항의 위헌여부 : 포괄위임금지원칙 위배 → 위헌

(1) 전기통신사업법 제53조 제2항은 "제1항의 규정에 의한 공공의 안녕질서 또는 미풍양속을 해하는 것으로 인정되는 통신의 대상 등은 대통령령으로 정한다"고 규정하고 있는바 이는 포괄위임입법금지원칙에 위배된다.

(2) 포괄적위임입법금지원칙은 행정부에 입법을 위임하는 수권법률의 명확성원칙으로서 헌법 제75조가 규정하고 있는 "법률에서 구체적으로 범위를 정하여 위임받은 사항"이라 함은 법률에 이미 대통령령으로 규정될 내용 및 범위의 기본사항이 구체적으로 규정되어 있어서 누구라도 당해 법률로부터 대통령령에 규정될 내용의 대강을 예측할 수 있어야 함을 의미한다(헌재 1991. 7. 8. 91헌가4, 판례집 3, 336, 341). 그리고 이 같은 위임의 구체성과 명확성의 요구 정도는 규제 대상의 종류와 성격에 따라 달라지는바, 기본권침해영역에서는 급부영역에서보다 구체성의 요구가 강화되고, 특히 이 사건에서와 같이 표현의 자유를 내용에 의하여 규제하고 이에 불응할 경우에는 형사처벌이 가해지는 경우에는 구체성의 요구가 더욱 강화된다고 할 것이다.

그런데 위에서 본 바와 같이 "공공의 안녕질서"나 "미풍양속"의 개념은 대단히 추상적이고 불명확하여, 수범자인 국민으로 하여금 어떤 내용들이 대통령령에 정하여질지 그 기준과 대강을 예측할 수도 없게 되어 있다.[121]

(3) 또한, 이 개념은 행정입법자에게 적정한 지침을 제공하지 못함으로써 그로 인한 행정입법을 제대로 통제하는 기능을 수행하지 못한다. 이러한 기능은 위임입법에서 위임사항을 명백히 한계지울 수 있을 때 비로소 가능한데, "공공의 안녕질서"나 "미풍양속"의 개념은 행정입법의 범위에 대한 아무런 한계로도 작용하지 못하는 것이다. 그리하여 행정입법자는 다분히 자신이 판단하는 또는 원하는 "안녕질서", "미풍양속"의 관념에 따라 헌법적으로 보호받아야 할 표현까지 얼마든지 규제대상으로 삼을 수 있게 되어 있다.

이는 위 조항의 위임에 의하여 제정된 전기통신사업법시행령 제16조 제2호와 제3호가 "공공의 안녕질서 또는 미풍양속을 해하는 것으로 인정되는 통신"으로서 "반국가적 행위의 수행을 목적으로 하는 내용의 전기통신", "선량한 풍속 기타 사회질서를 해하는 내용의 전기통신"을 각 규정하여 위 전기통신사업법 제53조 제1항에 못지 않게 불명확하고 광범위하게 통신을 규제하고 있는 점에서 더욱 명백하게 드러난다고 할 것이다.

(4) 나아가 전기통신사업법 제53조 제2항은 불온통신 즉 "공공의 안녕질서 또는 미풍양속을 해하는 것으로 인정되는 통신"의 대상 등을 전부 대통령령으로 정하도록 위임함으로써, 위 헌법 제37조 제2항에 의하여 "국가의 안전보장, 질서유지 또는 공공복리를 위해 필요한 경우" 또는 "공중도덕이나 사회윤리를 침해하는 것"으로서 "법률"로써 구체화하여야 할 것을 법률에 의하여는 전혀 구체화하지 아니한 채 전적으로 행정입법에 맡겨놓은 결과를 초래하였는바, 이는 국민의 자유나 권리를 제한하는 행정작용의 경우 적어도 그 제한의 본질적인 사항에 관한 한 국회가 제정하는 법률에 근거를 두는 것만으로 충분한 것이 아니라 국회가 직접 결정함으로써 실질에 있어서도 법률에 의한 규율이 되도록 하여야 한다는 요구(헌재 1999. 5. 27. 98헌바70 판례집 11-1, 633, 644)에도 반한다고 보여진다.

(5) 결론적으로 전기통신사업법 제53조 제2항은 대통령령에 규정될 불온통신의 내용 및 범위를 예측할 수 있도록 구체적이고 명확하게 위임하고 있지 않아 포괄위임금지원칙에 위배된다.

→ [명확성의 원칙과 포괄위임금지원칙의 관계]

| 헌재 2013. 8. 29. 2011헌가19 등 |
|---|
| 헌법 제75조의 포괄위임금지원칙은 행정부에 입법을 위임하는 수권법률의 명확성원칙에 관한 것으로서 **법률의 명확성원칙이 위임입법에 관하여 구체화된 특별규정**이라고 할 수 있다. 따라서 수권법률조항의 명확성원칙 위반 여부는 헌법 제75조의 포괄위임금지원칙의 위반 여부에 대한 심사로써 충족된다(헌재 2007. 4. 26. 2004헌가29, 판례집 19-1, 349, 365-366; 헌재 2011. 2. 24. 2009헌바13등, 판례집 23-1상, 53, 63). |

**생각해 볼 점 (2) : 법 제53조 제1항과 제2항의 관계에 따른 문제**

헌재는 전기통신사업법 제53조 제1항과 제2항이 명확성원칙(내지 포괄위임금지원칙)에 위반되는지의 여부를 각각 따로 판단하였다. 그러나 헌재 스스로도 앞머리에서 전기통신사업법 제53조 제1항, 제2항, 같은 법 시행령 제16조에 관하여, "위 조항들은 서로 불가분의 관계를 가지면서 전체적으로 이른바 불온통신의 내용을 확정하고 이를 금지하는 규정"이라고 판시하였는데, 이러한 논리를 일관할 경우에는 제53조 제1항과 제2항에 대한 명확성심사를 각각 따로 할 것이 아니라, 하나로 묶어서 해야 한다는 논리도 충분히 세울 수 있다.

이와 같이 양 조항을 '하나로' 묶어서 명확성원칙의 위배여부를 심사하는 경우에는, 그 전체로서의 '하나'가 명확성원칙에 위배되지 않는다는 결론이 나올 여지도 있다. 그렇게 된다면, 아래에서 보는 전기통신사업법 시행령 제16조의 위헌여부도 별도로 다시 판단해야 하게 될 것이다.

## 3. 전기통신사업법 제53조 제3항의 위헌성 : 위헌

위에서 본 바와 같이 전기통신사업법 제53조 제1항과 제2항이 헌법에 위반되므로 위 조항들을 전제로 하는 전기통신사업법 제53조 제3항 또한 더 나아가 살필 필요 없이 위헌이라 할 것인바, 아울러 위 조항에 의한 정보통신부장관의 취급거부 · 정지 · 제한 명령 제도는 실질적인 피규제자인 전기통신이용자에게 의견진술권이 전혀 보장되어 있지 아니한 점에서 적법절차원칙에도 위배될 소지가 있고, 나아가 위 취급거부 · 정지 · 제한에 이용자명(ID)의 사용금지 또는 사이트폐쇄까지 포함하는 것으로 해석한다면 이용자가 당해 사이트를 통하여 다른 적법한 정보를 유통하는 것까지 불가능하게 한다는 점에서 과잉금지원칙에 위반될 소지가 많음을 지적하여 둔다.

121) 국민이 시행령을 뒤져보기 전에 법률 자체를 통하여 '대강이나마' 내용을 짐작할 수조차 없다는 것이다.

### 4. 전기통신사업법시행령 제16조의 위헌성

위에서 본 바와 같이 전기통신사업법 제53조 제2항이 헌법에 위반되므로 이를 근거로 한 전기통신사업법시행령 제16조 또한 더 나아가 살필 것 없이 위헌이라 할 것이다[122].

## III. 결론

1. 전기통신사업법(1991. 8. 10. 법률 제4394호로 전문개정된 것) 제53조, 같은 법 시행령(1991. 12. 31. 대통령령 제13558호로 전문개정된 것) 제16조는 헌법에 위반된다.
2. 위 같은 법 제71조 제7호(1996. 12. 30. 법률 제5220호로 개정된 것) 중 제53조 제3항 부분에 대한 심판청구를 각하한다.

## IV. 재판관 하경철, 재판관 김영일, 재판관 송인준의 반대의견 요지

1. 전기통신사업법 제53조 제1항, 제2항에 관하여

법률의 합헌적 해석의 원칙 특히, 기본권의 최대보장, 최소제한의 원칙에 의거하면, 위 법률조항들에서 위임의 기준으로 사용되고 있는 '공공의 안녕질서' 또는 '미풍양속'은 '모든 국민이 준수하고 지킬 것이 요구되는 최소한도의 질서 또는 도덕률'을 의미한다고 보아야 할 것이므로, 위 개념들이 행정입법자에게 아무런 한계규범으로 작용하지 못한다거나, 또는 규제되지 않아야 할 표현까지 싸잡아 규제하는 과잉규제를 필연적으로 초래한다고는 말할 수 없고, 적어도 위임의 기준으로서는 비교적 명백하다고 할 수 있다. 한편, 위헌여부는 규범이 유효하게 존립할 수 있는가를 가늠하는 한계설정의 문제이지, 정책적 가치판단의 최적화를 요구하는 것은 아니므로, 가사 위 법률조항들이 위임입법의 명확성과 관련하여 최선의 입법이 아니고 입법개선의 여지가 존재한다고 하더라도, 누구라도 위 법률조항들의 위임에 따라 대통령령으로 정하게 될 불온통신에 관한 기준과 범위의 대강을 예측할 수 있어 위 법률조항들이 가지고 있는 개념의 불명확성이 포괄위임입법금지의 원칙상 수긍할 수 없을 정도에 이르는 것으로는 볼 수 없는 이상, 이를 위헌이라고 보기는 어렵다.

122) 이러한 논리에 관하여는, [7. 당구장 사건]의 [생각해 볼 점 (4)]를 참조.

2. 전기통신사업법시행령 제16조에 관하여

위 시행령조항은 전기통신사업법 제53조 제2항의 위임에 따라 불온통신의 내용을 확정적·완결적으로 규정하고 있다. 위 시행령 제16조 제1호가 규정하고 있는 "범죄행위를 목적으로 하거나 범죄행위를 교사하는 내용의 전기통신"은 형사법규로 처벌되는 범죄행위를 수행하기 위한 것이거나, 그러한 범죄행위를 교사하기 위한 통신을 의미하는 것으로 쉽게 해석할 수 있으므로, 위 규정이 명확성의 원칙에 반하는 것으로 보기는 어렵다. 그러나 같은 조 제2호가 규정하고 있는 "반국가적 행위의 수행을 목적으로 하는 내용의 전기통신"이나, 같은 조 제3호가 규정하고 있는 "선량한 풍속 기타 사회질서를 해하는 내용의 전기통신"의 경우는 지나치게 추상적이고 불명확한 표현으로서 법집행기관의 자의적인 판단을 막을 길이 없고, 이에 따라 표현의 자유에 대한 침해가능성이 쉽게 예상되는 등 위 제2호 및 제3호에서 제시하는 기준은 표현의 자유를 완결적으로 규제하는 기준이 될 수 없으므로, 위 제2호 및 제3호는 명확성의 원칙을 위반하여 표현의 자유를 침해하고 있는 것으로 판단된다.

3. 전기통신사업법 제53조 제3항에 관하여

위 법률조항에 의하면, 불온통신에 대하여는 당해 정보의 개별적 삭제명령뿐만 아니라 사이트폐쇄명령이나 이용자명(ID)정지명령까지 가능하다고 할 것이나, 위 법률조항은 이용자에 대하여 일체의 직접적인 법적 책임을 부과하고 있지 아니하고, 온라인매체의 경우 불온통신의 게재에 대하여 당해 표현물의 개별적 삭제명령만으로는 효과적으로 대처할 수 없음이 명백하며, 사이트폐쇄명령이나 이용자명(ID)정지명령도 당해 전기통신사업자가 운영하는 통신망에 한정되는 것이어서, 이용자는 그 밖의 통신망의 이용에 대하여는 아무런 제한을 받지 아니한다는 점 등을 고려하면, 위 법률조항이 과잉금지의 원칙에 위배하여 표현의 자유를 침해한 것으로 볼 수는 없다. 한편, 행정절차법에 의하면, 전기통신이용자는 이해관계인으로서 처분의 사전통지를 받고, 의견제출을 할 기회가 열려 있으며, 청문이 실시되거나 공청회가 개최되는 경우에는 이에 참가할 수 있는 길도 열려 있으므로, 위 법률조항에서 전기통신이용자에 대하여 별도의 의견진술권을 규정하고 있지 않다고 하더라도, 이를 이유로 위 법률조항이 적법절차의 원칙에 위반되는 것으로도 볼 수 없다. 따라서 위 법률조항이 과잉금지의 원칙이나 적법절차의 원칙에 위반하여 표현의 자유를 침해하고 있는 것으로는 볼 수 없다.

# 17. 의료광고 사건

**의료법 제69조 등 위헌제청**
**헌재 2005. 10. 27. 2003헌가3, 판례집 17-2, 189**

제청신청인은 서울에서 ○○안과를 운영하는 의사로서 2001. 7. 30.경부터 2002. 2.경까지 위 안과 인터넷 홈페이지에 자신의 진료모습이 담긴 사진과 함께 외국에서 연수한 약력(경력), 라식 수술에 대한 진료방법을 게재하는 등 특정의료인의 기능, 진료방법에 관하여 광고를 하였다는 이유로 기소되어 서울중앙지방법원에서 재판을 받던 중 의료광고를 제한한 의료법 제46조 제3항 및 이에 대한 처벌을 규정한 동법 제69조가 헌법에 위반된다고 주장하면서 위헌여부심판의 제청신청(2002초기1479)을 하였고, 위 법원은 이를 받아들여 2003. 2. 19. 헌법재판소에 제청하였다.

제청법원은 심판대상으로 의료법 제46조 제3항, 제69조를 적시하였으나 당해 사건의 공소사실에 기초할 때 이 사건 심판대상은 의료법(2002. 3. 30. 법률 제6686호로 개정되기 전의 것) <u>제46조 제3항 중 "특정의료기관이나 특정의료인의 기능·진료방법"에 관한 광고금지 및 제69조 중 동 광고금지 위반 부분</u>(이하 이들을 '이 사건 조항'이라 한다)에 한정하는 것이 상당하고, 그 규정 및 관련규정의 내용은 다음과 같다.

의료법(2002. 3. 30. 법률 제6686호로 개정되기 전의 것) 제46조(과대광고등의 금지) ① 의료법인·의료기관 또는 의료인은 의료업무에 관하여 허위 또는 과대한 광고를 하지 못한다.
②의료법인·의료기관 또는 의료인이 아닌 자는 의료에 관한 광고를 하지 못한다.
③누구든지 <u>특정의료기관이나 특정의료인의 기능(技能)·진료방법</u>·조산방법이나 경력 또는 약효등에 관하여 대중광고·암시적 기재·사진·유인물·방송·도안등에 의하여 광고를 하지 못한다.
④의료업무에 관한 광고의 범위 기타 의료광고에 필요한 사항은 보건복지부령으로 정한다.
제69조(벌칙) … 제46조 … 의 규정에 위반한 자 …는 300만 원 이하의 벌금에 처한다.

(참고로 2002. 3. 30. 법률 제6686호로서 제46조 제1항의 "의료업무"는 "의료업무 또는 의료인의 경력"으로, 제3항의 "경력 또는 약효등에 관하여"는 "약효등에 관하여"로 개정되었다.)

## I. 적법요건 : 재판전제성

이 사건 헌법소원 심판청구가 적법하기 위해서는 재판의 전제성이 있어야 하는바, 재판의 전제성이라 함은 원칙적으로, 구체적인 사건이 법원에 계속중이어야 하고, 위헌 여부가 문제되는 법률이 당해 소송사건의 재판에 적용되는 것이어야 하며, 그 법률이 헌법에 위반되는지 여부에 따라 당해 사건을 담당하는 법원이 다른 내용의 재판을 하게 되는 경우, 즉 법원이 심리중인 당해 사건의 재판의 결론이나 주문에 어떤 영향을 주는 경우 또는 문제된 법률의 위헌 여부가 비록 재판의 주문 자체에는 아무런 영향을 주지 않는다고 하더라도 재판의 결론을 이끌어내는 이유를 달리하는 데 관련이 있거나 또는 재판의 내용과 효력에 관한 법률적 의미가 달라지는 경우를 말한다(헌재 2000. 1. 27. 99헌바23, 판례집 12-1, 62, 70-71 참조).

- 심판대상 조항들이 위헌으로 선언될 경우 제청신청인에 대하여는 무죄판결이 선고될 것으로서, 재판의 주문이 달라져서 법원이 '다른 내용의 재판'을 하게 되는 경우에 해당한다.

## II. 문제되는 기본권

### 1. 표현의 자유

- 상업광고를 규제하는 것도 표현의 자유를 제한하는 것에 해당한다

우리나라는 헌법 제21조에 언론 · 출판의 자유 즉, 표현의 자유를 규정하고 있는데 이 자유는 전통적으로는 사상 또는 의견의 자유로운 표명(발표의 자유)과 그것을 전파할 자유(전달의 자유)를 의미하는 것으로서, 개인이 인간으로서의 존엄과 가치를 유지하고 행복을 추구하며 국민주권을 실현하는 데 필수불가결한 것으로 오늘날 민주국가에서 국민이 갖는 가장 중요한 기본권 중의 하나이다(헌재 1992. 2. 25. 89헌가104, 판례집 4, 64, 93).

그리고 이러한 의사표현 · 전파의 자유에 있어서 의사표현 또는 전파의 매개체는 어떠한 형태이건 가능하며 그 제한이 없다. 즉, 담화 · 연설 · 토론 · 연극 · 방송 · 음악 · 영화 · 가요 등과 문서 · 소설 · 시가 · 도화 · 사진 · 조각 · 서화 등 모든 형상의 의사표현 또는 의사전파의 매개체를 포함한다(헌재 1993. 5. 13. 91헌바17, 판례집 5-1, 275, 284). 광고물도 사상 · 지식 · 정보 등을 불특정다수인에게 전파하는 것으로서 언론 · 출판의 자유에 의한 보호를 받는 대상이 됨은 물론이고(헌재 1998. 2. 27. 96헌바2, 판례집 10-1, 118, 124), 상업적 광고표현 또한 보호 대상이 되며(헌재 2000. 3. 30. 99헌마143, 판례집 12-1, 404, 410), 텔레비

전 방송광고 역시 그 보호의 대상이 되므로(헌재 2008. 6. 26. 2005헌마506, 판례집 20-1 하, 397, 410) ……[123]

## 2. 영업의 자유

헌법은 제21조 제1항에서 “모든 국민은 언론·출판의 자유 … 를 가진다.”라고 규정하여 현대 자유민주주의의 존립과 발전에 필수불가결한 기본권으로 언론·출판의 자유를 강력하게 보장하고 있는바, 광고물도 사상·지식·정보 등을 불특정다수인에게 전파하는 것으로서 언론·출판의 자유에 의한 보호를 받는 대상이 된다(헌재 1998. 2. 27. 96헌바2, 판례집 10-1, 118, 124-125; 2002. 12. 18. 2000헌마764, 판례집 14-2, 856, 867-868). 한편 헌법 제15조는 직업수행의 자유 내지 영업의 자유도 보장하고 있는바, 상업광고를 제한하는 입법은 직업수행의 자유도 동시에 제한하게 된다(헌재 2000. 3. 30. 99헌마143, 판례집 12-1, 404, 414-415 참조).

## 3. 평등권

- ‘의료광고’와 ‘비의료광고’가 본질적으로 ‘같은 것’임에도 불구하고 ‘다른 처우’(광고의 금지)가 있다는 점에서, 차별이 있다고 볼 수 있다[124].

## 4. 기본권경합

- 영업의 자유에 대해 완화된 심사를 하여야 한다는 입장에 서면 논란이 적을 것이나, 엄격한 심사를 하여야 한다는 입장에 서면 매우 중대한 문제가 생길 것이다.
- 최약효력설 / 최강효력설 / 밀접, 중대기본권설 / 전부 심사설

# III. ‘법률로써’ : 달리 문제되지 않는다.

# IV. 표현의 자유 · 영업의 자유 침해 여부 : 과잉금지원칙

123) 상업광고 검열 사건

124) 평등권에 있어서 ‘차별의 존부’는 ‘기본권의 제한 여부’의 문제이고, ‘(존재하는) 차별의 정당성 유무’는 ‘기본권의 침해 여부’의 문제이다. 그래서 차별의 존재 자체가 인정되지 않는 경우에는, 평등권에 대하여는 ‘기본권 침해가능성’이 없어서 그 침해주장은 부적법한 것이 된다.

## 1. 심사기준의 완화

헌법 제37조 제2항에 의하면 국민의 자유와 권리는 국가안전보장, 질서유지 또는 공공복리를 위하여 필요한 경우에 한하여 법률로써 제한할 수 있으므로 기본권을 제한하는 입법은 비례의 원칙에 따라 입법목적의 정당성과 그 목적달성을 위한 방법의 적정성, 피해의 최소성, 그리고 그 입법에 의해 보호하려는 공공의 필요와 제한되는 기본권 사이의 균형성을 모두 갖추어야 한다(헌재 1990. 9. 3. 89헌가95, 판례집 2, 245, 260; 1993. 12. 23. 93헌가2, 판례집 5-2, 578, 601).

그런데 상업광고는 표현의 자유의 보호영역에 속하지만 사상이나 지식에 관한 정치적, 시민적 표현행위와는 차이가 있고, 한편 직업수행의 자유의 보호영역에 속하지만 인격발현과 개성신장에 미치는 효과가 중대한 것은 아니다. 그러므로 상업광고 규제에 관한 비례의 원칙 심사에 있어서 '피해의 최소성' 원칙은 같은 목적을 달성하기 위하여 달리 덜 제약적인 수단이 없을 것인지 혹은 입법목적을 달성하기 위하여 필요한 최소한의 제한인지를 심사하기 보다는 '입법목적을 달성하기 위하여 필요한 범위 내의 것인지'를 심사하는 정도로 완화되는 것이 상당하다.

## 2. 목적의 정당성, 방법의 적절성 : 긍정

이 사건 조항은 특정의료기관이나 특정의료인의 기능·진료방법에 관한 광고를 금지하고, 그 위반행위에 대하여 300만 원 이하의 벌금에 처하도록 하고 있다.

의료광고를 규제하는 이유는 소비자(환자)의 보호, 공정거래의 확보, 의료행위의 숭고함의 유지라고 할 수 있다. 의료는 고도의 전문적 지식과 기술을 요하므로 일반 상품이나 용역과는 차이가 있으며 국민의 건강에 직결되는 것이므로 소비자를 보호하고 의료인 간의 불공정한 과당경쟁을 막기 위하여 의료광고에 대한 합리적 규제가 필요하다.[125]

## 3. 침해의 최소성 : 부정

그런데 이 사건 조항이 의료인의 기능(技能), 즉 의료행위를 할 수 있는 기술적인 능력이나 재능 및 진료방법, 즉 진찰과 치료방법에 대한 광고를 일률적으로 금지하고 있는 것은 그러한 규제를 달성하기 위한 필요한 범위를 넘어선 것이다[126].

의료인의 기능이나 진료방법에 대한 광고가 소비자들을 기만하는 것이거나, 소비자들에게 정당화되지 않은 의학적 기대를 초래 또는 오인하게 할 우려가 있거나, 공정한 경쟁을 저해하는 것이라면, 그러한 의료광고는 허용될 수 없으며, 이에 대해서는 국민의 보건과 건전한 의료경쟁

125) 목적의 정당성

질서를 위하여 강력한 규제가 필요하다. 그러나 객관적인 사실에 기인한 것으로서 소비자에게 해당 의료인의 의료기술이나 진료방법을 과장함이 없이 알려주는 의료광고라면 이는 의료행위에 관한 중요한 정보에 관한 것으로서 소비자의 합리적 선택에 도움을 주고 의료인들 간에 공정한 경쟁을 촉진하므로 오히려 공익을 증진시킬 수 있는 것이다.

일반적으로 상업광고는 불법적인 내용이거나 허위 혹은 기만적인 것이 아닌 한 그 자체가 해로운 것은 아니다. 개인은 충분한 정보가 제공될 경우에 자신들의 최선의 이익을 인식할 수 있으며, 그러한 목적에 가장 좋은 수단은 의사소통을 닫아 놓는 것이 아니라 열어 놓는 것이다. 만일 국가가 소비자 보호를 이유로 허위나 과장된 것이 아닌 사실에 기초한 의료정보의 유통까지 막는다면 소비자는 오히려 무지의 상태에 놓여진다. 자유시장 경제에서 소비자에게 상업적 정보가 충분히 보장되어 소비자가 합리적인 결정을 할 수 있도록 하는 것은 표현의 자유의 중요한 과제에 속한다. 문제는 의료소비자가 현혹되거나 기만될 수 있는 의료광고를 차단하는 것이지, 기능과 진료방법에 관한 모든 의료광고를 차단하는 것이 아니다.

비록 의료광고가 전문적이고 기술적인 영역에 관한 것이고, 일반 국민들이 그 가치를 판단하기 어려운 측면이 있다 하더라도, 소비자로 하여금 과연 특정의료인이 어떤 기술이나 기량을 지니고 있는지, 어떻게 진단하고 치료하는지를 알 수 없게 한다면, 이는 소비자를 중요한 특정 의료정보로부터 차단시킴으로써 정보의 효율적 유통을 방해하는 것이며, 표현의 자유와 영업의 자유의 대상이 된 상업광고에 대한 규제가 입법목적의 달성에 필요한 한도 내에서 섬세하게 재단(裁斷)된 것이라 할 수 없다.

오늘날 이 사건 조항이 제정된 1973년도에 비해 의료정보에 대한 수요가 비약적으로 늘어났으며 의료소비자들이 합리적 선택을 하기 위해서는 의료제공자인 의료인 혹은 의료기관의 기술과 진료방법에 대한 정확한 정보가 필요하게 되었다. 생활수준의 향상으로 질병의 유형과 특성이 변화하여 과거에는 세균성 질병이 주된 치료의 대상이었지만 오늘날에는 암, 비만, 고혈압, 당뇨병과 같은 질환이 주된 치료대상이 되고 있는바, 질병구조의 질적 변화에 따른 의료의 전문화와 기술화는 한편으로 의료정보의 원활한 유통을 더욱 필요로 하게 되었다. 또한 비약적으로 증가되는 의료인 수를 고려할 때, 이 사건 조항에 의한 의료광고의 금지는 새로운 의료인들에게 자신의 기능이나 기술 혹은 진단 및 치료방법에 관한 광고와 선전을 할 기회를 배제함으로써, 기존의 의료인과의 경쟁에서 불리한 결과를 초래할 수 있는데, 이는 자유롭고 공정한 경쟁을 추구하는 헌법상의 시장경제질서에 부합되지 않는다. 그러므로 국가가 소비자 보호와 과당경쟁을 이유로 의료광고를 일률적으로 금지하는 후견적(後見的) 입장을 여전히 견지하는 것은 한계가 있다. 오늘날 이 사건 조항에 의한 의료광고 금지를 회피하기 위한 편법으로 의료에 관한 소위 '기사성 광고' 혹은 '의견성 광고'가 범람하여 이 사건 조항의 취지와 의료경쟁질서가 훼손되고 있는 것이 현실이다. 또한 인터넷의 확산으로 의료인의 기능과 진료방법에 관한 정보를 광고하는 것을 금지할 경우 그 단속의 실효성과 형평성이 심히 문제되는바, 현실적으로는 의료업계의 자율적 규제를 통하여, 즉 의료인의 인터넷 홈페이지에 대해 소속단체나 전문학회별로 일정한 인증제도를 실시하는 등의 방법으로 부당한 광고를 규제하는 것이 보다 효율적인 측면이 있다.

또한 이 사건 조항이 아니더라도 그 입법목적은 다른 규정들에 의하여 충분히 달성될 수 있다는 점에서도 이 사건 조항은 필요한 범위를 벗어난 것이다.

의료법 제46조 제1항은 의료업무에 관한 허위 또는 과대한 광고를 금지하고 있으며, 나아가 표시·광고의공정화에관한법률은 기만적이거나 부당하게 비교하는 표시·광고를 금지하며, 표시·광고 내용에 관한 실증(實證)이 필요할 경우 공정거래위원회가 당해 사업자에게 관련 자료의 제출을 요청할 수 있게 하고 있다(제3조, 제5조). 한편 소비자보호법은 소비자가 오인할 우려가 있는 특정용어 및 특정표현의 사용을 제한할 필요가 있는 경우나 광고의 매체 및 시간대에 대하여 제한이 필요한 경우 국가가 광고의 내용 및 방법에 관한 기준을 정할 수 있도록 하며(제9조), 독점규제및공정거래에관한법률은 부당하게 경쟁자의 고객을 자기와 거래하도록 유인하거나 강제하는 행위를 금지하고 있다(제23조 제1항 제3호). 또한 옥외광고물등관리법은 옥외광고물의 표시장소·표시방법과 게시시설의 설치·유지 등에 관한 사항을 규제하고 있다. 이러한 법조항들에 의하여 이 사건 조항이 규제하고자 하는 의료인의 기능과 진료방법에 관한 허위·기만·과장광고와 같은 부당한 광고를 통제할 수 있다.

이상의 이유에서 이 사건 조항이 의료인의 기능과 진료방법에 대한 광고를 금지하고 이에 대하여 벌금형에 처하도록 한 것은 입법목적을 달성하기 위하여 필요한 범위를 넘어선 것이므로, '피해의 최소성' 원칙에 위반된다.

## 4. 법익의 균형성 : 부정

한편 이 사건 조항이 보호하고자 하는 공익의 달성 여부는 불분명한 것인 반면, 의료기관이나 의료인의 표현의 자유와 영업의 자유의 제한은 적지 않다. 이 사건 조항으로 인하여 의료소비자가 어느 정도 보호될 것인지, 과잉진료나 부적절한 진료가 얼마나 예방될 것인지, 의료인간의 불공정 경쟁이 어느 정도 방지될 것인지는 불분명하다. 그러나 이 사건 조항으로 인한 의료인의 기능과 진료방법과 같은 중요한 의료정보의 유통제한은 의료인에게 자신의 기능과 진료방법에 관한 광고와 선전을 할 기회를 전면적으로 박탈함으로써 표현의 자유를 제한하고, 의료인이 다른 의료인과의 영업상 경쟁을 효율적으로 수행하는 것을 방해함으로써 직업수행의 자유를 제한하고 있다. 나아가 이 사건 조항은 소비자의 의료정보에 대한 알 권리를 제약하게 된다.

그러므로 이 사건 조항은 보호하고자 하는 공익보다 제한되는 사익이 더 중하다고 볼 것이므로 이 사건 조항은 '법익의 균형성' 원칙에도 위배된다.

126) 앞서의 일반론에서는 '침해의 최소성' 요건을 완화해야 한다고 하였지만, 정작 본문의 설시를 보면 '침해의 최소성' 원칙을 적용하는 통상의 경우와 그 엄격함에 있어서 다를 바가 없다. 특히 그 아래의 "입법목적의 달성에 필요한 한도 내에서 섬세하게 재단(裁斷)된 것이라 할 수 없다"는 설시는, 오히려 통상의 경우보다도 더 엄격한 심사를 하고 있다는 인상마저도 준다. 즉, 헌재가 정작 위헌으로 선언하고자 할 경우에는 위 일반론이 그다지 장애로 기능하지 않음을 알 수 있다. 독자들로서는, 일반론적인 입장만을 간취하는 것으로 족하다고 본다.

### 5. 소결론

| 따라서 이 사건 조항은 비례의 원칙에 위배하여 표현의 자유와 직업수행의 자유를 침해한다. |
|---|

## V. 평등권 침해 여부 : 별도로 판단하지 않음.

## VI. 결론

| 의료법(2002. 3. 30. 법률 제6686호로 개정되기 전의 것) 제46조 제3항 중 "특정의료기관이나 특정의료인의 기능·진료방법"에 관한 광고금지 및 제69조 중 위 광고금지 위반 부분은 헌법에 위반된다. |
|---|

# 18. 미네르바 사건

**전기통신기본법 제47조 제1항 위헌소원**
**헌재 2010. 12. 28. 2008헌바157, 판례집 22-2하, 684**

청구인 박○성은 2008. 7. 30.경 인터넷포털사이트 다음(Daum)의 '아고라' 경제토론방에 '드디어 외환보유고가 터지는구나'라는 제목 하에 외환보유고가 고갈되어 외화예산 환전 업무가 중단된 것처럼 허위 내용의 글을 작성, 게시하여 수만 명이 열람하도록 함으로써 정부의 외환정책 및 대외지급능력에 대한 신뢰도, 우리나라 경제의 대외신인도를 저하시키는 등 공익을 해할 목적으로 전기통신설비에 의하여 공연히 허위의 통신을 하고, 2008. 12. 29. 위 토론방에 '대정부 긴급 공문 발송 -1보'라는 제목 하에 주요 7대 금융기관 및 수출입 관련 주요기업에게 달러 매수를 금지할 것을 긴급 공문 전송했다는 취지의 허위 내용의 글을 작성, 게시하여 약 10만 명 이상이 열람하도록 함으로써 정부의 환율정책 수행을 방해하고 우리나라 대외신인도를 저하시키는 등 공익을 해할 목적으로 전기통신설비에 의하여 공연히 허위의 통신을 하였다는 이유로 전기통신기본법 제47조 제1항 위반 혐의로 기소되었고, 1심 재판(서울중앙지방법원 2008고단304) 계속중 위 법률조항에 대하여 위헌법률심판제청신청을 하였다(서울중앙지방법원 2009초기258).
법원은 2009. 4. 20. 위 청구인에 대하여 무죄판결을 선고하면서 위 신청을 기각하였는데, 검사가 이에 불복하여 항소하자(서울중앙지방법원 2009노1203), 위 청구인은 2009. 5. 14. 위 법률조항의 위헌확인을 구하는 이 사건 헌법소원심판을 청구하였다.

이 사건 심판의 대상은 전기통신기본법(1996. 12. 30. 법률 제5291호로 개정된 것) 제47조 제1항(이하 '이 사건 법률조항'이라 한다)의 위헌 여부이다.

전기통신기본법 제47조(벌칙) ① 공익을 해할 목적으로 전기통신설비에 의하여 공연히 허위의 통신을 한 자는 5년 이하의 징역 또는 5천만 원 이하의 벌금에 처한다.

## I. 적법요건 : '법률'에 대한 재판전제성, 청구기간, 변호사강제주의 → 별도로 문제되지 않는다.

## II. 문제되는 기본권

### 1. 표현의 자유

- '허위사실의 표현'도 표현의 자유의 보호영역에 포함된다.

(1) 이 사건 법률조항은 "공익을 해할 목적으로 전기통신설비에 의하여 공연히 허위의 통신을 한 자"를 형사처벌하도록 규정하고 있는바, 그 객관적 구성요건 행위인 "허위의 통신"을 당해 사건에서 청구인들에게 적용된 바와 같이 '허위사실을 내용으로 하는 통신'으로 한정하여 보는 경우, 과연 그와 같은 "허위의 통신" 행위, 즉 '허위사실의 표현' 행위도 헌법상 표현의 자유에 의하여 보호되는지 의문이 제기될 수 있다.

(2) 그러나 '허위사실'이라는 것은 언제나 명백한 관념은 아니다. 어떠한 표현에서 '의견'과 '사실'을 구별해내는 것은 매우 어렵고, 객관적인 '진실'과 '거짓'을 구별하는 것 역시 어려우며, 현재는 거짓인 것으로 인식되지만 시간이 지난 후에 그 판단이 뒤바뀌는 경우도 있을 수 있다. 이에 따라 '허위사실의 표현'임을 판단하는 과정에는 여러 가지 난제가 뒤따른다. 나아가 객관적으로 명백한 허위사실의 표현임이 인정되는 때에도, 그와 같은 표현이 언제나 타인의 명예·권리를 침해하는 결과를 가져온다거나, 공중도덕·사회윤리를 침해한다고 볼 수는 없으며, 행위자의 인격의 발현이나, 행복추구, 국민주권의 실현에 전혀 도움이 되지 않는 것이라 단언하기도 어렵다.

또한 다양한 허위사실의 표현 가운데 '일단 표출되면 그 해악이 처음부터 해소될 수 없거나 또는 너무나 심대한 해악을 지닌 표현'이 존재할 수 있다 하더라도, 어떤 표현이 바로 위와 같은 이유에 의하여 '국가의 개입이 1차적인 것으로 용인되고, 헌법상 언론 · 출판의 자유에 의하여 보호되지 않는 표현'에 해당하는지 여부는 '표현의 자유'라는 헌법상의 중요한 기본권을 떠나서는 규명될 수 없는 것이다. 헌법 제21조 제4항은 '언론·출판은 타인의 명예나 권리 또는 공중도덕이나 사회윤리를 침해하여서는 아니된다.'고 규정하고 있으나, 이는 언론·출판의 자유에 따르는 책임과 의무를 강조하는 동시에 언론·출판의 자유에 대한 제한의 요건을 명시한 규정으로 볼 것이고, 헌법상 표현의 자유의 보호영역 한계를 설정한 것이라고는 볼 수 없다(헌재 2009. 5. 28. 2006헌바109, 판례집 21-1하, 545, 559-560 참조).

즉, 표현이 어떤 내용에 해당한다는 이유만으로 표현의 자유의 보호영역에서 애당초 배제된다고는 볼 수 없고, '허위사실의 표현'이 일정한 경우 사회윤리 등에 반한다고 하여 전체적으로 표현의 자유의 보호영역에서 배제시킬 수는 없다. '허위사실의 표현'도 헌법 제21조가 규정하는 언론·출판의 자유의 보호영역에는 해당하되, 다만 헌법 제37조 제2항에 따라 국가 안전보장·질서유지 또는 공공복리를 위하여 제한할 수 있는 것이라고 해석하여야 할 것이다.

(3) 결국 이 사건 법률조항의 “허위의 통신”은 헌법 제21조가 규정하는 언론·출판의 자유의 보호영역 내에 있다고 볼 것이므로, 표현의 자유에 대한 제한 입법의 헌법상 한계를 지켜야 할 것이다.

## 2. 평등권 : 관념상 언제나 문제될 수 있고, 이 사건에서도 표현의 자유와 경합할 수 있다.

# III. ‘법률로써’ - 명확성원칙

## 1. 일반론

(1) 표현의 자유 및 죄형법정주의와 명확성의 원칙

(가) 법률은 되도록 명확한 용어로 규정하여야 한다는 명확성의 원칙은 민주주의 · 법치주의 원리의 표현으로서 모든 기본권제한입법에 요구되는 것이나, 표현의 자유를 규제하는 입법에 있어서는 더욱 중요한 의미를 지닌다. 현대 민주사회에서 표현의 자유가 국민주권주의 이념의 실현에 불가결한 것인 점에 비추어 볼 때, 불명확한 규범에 의한 표현의 자유의 규제는 헌법상 보호받는 표현에 대한 위축효과[127]를 수반하고, 그로 인해 다양한 의견, 견해, 사상의 표출을 가능케 하여 이러한 표현들이 상호 검증을 거치도록 한다는 표현의 자유의 본래의 기능을 상실케 한다. 즉, 무엇이 금지되는 표현인지가 불명확한 경우에, 자신이 행하고자 하는 표현이 규제의 대상이 아니라는 확신이 없는 기본권주체는 대체로 규제를 받을 것을 우려해서 표현행위를 스스로 억제하게 될 가능성이 높은 것이다. 그렇기 때문에 표현의 자유를 규제하는 법률은 규제되는 표현의 개념을 세밀하고 명확하게 규정할 것이 헌법적으로 요구된다(헌재 1998. 4. 30. 95헌가16, 판례집 10-1, 327, 342 참조).

(나) 한편, 죄형법정주의의 원칙은 법률이 처벌하고자 하는 행위가 무엇이며 그에 대한 형벌이 어떠한 것인지를 누구나 예견할 수 있고, 그에 따라 자신의 행위를 결정할 수 있게끔 구성요건을 명확하게 규정할 것을 요구한다. 형벌법규의 내용이 애매모호하거나 추상적이어서 불명확하면 무엇이 금지된 행위인지를 국민이 알 수 없어 법을 지키기가 어려울 뿐만 아니라, 범죄의 성립 여부가 법관의 자의적인 해석에 맡겨져서 죄형법정주의에 의하여 국민의 자유와 권리를 보장하려는 법치주의의 이념은 실현될 수 없기 때문이다(헌재 1996. 12. 26. 93헌바65, 판례집8-2, 785, 792-793).

(다) 이 사건 법률조항은 표현의 자유에 대한 제한입법이며, 동시에 형벌조항에 해당하므로, 엄격한 의미의 명확성원칙이 적용된다.

## 2. '공익을 해할 목적으로'

(가) 이 사건 법률조항은 '공익을 해할 목적으로 전기통신설비에 의하여 공연히 허위의 통신을 한 자'를 처벌하도록 하고 있는바, '공익을 해할 목적'이라는 초과주관적 구성요건이 의미하는 바가 무엇인지 우선 문제된다.

(나) 헌법 제37조 제2항은 모든 자유와 권리는 국가의 안전보장 · 질서유지 또는 공공복리를 위하여 필요한 경우에 한하여 법률로써 제한할 수 있음을 규정하고 있고, 헌법 제21조 제4항은 언론 · 출판은 공중도덕이나 사회윤리를 침해하여서는 아니된다고 규정하고 있다.

그런데 이 사건 법률조항은 "공익을 해할 목적"의 허위의 통신을 금지하는바, 여기서의 "공익"은 위 헌법 제37조 제2항의 "국가의 안전보장 · 질서유지"와 헌법 제21조 제4항의 "공중도덕이나 사회윤리"와 비교하여 볼 때 '동어반복'이라고 할 수 있을 정도로 전혀 구체화되어 있지 아니하다. 형벌조항의 구성요건으로서 구체적인 표지를 정하고 있는 것이 아니라, 헌법상 기본권제한에 필요한 최소한의 요건 또는 헌법상 언론 · 출판자유의 한계를 그대로 법률에 옮겨 놓은 것에 불과할 정도로 그 의미가 불명확하고 추상적이다.

"공익"이라는 개념은 이처럼 매우 추상적인 것이어서 어떠한 표현행위가 과연 "공익"을 해하는 것인지, 아닌지에 관한 판단은 사람마다의 가치관, 윤리관에 따라 크게 달라질 수밖에 없다. 건전한 상식과 통상적인 법감정을 가진 일반인들에게 있어 공통적으로 공익으로 인식될 수 있는 이익이 존재함은 의문의 여지가 없으나, 판단주체에 따라 공익인지 여부를 달리 판단할 가능성이 있는 이익이 존재함도 부인할 수 없다. 이는 판단주체가 법전문가라 하여도 마찬가지이고, 법집행자의 통상적 해석을 통하여 그 의미내용이 객관적으로 확정될 수 있다고 보기 어렵다.

나아가 현재의 다원적이고 가치상대적인 사회구조 하에서 구체적으로 어떤 행위상황이 문제되었을 때에 문제되는 공익은 하나로 수렴되지 않는 경우가 대부분이다. 문제되는 행위가 어떤 공익에 대하여는 촉진적이면서 동시에 다른 공익에 대하여는 해가 될 수도 있으며, 전체적으로 보아 공익을 해할 목적이 있는지 여부를 판단하기 위하여는 공익간 형량이 불가피하게 되는바, 그러한 형량의 결과가 언제나 객관적으로 명백한 것은 아니다.

결국, 이 사건 법률조항은 수범자인 국민에 대하여 일반적으로 허용되는 '허위의 통신' 가운데 어떤 목적의 통신이 금지되는 것인지 고지하여 주지 못한다. 어렴풋한 추측마저 불가능하다고는 할 수 없더라도, 그것은 대단히 주관적인 것일 수밖에 없다.

(다) 물론 입법에 있어서 추상적 가치개념의 사용이 필요한 것은 일반적으로 부인할 수 없고, "공익"이라는 개념을 사용하는 것이 언제나 허용되지 않는다고 단정할 수도 없다. 법률의 입법목적, 규율의 대상이 되는 법률관계나 행위의 성격, 관련 법규범의 내용 등에 따라서는 그러한 개념의 사용이 허용되는 경우도 있을 수 있을 것이다. 그러나 '허위의 통신'이라는 행위 자체에 내재된 위험성이나 전기통신의 효율적 관리와 발전을 추구하는 전기통신기본법

127) 표현의 자유에 대한 제한입법에 관한 가장 중요한 키워드 하나를 들자면, 'chilling effect'라는 이 말을 들 수 있다.

의 입법목적을 고려하더라도 확정될 수 없는 막연한 "공익" 개념을 구성요건요소로 삼아서 표현행위를 규제하고, 나아가 형벌을 부과하는 이 사건 법률조항은 표현의 자유에서 요구하는 명확성의 요청 및 죄형법정주의의 명확성원칙에 부응하지 못하는 것이라 할 것이다.

(라) 따라서, 이 사건 법률조항은 명확성의 원칙에 위배하여 헌법에 위반된다.

## 3. '허위의 통신'

이 사건 법률조항이 최초 제정된 이후 40년 이상 실제 적용되지 아니한 채 거의 사문화된 상태로 있었는데, 최근 몇 년 사이에 내용상 허위의 통신 행위에 대하여 적용하는 사례들이 생기면서, 이 사건 법률조항의 '허위의 통신'이 어떠한 행위를 말하는지 의문이 제기되게 되었다.

'허위'란 일반적으로 '바르지 못한 것', 또는 '참이 아닌 것'을 말하고, 그 안에는 내용의 거짓이나 형식의 오류가 모두 포함될 수 있기 때문에, 법률 용어, 특히 형벌조항의 구성요건으로 사용하기 위하여는 보다 구체적인 부연 내지 체계적 배치가 필요한 개념이라고 할 수 있다. 예컨대 명예훼손죄의 행위태양으로 '허위로' 명예를 훼손하는 행위를 규정하지 않고 '허위사실을 적시'하여 명예를 훼손하는 행위로 규정한 것, 문서에 관한 죄에서 형식, 명의의 거짓을 말하는 '위조'나 '모용'과 대비하여 내용상의 거짓을 의미하는 '허위' 개념을 사용하는 것은 그와 같은 명확성의 요청에 따른 것이다.

그런데 이 사건 법률조항은 법조문 자체의 문언이나 관련조항의 체계상 그와 같은 구체화의 취지를 명백하게 드러내지 아니한 결과, 앞서 살핀 당초 입법취지와는 달리, 확대된 법률의 해석, 적용이 가능하게 된 것이다.

이러한 종류의 불명확성은 역사적 맥락을 고려한 법관의 체계적이고 합리적인 해석이 누적되어 판례가 확립된 경우 신뢰성 있는 원칙을 도출할 수 있게 됨에 따라 다소 완화될 수 있으나, 이 사건 법률조항과 같이 장시간에 걸쳐 사문화된 법률조항이 갑작스레 적용되기 시작하는 경우에는 돌출적인 최초의 법률 적용 사례가 표준이 되어 법률조항에 관한 일반적 기대나 예측가능성을 벗어난 방향으로 해석될 수 있는바, 이러한 문제는 1차적으로 이 사건 법률조항의 "허위의 통신"이라는 문언이 가진 추상성에서 기인한 것으로 보아야 한다.

결국 이 사건 법률조항의 경우 그 문언의 모호성에 더한 체계적 해석의 부재로 인하여, 무엇이 금지된 행위인지를 국민이 알 수 없게 하여 법을 지키기 어렵게 할 뿐만 아니라, 범죄의 성립 여부를 법관의 자의적인 해석에 맡기는 결과를 초래하고 있으므로, 죄형법정주의의 명확성원칙에 부합되지 않는다고 할 것이다.[128]

128) 재판관 조대현, 재판관 김희옥, 재판관 김종대, 재판관 송두환의 보충의견

## Ⅳ. 표현의 자유의 침해여부 : 과잉금지원칙 위배 여부

(1) 불명확한 규범에 의하여 표현의 자유를 규제하게 되면 헌법상 보호받아야 할 표현까지 망라하여 필요 이상으로 과도하게 규제하게 되므로 과잉금지원칙과 조화될 수 없고, 유해성에 대한 막연한 의심이나 유해의 가능성만으로 표현물의 내용을 광범위하게 규제하는 것은 표현의 자유와 조화될 수 없다(헌재 2002. 6. 27. 99헌마480, 판례집 14-1, 616, 628-630 참조).

이 사건 법률조항은 '공익을 해할 목적'의 허위의 통신을 규제하는 것으로서, '공익' 개념의 모호성, 추상성, 포괄성으로 말미암아 필연적으로 규제되지 않아야 할 표현까지 다함께 규제하게 되어 과잉금지원칙에 어긋난다.

(2) 허위의 통신을 접한 국민은 그 표현내용의 진위 여부를 의심하고 확인할 수 있으며, '가장 참여적인 시장', '표현촉진적인 매체'로서의 인터넷통신의 발달에 따라 정보수신자는 매우 다양한 경로를 통하여 정보를 수집할 수 있고, 특정한 표현에 대한 반론 내지 반박도 실시간으로 가능하다. '통신'의 특수성, 즉 익명성과 무차별적 전파가능성 등에 의하여 위와 같은 가능성이 전적으로 차단될 것이라고 보기는 어려우며, 허위사실의 표현이 있다는 이유만으로 국민의 올바른 정보획득이 침해된다거나 범죄의 선동, 국가질서의 교란 등이 발생할 구체적 위험이 있다고는 할 수 없다.

한편 허위사실의 표현으로 인한 논쟁이 발생하는 경우, 문제되는 사안에 관한 사회적 관심을 높이고 참여를 촉진할 수도 있으므로 반드시 공익을 해하거나 민주주의의 발전을 저해하는 것이라고는 볼 수 없고, 행위자가 주관적으로 공익을 해할 목적이 있는 경우에도 실제로 표현된 내용이 공익에 영향을 미칠 수 없는 사적인 내용이거나 내용의 진실성 여부가 대중의 관심사가 아닌 때, 내용의 허위성이 공지의 사실인 경우 등에는 그로 인한 사회적 해악이 발생하기 어렵다.

이와 같이 허위의 통신 자체가 일반적으로 사회적 해악의 발생으로 연결되는 것은 아님에도 '공익을 해할 목적'과 같은 모호하고 주관적인 요건을 동원하여 이를 금지하고 처벌하는 국가의 일률적이고 후견적인 개입은 그 필요성에 의심이 있다. 어떤 표현이나 정보의 가치 유무, 해악성 유무가 국가에 의하여 1차적으로 재단되어서는 아니되며, 이는 시민사회의 자기교정기능과 사상과 의견의 경쟁메커니즘에 맡겨져야 한다(헌재 1998. 4. 30. 95헌가16, 판례집 10-1, 327, 339-340; 헌재 2002. 6. 27. 99헌마480, 판례집 14-1, 616, 631-632 참조). 세계적인 입법례를 살펴보아도 허위사실의 유포를 그 자체만으로 처벌하는 민주국가의 사례는 현재 찾아보기 힘들다.

(3) 만약 허위의 통신에 의하여 법익침해의 실질적 위험이 발생할 것이 명백한 경우가 있다면, 그에 관하여는 구체적으로 그 내용을 적시하여 규율하여야 할 것이고, 법익침해의 위험성이 행위 자체로 명백하지 않은 때는 침해의 결과를 발생시키는 것을 금지하여야 할 것이다. 이 사건 법률조항과 같은 포괄적 규제는 기본권 침해의 최소성원칙에 부합하지 않는다.

(4) 이 사건 법률조항은, 기존의 확립된 사실 또는 관점에 반하는 사실을 밝혀내고자 하는 이들

과 같이, 자신이 행하고자 하는 표현이 규제의 대상이 아니라는 확신이 없는 기본권 주체로 하여금 규제를 받을 것을 우려하여 스스로 표현행위를 억제하도록 할 가능성이 높은바, 이는 이 사건 법률조항이 추구하는 공익에 비하여 가벼운 사익의 제한이라고 보기 어렵다. 제재에 대한 두려움으로 인하여 표현이 억제된다면, 표현의 자유의 기능은 훼손될 수밖에 없다.

(5) 결론적으로, 이 사건 법률조항은 과잉금지원칙에 위배하여 표현의 자유를 침해하는 것으로서 헌법에 위반된다.

## V. 평등권 침해 여부

- 인쇄물 등에 의한 허위사실의 표현 vs 전기통신설비에 의한 허위의 통신

## VI. 결론

전기통신기본법(1996. 12. 30. 법률 제5291호로 개정된 것) 제47조 제1항은 헌법에 위반된다.

# 19. 골프장 수용 사건

**국토의 계획 및 이용에 관한 법률 제2조 제6호 등 위헌소원 등**
**헌재 2011. 6. 30. 2008헌바166 등, 판례집 23-1하, 288**

[사건의 개요]

(1) 2008헌바166 사건

(가) 경기도지사는 2007. 5. 21. 청구인 1 내지 7 소유의 토지를 포함한 안성시 보개면 ○○리 산11-1 일원에 대하여 안성 도시관리계획(용도지역변경, 도시계획시설)을 결정·고시하였다.

(나) 안성시장은 2007. 11. 21. 안성시 보개면 ○○리 산11-1 일원에 대한 도시계획시설사업(종류: 체육시설, 명칭: ○○컨트리 클럽, 사업시행자: 주식회사 ○○코리아)에 관한 실시계획을 인가·고시하였다가 2008. 3. 6. 위 도시계획시설사업에 관한 실시계획인가 변경신청(종류: 체육시설, 명칭: ○○컨트리클럽, 사업시행자: 주식회사 ○○)을 인가·고시하였다.

(다) 위 사업의 시행자인 주식회사 ○○는 위 청구인들과 그들 소유의 토지들에 관한 보상협의를 시도하였으나 협의가 이루어지지 아니하자 경기도지방토지수용위원회에 위 토지들에 대한 재결신청을 하였고, 경기도지방토지수용위원회는 2008. 6. 23. 위 토지들에 대한 수용재결을 하였다.

(라) 이에 위 청구인들은 2008. 7. 15. 수원지방법원에 경기도지방토지수용위원회를 상대로 위 수용처분[129]의 취소를 구하는 소를 제기하였으며(수원지방법원 2008구합6685), 위 소송계속 중 공공필요성이 없는 사업을 위해 민간기업에게 토지수용권을 부여하고 있는 '국토의 계획 및 이용에 관한 법률' 제95조 제1항 등이 헌법 제23조 제3항, 제37조 제2항 등에 위반된다는 이유로 위헌법률심판제청신청(대전지방법원 2008아473)을 하였으나, 2008. 11. 17. 기각되자, 같은 해 12. 24. 이 사건 헌법소원심판을 청구하였다.

(2) 2011헌바35 사건

(가) 의성군수는 2009. 1. 5. 의성군 군계획체육시설사업(○○골프장 18홀, 이하 '이 사건 사업'이라 한다)의 실시계획을 인가하고, 의성군 고시 제2008-656호로 그 인가내용을 고시하였는데, 청구인 8 소유의 경북 의성군 봉양면 신평리 임야 8,331㎡ 및 같은 리 전 205㎡가 위 사업부지에 편입되었다.

(나) 위 사업의 시행자인 주식회사 □ □ 컨트리클럽은 위 청구인과 그 소유의 위 토지들에 관한 보상협의를 하였으나 협의가 이루어지지 않자 경상북도지방토지수용위원회에 위 토지들에 대한 재결신청을 하였고, 경상북도지방토지수용위원회는 2010. 2. 24. 위 토지들에 대한 수용재결을 하였다. 위 청구인은 이에 불복하여 이의신청을 제기하였으나 중앙토지수용위원회는 2010. 6. 11. 청구인의 이의신청을 기각하였다.

(다) 이에 위 청구인은 2010. 7. 16. 경상북도지방토지수용위원회를 상대로 위 수용처분의 취소를 구하는 소를 제기하였으며(대구지방법원 2010구합2465), 위 소송계속 중 공공필요성이 없는 사업을 위해 민간기업에게 토지수용권을 부여하고 있는 '국토의 계획 및 이용에 관한 법률' 제95조 제1항 등이 헌법 제23조 제3항, 제37조 제2항 등에 위반된다는 이유로 위헌법률심판제청신청(대구지방법원2010아400)을하였으나, 2010. 12. 22. 기각되자, 2011. 2. 16. 이 사건 헌법소원심판을 청구하였다.

[[심판의 대상]

청구인들은 '국토의 계획 및 이용에 관한 법률' 제2조 제6호, 제7호, 제86조 제7항, 제95조 제1항의 위헌여부를 심판대상으로 구하고 있다. 그러나 청구인들 주장의 요지는 **공공필요성이 결여된 체육시설을 위해 민간기업에게 수용권을 부여**하고 있는 해당 법률조항의 위헌성을 다투는 것이므로, 이 사건 심판대상은 '국토의 계획 및 이용에 관한 법률'(2002. 2. 4. 법률 제6655호로 제정된 것, 이하 '국토계획법'이라 한다) 제2조 제6호 라목 중 "체육시설" 부분(이하 '이 사건 정의조항'이라 한다), 제95조 제1항의 "도시계획시설사업의 시행자" 중 "제86조 제7항"의 적용을 받는 부분(이하 '이 사건 수용조항'이라 한다)의 위헌여부로 한정함이 상당하다. 그 심판대상조항 및 관련조항의 내용은 다음과 같다.

[심판대상조항]

국토의 계획 및 이용에 관한 법률(2002. 2. 4. 법률 제6655호로 제정된 것) 제2조(정의) 이 법에서 사용하는 용어의 정의는 다음과 같다.

6. "기반시설"이라 함은 다음 각 목의 시설로서 대통령령이 정하는 시설을 말한다.

라. 학교 · 운동장 · 공공청사 · 문화시설 · 체육시설 등 공공 · 문화체육시설

제86조(도시계획시설사업의 시행자) ⑦ 국가 · 지방자치단체, 정부투자기관 그 밖에 대통령령이 정하는 자 외의 자가 제5항의 규정에 의하여 도시계획시설사업의 시행자로 지정을 받고자 하는 때에는 도시계획시설사업의 대상인 토지(국 · 공유지를 제외한다)의 소유면적 및 토지소유자의 동의비율에 관하여 대통령령이 정하는 요건을 갖추어야 한다.

제95조(토지 등의 수용 및 사용) ① 도시계획시설사업의 시행자는 도시계획시설사업에 필요한 다음 각 호의 물건 또는 권리를 수용 또는 사용할 수 있다.

1. 토지 · 건축물 또는 그 토지에 정착된 물건

2. 토지 · 건축물 또는 그 토지에 정착된 물건에 관한 소유권 외의 권리

129) 수용재결의 오기인 듯.

## I. 적법요건 : '법률'에 대한 재판전제성, 청구기간, 변호사강제주의 → 특별히 문제되지 않는다.

## II. 이 사건 정의조항의 위헌여부 : 포괄위임금지원칙 위배 여부

### 1. 일반론

법률의 위임은 반드시 구체적이고 개별적으로 한정된 사항에 대하여 이루어져야 한다. 일반적이고 포괄적인 위임은 사실상 입법권을 백지위임하는 것이나 다름없으므로, 의회입법원칙이나 법치주의원칙에 반하고 행정권의 자의적 행사를 초래하여 기본권 침해로 이어질 우려가 있다. 그러므로 우리 헌법 제75조는, 대통령령으로 규정될 내용의 구체적인 범위를 그 상위규범인 법률에 미리 규정해 둠으로써 누구라도 당해 법률로부터 대통령령에 규정될 내용의 대강을 예측할 수 있어야 한다는 점을 명시하고 있다(헌재 1991. 7. 8. 91헌가4, 판례집 3, 336, 341 등 참조).

### 2. 법정의견

이 사건 정의조항은 체육시설의 구체적인 내용을 대통령령에 위임하고 있으므로, 외관상 체육활동을 위한 시설 즉, '신체의 발달을 촉진하여 운동 능력을 높이고 건강한 생활을 영위하기 위한 활동'을 할 수 있는 시설에 해당되기만 한다면, 그 시설의 운영방식, 개방성, 형태, 규모, 공공적 요건 등 도시계획시설사업의 대상이 되는 기반시설로서의 성격에 대한 특별한 고려 없이도 이 사건 정의조항의 체육시설에 포함될 여지가 생긴다. (중략)

결국 이 사건 정의조항은 개별 체육시설의 성격과 공익성을 고려하지 않은 채 구체적으로 범위를 한정하지 않고 포괄적으로 대통령령에 입법을 위임하고 있으므로, 이는 헌법상 위임입법의 한계를 일탈한 것으로서 포괄위임금지원칙에 위배된다.

### 3. 조대현 재판관의 반대의견

국토계획법 제2조 제6호 라목에 의하여 모든 체육시설이 당연히 기반시설이나 도시계획시설로 되는 것이 아니고, 체육시설을 설치하는 경우에 언제나 토지수용권이 부여되는 것도 아니다. 시·도지사가 관계 행정기관장과 협의하고 도시계획위원회의 심의를 거쳐 체육시설의 공익성을 심사하여 도시관리계획에 의하여 체육시설을 도시계획시설로 결정하여야 비로소 그 체육시설이 도시계획시설로 되는 것이고(국토계획법 제2조 제7호, 제30조), 도시계획시설로 결정되어야 비

로소 국토계획법 제95조에 의하여 토지수용권이 부여되는 것이다. (중략)

공익성이 미약한 체육시설이 도시계획시설로 결정되었다면, 도시계획시설 결정절차의 심사와 결정이 올바로 이루어지지 아니한 점을 바로잡아야 하는 것이고, 국토계획법 제2조 제6호 라목의 규정내용이 포괄적이기 때문이라고 비난하기 어렵다.

# III. 이 사건 수용조항의 위헌여부

## 1. 헌법 제23조 제3항 위배 여부

헌법 제23조 제3항은 정당한 보상을 전제로 하여 재산권의 수용 등에 관한 가능성을 규정하고 있지만, 재산권 수용의 주체를 한정하지 않고 있다. 이는 재산의 수용과 관련하여 그 수용의 주체가 국가 등에 한정되어야 하는지, 아니면 민간기업에게도 허용될 수 있는지 여부에 대하여 헌법이라는 규범적 층위에서는 구체적으로 결정된 내용이 없다는 점을 의미하는 것이다. 따라서 위 수용 등의 주체를 국가 등의 공적 기관에 한정하여 해석할 이유가 없다.[130] (중략)

도시계획시설사업은 도로 · 철도 · 항만 · 공항 · 주차장 등 교통시설, 수도 · 전기 · 가스공급설비 등 공급시설과 같은 도시계획시설을 설치 · 정비 또는 개량하여 공공복리를 증진시키고 국민의 삶의 질을 향상시키는 것을 목적으로 하고 있으므로, 도시계획시설사업은 그 자체로 공공필요성의 요건이 충족되는 점에 관해서는 우리 재판소가 이미 지적한 바와 같다(헌재 2007. 11. 29. 2006헌바79, 판례집 19-2, 576, 588 참조).

그렇다면 이 사건 수용조항은 공공필요성을 갖춘 사업을 위하여 수용권이 행사되도록 규정한 것이므로, 헌법 제23조 제3항에 위반된다고 할 수 없다.

## 2. 재산권 침해 여부

### 가. 목적의 정당성 및 수단의 적절성

이 사건 수용조항은 도시계획시설사업의 원활한 진행을 위한 것이고, 이는 공공복리를 추구하기 위한 정당한 입법적 목적에 해당한다. 그리고 이 사건 수용조항을 통하여 사업시행자는 협의에 응하지 않는 사람들의 토지를 시가에 따라 적절히 매수할 수 있고, 이에 따라 사업을 원활하게 진행할 수 있으므로, 위 조항은 위와 같은 입법목적의 달성에 매우 효과적인 수단임이 인정된다.

130) 同旨 : 헌재 2013. 2. 28. 2011헌바250, 판례집 25-1, 59, 68-69.

### 나. 피해의 최소성

> 국토계획법은 민간기업이 도시계획시설사업의 시행자로 지정을 받고자 하는 때에는 도시계획시설사업 대상토지면적의 2/3이상에 해당하는 토지를 소유하고 토지소유자의 1/2 이상에 해당하는 자의 동의를 얻어야 하도록 규정함으로써(국토계획법 제86조 제7항 및 동법 시행령 제96조) 민간기업의 일방적인 의사에 의해 수용절차가 진행되지 않도록 제어장치를 두고 있다. (중략)
>
> 사업시행자의 재결신청에 의해 수용이 발생한다 하더라도 헌법 제23조 제3항의 정당보상원칙에 의해 피수용자에게는 수용에 따른 보상금이 지급된다. (중략)
>
> 나아가 우리 법제는 위와 같은 일련의 절차 속에서 구체적인 처분에 하자가 있을 경우 행정소송 등을 통하여 실효적으로 권리를 구제받을 수 있는 방안들을 마련해 두고 있다.

### 다. 법익의 균형성

> 우리 국가공동체에서 도시계획시설이 수행하는 역할 등을 감안할 때 이 사건 수용조항으로써 추구되는 공공복리 증진의 공익적 중대성은 작지 않다고 할 것이며, 비록 이 사건 수용조항으로 피수용권자의 재산권이 다소 제한된다 하더라도 수용에 이르기까지의 제도적 절차 및 보상제도 등을 종합적으로 고려할 때 그 제한의 정도가 이 사건 수용조항에 의하여 보장되는 공익에 비하여 결코 중하다고 볼 수 없다. 따라서 이 사건 수용조항은 공익과 사익간의 균형성을 도외시한 것이라고 보기 어려우므로, 법익의 균형성의 원칙에 반하지 아니한다.

## IV. 결론

> 1. '국토의 계획 및 이용에 관한 법률'(2002. 2. 4. 법률 제6655호로 제정된 것) 제2조 제6호 라목 중 "체육시설" 부분은 헌법에 합치되지 아니한다.
>    위 법률조항은 2012. 12. 31.을 시한으로 입법자가 개정할 때까지 계속 적용한다.
> 2. 위 '국토의 계획과 이용에 관한 법률' 제95조 제1항의 "도시계획시설사업의 시행자" 중 "제86조 제7항"의 적용을 받는 부분은 헌법에 위반되지 아니한다.

> [이 사건 결정 이후 개정된 '국토의 계획 및 이용에 관한 법률' 제2조 제6호 라목]
> 라. 학교·운동장·공공청사·문화시설 및 공공필요성이 인정되는 체육시설 등 공공·문화체육시설

## ※ 관련 사건

**헌재 2013. 9. 26. 2012헌마806**

1. 사건의 개요 및 심판의 대상

가. 사건의 개요

(1) 청구인들은 안산시 단원구 ○○동 산 159 일원의 토지를 소유하고 있었다. 2009. 1. 21. 안산시장은 위 토지를 포함하여 ○○동 산 159 일원에 대하여 도시계획시설(골프장) 사업을 인가·고시하였는데, 사업시행자인 ○○ 주식회사와 청구인들과의 토지보상협의가 결렬되어, 2010. 10. 11. 위 토지에 대하여 수용재결이 이루어졌다(이하 '이 사건 수용재결'이라 한다).

(2) 이에 청구인들은 수원지방법원에 경기도지방토지위원회를 상대로 위 수용재결의 취소를 구하는 소를 제기하고[수원지방법원 2010구합15811, 2011구합861(병합)], 위 소송 계속 중 공공필요성이 없는 사업을 위해 민간기업에게 토지수용권을 부여하고 있는 구 '국토의 계획 및 이용에 관한 법률'(2002. 2. 4. 법률 제6655호로 제정되고, 2012. 12. 18. 법률 제11579호로 개정되기 전의 것, 이하 '구 국토계획법'이라 한다) 제2조 제6호 라목 등이 헌법에 위반된다는 이유로 위헌법률심판제청신청을 하였다(수원지방법원 2011아221, 222).

(3) 한편, 헌법재판소는 2011. 6. 30. 민간 사업시행자에 대하여 수용권을 부여한 구 국토계획법 제95조 제1항은 헌법에 위반되지 않으나, 구 국토계획법 제2조 제6호 라목 중 체육시설 부분(이하 '이 사건 체육시설조항'이라 한다)에 대해서는 도시계획시설사업의 시행을 위한 수용권의 행사와 밀접하게 관련되어 있음에도 체육시설의 구체적인 범위를 법에서 한정하지 않고 포괄적으로 대통령령에 위임하고 있어 헌법상 포괄위임금지원칙에 위배된다는 이유로 헌법불합치결정을 하면서, 다만 도시계획시설사업에 꼭 포함되어야 할 체육시설과 관련된 법적 공백과 혼란을 고려하여 2012. 12. 31. 개선입법이 마련될 때까지 계속적용을 명하였다(헌재 2008헌바166등, 이하 '이 사건 불합치결정'이라 한다).

(4) 이 사건 불합치결정 이후 2011. 10. 19. 위 수원지방법원은 이 사건 수용재결의 취소 청구를 기각하고, 청구인들의 위헌제청신청에 대하여는 이 사건 불합치결정으로 이 사건 체육시설조항이 더 이상 심판대상이 될 수 없다며 각하하였다. 청구인들이 항소하였으나 2012. 4. 17. 항소기각되었고[서울고등법원 2011누40273, 2011누40280(병합)], 대법원에 상고하였으나 2012. 8. 30. 상고기각되자[대법원 2012두11638, 2012두11645(병합) 판결], 2012. 10. 4. 위 각 판결의 취소를 구하는 이 사건 헌법소원심판을 청구하였다.

나. 심판의 대상

이 사건 심판의 대상은 (1) 수원지방법원 2011. 10. 19. 선고 2010구합15811, 2011구합861(병합) 판결, (2) 서울고등법원 2012. 4. 17. 선고 2011누40273, 2011누40280(병합) 판결, (3) 대법원 2012. 8. 30. 선고 2012두11638, 2012두

11645(병합) 판결(이하 '이 사건 판결들'이라 한다)이 헌법재판소가 위헌으로 판단한 법률조항을 적용함으로써 청구인들의 기본권을 침해하였는지 여부이다. (중략)

3. 이 사건 판결들이 헌법소원의 대상에 해당하는지 여부

가. 헌법소원의 대상이 되는 법원의 재판

법원의 재판은 원칙적으로 헌법소원의 심판대상에 해당하지 아니하나(헌법재판소법 제68조 제1항), 법원이 헌법재판소가 위헌으로 결정하여 그 효력을 전부 또는 일부 상실하거나 위헌으로 확인된 법률을 적용함으로써 국민의 기본권을 침해한 경우에는 예외적으로 헌법소원의 심판대상이 될 수 있다(헌재 1997. 12. 24. 96헌마172등, 판례집 9-2, 842, 859 참조). 이러한 법원의 재판은 헌법재판소의 위헌결정의 기속력에 반하고 법률에 대한 위헌심사권을 헌법재판소에 부여한 헌법(헌법 제107조 및 제111조)에 정면으로 위배되기 때문이다.

나. 헌법불합치결정의 기속력

법률에 대한 헌법재판소의 위헌결정에는 단순위헌결정은 물론, 한정합헌, 한정위헌결정과 헌법불합치결정도 포함되고 이들은 모두 당연히 기속력을 가진다(헌재 1997. 12. 24. 96헌마172등, 판례집 9-2, 842, 860 참조).

헌법재판소가 위헌으로 판단한 법률의 적용을 중지하는 헌법불합치결정을 하는 경우, 위헌적 법률은 효력을 상실하여 법질서에서 소멸하는 것이 아니라 형식적으로 존속하게 되나 원칙적으로 위헌적 법률의 적용이 금지되고, 헌법심판의 계기를 부여한 당해 사건은 물론 심판대상 법률이 적용되어 법원에 계속 중인 모든 사건의 재판절차가 정지된다. 이는 입법자가 위헌법률을 합헌적인 상태로 개정할 때까지 법원의 판단이 보류되어야 하며 법원이 개정된 법률에 의하여 판단을 함으로써 사건의 당사자가 개정 법률의 결과에 따른 혜택을 받을 수 있는 기회를 그 때까지 열어 놓아야 한다는 것을 뜻한다(헌재 1999. 10. 21. 96헌마61등, 판례집 11-2, 461, 469 참조).

그러나 헌법재판소가 헌법불합치결정을 하면서 예외적으로 위헌으로 판단한 법률을 계속 적용할 것을 명하는 경우가 있다. 헌법재판소는 위헌결정을 통하여 위헌법률을 법질서에서 제거하는 것이 법적 공백이나 혼란을 초래할 우려가 있는 경우, 즉 위헌법률을 잠정적으로 적용하는 위헌적인 상태가 오히려 위헌결정으로 인하여 초래되는 법적 공백 또는 혼란이라는 합헌적인 상태보다 예외적으로 헌법적으로 더욱 바람직하다고 판단되는 경우에, 법적 안정성의 관점에서 법치국가적으로 용인하기 어려운 법적 공백과 그로 인한 혼란을 방지하기 위하여 입법자가 합헌적인 방향으로 법률을 개선할 때까지 일정 기간 동안 위헌법률을 잠정적으로 적용할 것을 명할 수 있고(헌재 1999. 10. 21. 96헌마61등, 판례집 11-2, 461, 480-481; 헌재 2008. 11. 13. 2006헌바112, 판례집 20-2하, 1, 75; 헌재 2010. 6. 24. 2008헌바128, 판례집 22-1하, 473, 491-492 각 참조), 이와 같이 헌법불합치결정을 하면서 계속 적용을 명하는 경우 모든 국가기관은 그에 기속되고, 법원은 이러한 예외적인 경우에 위헌법률을 계속 적용하여 재판을 할 수 있다(헌재 1999. 10. 21. 96헌마61등, 판례집 11-2, 461, 481 참

조).

다. 이 사건의 경우

헌법재판소는 도시계획시설사업의 대상이 되는 기반시설의 한 종류를 정한 이 사건 체육시설조항에 대하여, 만약 헌법재판소가 이 사건 체육시설조항에 대해 위헌결정을 선고한다면 헌법재판소가 결정을 선고한 때부터 위 조항은 그 효력을 상실하게 되어 국민의 건강 증진과 여가 선용을 위해 도시계획시설사업에 꼭 포함되어야 할 체육시설까지 그 대상에서 제외되는 법적 공백과 혼란이 예상된다는 이유로, 헌법불합치결정을 하면서 "2012. 12. 31.을 시한으로 입법자가 개정할 때까지 계속 적용한다."고 명하였다(헌재 2011. 6. 30. 2008헌바166등, 판례집 23-1하, 288, 301, 310-311 참조).

이 사건 판결들은 이 사건 불합치결정 당시 이 사건 불합치결정의 대상과 동일한 이 사건 체육시설조항의 위헌 여부가 재판의 전제가 되어 법원에 그 위헌여부심판의 제청신청이 되어 있었던 사건에 대한 판결들이나, 모두 이 사건 불합치결정 이후 그리고 헌법재판소가 정한 개정 시한인 2012. 12. 31. 이전에 선고되었고, 이 사건 불합치결정에 따라 이 사건 체육시설조항을 적용하여 재판한 것이므로 헌법재판소 결정의 기속력에 반하는 재판이라고 할 수 없다.

라. 소결

따라서 이 사건 판결들은 헌법재판소가 위헌으로 결정한 법률조항을 적용함으로써 국민의 기본권을 침해한 법원의 재판에 해당한다고 볼 수 없다.

[주문]

청구인들의 이 사건 심판청구를 모두 각하한다.

# 20. 군법무관보수 사건

**입법부작위 위헌확인**
**헌재 2004. 2. 26. 2001헌마718, 판례집 16-1, 313**

청구인 이종일, 최강욱, 신형철은 군법무관임용시험 혹은 사법시험에 합격한 후 현재 군법무관으로 근무 중이고, 청구인 류관석은 군법무관으로 근무하다가 2003. 5. 31. 전역하였는바, 청구인들은 구 군법무관임용법(1967. 3. 3. 법률 제1904호로 개정되고 2000. 12. 26. 법률 제6291호로 전문개정되기 전의 것, 이하 '구법'이라 한다) 제5조 제3항 및 군법무관임용등에관한법률(2000. 12. 26. 법률 제6291호로 전문개정된 것, 이하 '법'이라 한다) 제6조의 위임에 따라 피청구인이 군법무관의 봉급과 그 밖의 보수를 법관 및 검사의 대우(예)에 준하여 지급하도록 하는 시행령을 제정할 의무가 있음에도 불구하고 이를 이행하지 아니함으로써 자신들의 기본권을 침해하고 있다며 2001. 10. 15. 이 사건 헌법소원을 청구하였다.
이 사건 심판의 대상은 구법 제5조 제3항 및 법 제6조의 위임에 따라 군법무관의 대우(봉급과 그 밖의 보수)를 법관 및 검사의 대우(예)에 준하여 지급하도록 하는 대통령령을 제정하지 아니하는 부작위의 위헌 여부이다. 관련 조항의 내용은 다음과 같다.

구법 제5조 ③ 군법무관의 대우는 법관 및 검사의 대우에 준하여 대통령령으로 정한다.
법 제6조(군법무관의 보수) 군법무관의 봉급과 그 밖의 보수는 법관 및 검사의 예에 준하여 대통령령으로 정한다.

## I. 적법요건

### 1. 문제되지 않는 요건 : 기본권주체성[131], 공권력행사성, 직접성, 현재성, 자기관련성, 변호사강제주의에 관하여는 별다른 문제가 없다.

### 2. 보충성

| 국방부장관이 의견서에서 기재한 고충심사제도는 대통령령의 미제정이 문제된 이 사건에서 효과적인 사전구제절차에 해당된다고 볼 수 없다. |
|---|

※ 행정입법부작위의 위법확인을 구하는 행정소송을 법원에 제기할 수 있는가? 현재로서는 없다. 다만 향후 행정소송법이 개정되거나 대법원 판례가 변경되는 경우에는, 보충성 원칙 위반이 문제될 수 있음을 유의할 것.

| 헌재 1998. 7. 16. 96헌마246 [치과전문의 자격시험 불실시 위헌확인 사건] |
|---|
| 입법부작위에 대한 행정소송의 적법여부에 관하여 대법원은 "행정소송은 구체적 사건에 대한 법률상 분쟁을 법에 의하여 해결함으로써 법적 안정을 기하자는 것이므로 부작위위법확인소송의 대상이 될 수 있는 것은 구체적 권리의무에 관한 분쟁이어야 하고, 추상적인 법령에 관하여 제정의 여부 등은 그 자체로서 국민의 구체적인 권리의무에 직접적 변동을 초래하는 것이 아니어서 행정소송의 대상이 될 수 없다"고 판시하고 있다(대법원 1992. 5. 8. 선고, 91누11261 판결, 공1992, 1874). … 따라서 피청구인 보건복지부장관에 대한 청구 중 이 사건 시행규칙에 대한 입법부작위 부분은 다른 구제절차가 없는 경우에 해당한다. |

### 3. 청구기간

| … 진정입법부작위에 대해서는 청구기간의 제한이 없으며, … |
|---|

131) 엄밀하게 말하자면, 청구인들은 '특별권력관계'에 있는 군인이므로 그 기본권주체성이 문제될 여지가 조금은 있다.

## 4. 권리보호이익

> 청구인 류관석의 경우 이 사건 심리 도중 전역하였지만, 이 사건은 헌법적으로 해명할 필요가 있는 중요한 사안이므로 동 청구인의 경우만 따로 부적법 각하할 것이 아니라 권리보호이익을 인정함이 상당하다(헌재 2001. 6. 28. 2000헌마111, 판례집 13-1, 1418, 1425 참조)[132].

# II. 진정입법부작위의 특수한 문제

## 1. 진정입법부작위 / 부진정입법부작위[133]

> 넓은 의미의 "입법부작위(立法不作爲)"에는, ① 입법자가 헌법상 입법의무가 있는 어떤 사항에 관하여 전혀 입법을 하지 아니함으로써 "입법행위의 흠결(Lücke)이 있는 경우"(즉, 입법권의 불행사)와 ② 입법자가 어떤 사항에 관하여 입법은 하였으나 그 입법의 내용·범위·절차 등이 당해 사항을 불완전, 불충분 또는 불공정하게 규율함으로써 "입법행위에 결함(Fehler)이 있는 경우"(즉, 결함이 있는 입법권의 행사)가 있는데, 일반적으로 전자를 진정(眞正)입법부작위, 후자를 부진정(不眞正)입법부작위라고 부르고 있다.[134]

> 국방부장관은 공무원보수규정 별표 13, 공무원수당등에관한규정 제14조에 근거한 별표 11에 따른 보수 규정을 들어 법 제6조에 따른 입법의무는 상당 부분 이행되고 있으므로, 이 사건은 입법은 있으나 불완전한 경우(부진정입법부작위)에 해당된다고 답변한다.
>
> 그런데 위 별표 13은 군인의 계급과 호봉에 따른 봉급표이므로 군법무관에 특수한 규정은 아니고, 위 별표 11은 월 60만 원 이하의 범위 내에서 군법무관등에 대한 수당의 구체적인 지급대상, 지급기준 등을 소속 장관이 정하도록 하고 있으나, 그러한 수당 규정들의 명시적 근거

132) 헌재의 위헌결정에는 대세효가 있으므로, 법원의 경우처럼 '기판력의 주관적 범위'를 문제삼아서 일부 청구인의 청구만을 각하할 실익이 사실상 없다.

133) 엄밀하는 입법이 있는가, 없는가의 문제만 여기서 다루는 것이고, 입법'의무'의 존부는 여기서 다루는 것이 아니다. 진정입법부작위는 입법의무가 있음에도 불구하고, 입법을 하지 아니한 상태이지, 단순한 입법의 부존재를 의미하는 것이 아니다. 이를 분명히 한 판시로는, 다음과 같은 것이 있다. "행정권력의 부작위에 대한 헌법소원은 공권력의 주체에게 헌법에서 유래하는 작위의무가 특별히 구체적으로 규정되어 이에 의거하여 기본권의 주체가 행정행위를 청구할 수 있음에도 공권력의 주체가 그 의무를 게을리 하는 경우에 한하여 허용되고 이러한 작위의무가 인정되지 않는 경우의 헌법소원은 부적법한 청구가 되므로, 공권력의 부작위 때문에 피해를 입었다는 단순한 일반적인 주장만으로는 헌법소원으로서 부적법하다(헌재 1991. 9. 16. 89헌마163, 판례집 3, 505, 513; 헌재 1995. 5. 25. 90헌마196, 판례집 7-1, 669, 677; 헌재 2001. 1. 18. 99헌마636, 판례집 13-1, 129, 136)."(헌재 2002. 7. 18. 2001헌마538)
따라서 여기서는 '문제되는 것이' 진정/부진정 입법부작위 중 어느 것인지를 검토하는 것이고, 과연 입법의무가 존재하여 정말로 '진정입법부작위'가 성립하는지의 여부는 그 다음 단계에서 검토하는 것이다.

134) 헌재 1996. 10. 31. 94헌마108

에 군법무관임용법이나 군법무관임용등에관한법률이 포함되어 있지 않고, 동 수당이 군법무관에만 한정된 것도 아니며, 또 3년 이상의 군법무관 경력자에게만 지급되고 있고, 한편 법관 및 검사의 경우에도 현재 특정 수당이 지급되고 있는 점을 감안하면, 위 규정들이 법 제6조 내지 구법 제5조 제3항에 따라 제정되어야 할 대통령령을 대체하거나 보완하는 것이라고 단정하기 어렵다. 그렇다면 이 사건에서 문제되는 것은 부진정입법부작위가 아니라 진정입법부작위에 해당되는 것이다.

## 2. 법률상의 작위의무에서 헌법상의 작위의무의 도출

입법부가 법률로써 행정부에게 특정한 사항을 위임했음에도 불구하고 행정부(대통령)가 이러한 법적 의무를 이행하지 않는다면 **이는 위법한 것인 동시에 위헌적인 것이 된다**. 우리 헌법은 국가권력의 남용으로부터 국민의 기본권을 보호하려는 법치국가의 실현을 기본이념으로 하고 있고, 근대 자유민주주의 헌법의 원리에 따라 국가의 기능을 입법·행정·사법으로 분립하여 상호간의 견제와 균형을 이루게 하는 권력분립제도를 채택하고 있다(헌재 1992. 4. 28. 90헌바24, 판례집 4, 225, 229-230). 따라서 행정과 사법은 법률에 기속되므로(헌재 1990. 9. 3. 89헌가95, 판례집 2, 245, 267),

국회가 특정한 사항에 대하여 행정부에 위임하였음에도 불구하고 행정부가 정당한 이유 없이 이를 이행하지 않는다면 **권력분립의 원칙과 법치국가 내지 법치행정의 원칙에 위배되는 것이다**.

※ 사실 이 논리는 그 전의 [치과전문의 자격시험 불실시 위헌확인 사건]에서도 시사된 바 있다.

| 헌재 1998. 7. 16. 96헌마246 [치과전문의 자격시험 불실시 위헌확인 사건] |
|---|
| 삼권분립의 원칙, 법치행정의 원칙을 당연한 전제로 하고 있는 우리 헌법 하에서 행정권의 행정입법 등 법집행의무는 헌법적 의무라고 보아야 한다. 왜냐하면 행정입법이나 처분의 개입 없이도 법률이 집행될 수 있거나 법률의 시행여부나 시행시기까지 행정권에 위임된 경우는 별론으로 하고, 이 사건과 같이 치과전문의제도의 실시를 법률 및 대통령령이 규정하고 있고 그 실시를 위하여 시행규칙의 개정 등이 행해져야 함에도 불구하고 행정권이 법률의 시행에 필요한 행정입법을 하지 아니하는 경우에는 행정권에 의하여 입법권이 침해되는 결과가 되기 때문이다. |

## 3. 정당화사유 없는 작위의무 위반

행정권력의 부작위에 대한 헌법소원은 공권력의 주체에게 헌법에서 유래하는 작위의무가 특별히 구체적으로 규정되어 이에 의거하여 기본권의 주체가 행정행위를 청구할 수 있음에도 공권력의 주체가 그 의무를 해태하는 경우에 허용되고, 특히 행정명령의 제정 또는 개정의 지체가 위법으로 되어 그에 대한 법적 통제가 가능하기 위하여는 첫째, 행정청에게 시행명령을 제정(개정)할 법적 의무가 있어야 하고 둘째, 상당한 기간이 지났음에도 불구하고 셋째, 명령제정(개정)권이 행사되지 않아야 한다(헌재 1998. 7. 16. 96헌마246, 판례집 10-2, 283, 305-306).

라. 행정입법 부작위의 정당성 유무

(1) 구법 제5조 제3항은 1967. 3. 3. 일부개정시 처음 신설되었고, 법 제6조는 2000. 12. 26. 전문개정 당시에 위 구법의 규정이 개정된 것이다(공포 후 3개월 후부터 시행). 그러나 해당 시행령은 지금까지 제정된 바 없다. …

(2) 행정부가 위임입법에 따른 시행명령을 제정하지 않거나 개정하지 않은 것에 정당한 이유가 있었다면 그런 경우에는 헌법재판소가 위헌확인을 할 수는 없을 것이다. 그런데 그러한 정당한 이유가 인정되기 위해서는 그 위임입법 자체가 헌법에 위반된다는 것이 누가 보아도 명백하거나, 위임입법에 따른 행정입법의 제정이나 개정이 당시 실시되고 있는 전체적인 법질서 체계와 조화되지 아니하여 그 위임입법에 따른 행정입법 의무의 이행이 오히려 헌법질서를 파괴하는 결과를 가져옴이 명백할 정도는 되어야 할 것이다. 그런데 구법 제5조 제3항 및 법 제6조는 군법무관의 보수 수준에 관한 것으로서, 이러한 사항은 헌법에서 특별히 평등을 요구하고 있는 경우라거나, 차별적 취급으로 인하여 다른 기본권에 대한 중대한 제한을 초래하는 경우가 아니므로 엄격한 비례성 심사가 아니라 자의금지원칙에 따른 합리적 이유 유무의 심사가 필요한 바, 이 심사 기준에 따라 위헌성 여부를 살펴보면, 이 사건 규정은 문제점이 없는 것은 아니지만 위헌임이 명백할만큼 자의적이라고는 할 수 없고, 군법무관 직무의 특수성을 고려할 때 위 규정이 입법자의 입법형성의 헌법적 한계를 벗어난 것이라고도 볼 수 없으며, 청구인들도 위 규정이 합헌이라고 전제하여 이 사건 청구를 하고 있다. …

(4) 통상 상위법령을 시행하기 위하여 하위법령을 제정하거나 필요한 조치를 함에 있어서는 상당한 기간을 필요로 하며 합리적인 기간 내의 지체를 위헌적인 부작위로 볼 수 없지만(헌재 1998. 7. 16. 96헌마246, 판례집 10-2, 283, 306), 이 사건의 경우 구법조항이 신설된 때로부터 현재까지 약 37년간 행정입법 부작위의 상태가 지속되고 있다. 이러한 기간은 합리적인 기간 내의 지체라고 볼 수 없다.

## 4. 침해된 기본권[135)]

청구인들은 이 사건 입법부작위로 인하여 직업의 자유, 평등권, 재산권, 행복추구권이 침해되었다고 주장한다.

그런데 시행령이 제정되지 않아 법관, 검사와 같은 보수를 받지 못한다 하더라도, 직업의 자유에 '해당 직업에 합당한 보수를 받을 권리'까지 포함되어 있다고 보기 어려우므로 청구인들의 직업선택이나 직업수행의 자유가 침해되었다고 할 수 없다.

또한 이 사건 입법부작위가 평등권을 침해한다고 보기도 어렵다. 군법무관이 처음부터 법관, 검사와 똑같은 보수를 받을 권리를 가진다고 전제하기 어렵고, 달리 시행령 제정상의 차별이라는 비교 관점도 성립하기 어려운 것이다.

그러나 이 사건 입법부작위는 청구인들의 재산권을 침해하고 있는 것이라 할 것이다.

헌법 제23조 제1항은 "모든 국민의 재산권은 보장된다. 그 내용과 한계는 법률로 정한다."고 규정한다. 우리 헌법이 보장하고 있는 재산권은 경제적 가치가 있는 모든 공법상 · 사법상의 권리를 뜻한다(헌재 1992. 6. 26. 90헌바26, 판례집 4, 362, 372). 법 제6조 내지 구법 제5조 제3항은 군법무관의 보수를 법관, 검사의 예에 의할 것이라고 규정하고 다만 그 구체적 내용을 시행령에 위임하고 있다. 이러한 법조항들은 군법무관의 보수의 내용을 법률로써 일차적으로 형성한 것이고, 이 법률들에 의하여 상당한 수준의 보수(급료)청구권이 인정되는 것이라 해석될 여지가 있다. 그렇다면 그러한 보수청구권은 단순한 기대이익을 넘어서는 것으로서 법률의 규정에 의하여 인정된 재산권의 한 내용으로 봄이 상당하다. 따라서 대통령이 정당한 이유 없이 해당 시행령을 만들지 않아 그러한 보수청구권이 보장되지 않고 있다면 이는 재산권의 침해에 해당된다고 볼 것이다.

한편 청구인들은 행복추구권 침해를 주장하나, 동 기본권은 일반조항적 성격을 지니며, 보충적 성격을 지닌 기본권이므로 같은 사항에 대하여 재산권 침해를 판단한 이상 행복추구권의 침해 여부를 독자적으로 판단할 필요는 없는 것이다(헌재 2000. 12. 14. 99헌마112등, 판례집 12-2, 399, 408).

# III. 결론

피청구인이 구 군법무관임용법 제5조 제3항 및 군법무관임용등에관한법률 제6조의 위임에 따라 군법무관의 봉급과 그 밖의 보수를 법관 및 검사의 예에 준하여 지급하도록 하는 대통령령을 제정하지 아니하는 입법부작위는 위헌임을 확인한다.

135) 통상적인 헌법소원사건에서 '문제되는 기본권'이 앞머리에 서술되는 것과 형태를 달리한다. 이는, 심판청구의 대상(입법부작위) 자체가 존재한다는 것을 먼저 논증하고자 하기 때문인 것으로 이해할 수 있을 것이다.

만약, 헌법상의 작위의무가 인정되지 아니하면, 주문은 각하임을 주의. (즉, 인용 또는 각하가 있을 뿐이다. 입법의무 자체가 인정되지 않는다면 결국 심판청구의 대상인 '입법부작위' 자체가 부존재하는 것이 되기 때문이다.)

**생각해 볼 점 (1) : 행정입법의 근거법률 자체가 위헌인 경우**

이상 살펴본 것은, 근거법률이 행정입법을 명하고 있음에도 불구하고 그에 따른 행정입법이 전혀 이루어지지 않은 경우에, 그러한 진정입법부작위에 대하여 위헌선언을 하는 과정이다.

그러나, 만약 행정입법을 명하고 있는 근거법률 자체가 위헌이라고 보아야 할 경우에는 심판청구에 대하여 어떻게 판단해야 할 것인가? 이것이 법정의견에서 정면으로 문제된 경우는 아직 없는 것으로 보이나, 아래에서 보는 소수의견에 따르면, 이러한 경우에까지 입법부작위가 있다는 이유만으로 심판청구를 인용(위헌선언)할 것이 아니라, 심판청구를 '각하'하여야 한다. 그 이유는, 위헌법률의 집행(즉 위임입법의 제정)을 명하는 것은 헌법재판소의 권한을 벗어나는 것이기 때문이다.

**이 사건에서 권성 재판관의 반대의견 (요지)**

법률의 합헌 여부가 명백하다고 보기 어렵거나 그것이 의심되는 경우에는 행정입법의 부존재를 위헌적인 입법부작위로 논난(論難)하기 전에 헌법재판소는 먼저 법률의 위헌 여부를 검토하여야만 한다. 그 결과 법률의 위헌성이 확인될 경우에는, 헌법재판소의 권한에 속하지 않는 사항에 대한 재판을 요청하는 부적법한 청구임을 이유로 하여, 사건을 각하하여야 한다.

헌법상의 국방의무를 수행한다는 동일한 법적 근거에서 군복무를 하고 있는 군장교들은 전투력의 확보라는 공통의 목표를 달성하기 위하여 횡으로는 분업적으로 협력하고 종으로는 계급적으로 지휘통솔하는 특수한 집단이고 군법무관은 이러한 특수집단의 한 구성요소인데 이러한 군법무관을, 법관과의 평준화라고 하는 군조직 밖의 기준을 끌어들여, 군조직의 다른 요소와 분리시켜 기본적인 보수에 있어 우대적 차별을 하는 것은 군조직의 횡적 협력관계와 종적 지휘관계를 이간하게 되어 불합리하다. 또한 헌법에서 그 지위와 신분보장을 명백히 하고 있는 법관과 그렇지 아니한 군법무관을 평준화의 관점에서 비교하는 것은 불합리하다. 한편 국민의 기본권보장을 그 사명의 하나로 하는 법관과 전투조직으로서의 군의 기강확립을 그 사명의 하나로 하는 군법무관은 그 역할에 중대한 차이가 있음에도 불구하고 양자의 기본적 보수의 다소를 비교하는 것은 그 역할이 다른 것을 같은 것으로 평가하는 전제에 기초하는 것이므로 불합리하다.

그러므로 이 사건 청구가 각하되어야 한다.

| 헌재 2009. 7. 30. 2006헌마358 결정<br>(=후술 [사실상 노무 사건])에서 김종대 재판관의 별개의견 (요지) |
|---|
| 국회는 근로3권을 보장하는 내용의 입법을 하여야 할 의무를 가지므로 법률이 근로3권이 인정되는 공무원의 범위를 스스로 정하지 아니한 채 "사실상 노무에 종사하는 자"라고만 규정하고 그 구체적인 범위를 하위법령에 재위임하는 것은 헌법이 명한 입법의무를 위반한 것이다. 따라서 이 사건 부작위의 위헌성은 근본적으로는 헌법이 법률로써 정하도록 명한 근로3권이 인정되는 지방공무원의 범위를 스스로 구체적으로 정하지 아니한 채 조례에 재위임한 지방공무원법 제58조 제2항 자체의 위헌성에 기인한 것이다. 그러므로 원칙적으로 이 사건 부작위의 위헌확인을 구하는 것은 허용되지 아니한다고 할 것이나, 이러한 견해를 고집할 경우 근로3권을 누려야 할 일정한 범위의 공무원들이 입법의 혼란으로 인해 근로3권을 향유하지 못하게 되는 결과가 초래되어 헌법의 취지가 몰각되게 되므로 부득이 지방공무원법 제58조 제2항 이 정한 조례의 미제정을 입법부작위로 보아 헌법에 위반된다고 판단한다. |

# 21. 채권자 취소권 사건

**민법 제406조 제2항 위헌소원**
**헌재 2006. 11. 30. 2003헌바66, 판례집 18-2, 429**

(1) 청구인 노○순, 노○옥, 노○렬과 청구외 노○덕, 망 노○열은 망 노○학과 강○분 사이의 자녀들로서 서로 형제자매들이고, 망 노○학은 1992. 11. 29.에 사망하였고, 망 노○열도 2000. 5. 1. 사망하여 그 상속인으로 처인 청구인 윤○자, 자녀인 청구인 노○미, 노○선이 있다. 청구외 노○덕은 1997. 4. 26. 처인 김○임과 이혼하고 2000. 11. 11. 자신 소유명의인 서울 금천구 ○○동에 있는 지하 2층, 지상 8층 건물(이하 '이 사건 부동산'이라 한다)의 각 3분의 1 지분에 대하여 1997. 2. 11. 이혼에 따른 재산분할을 원인으로 하여 처인 김○임과 아들인 노○철에게 각 소유권이전등기를 경료해주었다.

(2) 청구인들은, 청구인들의 선대인 망 노○학이 생전에 자신의 재산 대부분을 차남인 노○덕에게 증여하여 주었고 이에 노○덕은 위와 같이 선대의 재산 대부분을 증여 받는 대신 이를 다른 형제들에게 분배하기로 하여 누나인 청구인 노○순, 노○옥, 노○렬에게 각 3억 원씩을, 형인 노○열에게 15억 원을 지급하기로 약속하였으나, 노○덕이 이를 이행하지 아니하고 위에서 본 바와 같이 이 사건 부동산의 위 지분을 처분하였는바, 이는 사해행위에 해당한다고 주장하며 2003. 1. 15. 서울지방법원 남부지원 2003가합548호로 사해행위취소소송을 제기하였다.

(3) 청구인들은 위 소송과 함께 <u>민법 제406조 제2항 중 '전항의 소는 법률행위 있은 날로부터 5년 내에 제기하여야 한다'는 부분</u>에 대하여 위헌제청신청(서울지방법원 남부지원 2003카기1063)을 하였는데 같은 법원은 2003. 7. 10. 위 본안소송이 등기원인일인 1997. 2. 11.자 약정이 있은 때로부터 5년이 지나서 제기되었다는 이유로 이를 각하하고, 같은 날 위 위헌제청신청도 기각하였다. 이에 청구인들은 2003. 8. 19. 헌법재판소법 제68조 제2항에 따라 이 사건 헌법소원심판을 청구하였다.

(1) 청구인들은 민법 제406조 제2항 중 '전항의 소는 법률행위 있은 날로부터 5년 내에 제기하여야 한다'라는 부분에 대하여 위헌심판을 제기하고 있는바, 청구인들의 주장요지에 비추어 볼 때 '법률행위 있은 날로부터 5년 내' 부분으로 그 심판대상을 좁힐 수 있을 것이므로 이 부분만을 심판대상(이하 '이 사건 법률조항'이라 한다)으로 본다.

(2) 이 사건 심판대상 조항을 포함한 관련규정의 내용은 다음과 같다.

민법 제406조(채권자취소권) ① 채무자가 채권자를 해함을 알고 재산권을 목적으로 한 법률행위를 한 때에는 채권자는 그 취소 및 원상회복을 법원에 청구할 수 있다. 그러나 그 행위로 인하여 이익을 받은 자나 전득한 자가 그 행위 또는 전득당시에 채권자를 해함을 알지 못한 경우에는 그러하지 아니하다.

② 전항의 소는 채권자가 취소원인을 안 날로부터 1년, 법률행위 있은 날로부터 5년 내에 제기하여야 한다.

민법 제146조(취소권의 소멸) 취소권은 추인할 수 있는 날로부터 3년 내에, 법률행위를 한 날로부터 10년 내에 행사하여야 한다.

민법 제999조(상속회복청구권) ① 상속권이 참칭상속권자로 인하여 침해된 때에는 상속권자 또는 그 법정대리인은 상속회복의 소를 제기할 수 있다.

② 제1항의 상속회복청구권은 그 침해를 안 날부터 3년, 상속권의 침해행위가 있은 날부터 10년을 경과하면 소멸된다.

# I. 적법요건

## 1. 한정위헌 청구

청구인들은 "이 사건 법률조항은 '법률행위가 있은 날로부터 5년 내에 행사해야 한다'고 해석할 것이 아니라 '법률행위가 있음을 알 수 있는 날로부터 5년 내에 행사해야 하는 것'으로 해석되어야 한다."고 주장하여 한정위헌을 청구하는 취지로도 보이므로 이러한 청구가 적법한 것인지 문제되나, 이 사건 법률조항에 대하여 대법원은 뒤에서 보는 바와 같이 "법률행위 있은 날"을 "실제 법률행위가 있은 날"로 보고 있고, "법률행위가 있음을 알 수 있는 날"로 해석하지 않고 있음은 명확하고 위 조항의 문면상 달리 해석하기도 어려우며, 청구인들의 주장요지는 이 사건 법률조항의 "법률행위 있은 날"을 등기와 같은 외부 표시가 있게 된 시점을 의미하는 "법률행위가 있음을 알 수 있는 날"로 해석하여야 하고 만일 이와 같이 해석하지 않으면 위헌이라는 것으로서 그와 같은 해석은 일응 위 조항에 대한 성립 가능한 해석 중의 하나로 보기는 어렵고 또한 청구인들이 이 사건 법률조항의 기간이 단기여서 위헌이라는 주장도 하고 있는 이상 청구인들의 의사는 위 법률조항에 대한 해석을 다투는 것이라기보다는 전체적으로 위 법률조항 자체의 위헌성을 다투고 있는 것으로 볼 수 있다.[136)]

## 2. 재판의 전제성

달리 재판의 전제성 등의 적법요건이 흠결되었다고 볼 사정은 보이지 아니하므로 이 사건 법률조항에 대한 헌법소원심판청구는 적법하다.

136) 한정위헌 청구의 적법성에 간한 판례 변경 전의 사례임을 유의해야 할 것이다.

- 당해 사건인 청구인들이 제기한 서울지방법원 남부지원 사건에 대하여는 제척기간이 도과하였음을 이유로 2003. 7. 10. 각하판결이 선고되었고, 이에 청구인들이 서울고등법원에 항소하여 항소심 계속중이다.
- 이 사건 법률조항은 당해사건에 당연히 적용되는 것이고, 이 사건 법률조항이 위헌으로 결정되면 청구인들의 본안청구는 제척기간 도과로 각하될 수는 없다.
- 따라서 재판의 주문이 달라지는 경우에 해당한다.

## II. 문제되는 기본권

### 1. 재산권 및 재판청구권

| 이 사건 법률조항은 채권자취소권을 행사하려는 채권자의 권리행사기간을 법률행위시로부터 5년으로 제한하고 있으며, 대법원은 위 기간을 제척기간으로 보고 있으므로 위 기간이 경과된 후에는 채권자는 더 이상 채권자취소권을 재판상 주장할 수 없게 되고 이에 따라 수익자 또는 전득자는 사해행위의 결과로 취득한 재산권의 정당한 소유자로 확정된다. 그리고 사해행위취소권은 그 자체로 경제적 가치가 있는 사법상의 권리인 재산권으로 볼 수 있으므로 결국 이 사건 법률조항에 의하여 채권자는 재판청구권과 함께 재산권인 사해행위취소권의 행사에 제한을 받게 된다. |
|---|

### 2. 행복추구권[137]

| 이 사건 법률조항이 청구인들의 채권자취소권 행사기간을 제한하여 행복추구권에 영향을 주고 있음은 분명하나, … |
|---|

### 3. 평등권

### 4. 기본권 경합

137) 결정문에서는 행복추구권을 '제한되는 기본권' 항목에서 열거하고 있지 않으나, 뒷부분에서 '행복추구권의 침해 여부'를 판단하고 있다.

## 5. 심사기준

기본적으로 헌법 제23조 제1항에 의하면 헌법이 보장하는 재산권의 내용과 한계는 국회에서 제정되는 형식적 의미의 법률에 의하여 정해진다. 물론 그렇다고 하더라도 입법자가 재산권의 내용을 형성함에 있어서 무제한적인 형성의 자유를 가지는 것은 아니며 어떠한 재산을 사용·수익할 수 있는 사적 유용성과 처분권을 본질로 하는 재산권은 인간으로서의 존엄과 가치를 실현하고 인간의 자주적이고 주체적인 삶을 이루어나가기 위한 범위에서 헌법적으로 보장되어 있는 것이다. 따라서 재산권의 내용과 한계를 법률로 정한다는 것은 헌법적으로 보장된 재산권의 내용을 구체화하면서 이를 제한하는 것으로 볼 수 있다. 다만 이러한 경우에도 사유재산제도나 사유재산을 부인하는 것은 재산권보장규정의 침해를 의미하고 결코 재산권 형성적 법률유보라는 이유로 정당화될 수 없다(헌재 1993. 7. 29. 92헌바20, 판례집 5-2, 36, 44-45; 헌재 2001. 4. 26. 99헌바37, 판례집 13-1, 836, 842-843).

채권자취소제도의 채택 여부나 채권자취소권의 내용은 원칙적으로 입법자가 입법정책적으로 결정하여야 하는 사항이다. 구체적으로 그 권리의 행사기간을 정하는 것은 채권자의 이익과 거래의 안전과 같은 서로 충돌하는 이익을 고려하여 그 경계를 설정하고 조화를 이루어야 하는 문제이고, 더구나 재산권을 형성하는 내용의 완전히 새로운 제도를 창설하면서 그 행사기간 등을 정하는 경우에 있어서는 기본적으로 입법재량이 인정되고 이에 기초한 정책적 판단이 이루어져야 할 특별한 영역에 해당되므로 그 입법이 합리적인 재량의 범위를 일탈한 것인지 여부만을 기준으로 심사하여야 할 것이다.

그리고 재판청구권의 제한과 관련하여 보면 재판을 청구할 수 있는 기간을 정하는 것은 입법자가 그 입법형성재량에 기초한 정책적 판단에 따라 결정할 문제이고 그것이 입법부에 주어진 합리적인 재량의 한계를 일탈하지 아니하는 한 위헌이라고 판단할 것은 아니다(헌재 1996. 8. 29. 93헌바63등, 판례집 8-2, 63, 70-71; 헌재 2002. 11. 28. 2002헌바38, 판례집 14-2, 689, 694; 헌재 2004. 12. 16. 2003헌바78, 판례집 16-2하, 472, 485 등 참조).

결국 이 사건 법률조항의 위헌 여부는 **그 내용이 합리적인 재량의 한계를 일탈하여 기본권 제한의 입법적 한계를 벗어난 것인지 여부**에 의하여 결정되어야 한다.

**생각해 볼 점 (1) : 기본권충돌 상황에서 과잉금지심사의 부적절성**

채권자취소권의 제척기간 규정의 위헌여부를 과잉금지원칙으로 판단하려고 하는 경우를 생각해 보자. 채권자취소권의 제척기간이 길고 짧은 데 따른 이해대립은 私人과 私人, 즉 채권자와 채무자(내지 수익자 등 제3자) 사이에서 생긴다. 그런데 과잉금지원칙에서 문제되는 '법익의 균형성'은, 기본적으로 '공익'과 '사익' 간의 형량을 말하는 것이다.

그런데 이 사건에 과잉금지원칙을 액면 그대로 적용하려고 하는 경우에는, 법익균형성을 판단함에 있어서, 채권자가 청구인인 경우에는 '채무자의 이익'을 공익의 자리에 놓게 되고, 채무자가 청구인인 경우에는 '채권자의 이익'을 공익의 자리에 놓게 된다. 이에 따라, 결국은 누가 청구인이 되는가에 따라서 결론이 뒤바뀔 수가 있는 상황에 봉착하게 되는 것이다. 이 사건에서 헌재가 과잉금지원칙을 그대로 적용하기를 피한 것은, 이러한 점을 고려한 것이라고 할 수 있다.

이 점을 보다 분명하게 보여주는 것으로, 역시 채권자취소권을 규율하는 민법 제406조 제1항에 관한 다른 헌법소원심판사건에서도 헌재는 (구체적인 논리는 조금 다르지만) 다음과 같이 판시하면서, 과잉금지원칙을 액면 그대로 적용하기를 피한 바 있다.

| 헌재 2007. 10. 25. 2005헌바96 |
|---|
| 가. 쟁점의 정리<br>(1) (중략) 채권자취소권이 행사되면 채권자의 재산권인 채권의 실효성은 확보될 수 있는 반면, 채무자와 수익자 간의 법률행위가 취소되고 수익자가 취득한 재산이 채무자의 책임재산으로 회복되게 됨으로써 채무자 및 수익자의 일반적 행동의 자유 내지 여기에서 파생되는 계약의 자유와 수익자의 재산권이 제한되는 결과를 가져오게 된다. 즉 이 사건 법률조항으로 인하여 채권자의 재산권과 채무자 및 수익자의 일반적 행동의 자유, 그리고 채권자의 재산권과 수익자의 재산권이 동일한 장에서 충돌하는 문제가 발생하게 되는 것이다.<br>따라서 이 사건의 쟁점은 이러한 기본권의 충돌과 그 해결방법이고, 구체적으로는 채권자취소권제도의 목적의 정당성과 채권자취소권의 행사로 인하여 제한되는 채무자와 수익자의 기본권제한의 정도가 비례성을 유지하고 있는가가 문제된다.<br><br>나. 채무자 및 수익자의 일반적 행동의 자유와 수익자의 재산권 침해 여부<br>(1) 심사의 방법<br>앞서 본 바와 같이 이 사건 법률조항은 채권자에게 채권의 실효성 확보를 위한 수단으로서 채권자취소권을 인정함으로써, 채권자의 재산권과 채무자와 수익자의 일반적 행동의 자유 내지 계약의 자유 및 수익자의 재산권이 서로 충돌하게 되는바, 위와 같은 채권자와 채무자 및 수익자의 기본권들이 충돌하는 경우에 기본권의 서열이나 법익의 형량을 통하여 어느 한 쪽의 기본권을 우선시키고 다른 쪽의 기본권을 후퇴시킬 수는 없다고 할 것이다. 사적자치의 원칙은 헌법 제10조의 행복추구권 속에 함축된 일반적 행동자유권에서 파생된 것으로서 헌법 제119조 제1항의 자유시장 경제질서의 기초이자 우리 헌법상의 원리이고, 계약자유의 원칙은 사적자치권의 기본원칙으로서 이러한 사적자치의 원칙이 법률행위의 영역에서 나타난 것이므로, 채권자의 재산권과 채무자 및 수익자의 일반적 행동의 자유권 중 어느 하나를 상위기본권이라고 할 수는 없을 것이고, 채권자의 재산권과 수익자의 재산권 사이에서도 어느 쪽이 우월하다고 할 수는 없을 것이기 때문이다.<br>따라서 이러한 경우에는 헌법의 통일성을 유지하기 위하여 상충하는 기본권 모두가 최대한으로 그 기능과 효력을 발휘할 수 있도록 조화로운 방법을 모색하되(규범조화적 해석), 법익형량의 원리, 입법에 의한 선택적 재량 등을 종합적으로 참작하여 심사하여야 할 것이다(헌재 1991. 9. 16. 89헌마165, 판례집 3, 518, 528 ; 헌재 |

2005. 11. 24. 2002헌바95등, 판례집 17-2, 403).
(2) 채권자취소권제도의 목적의 정당성 (중략)
(3) 기본권제한 정도의 비례성 (하략)

**참고 : 헌재 2013. 5. 30. 2012헌바387 [취득시효 사건]**

다. 헌법 제37조 제2항 위반 여부

민법 제245조 제1항은 사유재산권을 부인한 것이 아니고 헌법 제23조 제1항 제2문에 의거한 토지소유권의 득실에 관한 내용과 한계를 법률로써 정하여 형성한 것이다. 그러므로 동 법조문에 의거하여 점유자가 취득시효에 의하여 소유권을 취득한 반사적 효과로서 원소유자가 아무런 보상이나 배상을 받지 못하고 소유권을 상실한다고 하더라도 이는 기본권 제한을 정한 규정이라고 할 수 없어 기본권 제한의 한계를 규정한 헌법 제37조 제2항에 위반되는 규정이라고 할 수 없다.[138] (중략)

나. 평등원칙 위반 여부

(중략) 이 사건 법률조항은 부동산에 대한 소유권자이면서 오랫동안 권리행사를 태만히 한 자와 원래 무권리자이지만 소유의 의사로서 평온, 공연하게 부동산을 20년 동안 점유한 자와의 사이의 부동산에 대한 실질적인 이해관계를 조정하는 조항이고, 이해관계가 상반되는 당사자인 등기부상 소유자와 점유자는 이해관계의 조정 대상이 되는 집단일 뿐 평등원칙을 심사함에 있어서 본질적으로 동일한 집단이라고 볼 수 없다.[139]

## III. 재산권 및 재판청구권의 침해여부 : 기본권 제한의 입법적 한계를 벗어났는지의 여부

(가) 채권자취소권은 채권자를 해함을 알면서 한 채무자의 재산감소행위를 취소하고 그 재산을 채무자의 책임재산으로 회복시키는 것을 목적으로 하는 제도인 반면, 이로 인하여 채무자의 재산처분행위의 효력을 부인하고 수익자 또는 전득자로부터 그가 취득한 재산을 회복시키는 것을 본질적인 기능으로 하는 것이어서 제3자에게 미치는 영향이 크고 거래의 동적 안전을 해칠 우려가 있으므로 일정한 제한을 둘 수 밖에 없다.

따라서 이 사건 법률조항은 법률관계의 조속한 확정을 위하여[140] 객관적인 사유인 채무자의 법률행위시를 기준으로 채권자취소의 제소기간에 제한을 둔 것으로서 그 입법목적은

138) 적용되지 않는다고 하는 것이 더 적확할 듯.

139) 판례집 25-1, 318, 336.

정당하다.

(나) 채권자취소권의 제소기간은 위와 같은 목적을 달성하기 위하여 합리적인 범위 내에서 그 제소기간이 설정되어야 하는바, 채권자취소권의 대상은 공시방법을 전제로 한 법률행위에만 국한되는 것이 아니어서 공시방법이 없는 법률행위에 대하여도 사해행위 취소에 관한 제척기간의 기산점을 명확히 할 필요가 있고, 취소원인에 대한 채권자의 주관적인 인식이 있었다면 이를 기산점으로 하여 단기의 제소기간을 인정함이 타당하고, 또한 그와 별도로 취소의 대상이 되는 법률행위가 있은 날을 기산점으로 삼아 5년의 제소기간을 정하고 있는 것은 필요하고도 효과적인 방법이라고 볼 수 있다.

한편, 청구인들이 주장하는 바와 같이 이 사건 법률조항을 '법률행위가 있음을 알 수 있는 날로부터 5년 내에 행사할 수 있다.'와 같이 해석하여야 한다거나 그와 같은 내용의 규정을 두게 되면, 사실상 제소기간의 제한을 둔 취지가 몰각될 위험이 있다. 즉, 채권자가 5년의 제소기간이 지난 후에 비로소 법률행위가 있음을 알 수 있게 되었다는 이유로 채권자취소권을 행사할 수 있게 되면 법률행위시로부터 5년이 지난 후에도 여전히 법률관계의 안정은 이루어지지 않고, 특히 등기의 공신력이 인정되지 않는 우리의 현실에서 부동산 거래로 인한 법률관계가 그 거래행위시로부터 5년을 넘어서까지도 채권자취소권의 대상이 될 수 있다는 점은 거래관계의 불안정을 증폭시킬 위험이 있기 때문이다.

(다) 채권자로서는 늘 채무자의 재산변동상태를 주시하고 있을 필요는 없으며 특히 채무자가 부동산을 소유하고 있는 경우에는 미리 가압류 등의 조치를 취함으로써 채무자의 사해행위를 방지하고 그 책임재산을 확보할 법률적인 수단을 갖고 있는 점, 일반적으로 채무자가 부동산 등의 재산처분행위를 한 후 그 등기를 마치지 않고 있다가 5년이 지난 시점에 이르러서야 등기를 하는 것은 매우 이례적이며, 채무자가 등기되지 않은 재산을 갖고 있는 경우보다는 등기된 재산을 갖고 있는 경우에 제3자가 이를 파악하고 보전하는 것이 훨씬 더 용이하므로 등기가 이루어진 시점을 제척기간의 기산점으로 삼는 방법으로 후자에 해당하는 채권자를 특별히 더 보호해야 할 필요는 없는 점, 채무자의 법률행위시로부터 일률적으로 5년의 기간을 설정한 것은 외국의 입법례 등에 비추어 채권의 보전을 위하여 너무 짧다거나 불합리하다고 볼 수 없는 점, 채권자취소의 대상이 되는 거래행위가 통정허위표시일 경우 채권자취소의 제척기간이 경과하여도 채권자는 채권자대위권을 통하여 그 책임재산을 채무자에게로 회복시킬 수 있어 채권자의 책임재산 회복이 완전히 불가능한 것은 아닌 점, 법률행위가 이루어진 날로 추정되는 등기의 원인일자가 허위인 경우에는 실제로 법률행위가 이루어진 시점을 입증함으로써 제척기간이 경과하지 않았음을 밝힐 수 있는 점, 채권자취소권의 제척기간 경과로 채권자의 채권 자체가 소멸하는 것은 아니고, 집행할 재산으로서 채무자의 책임재산을 상실한 것에 불과한 점, 우리 민법은 법률관계를 조속히 확정시키기 위하여 여러 제척기간을 두고 있는바, 이러한 규정들과 비교해 보아도 채권자취소권의 행사기간이 현저하게 형평에 반한다고 보기 어렵고, 또한 대부분 주관적인 사정에 의한 권리의 존속기간 외에도 객관적인 사정에 의한 권리의 존속기간을 정하고 있는 점, 채권자취소권은 모든 채권자의 이익을 위하여 효력이 있으므로(민법 제407조), 비록 한 채권자가 그 제척기간을 도과하여 채권자취소권을 행사할 수 없다고 하더라도 다른 채

권자가 제척기간이 경과하기 전에 이미 채권자취소소송을 제기한 경우에는 그 소송의 결과에 따라 자신의 채권도 보전할 기회가 있을 수 있는 점 및 청구인들이 주장하는 "알 수 있었던 때"의 개념은 아주 명확한 것은 아니어서 이는 법원의 사실인정이나 해석에 상당 부분 의존할 수밖에 없어 행사기간의 기산점으로서 확실한 기준이라고 보기에 부적절한 점 등을 고려하면, 이 사건 법률조항이 채권자에게 현저하게 불리하거나 합리성이 없다고 볼 수 없다.

(라) 한편 책임재산의 유지와 보전을 통하여 채권의 가치를 보호하기 위한 채권자취소권의 행사기간을 원래 채권의 존속기간과 같거나 이보다 장기로 규정할 필요는 없다고 할 것인바, 이는 채권의 소멸시효가 완성된 이후에는 채권자취소권을 보장한다는 것은 의미가 없기 때문이다. 채권의 존속기간을 살펴보면, 일반채권의 소멸시효기간은 10년이지만, 거래계에서 훨씬 일반적인 상사채권의 소멸시효기간은 5년(상법 제64조)이고, 그 외 상법 등의 채권의 소멸시효기간은 훨씬 단기이고, 국가에 대한 금전채권 또는 국가의 금전채권의 소멸시효기간도 5년(예산회계법 제96조)이고, 민법 제163조에서 정한 채권의 경우는 3년, 민법 제164조에서 정한 채권의 경우에는 1년의 단기소멸시효기간의 적용을 받는바, 채권자취소권의 행사에 관한 채권자의 이익은 시간의 경과에 따라 현저히 감소한다고 볼 수 있으므로 채권자취소권의 행사기간을 가장 장기인 일반채권의 소멸시효기간 수준으로 정할 필요는 없다.

(마) 따라서 이 사건 법률조항으로 인하여 청구인들의 재산권 및 재판청구권 행사가 제한을 받게 되어 청구인들의 이익을 해하게 된다고 하더라도 한편 동조항은 채권의 존속기간을 고려하여 채권자취소권의 행사기간을 정함으로써 채권자의 이익을 보호하고 있을 뿐만 아니라, 채권자의 이익이 감소하는 시점에서 법률관계의 조속한 안정과 제3자의 보호를 통한 거래의 동적 안전도 도모하고 있으므로 그것이 현저히 불합리하여 기본권 제한의 입법적 한계를 벗어난 것이라고 할 수 없다.

## Ⅳ. 평등권의 침해여부 : 부정

(가) 먼저, 민법상의 일반 취소권과 비교하여 보면, 채권의 성립 당시의 하자를 이유로 하는 일반적인 취소권의 제척기간(민법 제146조)은 추인할 수 있는 날로부터 3년, 법률행위를 한 날로부터 10년인데, 이는 취소권행사의 제척기간의 기산점과 채권 소멸시효의 기산점이 거의 동일하다는 점을 고려한 것으로서 원칙적으로 채권자의 채권발생 후의 시점에서 사해행위를 예정하고 있는 채권자취소와는 그 제도의 취지가 전혀 다른 점, 또한 일반적인 취소권행사의 대상이 되는 법률행위는 성립 당시에 하자가 있는 경우로서 유효하게 성립된 법률행위를 취소하는 채권자취소의 경우보다는 보호가치가 적다고 볼 수 있는 점, 일반적인 취소권의 행사에 있어서 상대방은 주로 법률행위의 직접당사자로서 취소원인을 직

140) 채무자의 이익?

접 알 수 있는 위치에 있는 반면, 채권자취소의 경우에 수익자나 전득자는 취소채권자와는 아무런 법률관계를 맺고 있지 않으며 직접 거래당사자가 아닌 제3자가 이를 취소하게 된다는 점에서 거래의 안전에 끼치는 영향이 더 클 수 있는 점을 고려하여 보면, 채권자취소권과 일반적인 취소권은 본질적으로 다른 것이어서 비교대상으로 삼기에 부적절하거나 채권자취소권의 행사기간을 일반적인 취소권보다 단기로 규정하게 된 점에는 합리적인 이유가 있다고 할 것이다.

(나) 상속회복청구권과 비교하여 보면, 소유권이나 소유권에 기한 물권적청구권은 소멸시효에 걸리지 않고 기간의 제한없이 이를 행사할 수 있음에도 소유권에 기한 물권적청구권의 일종인 상속회복청구권에 관하여는 거래의 안전을 위하여 상속권의 침해행위가 있은 날로부터 10년의 제척기간을 인정하고 있다.

상속회복청구권은 진정상속인이 참칭상속인에 대하여 행사하는 권리로서 10년의 제척기간이 경과하면 진정상속인은 참칭상속인에 대한 아무런 권리도 행사할 수 없게 되는 것인 반면, 채권자취소권의 경우에는 채권자취소권이 인정되지 아니하더라도 채권자는 채무자의 책임재산에 대한 추급이 어려워지는 것일 뿐 채권을 확보할 모든 수단을 상실하는 것도 아니고, 또한 채권을 보전하기 위한 것이지 소유권에 기한 물권적청구권과 유사한 권리를 행사하는 것도 아닌 점을 고려하여 보면 채권자취소권과 상속회복청구권은 본질적으로 다른 것이어서 비교대상으로 삼기에 부적절하거나 채권자취소권의 행사기간을 상속회복청구권의 제척기간 보다 단기로 규정하게 된 점에는 합리적인 이유가 있다고 할 것이다.

(다) 따라서, 이 사건 법률조항이 일반적인 취소권이나 상속회복청구권을 가진 자에 비하여 채권자취소권을 가진 자를 비합리적으로 차별하여 평등원칙에 반한다고 볼 수 없다.

## V. 행복추구권의 침해여부 : 부정

이 사건 법률조항이 청구인들의 채권자취소권 행사기간을 제한하여 행복추구권에 영향을 주고 있음은 분명하나, 행복추구권 또한 무제한의 자유가 아니고 공공복리 등을 위하여 필요한 경우에는 법률로써 제한할 수 있고(헌법 제37조 제2항), 위에서 본 바와 같이 채권자취소권에 있어서 법률행위시로부터 5년의 행사기간 설정에는 합리적인 이유가 있고, 평등원칙에도 반하지도 아니하므로 이 사건 법률조항이 청구인들의 행복추구권을 침해한다고 할 수 없다.

## VI. 결론

민법 제406조 제2항 중 '법률행위 있은 날로부터 5년 내' 부분은 헌법에 위반되지 아니한다.

# 22. 5급 공무원 응시연령 사건

**국가공무원법 제36조 등 위헌확인**
**헌재 2008. 5. 29. 2007헌마1105, 판례집 20-1하, 329**

청구인은 1971. 2. 8.생으로서 2008년도 5급 국가공무원 공개경쟁채용시험(이하 "5급 공채시험"이라 한다)을 준비 중인 사람이다. 청구인은 국가공무원법 제36조와 공무원임용시험령 제16조 [별표 4]가 5급 공채시험의 응시연령 상한을 '32세까지'로 제한하고 있어서 헌법상 보장된 청구인의 공무담임권과 평등권을 침해한다며 이 사건 헌법소원심판을 청구하였다.

이 사건의 심판대상은 국가공무원법(2004. 3. 11. 법률 제7187호로 개정되고, 2008. 3. 28. 법률 제8996호로 개정되기 전의 것) 제36조 중 '연령' 부분(이하 **"이 사건 법률조항"**이라 한다) 및 공무원임용시험령(2004. 6. 11. 대통령령 제18424호로 전문개정된 것) 제16조 [별표 4] 중 5급 공채시험의 응시연령 상한을 '32세까지'로 정한 부분(이하 **"이 사건 시행령조항"**이라 한다)의 위헌 여부이다.

이 사건 심판대상조항과 관련조항의 내용은 다음과 같다.

국가공무원법(2004. 3. 11. 법률 제7187호로 개정되고, 2008. 3. 28. 법률 제8996호로 개정되기 전의 것) 제36조(응시자격) 각종 시험에 있어서 담당할 직무수행에 필요한 최소한도의 학력 · 경력 · 연령 기타 필요한 자격요건은 국회규칙 · 대법원규칙 · 헌법재판소규칙 · 중앙선거관리위원회규칙 또는 대통령령으로 정한다.

공무원임용시험령(2004. 6. 11. 대통령령 제18424호로 전문개정된 것) 제16조(응시연령) ① 공무원의 채용시험에 응시하고자 하는 자는 최종시험예정일이 속한 연도에 [별표 4]의 응시연령에 해당하여야 한다. 다만, [별표 4]의 응시상한연령을 1세 초과한 자로서 1월 1일 출생자는 응시할 수 있다.

- [별표 4]
- 채용시험응시연령표(제16조 관련) 〈개정 2008. 2. 22.〉

| - 계 급 | - 공개경쟁채용시험 | - 특별채용시험 |
|---|---|---|
| - 5급 | - 20세 이상 32세까지 | - 20세부터 |
| - 6급 및 7급 | - 20세 이상 35세까지 | - 20세부터 |
| - 8급 및 9급 | - 18세(교정·보호 직렬은 20세)부터 32세까지 | - 18세(교정·보호 직렬은 20세)부터 |
| - 기능직 기능7급 이상 | - 18세부터 40세까지 | - 18세부터 |
| - 기능직 기능8급 이하 | - 18세부터 35세까지 | - 18세부터 |

## I. 적법요건

### 1. 이 사건 법률조항에 대한 심판청구 : 부적법.

- ① 청구인의 기본권주체성, ② 이 사건 법률조항의 공권력행사성, ③ 기본권침해의 법적 관련성(자기관련성, 현재성), ④ 보충성, ⑤ 권리보호이익, ⑥ 변호사강제주의, ⑦ 청구기간에 관하여는 별다른 문제가 없다.
- 기본권침해의 직접성이 없다.

| 이 사건 법률조항은 공무원시험에서 '연령'에 따른 최소한도의 자격요건을 정할 수 있도록 규정하고 있으나, 그 구체적인 내용은 대통령령에서 정하도록 위임하고 있으므로 이 사건 법률조항의 구체적인 내용은 이 사건 법률조항의 위임을 받은 하위규범에 의해서 정해지게 되고, 그에 따라 기본권 침해 여부도 판단할 수 있게 되므로, 이 사건 법률조항 자체에 의하여 직접 기본권이 침해된다고 볼 수 없다(헌재 2003. 9. 25. 2001헌마93등).<br>이 사건 법률조항에 대한 심판청구 부분은 기본권 침해의 직접성을 인정할 수 없어 부적법하다. |
|---|

- 기본권침해의 직접성을 가지는지의 여부는 곧 '별도의 집행행위를 예정하고 있는지의 여부'를 말한다. 법률조항이 시행령 등 위임입법의 제정을 예정하고 있는 경우에는, 이러한 위임입법도 '집행행위'에 해당할 수 있다.
- 다만 위임입법의 제정이 예정되어 있는 경우라 하여 '언제나' 직접성이 부인되는 것은 아님을 유의해야 한다. 위임입법이 예정되어 있는 경우라 하더라도, 문제되고 있는 기본권제한은 '법률조항 자체에서 구체적으로 확정되어 있는' 것이라면, 법률조항은 직접성을 가진다.
- 그러나 이 사건의 경우에는, 국가공무원법 자체에서 '연령'의 구체적인 상한을 전혀 규정하지 않고, 연령상한이 공무원임용시험령에 와서야 비로소 제한되고 있기 때문에, 국가공무원법 조항은 직접성을 가지지 못하는 것이다.

### 2. 이 사건 시행령조항에 대한 심판청구 : 적법.

- 위 적법요건 모두에 관하여 별다른 문제가 없다.
- 32세가 넘은 청구인이 공채시험에 응시할 수 없다는 것은 이 사건 시행령조항 자체에 의해 확정되고, 별다른 집행행위가 매개될 여지가 없으므로, 직접성도 인정된다.

## II. 문제되는 기본권

### 1. 공무담임권

### 2. 평등권 → 헌재는 '차별의 존재' 자체를 부정.

> 5급 공무원 공채시험의 응시연령 상한은 32세까지이고 6급 및 7급 공무원 공채시험의 응시연령 상한은 35세까지이지만, 5급 공무원의 자격요건과 6급 또는 7급 공무원의 자격요건은 비교의 대상이 된다고 볼 수 없어 애당초 평등권 침해 문제를 야기하지 아니하므로, 위와 같은 점을 들어 이 사건 시행령 조항이 평등의 원칙에 위반된다고 보기는 어렵다.

## III. '법률로써' (이 사건 시행령조항의 경우)

- 국가공무원법 제36조에 의한 위임("대통령령으로 정한다")은 일단 있다.
- 법률의 위임범위 내에 근거한 제한이다(헌법 제75조 참조).
- 일반적으로 시행령 조항의 위헌성을 주장하는 방법으로서, 모법이 위헌이기 때문에, 그 위임을 받아 제정된 이 사건 시행령조항 또한 위헌이라는 주장을 해 볼 수 있다([7. 당구장 사건] 참조). 다만 이 사건의 경우, 뒤에서 보는 바와 같이 이 사건 법률조항에 대한 심판청구 자체가 각하되었기 때문에 이러한 주장은 유효하지 않다.

## IV. 이 사건 시행령조항이 청구인의 공무담임권을 침해하는지 여부(법정의견) : 과잉금지원칙 위배 여부[141)]

### 1. 목적의 정당성 : 긍정

> 이 사건 시행령조항은 직업공무원을 양성하여 직업공무원제도를 구현하는 한편 유능한 인재가 공무원시험에 장기간 매달리지 않고 사회 각 분야의 적재적소에서 활동하도록 유도하려는 것이다. 정년에 임박한 사람을 공무원으로 채용하면 공무수행의 효율성을 확보하기 어려울 것이므로, 공무원으로 새로 채용하는 사람의 연령을 어느 정도 제한할 필요도 수긍할 수 있다. 이

141) 이 사건에서는 단순위헌의견 3인, 헌법불합치의견 5인, 단순합헌의견 1인으로 견해가 나뉘었으나, 법정의견인 5인 의견만 여기에 적기로 한다.

사건 시행령조항은 공공복리를 증진시키기 위한 것으로서 헌법 제37조 제2항이 정하는 기본권 제한 사유로 삼을 수 있다고 할 것이다.

## 2. 방법의 적절성 : 긍정

또한 위와 같은 입법목적을 달성하기 위하여 이 사건 시행령조항과 같이 공무원 공개채용시험의 응시연령을 제한하는 방법을 사용하는 것도 부적절하다고 보기 어렵다.

## 3. 침해의 최소성 : 부정

그러나 32세까지는 5급 공무원의 직무수행에 필요한 최소한도의 자격요건을 갖추고, 32세가 넘으면 그러한 자격요건을 상실한다고 보기 어렵다. 이 점은 5급 국가공무원을 특별채용할 경우에는 연령의 상한을 제한하지 않은 점만 보아도 분명하다. 그리고 6급 및 7급 공무원 공채시험의 응시연령 상한을 35세까지로 규정하면서 그 상급자인 5급 공무원의 채용연령을 32세까지로 제한한 것은 합리적이라고 볼 수 없다. 오히려 5급 공무원은 6급 및 7급 공무원의 상급자이므로 더 연장자임이 바람직하다고 할 것이다.

따라서 이 사건 시행령조항이 5급 공채시험 응시연령의 상한을 '32세까지'로 제한하고 있는 것은 기본권 제한을 최소한도에 그치도록 요구하는 헌법 제37조 제2항에 부합된다고 보기 어렵다.

## 4. 법익의 균형성

- 법익균형성 판단은 기본적으로 B/C 분석, 즉 사인의 기본권(사익)에 대한 제한(Cost)으로 인하여 사회 전체가 얻는 이익(공익, Benefit)이 더 큰지의 여부에 관한 판단이다.
- 이 사건의 법정의견에서는, 침해의 최소성이 충족되지 않았다는 판단을 하고 법익의 균형성에 대해서는 판단하지 않았다. 논리적으로는 이것으로 충분하나, 대개의 경우는 법익의 균형성도 언급하고, 특히 청구서를 작성하는 경우에는 언급할 필요가 있다. 아래의 판시는 단순위헌을 선언하여야 한다는 3인 재판관 의견 중의 일부이다.

| 3인 단순위헌의견 |
|---|
| 나아가 이 사건 시행령조항이 직업공무원의 양성이나 직업공무원제도의 구현에 이바지하거나 유능한 인재를 사회의 각 분야에 안배시키는 효과는 어느 정도로 확실한 것인지 알 수 없고, 이 사건 시행령조항으로 인하여 32세가 넘은 국민의 공직취임권이 제한되는 효과는 직접적이 |

고 확실하다. 이 사건 시행령조항에 의하여 기대되는 공익의 실현이 32세가 넘은 자의 공직취임권을 제한하는 불이익보다 더 크고 더 중요한 것이라고 보기도 어렵다.

### 5. 소결 : 이 사건 시행령조항은 청구인의 공무담임권을 침해한다. 그러나 단순위헌은 아니고 헌법불합치.

그러나 5급 공무원의 공채시험에서 응시연령의 상한을 제한하는 것이 전면적으로 허용되지 않는다고 보기는 어렵고, 정년제도의 틀 안에서 공무원 채용 및 공무수행의 효율성을 도모하기 위하여 필요한 최소한도의 제한은 허용된다고 할 것인바, 그 한계는 공무원정년제도와 인사정책 및 인력수급의 조절 등 여러 가지 입법정책을 고려하여 입법기관이 결정할 사항이라고 할 것이다. → 헌법불합치

## V. 결론

- 단순위헌 3 / 헌법불합치 5 / 합헌 1 → 헌법불합치

1. 국가공무원법(2004. 3. 11. 법률 제7187호로 개정되고, 2008. 3. 28. 법률 제8996호로 개정되기 전의 것) 제36조 중 '연령' 부분에 대한 심판청구를 각하한다.
2. 공무원임용시험령(2004. 6. 11. 대통령령 제18424호로 전문개정된 것) 제16조 [별표 4] 중 5급 공개경쟁채용시험의 응시연령 상한 '32세까지' 부분은 헌법에 합치되지 아니한다.위 조항 부분은 2008. 12. 31.을 시한으로 입법자가 개정할 때까지 계속 적용된다.

(개정된) 공무원임용시험령 제16조(응시연령) ① 공무원의 채용시험에 응시하려는 사람은 최종시험 예정일이 속한 연도에 다음 각 호의 구분에 따른 응시연령에 해당하여야 한다.

1. 일반직 채용시험
   가. 7급 이상: 20세 이상
   나. 8급 이하: 18세(교정·보호 직렬은 20세) 이상
2. 기능직 채용시험: 18세 이상

② 시험실시기관의 장은 결원을 신속하게 보충하여야 하거나 그 밖의 특별한 사정으로 제1항에' 따른 응시연령을 적용하는 것이 곤란하거나 부적당하다고 인정되는 경우에는 안전행정부장관의 승인을 받아 6급 이하 공무원 및 기능직공무원의 채용시험에 대해서만 응시연령을 따로 정할 수 있다. 〈개정 2013.3.23

# 23. 당연퇴직 사건

**지방공무원법 제31조 제5호 등 위헌확인**
**헌재 2002. 8. 29. 2001헌마788, 판례집 14-2, 219**

청구인은 1992. 8.경 9급 수산직 지방공무원으로 채용된 이후, 1995. 2. 6.경 부산광역시 기장군 장안읍사무소 산업계에서 근무하던 중 직무수행과 관련하여 허위공문서 작성 및 동행사의 혐의로 기소된 후, 2001. 1. 12. 부산고등법원에서 징역 6월의 선고유예 판결을 받고 대법원에 상고하였다가 2001. 9. 7. 상고가 기각됨으로써 위 선고유예의 원심판결이 확정되었다. 이로써 청구인은 지방공무원법 제61조 및 제31조 제5호의 금고 이상의 형의 선고유예의 판결이 확정된 경우에 해당되어 공무원직으로부터 당연퇴직 당하게 되었다. 청구인은 이에 위 지방공무원법 규정에 의하여 헌법상 보장된 평등권 및 공무담임권 등이 침해되었다고 주장하면서 2001. 10. 24. 이 사건 헌법소원심판을 청구하였다.

이 사건 심판의 대상은 지방공무원법 제61조 중 제31조 제5호 부분(1966. 4. 30. 법률 제1794호로 개정된 것, 이하 '이 사건 법률조항'이라 한다)의 위헌여부이며, 그 내용 및 관련조항은 다음과 같다.

제61조(당연퇴직) 공무원이 제31조 각호의 1에 해당할 때에는 당연히 퇴직한다.
제31조(결격사유) 다음 각호의 1에 해당하는 자는 공무원이 될 수 없다.

1. 금치산자 및 한정치산자
2. 파산자로서 복권되지 아니한 자
3. 금고 이상의 형을 받고 그 집행이 종료되거나, 집행을 받지 아니하기로 확정된 후 5년이 경과하지 아니한 자
4. 금고 이상의 형을 받고 그 집행유예의 기간이 만료된 날로부터 2년을 경과하지 아니한 자
5. 금고 이상의 형의 선고유예를 받은 경우에 그 선고유예기간 중에 있는 자
6. 법원의 판결 또는 다른 법률에 의하여 자격이 상실 또는 정지된 자
7. 징계에 의하여 파면의 처분을 받은 날로부터 5년을 경과하지 아니한 자
8. 징계에 의하여 해임의 처분을 받은 날로부터 3년을 경과하지 아니한 자

**생각해 볼 점 (1) : 심판대상의 특정**

위 [심판대상]이 주어져 있지 않다고 가정하고, [사안의 개요]만으로 헌법소원심판청구서를 작성하라는 '문제'가 나왔다고 가정해 보자. 그 때, 어느 조항의 어느 부분에 대한 위헌결정을 청구해야 할지에 대한 답이 '제61조 중 제31조 제5호 부분'임을 이해하는 것은, 당면한 수험을 위해서도 매우 중요하다. 실제로 유사한 문제로 채점을 해 보더라도, 이 부분에 대한 이해를 못

하고 넘어가는 경우가 적지않게 발견된다.

1. 우선 이해해야 할 점으로서, (1) [청구인(대리인)의 입장에서의 '심판청구의 대상']과 (2) [헌재의 입장에서의 '심판의 대상'], 그리고 (3) [헌재의 입장에서의 '주문기재의 대상']이 개념상 구별된다는 점이다. 이 중에서 (2)와 (3)은 반드시 일치해야 하고, 그렇지 않은 경우에는 '재판의 누락'(헌법소송법 제40조 제1항, 민사소송법 제212조 제1항)이 된다.
   한편 (1)과 (2)=(3)은 '원칙적으로' 일치해야 한다. 물론 헌법소원심판에 있어 헌재는 청구인의 주장에 얽매이지 않고 가능한 모든 범위내에서 기본권 침해여부를 직권으로 심사하는 것이 원칙이고[142], 그래서 헌재가 직권으로 심판대상을 확장/축소하는 경우도 적지 않다. 그러나, 청구인의 입장에서 '헌재로부터 위헌결정을 받아내는 데 **필요충분한**' 대상조항(또는 그 일부)만을 적출하여 심판청구하는 것이 바람직함은 물론이고, 심판청구서 작성을 요하는 모든 수험적/실무적인 문제에서 요구하는 바도 그러하다. 그러한 관점에서 이 문제를 살펴보자.
2. 지방공무원법 '제31조' 또는 '제31조 제5호' 자체에 대하여는 위헌결정을 구할 이유가 없다. 이 사건에서는 원래 공무원으로 재직중이던 청구인이 '당연퇴직'된 것이 문제이지, 그가 공직에 진입하는 단계에서의 '결격사유'가 문제되는 것이 아니기 때문이다. 위 부분들에 대하여 위헌결정을 받는다는 것은 청구인의 권리구제라는 측면에서도 필요없이 과도하다. / 한편, '제61조' 또는 '제61조 및 제31조 제5호'라고 하는 것도 마찬가지로 과도하다. 제31조 각호의 '모든' 사유가 다 당연퇴직사유에서 배제되어야 할 이유가 없기 때문이다.
   이렇게 볼 때 심판청구의 대상으로서는 '제61조 중 제31조 제5호 부분'이 청구인의 권리구제를 위하여 필요충분하다. 그리고 이러한 경우에, (1)=(2)=(3)이 된다.

## Ⅰ. 적법요건에 대한 판단

### 생각해 볼 점 (2) : 문제되는 적법요건

이 사건은 적법요건과 관련하여 생각해 볼 만한 많은 점들을 담고 있다.

1. 기본권주체성
   - 청구인은 공무원이므로, 기본권주체성의 유무가 문제될 수 있다. 이 사건에서 기본권주체성이 인정된다는 점에 관하여는, 다른 사건에서의 다음 판시를 참조.

142) 1989. 9. 4. 88헌마22 결정 이래 최근의 2012. 3. 29. 2010헌마599 결정에 이르기까지 확립된 헌재판례의 입장이다.

143) 이 사건은 하남시장이, 주민소환을 정하고 있는 '주민소환에 관한 법률'의 위헌성을 다투면서 헌법소원심판을

| 헌재 2009. 3. 26. 2007헌마843[143] : 공무원의 기본권주체성 |
|---|
| 국가 및 그 기관 또는 조직의 일부나 공법인은 원칙적으로는 기본권의 '수범자'로서 기본권의 주체가 되지 못하고, 다만 국민의 기본권을 보호 내지 실현하여야 할 책임과 의무를 지니는 데 그칠 뿐이므로(헌재 1994. 12. 29. 93헌마120, 판례집 6-2, 477, 480 참조), 공직자가 국가기관의 지위에서 순수한 직무상의 권한행사와 관련하여 기본권 침해를 주장하는 경우에는 기본권의 주체성을 인정하기 어렵다 할 것이나,[144] 그 외의 사적인 영역에 있어서는 기본권의 주체가 될 수 있는 것이다.<br>청구인은 선출직공무원인 하남시장으로서 이 사건 법률조항으로 인하여 공무담임권 등이 침해된다고 주장하여, 순수하게 직무상의 권한행사와 관련된 것이라기보다는 공직의 상실이라는 개인적인 불이익과 연관된 공무담임권을 다투고 있으므로, 이 사건에서 청구인에게는 기본권의 주체성이 인정된다 할 것이다(헌재 1995. 3. 23. 95헌마53, 판례집 7-1, 463, 471-472 ; 헌재 1999. 5. 27. 98헌마214, 판례집 11-1, 675, 696 ; 헌재 2005. 5. 26. 2002헌마699등, 판례집 17-1, 734, 743-744 참조). |

2. 직접성 : 다음의 두 가지 측면에서 문제될 수 있다.

(1) 재판이 확정됨으로써 당연퇴직이 되었다는 점에서, '재판'이 집행작용이어서 직접성이 없지 않은가 하는 의문을 가져볼 수 있으나, 그렇지 않다. 재판이 집행작용이라고 하기 위해서는, 구조가 [법규적용-재판-당연퇴직]인 경우여야 할 것이나, 이 사건의 경우 구조는 [재판-법규적용-당연퇴직]이어서, 법규의 적용과 당연퇴직 '사이에' 재판이 매개되는 것이 아니다. 재판은 '법규의 집행행위'로서 이루어지는 것이 아니라, 재판이 이루어지면 그 결과로서 비로소 법규가 적용되는 데 불과한 것이다. 따라서, 이를 이유로 직접성이 부정되지는 않는다.

(2) 당연퇴직의 '통지'가 있고서 사실상 퇴직이 이루어진 경우에, 그 통지가 집행행위이지 않은가 하는 의문도 있을 수 있다. 그러나, 이 경우의 통지는 법령에 의해 이미 당연퇴직이 이루어졌다는 사실을 확인해 주는 단순한 '관념의 통지'에 불과하고, 통지 자체로서 청구인의 법적 지위를 변경하는 효력을 가지지 않는다. 따라서, 이 점에서도 직접성이 부정될 수 없다.

| 대법원 1992. 1. 21. 91누2687 |
|---|
| 국가공무원법상 당연퇴직은 법에 정한 결격사유가 있을 때 법률상 당연히 퇴직하는 것이지 공무원관계를 소멸시키기 위한 별도의 행정처분을 요하는 것이 아니며, 당연퇴직의 인사발령은 법률상 당연히 발생하는 퇴직사유를 공적으로 확인하여 알려주는 이른바 관념의 통지에 불과하다. |

3. 권리보호이익

(1) 권리보호이익은, 위헌결정을 받으면 청구인의 법적 지위나 상태가 나아지는지의 여부에 관한 문제이다.

(2) 그런데 법령소원의 인용결정이 이루어진 경우에 그 법령의 효력에 대하여는, 위헌법률심판절차에서의 헌재법 제47조와 같은 규정이 없다는 점을 주목할 만하다[145]. 동법 제47조가 유추적용된다고 전제하더라도, 아래 (3)과 같은 문제가 남는다.

(3) 이 사건에서 청구인이 위헌결정을 받는다고 하더라도, 제47조 제1항 본문에만 따른다면 그 결정에는 장래효만이 있어서, 권리보호이익이 없는 것이 된다. 청구인이 당연퇴직되던 당시(위헌결정 이전)를 기준으로 해서는 유효한 법령에 기한 당연퇴직이어서, 그 효력이 번복되지 않기 때문이다. 또한, 이 사건의 경우 소위 당해사건에 대한 '예외적 소급효'를 논할 수도 없다[146].

(4) 이 사건에서는 권리보호이익이 있는 것으로 전제하고 넘어갔다. 결과적으로만 보면, 이 사건과 같은 경우에 권리보호이익을 부정하게 되면 그 누구도 이 사건 대상조항에 대하여는 다툴 수 없게 되어버린다는 점에서[147], 이러한 결론 자체는 일단 수긍할 수 있다. 그러나, 적극적으로 어떤 근거로써 권리보호이익을 인정할 수 있는지는 결코 분명하지 않다. 이는 비단 이 사건뿐만 아니라 헌재법 제68조 제1항의 헌법소원(특히 법령소원)이 재판확정 후에 청구된 경우에 일반적으로 나타나는 문제이나, 헌재의 결정례들은 이 문제를 정면으로 다룬 바 없어서, 향후 연구되어야 할 과제로 남아있다.

### 4. 보충성

일단 '법령소원'인 한 보충성은 언제나 인정된다는 점을 유의하자. 심판청구의 대상이 법령조항 그 자체인 이상, 그 효력을 다툴 수 있는 다른 절차라는 것은 언제나 없기 때문이다.

### 5. 청구기간

청구기간이 준수되었다는 결론과는 별개로, 그 '기산점'이 언제인지를 확인할 필요가 있다. 다른 사건의 다음 판시를 참고해 보면, 이 사건의 경우 기본권침해사실이 있은 날인 2001. 9. 7.이 됨을 알 수 있다.

| **헌재 1990. 6. 25. 89헌마220[148]** |
|---|
| 청구인은 1989.8.8. 제1심 법원에서 징역형의 선고유예 판결을 선고받고 항소하였다가 같은 달 29일 항소를 취하함으로써 <u>동일자로 징역형의 선고유예 판결이 확정되었으니 청구인에 대하여는 1989.8.29. 지방공무원법 제61조 소정의 당연퇴직 사유인 같은 법 제31조 제5호 사유가 발생하였다고 볼 수 있다</u>. 따라서 그때부터 60일 이내인 1989. 9. 26.에 제기된 이 헌법소원은 적법하게 제기된 것이다[149]. |

---

청구한 사안에 관한 것이다.

144) 예를 들어 대통령이 헌법 제82조 전문 중 전단("대통령의 국법상의 행위는 문서로써 하며,"에 대하여 헌법소원심판을 적법하게 청구할 수는 없을 것이다.

**생각해 볼 점 (3) : 재판전제성에 있어서 '법률적 의미를 달리하게 되는 경우'**

이 사건에서처럼 청구인이 재판확정 후에 헌재법 제68조 제1항에 의한 헌법소원을 제기하지 않고, [허위공문서작성 및 동행사에 관한 형사재판]중에 '지방공무원법 제61조 중 제31조 제5호에 관한 부분'에 대하여 위헌법률심판제청신청을 하였다고 가정해 보자. 이 때 재판의 전제성이 있을까? 우선 다음의 판시를 참조.

| 헌재 1992. 12. 24. 92헌가8 |
|---|
| 재판의 전제성이라 함은, 첫째 구체적인 사건이 법원에 계속중이어야 하고, 둘째 위헌여부가 문제되는 법률이 당해 소송사건의 재판과 관련하여 <u>적용되는 것이어야 하며</u>, 셋째 그 법률이 헌법에 위반되는지의 여부에 따라 당해사건을 담당한 법원이 다른 내용의 재판을 하게 되는 경우를 말한다.<br>법률의 위헌여부에 따라 법원이 "다른 내용의" 재판을 하게 되는 경우라 함은 원칙적으로 제청법원이 심리중인 당해사건의 재판의 결론이나 주문에 어떠한 영향을 주는 것뿐만이 아니라, 문제된 법률의 위헌여부가 비록 재판의 주문 자체에는 아무런 영향을 주지 않는다고 하더라도 재판의 결론을 이끌어내는 이유를 달리하는 데 관련되어 있거나 또는 <u>재판의 내용과 효력에 관한 법률적 의미가 전혀 달라지는 경우에는 재판의 전제성이 있는 것으로 보아야 한다</u>. |

이 경우는 재판전제성이 인정되는 경우 중 '법률적 의미를 달리하게 되는 경우'에 해당할 것이다. 위 부분의 위헌여부에 따라서 선고유예의 판결이 갖는 법률적 의미(당연퇴직의 여부)가 달라지기 때문이다. 그런데, 애초에 위 부분은 -위 판시로 보아서는 그 전에 전제되어야 할- 당해사건에 '적용되는' 조항이 아니라는 점이 혼동을 초래할 수 있다. 그러나 <u>적어도 '법률적 의미를 달리하게 되는 경우'에는, 그 조항이 당해사건에 '적용'되는지는 문제되지 않고 따라서 재판전제성이 있는 것으로 보아야 할 것이다</u>. 실제로 헌재에서도 이러한 경우에는 '적용되는 조항'인지의 여부를 따로 검토하지 않는다.

이는 위 92헌가8 결정의 사안을 예로 들면 보다 이해하기에 좋다. 동 결정은 구 형사소송법 제331조 단서[150]로 인하여 당해사건에서 무죄판결을 받고도 구속상태에서 벗어나지 못한 피고인의 제청신청에 의한 법원의 제청으로 헌재가 위헌결정을 내린 사건이다. 동 사건에서, 유·무죄를 가리는 당해사건 형사재판 자체에 위 조항이 '적용'될 여지는 없다. 위 조항의 위헌여부에 재판의 '법률적 의미가 달라지는' 것은, 당해사건의 판결이 선고된 후이기 때문이다.

---

145) 私見으로는, 이 점을 비롯하여 헌재법 제68조 제1항의 헌법소원에 관한 규정체계상, 적어도 입법자는 '법령'이 헌법소원의 대상으로서의 '공권력의 행사'에 포함될 것을 예정하지 않았다고 볼 여지가 다분하다.

146) 다음의 점들을 생각해 보자. ① '예외적 소급효'를 포함하여 위헌결정의 소급효라는 것은, 궁극적으로 <u>현재 계속중이거나 장래에 계속될 '법원의 재판'에서의 법령적용</u>에 대하여 위헌결정의 소급효가 미친다는 것을 의미한다. ② 그런데 이 사건에서의 형사재판은 이미 확정되었고, 설령 재심을 청구하는 경우를 상정하더라도, 재심을 통해 재판이 달라질 여지가 없다. 이 사건에서 문제되었던 재판사건은 '허위공문서작성 및 동행사죄'가 문제된 형사사건이기 때문이다. 설령 위헌결정이 나온다 하더라도, 이 재판사건에서의 '선고유예'라는 결과가 달

**생각해 볼 점 (4) : 가능한 다른 헌법소송수단**

1. 청구인이 [허위공문서작성 및 동행사에 관한 형사재판]중에 '지방공무원법 제61조 중 제31조 제5호에 관한 부분'에 대하여 위헌법률심판제청신청을 한 경우에 관하여는 이미 살펴보았다.

2. 당해사건에서 선고유예판결이 확정된 후에, 청구인이 '복직발령 또는 임용신청'을 하고, 그에 대한 거부통지를 받은 후에, '복직발령 또는 임용 신청거부처분 취소'를 구하는 행정소송을 제기하고, 그 소에서 위헌법률심판제청신청을 한 경우에 관하여는, 아래의 [VII. 보론]의 [3. 관련문제] 부분을 참조. 결론적으로, (1) 법원에서 위 '거부통지'에 대하여 행정처분성을 인정하지 않으므로 행정소송 자체가 각하되고, (2) 따라서 헌재에 위헌법률심판제청신청 또는 나아가 헌재법 제68조 제2항에 의한 헌법소원심판청구를 하더라도 재판전제성이 인정되지 않는다.

3. 당해사건에서 선고유예판결이 확정된 후에, 청구인이 재심을 청구하면서 동시에 위헌법률심판제청을 신청한다면 이는 적법할까?
재심본안에 대한 재판이 이루어지기 위해서는 먼저 재심개시결정이 이루어져야 한다. 즉 형사소송법 제420조에 의한 재심사유에 해당하는 경우에만, 비로소 재심본안에 나아가 재판할 수 있다는 것이다. 따라서, 대상조항의 위헌여부가 '재심개시여부의 재판에 대하여' 전제가 되는 경우에만 적법한 제청신청이 되고, 이 경우에만 설령 제청신청이 기각되더라도 헌재법 제68조 제2항의 헌법소원심판을 청구할 수 있다[151].
이런 경우에, 대상조항과 함께 형사소송법 제420조에 대하여 (청구인과 같은 경우를 재심대상으로 하지 않고 있다는 점이 부진정입법부작위임을 들어) 위헌제청신청을 하는 경우에는 재판전제성이 일응 인정될 여지가 크다. 한편, 이 때 형사소송법 제420조가 위헌이 아니라고 판단되면, 위 부분의 재판전제성도 더불어 부정될 것이다. 즉, 헌재결정은 다음의 둘 중 하나의 형태를 취하게 될 것이다.

---

라질 바는 없다. ③ 한편 (재판전제성에 관한 헌재의 판례이론을 유추한다 하더라도) 선고유예에 따른 당연퇴직이라는 '법률상 의미'가 달라진다는 이유로 법원이 재심청구를 인용할 수가 없음은 명백하다.

147) 당연퇴직은 재판이 확정되어야 비로소 이루어지는 것이므로, 당연퇴직이 이루어지고 나면 권리보호이익이 없다는 이유로, 이루어지기 전에는 현재성이 없다는 이유로, 언제나 심판청구는 각하될 것이기 때문이다.

148) 이 사건과 동일한 심판대상에 관하여 합헌선언을 하였던 종전 결정으로서, 이 사건 결정에 의하여 판례변경된 결정이다. 그러나 청구기간 문제에 관하여는 견해가 변경된 바 없다.

149) 89헌마220 결정 당시의 청구기간은 '60일, 180일'이었다. 이와 달리 현행법상의 청구기간은 '90일, 1년'이다(2003. 3. 12. 헌재법 개정).

150) "무죄, 면소, 형의 면제, 형의 선고유예, 형의 집행유예, 공소기각 또는 벌금이나 과료를 과하는 판결이 선고된 때에는 구속영장은 효력을 잃는다. 단 검사로부터 사형, 무기 또는 10년 이상의 징역이나 금고의 형에 해당한다는 취지의 의견진술이 있는 사건에 대하여는 예외로 한다"의 규정 중 단서 부분이다.

(1) 대상조항 및 형소법 제420조의 각 재판전제성 인정, 兩 조항의 위헌선언
(2) 대상조항의 재판전제성 부정, / 형소법 제420조 재판전제성 인정, 동조 합헌선언

4. 공무원지위확인의 소[152]를 제기한 후에 위헌법률심판제청을 신청한 경우[153]에는, 재판전제성이 인정되어 적법할까?
결론부터 말하자면, 그렇다. 위헌결정이 선고된다 하더라도 장래효만 있는 것이 원칙이나, 이 경우에는 당해사건에 대한 '예외적 소급효'가 적용된다. 여기서, 앞의 [생각해 볼 점 (2)] 중 권리보호이익 부분의 설명과 관련하여 의문을 가질 수도 있을 것이다. 그러나 앞의 경우와 달리 이 경우에는 '공무원지위확인의 소'가 현재 계속되어 있고, 그 소에는 위헌결정의 대상이 되는 법률조항이 적용되므로, 예외적인 소급효를 인정할 기초가 있다. 따라서 위헌법률심판제청에 기하여 헌재에서 위헌결정이 선고되는 경우, 그 때까지 소송절차가 정지되어 있던 당해사건에 대하여 '예외적인 소급효'가 인정되어 위헌선언된 대상조항은 적용되지 않게 되므로 재판의 결론이 달라지게 될 것이다. 그러므로 재판전제성이 있는 것이다.

5. 위 각 경우들에 재판전제성이 인정된다면, 설사 법원이 위헌법률심판제청신청을 기각한다 하더라도, 청구인은 헌재법 제68조 제2항의 헌법소원심판을 청구할 수 있다.

6. 이로써 확인되는 바로서, 어떤 법률조항의 위헌여부를 다툴 수 있는 방법은 (1) 위헌법률심판절차, (2) 헌재법 제68조 제1항의 헌법소원심판절차, (3) 동조 제2항의 헌법소원심판절차의 어느 경우도 될 수 있고, 그 중의 어느 특정한 절차만을 활용가능한 것은 아니다. 다만 예컨대 '…할 수 있다'는 형식으로 규정된 법령이어서 (2)의 헌법소원으로서는 직접성이 부인되는 경우에는, (1) 또는 (3)의 방법을 취할 수밖에 없는 경우도 있다.

151) "형사소송법은 재심의 절차를 '재심의 청구에 대한 심판'과 '본안사건에 대한 심판'이라는 두 단계 절차로 구별하고 있다. 따라서 확정된 유죄판결에서 처벌의 근거가 된 법률조항은 원칙적으로 '재심의 청구에 대한 심판', 즉 재심의 개시 여부를 결정하는 재판에서는 재판의 전제성이 인정되지 않고, 재심의 개시 결정 이후의 '본안사건에 대한 심판'에 있어서만 재판의 전제성이 인정된다(헌재 1993. 11. 25. 92헌바39, 판례집 5-2, 410, 415-416; 헌재 2010. 11. 25. 2010헌가22, 공보 170, 2023, 2025 참조)."(헌재 2013. 3. 21. 2010헌바132 등)

152) 정년 또는 당연퇴직 사유에 해당되는지 여부에 관한 다툼이 있는 경우와 같이 처분이 개재되어 있지 아니한 때에 당사자소송으로서 지위확인의 소를 제기할 수 있다. 서울고등법원 재판실무개선위원회, 행정소송실무편람(제2판), 한국사법행정학회, 102. 한편, 지위확인의 소를 당사자소송으로서 제기하는 경우에, 제소기간의 제한은 없다. 헌재 2004. 9. 23. 2004헌가12 결정 참조.

153) [27. 당연퇴직 2 사건]의 사안이 그 한 예이다.

## II. 문제되는 기본권

### 1. 공무담임권

※ 이 사건 청구인은 이미 당연퇴직한 상태이므로, 현직 공무원으로서의 기본권침해는 문제되지 않고, 다만 공무원신분의 '박탈'이 문제된다. 여기서, 종래에는 공무원신분의 '취득'만을 공무담임권의 문제로 보았었으나, 이제는 그 '박탈' 문제도 공무담임권의 보호영역에 포함된다는 점을 주목할 만하다.

> 헌법 제25조는 "모든 국민은 법률이 정하는 바에 의하여 공무담임권을 가진다."고 하여 공무담임권을 기본권으로 보장하고 있다. 공무담임권이란 입법부, 집행부, 사법부는 물론 지방자치단체 등 국가, 공공단체의 구성원으로서 그 직무를 담당할 수 있는 권리를 말한다. 여기서 직무를 담당한다는 것은 모든 국민이 현실적으로 그 직무를 담당할 수 있다고 하는 의미가 아니라, 국민이 공무담임에 관한 자의적이지 않고 평등한 기회를 보장받음을 의미하는바, 공무담임권의 보호영역에는 공직취임의 기회의 자의적인 배제 뿐 아니라, 공무원 신분의 부당한 박탈까지 포함되는 것이라고 할 것이다.

### 2. 직업의 자유 : 따로 판단하지 않음.

| 헌재 1999. 12. 23. 99헌마135 : 공무담임권과 직업의 자유의 관계 |
|---|
| 청구인들은 직업의 자유도 침해되었다고 주장하나, 공무원직에 관한 한 공무담임권은 직업의 자유에 우선하여 적용되는 특별법적 규정이다. |

### 3. 평등권 : 따로 판단하지 않음.

※ 공무담임권과 평등권의 관계에 대하여는, [4. 제대군인가산점 사건]의 [생각해 볼 점 (3)]을 참조.

## III. '법률로써' : 따로 문제되지 않음.

## IV. 공무담임권 침해 여부 : 과잉금지원칙 위배 여부('필요한 경우에 한하여')

## 1. 목적[154]의 정당성 : 긍정

| 당연퇴직제도를 두는 입법목적은 임용결격사유에 해당하는 자를 공무원의 직무로부터 배제함으로써 그 직무수행에 대한 국민의 신뢰, 공무원직에 대한 신용 등을 유지하고, 그 직무의 정상적인 운영을 확보하며, 공무원범죄를 사전에 예방하고, 공직사회의 질서를 유지하고자 함에 그 목적이 있는 것이다. 이러한 입법목적은 입법자가 추구할 수 있는 헌법상 정당한 공익이라고 할 것이고, 이러한 공익을 실현하여야 할 현실적 필요성이 존재한다는 것도 명백하다. |
|---|

## 2. 방법의 적절성 : 긍정

| 공무원이 범죄로 인하여 형사 유죄판결의 일종인 선고유예의 판결을 받은 경우에 공직 전체에 대한 신뢰의 유지라는 공익에 영향을 미치므로, 이 경우 당해 공무원에게 그에 상응하는 신분상의 불이익을 가하는 것은 공익을 위하여 적절한 수단이 될 수 있다. |
|---|

## 3. 침해의 최소성 : 부정

| 입법자는 공익실현을 위하여 기본권을 제한하는 경우에도 입법목적을 실현하기에 적합한 여러 수단 중에서 되도록 국민의 기본권을 가장 존중하고 기본권을 최소로 침해하는 수단을 선택해야 한다(헌재 1998. 5. 28. 96헌가5 판례집 10-1, 541, 556). …<br>입법자로서는 유죄판결의 확정에 따른 당연퇴직의 사유로서 금고 이상의 형의 선고유예의 판결을 받은 모든 범죄를 포괄하여 규정할 것이 아니라, 입법목적을 달성함에 반드시 필요한 범죄의 유형, 내용 등으로 그 범위를 가급적 한정하여 규정하거나, 혹은 적어도 지방공무원법상에 마련된 징계 등 별도의 제도로써도 입법목적을 충분히 달성할 수 있는 것으로 판단되는 경우를 당연퇴직의 사유에서 제외시켜 규정하였음이 마땅하였으며, 이와 같은 방식으로 규정함이 최소침해성의 원칙에 따른 기본권 제한 방식이라고 할 것이다. …<br>그런데, 이 사건 법률조항은 과실범의 경우마저 당연퇴직의 사유에서 제외하지 않고 있는바, 일반적으로 과실범은 법적인 주의의무를 게을리 한 데 대한 법적인 비난가능성은 존재하지만, 이러한 범죄로 인하여 금고 이상의 형의 선고유예를 받게 되었다고 하더라도 그로 인하여 당연히 그 공무원을 공직에서 퇴직시켜야 할 만큼 그 행위가 공직자로서의 품위를 크게 손상시킨다고 보기는 어려운 측면이 있다. |
|---|

154) 답안지를 작성하는 수험생의 입장에서는, 입법목적이 헌법 제37조 제2항에 열거된 '국가안전보장, 질서유지, 공공복리' 중 어느 것에 해당한다는 점을 간략하게라도 언급하는 것이 바람직하다고 본다. 다만 논리적으로는, 위 3자가 각각 독자적인 개념인지 의문이다. 모두 '공공복리'에 포함한다고 볼 수도 있기 때문이다. 한편 예컨대 미국에서의 9/11 테러 이후에는 종래 단순한 내부질서유지의 문제로 보았던 부분도 국가안전보장의 문제로 보게 된 측면이 있듯이, 3자간의 경계는 유동적이기도 하다.

## 4. 법익의 균형성 : 부정

> 공무원의 생활보장의 가장 일차적이며 기본적인 수단은 '그 일자리의 보장'이라는 점에서 오늘날 사회국가원리에 입각한 공직제도에서 개개 공무원의 공무담임권 보장의 중요성은 더욱 큰 의미를 가지고 있다고 할 것이다. …
>
> 이 사건 법률조항은 위에서 살펴본 바와 같이 당연퇴직사유를 적절한 제한 없이 포괄적으로 규정함으로써 공익을 사익에 비해 지나치게 우선시키고 있어 법익균형성의 원칙에 반하는 것이다. …
>
> 더욱이 이 사건 법률조항은 지방공무원의 당연퇴직사유를 지방공무원의 임용결격사유와 동일한 것으로 규정하고 있는바, 이는 규정체계상 공익과 사익간에 적절한 균형이 이루어진 입법이라고 할 수 없다. --〉 평등의 문제?

### 생각해 볼 점 (5) : 평등권의 침해여부

이 사건에서는 공무담임권의 침해를 인정하여 위헌이라는 결론을 이미 내릴 수 있었으므로, 별도로 평등권의 침해여부를 판단할 필요가 없었다. 그러나 적어도 논리적으로는 평등권은 '언제나' 문제될 수 있고, 특히 수험생 또는 변호사의 입장에서는 평등권의 침해여부를 항상 별도로 서술해 주는 것이 바람직하다. 이런 관점에서, 그 침해여부를 생각해 보자.

1. 문제상황
   이 사건에서는, 문제되는 상황이 '신규임용 단계에서의 임용결격 여부'가 아니라 '이미 임용된 상태에서의 당연퇴직'임을 유의할 필요가 있다.
2. 차별의 존부
   지방공무원의 임용결격사유와 당연퇴직사유를 같게 규정한 점이, 본질적으로 다른 것을 같게 취급하는 것이라고 주장할 수 있을 것이다. 그리고 이는 결국, '임용이 된 후'의 당연퇴직사유는 임용결격사유보다는 그 폭이 좁아야 한다는 주장이 될 것이다.
3. 심사기준의 선택 : 엄격심사 / 완화된 심사
4. (존재하는) 차별의 정당화 여부
   이에 관하여는, 이 사건 결정에서 과잉금지원칙의 위배여부 판단 중 '법익균형성'에 관한 다음 판시부분을 원용할 수 있을 것으로 보인다.

   > 이 사건 법률조항은 지방공무원의 당연퇴직사유를 지방공무원의 임용결격사유와 동일한 것으로 규정하고 있는바, 이는 규정체계상 공익과 사익간에 적절한 균형이 이루어진 입법이라고 할 수 없다.
   >
   > 같은 입법목적을 위한 것이라고 하여도 공무원으로 채용되려고 하는 자에게 채용될 자격을 인정하지 아니하는 사유와 기존에 공무원으로서 근무하는 자를 퇴직시키는 사유를

동일하게 취급하는 것은 타당하다고 할 수 없다. 왜냐하면, 공무원을 새로 채용하는 경우에는 채용될 자격이 인정되지 않는다고 하여도 해당자가 잃는 이익은 크다고 할 수 없지만, 일단 채용된 공무원을 퇴직시키는 것은 공무원이 장기간 쌓은 지위를 박탈해 버리는 것이므로 당해 공무원이 잃는 이익은 대단히 크기 때문이다. 이와 같이 다루고 있는 이익의 크기가 현저하게 상이함에도 불구하고 이를 공무원의 직무를 수행하기 위한 자격의 문제로 파악하여 그 사유를 규정함에 있어 공직취임 이전의 임용결격사유와 이후의 당연퇴직사유를 동일하게 규율하는 것은 공직취임 이후의 퇴직자의 사익에 비하여 지나치게 공익을 우선한 입법이라고 하지 않을 수 없을 것이다.

5. 결론

위 판시를 원용한다면, 대상조항이 청구인의 평등권도 침해한다고 보게 될 것이다.

## V. 적법절차 위배 여부 : 별도로 문제되지 않음.

| 헌재 2013. 7. 25. 2012헌바409[155] |
|---|
| 마. 적법절차원칙 위반 여부<br>범죄행위로 인하여 형사처벌을 받은 공무원에 대하여 신분상 불이익처분을 하는 법률을 제정함에 있어, 형사처벌을 받은 사실 그 자체를 이유로 일정한 신분상 불이익처분이 내려지도록 법률에 규정하는 방법과 별도의 징계절차를 거쳐 신분상 불이익처분을 하는 방법 중 어느 방법을 선택할 것인가는 원칙적으로 입법자의 재량에 속하는 것으로서, 그 중 어느 방법만이 헌법에 합치하고 다른 방법은 헌법에 위반된다고 단정할 수는 없다. 다만 형사처벌을 받은 사실 그 자체만으로 별도의 징계절차를 거치지 아니하고 신분상 불이익처분을 하는 경우에는 형사처벌에 따라 공무원에 대하여 부과되는 신분상 불이익과 그로 인하여 보호하려고 하는 공익이 합리적 균형을 이루어야 한다는 헌법적 제약이 따른다고 할 것이다(헌재 2003. 12. 18. 2003헌마409, 판례집 15-2하, 664, 668 참조).<br>공무원에 대한 징계절차는 의무위반의 귀책사유와 징계의 정도 내지 처분의 선택에 중점이 주어지는 점에서 청문절차가 중요한 의미를 갖는다고 할 수 있지만, 당연퇴직은 일정한 사항이 법정 당연퇴직사유에 해당하는지 여부만이 문제될 뿐이므로, 당연퇴직의 성질상 그 절차에서 당사자의 진술권이 반드시 절차적 권리로 보장되어야 하는 것도 아니라고 할 것이다(헌재 1998. 4. 30. 96헌마7, 판례집 10-1, 465, 478).<br>따라서 심판대상조항이 앞에서 본 바와 같이 청구인의 공무담임권 등을 침해하지 아니하는 이상, 국가공무원법이 국가공무원에 대하여 당연퇴직사유를 설정한 것이 적법절차원칙에 위반된다고 할 수 없다. |

155) 공보 제202호, 989,994-995.

## VI. 결론

| 지방공무원법 제61조 중 제31조 제5호 부분(1966. 4. 30. 법률 제1794호로 개정된 것)은 헌법에 위반된다[156]. |
|---|

## VII. 보론

### 1. 이 사건 결정으로써 폐기된 판례

| 헌재 1990. 6. 25. 89헌마220 |
|---|
| 1. 증거자료에 의하면 청구인은 1977.8.10.부터 충청북도 지방공무원(지방행정주사보)으로 근무하여 오다가 1989.8.8. 청주지방법원에서 사문서위조, 동행사, 사기 등 죄명으로 징역 8월형의 선고유예 판결을 선고받고 항소하였다가 1989.8.29. 항소를 취하함으로써 위 선고유예 판결이 확정되었는데 충청북도지사는 위 사실이 지방공무원법 제31조(결격사유) 제5호 소정의 지방공무원 결격사유에 해당된다는 이유로 1989.9.9.자로 청구인에게 지방공무원법 제61조의 규정에 의하여 1989.8.29. 자로 당연퇴직되었다는 인사발령 통지를 보내자[157] 청구인은 1989.9.26. 이 사건 헌법소원을 제기하였음을 알 수 있다. |
| 2. 청구인이 주장하는 청구이유의 요지는, 금고이상의 형의 선고유예 판결을 선고받고 그 선고유예 기간 중에 있는 자를 지방공무원이 될 수 없도록 하고 있는 지방공무원법 제31조 제5호의 규정[158]과 이 규정에 해당되는 것을 당연퇴직 사유로 하고 있는 같은 법 제61조의 규정은 지방공무원의 신분보장의 원칙규정인 같은 법 제60조 제1항 "공무원은 형의 선고, 징계 또는 이법이 정하는 사유에 의하지 아니하고는 그 의사에 반하여 휴직, 강임 또는 면직을 당하지 아니한다"하는 규정에도 반하고[159] 벌금형의 선고유예를 지방공무원 결격사유로 아니하고 있는 것과 비교하여 형평하지도 못하여 공무원의 신분을 보장하도록 한 헌법 제7조 제2항의 규정에 저촉되는 위헌법률이며 결국 청구인은 지방공무원법 제31조 제5호, 제61조의 각 규정에 의하여 직접 기본권을 침해당하고 있다는 것이다. |
| 3. 이 사건은 금고이상의 형의 선고유예를 받은 경우에 그 유예기간 중에 있는 자를 공무원이 될 수 없도록 규정한 지방공무원법 제31조 제5호 및 지방공무원이 위 결격조항에 해당할 때에는 당연히 퇴직한다고 규정한 같은 법 제61조에 대한 헌법소원으로서 입법권의 행사로 인하여 제정된 법률에 의하여 직접 헌법상의 기본권이 침해되었음을 이유로 하는 것인 바, 헌법소원심판의 청구사유를 규정한 헌법재판소법 제68조 제1항 본문에 규정된 공권력 가운 |

156) 이 사건은 지방공무원의 선고유예로 인한 당연퇴직에 관한 위헌결정이고, 같은 취지의 국가공무원법 규정에 대하여는 헌재 2003. 10. 30. 2002헌마684등 결정으로 위헌이 선언되었다.

데는 입법권도 당연히 포함되고 따라서 법률에 대한 헌법소원도 가능하다고 할 것이나 모든 법률이 다 헌법소원의 대상이 되는 것이 아니고 그 법률이 별도의 구체적 집행행위를 기다리지 않고 직접적으로, 그리고 현재적으로 헌법상 보장된 기본권을 침해하는 경우에 한정됨을 원칙으로 하며, 같은 법률 조항 단서는 다른 법률에 구제절차가 있는 경우에는 그 절차를 모두 거친 후가 아니면 헌법소원 심판을 청구할 수 없도록 규정하고 있으나 법률 자체에 의한 직접적인 기본권침해여부가 문제될 때에는 그 법률 자체의 효력을 직접 다투는 것을 소송물로 하여 일반 법원에 소송을 제기하는 길이 없어 구제절차가 있는 경우가 아니므로 다른 구제절차를 거칠 것 없이 바로 헌법소원을 제기할 수 있는 것이다(당 재판소 1989.3.17. 선고, 88헌마1 결정 참조). 그리고 법률에 대한 헌법소원의 제소기간은 그 법률의 공포와 동시에 기본권 침해를 당한 자는 그 법률이 공포된 사실을 안 날로부터 60일 이내에, 아니면 법률이 공포된 날로부터 180일 이내에, 그렇지 아니하고 법률공포후 그 법률에 해당되는 사유가 발생하여 비로서 기본권의 침해를 받게 된 자는 그 사유가 발생하였음을 안 날로부터 60일 이내에, 아니면 그 사유가 발생한 날로부터 180일 이내에 헌법소원을 제기하여야 할 것이며 "사유가 발생한 날"은 당해법률이 청구인의 기본권을 명백히 구체적으로 현실 침해하였거나 그 침해가 확실히 예상되는 등 실체적 제요건이 성숙하여 헌법판단에 적합하게 된 때를 말한다.[160)]

그리고 앞에서 본 것처럼 청구인은 1989.8.8. 제1심 법원에서 징역형의 선고유예 판결을 선고받고 항소하였다가 같은 달 29일 항소를 취하함으로써 동일자로 징역형의 선고유예 판결이 확정되었으니 청구인에 대하여는 1989.8.29. 지방공무원법 제61조 소정의 당연퇴직 사유인 같은 법 제31조 제5호 사유가 발생하였다고 볼 수 있다. 따라서 그때부터 60일 이내인 1989.9.26.에 제기된 이 헌법소원은 적법하게 제기된 것이다.

4. 그러므로 지방공무원법 제31조 제5호, 제61조가 헌법 제7조 제2항의 공무원 신분보장 규정에 위배하여 심판청구인의 기본권을 침해하고 있는 것인가[161)]에 대하여 보건대, 헌법 제7조 제2항은 "공무원의 신분과 정치적 중립성은 법률이 정하는 바에 의하여 보장된다."라고 규정하고 있다. 이는 직업공무원제를 규정한 것으로서 공무원으로 하여금 정권교체에 영향을 받지 아니하게 함과 동시에 동일한 정권 아래에서도 정당한 이유없이 해임되지 아니하도록 신분을 보장하여 국민 전체의 봉사자로서 흔들림없이 성실하게 공무를 수행할 수 있도록 하기 위한 규정이다.

따라서 공무원의 신분은 무제한 보장되는 것이 아니고 공무원의 지위 및 공무의 특수성을 고려하여 헌법이 정한 신분보장의 원칙 아래 법률로 그 내용을 정할 수 있도록 한 것이며, 위 헌법 규정에 입각하여 지방공무원법은 그 제60조 제1항에 "공무원은 형의 선고·징계 또는 이 법이 정하는 사유에 의하지 아니하고는 그 의사에 반하여 휴직·강임 또는 면직을 당하지 아니한다"라는 신분 보장의 원칙 규정을 두는 한편 공무원의 의사에 반하여 면직 또는 휴직되는 경우로서 공무원 결격사유가 발생한 경우에 있어서의 당연퇴직 규정인 제61조, 직권면직 사유를 규정한 제62조 및 직권휴직 사유를 규정한 제63조 등을 두고 있는 바(국가공무원법도 똑같은 내용의 규정들을 두고 있다) 공무원 결격사유를 규정한 같은 법 제31조가 그 제5호에 금고이상의 형의선고 유예를 받은 경우에 그 선고유예 기간 중에 있는 자를 결격사유의 하나로 규정하고 같은법 제61조가 위 결격사유에 해당되는 것을 당연퇴직 사유로 규정한 것은, 신분보장의 원칙 규정인 제60조 제1항에 근거한 것으로서 형의 선고유예 판결은 처벌효과를 수반하는 유죄판결의 일종이며, 금고이상의 형의 선고유예 판결을 받은 사람에게 공무원의 지위를 부여하는 것은 공직에 대한 국민의 신뢰를 손상시킬 우려가 있어 옳지 못한 일이므로 이것을 공무원 결격사유 및 당연퇴직 사유로 한 입법자의 의사결정은 수긍이 가고 그것을 지방공무원의 신분보장원칙 규정인 같은 법 제60조 제1항에 반하는 것이라고 볼 수 없고, 금고형이 벌금형보다 훨씬 무거운 형이므로 벌금형의 선고유예 판결을 공무원 결격사유로 아니하면서 금고형의 선고유예 판결을 결격사유로 하였다고 해서 합리성과 형평에 반한다고도 볼 수 없다.

결국 지방공무원법 제31조 제5호 및 제61조의 규정이 같은 법 제60조 제1항에도 반하고 형평에도 반하여 헌법 제7조 제2항에 위반되는 법률이라는 청구인의 주장은 모두 이유없다.

따라서 청구인의 심판청구를 기각하기로 하여 주문과 같이 결정한다.

## 2. 제도적 보장

**헌재 1997. 4. 24. 95헌바48**

헌법 제7조는 앞서 본바와 같이 공무원의 공무수행의 독자성과 영속성을 유지하기 위하여 공직구조에 대하여 제도적 보장으로서의 직업공무원제도를 마련하도록 규정하고 있다. 제도적 보장은 객관적 제도를 헌법에 규정하여 당해 제도의 본질을 유지하려는 것으로서, 헌법제정권자가 특히 중요하고도 가치가 있다고 인정되고 헌법적으로 보장할 필요가 있다고 생각하는 국가제도를 헌법에 규정함으로써 장래의 법발전, 법형성의 방침과 범주를 미리 규율하려는데 있다. 다시 말하면 이러한 제도적 보장은 주관적 권리가 아닌 객관적 법규범이라는 점에서 기본권과 구별되기는 하지만 헌법에 의하여 일정한 제도가 보장되면 입법자는 그 제도를 설정하고 유지할 입

157) 大判 1992. 1. 21. 91누2687 : "지방공무원법 제61조의 규정에 의하면 공무원에게 동법 제31조 소정의 결격사유가 있을 때에는 당연히 퇴직한다고 되어 있으므로 이러한 당연퇴직의 경우에는 결격사유가 있어 법률상 당연퇴직되는 것이지 공무원관계를 소멸시키기 위한 별도의 행정처분을 요하지 아니한다 할 것이고, 설사 위와 같은 사유의 발생으로 당연퇴직의 인사발령이 있었다 하여도 이는 퇴직사실을 알리는 이른바 관념의 통지에 불과하여 행정소송의 대상이 되지 아니한다 할 것이다."

158) 이 규정에 대하여는, 이미 '임용'이 되어 있는 청구인이 자기관련성을 가지지 않는다. 이 사건의 [생각해 볼 점 (1)]의 2.부분도 참조.

159) 법률(지방공무원법 제60조 제1항)이 법률에 대한 위헌심사기준이 될 수는 없다는 점에서, 이 부분 판시는 부적절하다. 본문 아래부분의 밑줄친 판시도 마찬가지이다.

160) 이 부분은 소위 '상황성숙성 이론'을 판시한 것이나, 이 이론은 1996. 3. 28. 93헌마198 결정으로 폐기되었다. [4. 제대군인가산점 사건]의 [생각해 볼 점 (1)]을 참조.

161) 헌법 제7조 제2항은 '제도적 보장'을 규정한 조항이라는 점에서, 이에 위반되는지의 여부를 판단하는 판시는 부적절하다고 본다. 다만, 본문에서는 '이에 위반하여 "청구인의 기본권을 침해하는지의 여부"를 판단하고 있기는 하다.

법의무를 지게 될 뿐만 아니라 헌법에 규정되어 있기 때문에 법률로써 이를 폐지할 수 없고, 비록 내용을 제한한다고 하더라도 그 본질적 내용을 침해할 수는 없다.

그러나 기본권의 보장은 헌법이 "국가는 개인이 가지는 불가침의 기본적 인권을 확인하고 이를 보장할 의무를 진다" (제10조), "국민의 자유와 권리는 헌법에 열거되지 아니한 이유로 경시되지 아니한다. 국민의 모든 자유와 권리는 국가안전보장·질서유지 또는 공공복리를 위하여 필요한 경우에 법률로써 제한할 수 있으며, 제한하는 경우에도 자유와 권리의 본질적인 내용을 침해할 수 없다" (제37조) 고 규정하여 '최대한 보장의 원칙'이 적용되는 것임에 반하여, 제도적 보장은 기본권 보장의 경우와는 달리 그 본질적 내용을 침해하지 아니하는 범위 안에서 입법자에게 제도의 구체적인 내용과 형태의 형성권을 폭넓게 인정한다는 의미에서 '최소한 보장의 원칙'이 적용될 뿐인 것이다.

이 사건에서 문제된 직업공무원제도는 바로 헌법이 보장하는 제도적 보장중의 하나임이 분명하므로 입법자는 직업공무원제도에 관하여 '최소한 보장'의 원칙의 한계안에서 폭넓은 입법형성의 자유를 가진다.

**[참고] 제도적 보장 혹은 제도보장**[162)]

- 개념 : 위 95헌바48 결정의 판시를 참조.
- 성격과 효력 : (1) 객관적 법규범성(↔기본권의 '주관적 권리성')
  (2) 최소한 보장(↔기본권의 '최대한 보장')
  (3) 헌재법 제68조 제1항의 헌법소원 제기 불가[163)]
- 예 : 직업공무원제도(헌법 제7조) / 정당제도(헌법 제8조) /
  지방자치제도(헌법 제117조, 제118조)

162) 1920년대 독일의 헌법학자인 Carl Schmitt는 '제도적 보장(institutionelle Garantie)'의 개념과 '제도보장(Institutsgarantie)'의 개념을 구별하기도 하였었으나 지금은 그 구별실익이 없고, 두 용어는 서로 혼용되고 있는 것이 일반적이다.

163) 헌재법 제68조 제1항은 '기본권'을 침해받은 자만이 헌법소원심판을 청구할 수 있도록 규정하고 있기 때문이다. 반면에 동조 제2항의 헌법소원심판이나 위헌법률심판에서는 법률 또는 법률조항의 '위헌여부'가 재판의 전제가 되는 한 심판청구(또는 제청신청)는 적법하기 때문에, 이런 절차에서는 제도적 보장규정의 위반도 위헌사유로 주장할 수 있다. [26. 당연퇴직 사건] 결정문을 보더라도, 헌법 제7조 제2항의 위반은 언급되지 않고, 오로지 헌법 제25조 소정의 공무담임권 침해여부만이 문제되고 있음을 확인할 수 있다.

## 3. 관련문제 : 이 사건 심판대상 조항이 위헌선언되면 '조리상의 복직신청권'이 발생하는지 여부

| 대법원 2005. 11. 25. 2004두12421 판결 |
|---|
| 직권으로 본다.<br>원심과 원심이 인용한 제1심판결 이유에 의하면, 원고는 1991. 2. 12.부터 인천광역시의 지방공무원으로 임용된 이래 인천광역시의 각 구청 건축과에서 근무하다가 1996. 4. 1. 지방건축주사보로 승진하여 인천광역시 남구 도시국 건축과에서 건축과장 소외 1의 업무를 보좌하던 중, 1997. 12. 하순경 건축사무소 직원인 소외 2로부터 그 건축사무소에서 설계 및 감리를 맡은 인하공업전문대학교 강의실, 실습실에 대한 사전입주를 묵인하고, 준공검사를 빨리 받게 하여 달라는 취지로 300만 원을 교부받은 사실, 원고는 위 범죄사실로 기소되어 1심에서 징역 6월, 집행유예 1년의 유죄판결을 선고받고 항소한 결과 2001. 10. 10. 항소심에서 징역형(징역 6월)의 선고유예판결을 선고받고 상고하였으나 2001. 12. 28. 대법원에서 상고기각판결이 선고됨으로써 항소심판결이 확정되었고, 이에 따라 원고는 같은 날 구 지방공무원법(2002. 12. 18. 법률 제6786호로 개정되기 전의 것, 이하 '구 지방공무원법'이라 한다) 제61조, 제31조 제5호 에 의하여 당연퇴직된 사실, 헌법재판소는 2002. 8. 29. 구 지방공무원법 제61조 중 제31조 제5호 부분(이하 '이 사건 법률조항'이라 한다)이 헌법에 위반된다는 취지의 결정(**헌법재판소 2001헌마788, 2002헌마173 결정**)을 하였고, 원고는 2002. 9. 18. 위 위헌결정을 이유로 피고에 대하여 복직신청을 하였으나 피고는 2002. 10. 5. 이를 거부한 사실을 인정한 다음, 이 사건 법률조항이 위헌으로 결정된 이상 그 규정에 의하여 이미 퇴직한 공무원인 원고에게는 조리상의 복직신청권이 인정되므로 원고의 복직신청에 대한 피고의 거부행위는 항고소송의 대상이 되는 행정처분에 해당한다고 판단하고, 나아가 본안에 들어가 위 위헌결정 이후에 이 사건 법률조항이 위헌임을 이유로 제소된 이 사건은 원고의 권리구제를 위한 구체적 타당성의 요청이 현저한 경우에 해당한다고 보기 어렵고, 오히려 위 위헌결정의 소급효를 인정할 경우 그로 인해 보호되는 구체적 타당성에 비하여 구 지방공무원법에 의해 형성된 공무원의 신분관계에 관한 법적 안정성이 심하게 침해될 것으로 보인다는 이유로 위 위헌결정의 효력은 이 사건에는 미치지 아니한다고 하여, 원고의 청구를 기각한 제1심판결을 그대로 유지하였다.<br>그러나 과거에 법률에 의하여 당연퇴직된 공무원이 자신을 복직 또는 재임용시켜 줄 것을 요구하는 신청에 대하여 그와 같은 조치가 불가능하다는 행정청의 거부행위는 당연퇴직의 효과가 계속하여 존재한다는 것을 알려주는 일종의 안내에 불과하므로 원고의 실체상의 권리관계에 직접적인 변동을 일으키는 것으로 볼 수 없고, 당연퇴직의 근거 법률이 헌법재판소의 위헌결정으로 효력을 잃게 되었다고 하더라도 당연퇴직된 이후 헌법소원 등의 청구기간이 도과한 경우에는 당연퇴직의 내용과 상반되는 처분을 요구할 수 있는 조리상의 신청권을 인정할 수도 없다고 할 것이어서, 이와 같은 경우 행정청의 복직 또는 재임용거부행위는 항고소송의 대상이 되는 행정처분에 해당한다고 할 수 없으므로 그 취소를 구하는 이 사건 소는 부적법하다고 할 것이다.<br>그럼에도 불구하고, 원심이 이 사건 거부행위가 행정처분에 해당한다고 보고 본안 |

에 들어가 심리·판단하였으니, 거기에는 거부처분에 관한 법리를 오해하여 판결에 영향을 미친 위법이 있다고 할 것이다.

그러므로 원심판결을 파기하되, 이 사건은 이 법원이 직접 재판하기에 충분하므로 행정소송법 제8조, 민사소송법 제437조에 따라 자판하기로 하여 제1심판결을 취소하고, 이 사건 소를 각하하며, 소송총비용은 원고가 부담하는 것으로 하여, 관여 대법관의 일치된 의견으로 주문과 같이 판결한다.

**헌재 2003. 10. 30. 2002헌가24 결정 (법정의견만 발췌)[164)]**

1. 사건의 개요와 심판의 대상

가. 사건의 개요

(1) 제청신청인은 충남 당진군 소재 ○○초등학교 교감으로 재직중이던 1992. 10. 21. 특정범죄가중처벌등에관한법률위반(도주차량) 및 도로교통법위반(음주운전)의 혐의로 대전지방법원 서산지원에 기소되었고, 이를 이유로 1992. 10. 29. 직위해제되었다.

(2) 제청신청인은 1993. 2. 23. 위 지원에서 특정범죄가중처벌등에관한법률위반(도주차량) 및 도로교통법위반(음주운전)의 죄로 징역 1년에 집행유예 2년을 선고받았고, 이에 항소하여 대전고등법원에서 선고유예(징역 6월)의 판결을 받았으며(93노137), 1994. 2. 8. 대법원에서 이 판결에 대한 상고가 기각됨(93도2400)으로써 이 판결은 확정되었다.

(3) 이에 충청남도 당진교육청 교육장은 국가공무원법 제69조 중 제33조 제1항 제5호에 의하여 청구인에게 당연퇴직된 사실을 통지하였다.

(4) 그 후 제청신청인은 그 선고유예기간이 지난 후인 2001. 11.경 충청북도 초등교사 임용시험에 다시 합격하여 2002. 3. 1. 임용되어 근무하던 중, 2002. 6. 19. 충청남도 교육감에게 위 국가공무원법 규정의 위헌성을 들어 신청인을 다시 교감직으로 발령해주거나 또는 교감으로 재임용해 줄 것을 내용으로 하는 신청을 하였으나, 위 충청남도 교육감은 2002. 6. 26. 제청신청인이 이미 임용결격사유에 해당하여 당연퇴직한 이상 교감으로의 복직발령 또는 교감의 재임용은 불가능하다는 통지를 하였다.

(5) 이에 제청신청인은 2002. 7. 23. 대전지방법원에 충청남도 교육감을 상대로 임용복직발령또는임용신청거부처분취소를 구하는 소송을 제기하였다(2002구합1511).

(6) 제청신청인은 위 소송계속중 위 처분의 근거법률인 구 국가공무원법 제69조 중 제33조 제1항 제5호 부분은 헌법 제11조 제1항의 평등권, 제25조의 공무담임권 등의 기본권을 침해하는 조항으로서 위헌이라고 주장하면서 위 법원에 위헌심판제청신청을 하였고 위 법원은 위 신청을 받아들여 2002. 10. 15. 위헌심판제청결정을 하였다. (중략)

3. 판 단

제청법원의 이 사건 위헌제청이 재판의 전제성 요건을 충족하는 적법한 것인지 여부에 관하여 살핀다.

가. 법률에 대한 위헌제청이 적법하기 위해서는 법원에 계속중인 구체적인 사건에 적용할 법률이 헌법에 위반되는 여부가 재판의 전제로 되어야 한다(헌법재판소법 제41조). 이 재판의 전제성 요건은 위헌법률심판절차의 '구체적' 규범통제절차로서의 본질을 드러내주는 요건이라고 할 것인바, 당해법률이 헌법에 위반되는지의 여부에 따라 당해사건을 담당하는 법원이 다른 내용의 재판을 하게 되는 경우 재판의 전제성이 인정될 수 있다. 하지만, 당해사건을 담당하는 법원이 당해 법률의 위헌여부와 관계없이 각하를 하여야 할 사건이라면 재판의 전제성이 인정될 수 없다.

한편, 법원으로부터 법률의 위헌여부 심판의 제청을 받은 헌법재판소로서는 법률이 재판의 전제가 되는 요건을 갖추고 있는지의 여부를 심판함에 있어서는 제청법원의 견해를 존중하는 것이 원칙이나, 재판의 전제와 관련된 제청법원의 법률적 견해가 유지될 수 없는 것으로 보이면 헌법재판소가 직권으로 조사할 수도 있는 것이다(헌재 1996. 10. 4. 96헌가6, 판례집 8-2, 308, 321; 헌재 1997. 9. 25. 97헌가5 판례집 9-2, 344, 350-351).

나. 제청법원은 이 사건 법률조항에 위헌의 의심이 있다는 전제 하에 제청신청인에게 조리상의 복직신청권을 인정하고, 이 사건 법률조항의 위헌여부에 따라 당해사건에 대한 판결의 주문이 달라진다고 보아 재판의 전제성을 인정하였다.

살피건대, 당해사건은 제청신청인의 신청에 대한 행정청의 거부행위에서 비롯된 소송이다. 그런데 국민의 적극적 행위 신청에 대하여 행정청이 그 신청에 따른 행위를 하지 않겠다고 거부한 행위가 항고소송의 대상이 되는 행정처분에 해당하는 것이라고 하려면, 그 신청한 행위가 공권력의 행사 또는 이에 준하는 행정작용이어야 하고, 그 거부행위가 신청인의 법률관계에 어떤 변동을 일으키는 것이어야 하며, 그 국민에게 그 행위발동을 요구할 법규상 또는 조리상의 신청권이 있어야 한다고 할 것이다(대법원 2002. 11. 22. 2000두9229; 대법원 1998. 7. 10. 선고 96누14036 판결 등 참조). 만일 이와 같은 요건을 갖추지 못한 신청에 대한 거부행위는 항고소송의 대상이 되는 행정처분에 해당하는 것으로 볼 수 없기 때문에, 그 거부행위를 다투는 소송은 문제된 법률이 헌법에 위반되는지의 여부를 불문하고 각하를 하여야 할 사건에 해당하고, 따라서 재판의 전제성이 인정될 수 없다.

다. 먼저 이 사건 행정청의 거부행위가 신청인의 법률관계에 어떤 변동을 일으키는 것이었는지 여부에 관하여 보기로 한다.

살피건대, 국가공무원법상 당연퇴직은 법에 정한 결격사유가 있을 때 법률상 당연히 퇴직하는 것이지 공무원관계를 소멸시키기 위한 별도의 행정처분을 요하는 것이 아니며, 당연퇴직의 인사발령은 법률상 당연히 발생하는 퇴직사유를 공적으로 확인하여 알려주는 이른바 관념의 통지에 불과하다(대법원 1992. 1. 21. 선고 91누2687 판결; 대법원 1985. 7. 23. 선고 84누37 판결 등 참조).

그렇다면, 과거에 이미 법률상 당연한 효과로서 당연퇴직당한 제청신청인이 자신을 복직 또는 재임용시켜 줄 것을 요구하는 신청에 대하여 그와 같은 조치가 불가능하다는 통지를 보낸 이 사건 거부행위는 당연퇴직의 효과가 법률상 계속하여 존재하는 사실을 알려주는 일종의 안내에 불과한 것이라고 할 것이며, 이와 같은 안내행위는 제청신청인의 실체상의 권리관계에 직접적인 변동을 일으키는 것으로 해석되기는 어렵다고 할 것이다.

라. 다음으로 제청신청인에게 복직발령 등에 관한 조리상의 신청권이 있고 따라서 행정청의 위 복직불가 통지가 공권력의 행사로서 거부행위로 평가될 수 있는지 여부에 관하여 보기로 한다.

(1) 일반적으로 조리란 사물의 본성 내지는 본질적 법칙으로서, 실정법의 흠결을 보충하는 해석상, 재판상의 기초를 의미한다. 따라서 조리상의 신청권이란 실정법상의 권리의 행사 내지 구제의 수단이 없는 경우 정의, 형평의 관념에 기초해서 보충적으로 인정되는 신청권을 의미한다.
그런데 이 사건 위헌제청 사건의 제청신청인은 행정청의 처분을 매개로 하지 아니하고 이 사건 법률조항의 직접적인 효과로서 당연퇴직당한 것인바, 이와 같이 법률조항의 직접적인 효과를 통해 권리침해를 당한 경우에는 당해 법률조항을 직접 그 심판대상으로 하여 그 위헌성을 다툴 수 있는 실정법상의 수단인 헌법소원제도가 마련되어 있다. 그런데 만일 이와 같은 실정법상의 수단에도 불구하고 법률의 위헌성을 문제삼아 그 법률효과의 내용과 상반되는 처분을 해줄 것을 구하는 조리상의 신청권을 일반적으로 부여한다고 한다면 모든 과거의 법률관계당사자가 헌법소원 청구기간의 제한을 받지 않은 채 언제든지 조리상의 신청권을 매개로 법률조항의 위헌성에 관한 헌법재판소의 판단을 요구할 수 있게 될 것이다. 그런데 이와 같은 결과는 기존의 법질서에 의하여 형성된 법률관계와 이에 기초한 다른 개인의 법적 지위에 불안정을 초래하는 결과를 낳게 될 뿐 아니라, 헌법소원의 청구기간 제도의 취지를 몰각시킴으로써 이미 실정법상 권리구제수단으로 마련된 헌법소원의 기능까지도 저해하는 결과를 낳게 될 가능성이 있다.

(2) 더욱이 이 사건 법률조항의 법률효과인 당연퇴직은 형사확정판결을 그 법률요건으로 삼고 있는바, 당해 형사판결에서는 판결당시 합헌성이 추정되는 이 사건 법률조항에 기하여 해당공직자가 공직에서 퇴직하여야 한다는 점이 정상참작 등의 중요한 판단요소로 고려되었으며, 그 판결들은 모두 이미 확정되어 변경가능하지 아니하다. 특히 징계시효(일반적인 징계시효는 2년, 금품 및 향응수수, 공금의 횡령, 유용의 경우에는 3년; 국가공무원법 제83조의2 제1항 참조)가 지나 징계의 수단도 사용할 수 없는 경우에 당연퇴직의 당사자에게 복직 발령 등의 신청권을 인정한다면 결국 공무원의 직무수행에 대한 국민의 신뢰 및 공무원 징계제도에 대한 정의 및 형평관념에 적지 않은 손상을 가져올 수 있다.

(3) 이상의 점등을 종합하여 판단하면, 가사 이 사건 법률조항에 대하여 헌법재판소가 위헌결정을 선고함으로써 위 법률조항이 비록 규범으로서의 효력을 잃게 된다고

하더라도 제청신청인과 같이 당연퇴직된 이후 오랜 시간이 흘러 징계시효기간까지도 경과한 경우에 당연퇴직의 내용과 상반되는 처분을 해줄 것을 구하는 조리상의 신청권을 인정하지 아니하였다고 하여 반드시 정의와 형평에 반한다고 보기 어렵다고 할 것이다.

마. 이상에서 살펴본 바와 같은 이유로서 제청신청인의 이 사건 신청에 대한 행정청의 거부행위가 신청인의 실체상의 권리관계에 직접적인 변동을 일으키는 것으로 해석되기는 어렵다고 할 것이고, 제청신청인에게 복직 발령 등에 관한 조리상의 신청권을 인정할 수도 없다고 할 것이다. 그렇다고 한다면 당해사건은 이 사건 제청법원이 이 사건 법률조항이 헌법에 위반되는지의 여부와 관계없이 각하를 하여야 할 사건이라고 할 것이다. 따라서 이 사건 법률조항의 재판의 전제성은 인정될 수 없다.

4. 결 론

그렇다면 이 사건 위헌제청은 부적법하므로 이를 각하하기로 한다.

---

164) 2002헌가24 결정이 선고된 같은 2003. 10. 30.에, 지방공무원법 제61조 중 제31조 제5호 부분과 실질상 동일한 내용을 규정하고 있던 [구 국가공무원법 제69조 중 제33조 제1항 제5호 부분]에 대하여 위헌결정이 선고되었고(2003. 10. 30. 2002헌마684등 결정), 위 2002헌가24 결정의 심판대상 역시 같은 [구 국가공무원법 제69조 중 제33조 제1항 제5호 부분]이었다. 그럼에도 불구하고 재판전제성이 인정되지 않아 제청이 각하되었기 때문에, 2002헌가24 결정의 제청신청인은 아무런 구제를 받을 수 없게 되었다.

# 24. 당연퇴직2 사건

**국가공무원법 제69조 위헌소원**
**헌재 2013. 7. 25. 2012헌바409, 공202, 989**

(1) 청구인은 1990. 9. 1. 국가공무원인 공립고등학교 교사로 임용된 자로서, 2009. 3. 1.부터 부천 ○○고등학교 음악교사로 재직 중, '악기사를 운영하는 양○용에게 관악부에서 사용하는 악기의 수리를 의뢰하고 그 대가로 2009. 6. 18.경부터 2010. 7. 3.경까지 3회에 걸쳐 직무에 관하여 양○용으로부터 합계 200만 원의 뇌물을 수수하였다.'는 취지의 범죄사실로 기소되어 2011. 11. 1. 징역 4월의 선고유예 및 벌금 200만 원의 판결이 확정되었고(서울고등법원 2011노1651, 대법원 2011도13616), 경기도 교육감은 국가공무원법 제69조 단서, 제33조 제5호를 적용하여 청구인에게 당연퇴직의 통지를 하였다.

(2) 청구인은 교육공무원지위확인의 소를 제기하여 그 소송 계속 중(수원지방법원 2012구합11509) 국가공무원법 제69조 단서에 대하여 위헌법률심판제청신청을 하였으나(수원지방법원 2012아835), 2012. 11. 2. 위 확인청구 및 위헌법률심판제청신청이 모두 기각되자, 2012. 11. 21. 이 사건 헌법소원심판을 청구하였다.

**[심판대상조항]**

국가공무원법(2010. 3. 22. 법률 제10148호로 개정된 것)

제69조(당연 퇴직) 공무원이 제33조 각 호의 어느 하나에 해당할 때에는 당연히 퇴직한다. 다만, 같은 조 제5호는 형법 제129조부터 제132조까지 및 직무와 관련하여 형법 제355조 및 제356조에 규정된 죄를 범한 자로서 금고 이상의 형의 선고유예를 받은 경우만 해당한다.

**[관련조항]**

국가공무원법(2010. 3. 22. 법률 제10148호로 개정된 것)

제33조(결격사유) 다음 각 호의 어느 하나에 해당하는 자는 공무원으로 임용될 수 없다.

1. 금치산자 또는 한정치산자
2. 파산선고를 받고 복권되지 아니한 자
3. 금고 이상의 실형을 선고받고 그 집행이 종료되거나 집행을 받지 아니하기로 확정된 후 5년이 지나지 아니한 자
4. 금고 이상의 형을 선고받고 그 집행유예 기간이 끝난 날부터 2년이 지나지 아니한 자
5. 금고 이상의 형의 선고유예를 받은 경우에 그 선고유예 기간 중에 있는 자
6. 법원의 판결 또는 다른 법률에 따라 자격이 상실되거나 정지된 자

6의2. 공무원으로 재직기간 중 직무와 관련하여「형법」제355조 및 제356조에 규정된 죄를 범한 자로서 300만 원 이상의 벌금형을 선고받고 그 형이 확정된 후 2년이 지나지 아니한 자

7. 징계로 파면처분을 받은 때부터 5년이 지나지 아니한 자
8. 징계로 해임처분을 받은 때부터 3년이 지나지 아니한 자

형법(1954. 9. 18. 법률 제293호로 제정된 것)

제129조(수뢰, 사전수뢰) ① 공무원 또는 중재인이 그 직무에 관하여 뇌물을 수수, 요구 또는 약속한 때에는 5년 이하의 징역 또는 10년 이하의 자격정지에 처한다.

② 공무원 또는 중재인이 될 자가 그 담당할 직무에 관하여 뇌물을 수수, 요구 또는 약속한 후 공무원 또는 중재인이 된 때에는 3년 이하의 징역 또는 7년 이하의 자격정지에 처한다.

구 경찰공무원법(2005. 3. 31. 법률 제7428호로 개정되고, 2011. 5. 30. 법률 제10743호로 개정되기 전의 것)

제7조(임용자격 및 결격사유) ② 다음 각 호의 1에 해당하는 자는 경찰공무원으로 임용될 수 없다.

1. 대한민국국적을 가지지 아니한 자
2. 금치산자 또는 한정치산자
3. 파산선고를 받은 자로서 복권되지 아니한 자
4. 자격정지 이상의 형의 선고를 받은 자
5. 자격정지 이상의 형의 선고유예를 받고 그 선고유예기간 중에 있는 자
6. 징계에 의하여 파면 또는 해임의 처분을 받은 자

제21조(당연퇴직) 경찰공무원이 제7조 제2항 각 호의 1에 해당하게 된 때에는 당연히 퇴직된다. 다만, 동조 동항 제5호에 해당하게 된 때에는 그러하지 아니하다.

구 군인사법(2005. 3. 31. 법률 제7428호로 개정되고, 2011. 5. 24. 법률 제10703호로 개정되기 전의 것)

제10조(결격사유 등) ② 다음 각 호의 1에 해당하는 자는 장교, 준사관 및 부사관에 임용될 수 없다.

1. 대한민국의 국적을 가지지 아니한 자
2. 금치산자와 한정치산자
3. 파산선고를 받은 자로서 복권되지 아니한 자
4. 금고 이상의 형을 받고 그 집행이 종료되거나 집행을 받지 아니하기로 확정된 후 5년을 경과하지 아니한 자
5. 금고 이상의 형을 받고 집행유예 중에 있거나 그 집행유예기간이 종료된 날로부터 2년을 경과하지 아니한 자
6. 자격정지 이상의 형의 선고유예를 받은 경우에 그 선고유예기간 중에 있는 자
7. 탄핵 또는 징계에 의하여 파면되거나 해임의 처분을 받은 날로부터 5년을 경과하지 아니한 자
8. 법률에 의하여 자격이 정지 또는 상실된 자

제40조(제적) ① 장교, 준사관 및 부사관이 다음 각 호의 1에 해당하는 때에는 제적한다.

4. 제10조 제2항 각 호의 1에 해당하게 된 때. 다만, 동항 제6호에 해당하게 된 때에는 그러하지 아니하다.

**[참고] 국가공무원법상 당연퇴직 규정의 입법취지 및 연혁165)**

(1) 국가공무원법의 당연퇴직 규정은 임용결격사유가 발생한 공무원을 직무로부터 배제함으로써 그 직무수행에 대한 국민의 신뢰 및 공무원직에 대한 신용을 유지하고, 그 직무의 정상적인 운영을 확보하며, 공무원범죄를 사전에 예방하여 공직사회의 질서를 유지하고자 함에 그 목적이 있다(헌재 2002. 8. 29. 2001헌마788등, 판례집 14-2, 219, 225 참조). 이러한 당연퇴직 규정은 국가공무원법이 1963. 6. 1. 법률 제1325호로 제정될 때부터 존재하였으며, 당시에는 '금고 이상의 형의 선고유예를 받은 경우에 그 선고유예 기간 중에 있는 자'를 임용결격사유로 규정하였고(구 국가공무원법 제33조 제1항 제5호), 임용결격사유에 해당하는 경우 국가공무원을 그 직에서 당연퇴직하도록 규정하였다(구 국가공무원법 제69조).

(2) 그런데 헌법재판소가 2002. 8. 29. 2001헌마788등 결정(판례집 14-2, 219)에서 동일한 내용을 규정하고 있던 구 지방공무원법상의 당연퇴직 규정인 '구 지방공무원법 제61조 중 제31조 제5호 부분'에 대하여, 공무원이 저지른 범죄의 종류와 내용을 한정하지 않고 금고 이상의 형의 선고유예를 받은 경우 공무원직에서 당연퇴직하도록 규정한 것은 과잉금지원칙에 반하여 공무담임권을 침해한다는 취지로 위헌결정을 함에 따라, 지방공무원법은 2002. 12. 18. 법률 제6786호로 개정되어 임용결격사유 중 위 제31조 제5호(금고 이상의 형의 선고유예를 받은 경우에 그 선고유예 기간 중에 있는 자)를 당연퇴직사유에서 제외하는 단서 조항을 추가하였다. 마찬가지로 국가공무원법도 2002. 12. 18. 법률 제6788호로 개정되면서 제69조 단서 조항을 추가하여 같은 법 제33조 제5호의 임용결격사유를 당연퇴직사유에서 제외하였다.

이후 헌법재판소는 2003. 10. 30. 2002헌마684등 결정에서 국가공무원법 제69조 단서 조항이 추가되기 이전의 '구 국가공무원법(2002. 12. 18. 법률 제6788호로 개정되기 전의 것) 제69조 중 제33조 제1항 제5호 부분'(이하 '구 국가공무원법 조항'이라 한다)에 대하여 위 2001헌마788등 결정과 동일한 취지의 위헌결정을 하였다.

(3) 이처럼 국가공무원법은 2002. 12. 18. 법률 개정 이후 공무원으로 재직 중 금고 이상의 형의 선고유예를 받은 경우를 당연퇴직사유에서 제외하여 왔으나, 공무원의 금품수수, 접대 및 향응을 통한 각종 이권개입 등의 공직부패를 엄중히 처단할 필요가 있다는 비판이 제기됨에 따라, 2010. 3. 22. 법률 제10148호 개정시 형법 제129조 내지 제132조(수뢰죄) 또는 직무와 관련하여 형법 제355조 및 제356조(배임죄)를 범하여 금고 이상의 형의 선고유예를 받은 경우를 당연퇴직사유에 포함시키게 되었다.

165) 이 사건 결정문 중의 일부를 인용한 것이다. 공202, 991.

## I. 적법요건 : '법률'에 대한 재판의 전제성, 변호사강제주의, 청구기간

※ 청구인은 교육공무원지위확인의 소를 제기하여 그 소송계속중에 위헌법률심판제청을 신청한 것임을 유의할 필요가 있다. 이 경우 재판전제성이 인정된다는 점 및 그 근거에 관하여는, [26. 당연퇴직 사건]의 [생각해 볼 점 (4)]를 참조.

## II. 종전 결정(2002헌마684등 결정)의 기속력 위배 여부

| 청구인은 심판대상조항이 2002헌마684등 결정에서 위헌으로 선언된 내용을 포함하도록 개정됨으로써 위 결정의 기속력에 저촉되는 반복입법이라고 주장한다. 그런데 위헌결정의 기속력에 반하는 반복입법인지 여부는 단지 위헌결정된 법률조항의 내용이 일부라도 내포되어 있는지 여부에 의하여 판단할 것이 아니라, 입법목적이나 입법동기, 입법당시의 시대적 배경 및 관련조항들의 체계 등을 종합하여 **실질적 동일성이 있는지 여부**에 따라 판단하여야 한다(헌재 2010. 12. 28. 2008헌바89, 판례집 22-2, 659, 668 참조). 심판대상조항은 선고유예의 대상이 되는 범죄를 직무관련성을 요건으로 하는 형법 제129조 제1항의 수뢰죄로 그 종류를 한정하고 있는 점, 심판대상조항으로 인하여 당연퇴직사유의 범위가 이전보다 다소 넓어지긴 하였지만 당연퇴직사유가 여전히 임용결격사유보다 한정적으로 규정되어 있다는 점 등을 고려할 때 심판대상조항이 위헌결정된 구 국가공무원법 조항에 대한 단순한 반복입법으로 볼 수 없으므로, 이 부분 주장에 대해서는 더 나아가 살피지 아니한다. |
|---|

**생각해 볼 점 (1) : 종전 위헌결정의 기속력과 반복입법**

위 판시에서 인용한 2008헌바89 결정의 다음 설시를 보면, 반복입법 여부의 판단기준에 관한 위 일반론이 어떻게 귀결되는지가 조금 더 분명해진다.

| 헌재 2010. 12. 28. 2008헌바89의 법정의견 판시 |
|---|
| 반복입법에 해당하지 않는다고 판단하는 이상 입법자인 국회에 대하여도 헌법재판소의 위헌결정의 기속력이 미치는지 여부 및 결정주문 뿐만 아니라 결정이유에까지 기속력을 인정할지 여부 등에 대하여 더 나아가 살펴볼 필요 없이 (…중략…) 반복입법으로서 위 위헌결정의 기속력에 저촉된다는 주장은 이유없다 할 것이다.[166] |

그런데 반복입법의 문제는, 대상조항이 (1) 사실적으로 '반복입법인지의 여부' 문제와 (2) 규범적으로 '(반복입법이라 하더라도) 기속력에 반하지 않아서 허용되는지의 여부' 문제로 나누어 생각해 볼 수 있다. 이상 살펴본 법정의견은 (1)과 (2)의 문제를 합하여 규범적으로 '반복입법

인지의 여부' 문제로 보는 태도라 할 수 있다. 그러나 이는 (2)뿐만 아니라 (1)의 문제부터도 규범적으로 접근하게 된다는 점에서, 판단과정이 중복되는 면이 있다고 본다. 뿐만 아니라 아래 별개의견이 지적하는 바와 같이, 자구까지 모두 동일한 후속입법이 나온 경우에도 '반복입법 자체가 없는' 것으로 볼 수 있다는 것은 이해하기 어렵다.

私見으로는, (1)의 문제는 사실적으로, (2)의 문제는 규범적으로 각각 판단하는 것이 보다 명료한 사고방식이라고 본다. 그런 점에서, 아래 설시와 같은 김종대 재판관의 견해가 보다 타당하다고 생각한다.

| 헌재 2010. 12. 28. 2008헌바89에서 김종대 재판관의 별개의견 |
|---|
| (2) 기속력<br>(가) 의미와 근거<br>기속력이란 모든 국가기관은 헌법재판소가 한 위헌결정에 속박되어 그 결정에 저촉되는 행동을 할 수 없다는 효력으로서, 헌법재판소법 제47조 제1항과 제75조 제1항의 규정뿐만 아니라, 헌법재판소에게 최종적인 헌법해석권을 부여하고, 모든 국가기관에게 헌법준수의무를 부과한 헌법의 취지에 따라 인정되는 헌법적 차원의 효력이다.<br>(나) 기속력의 객관적 범위<br>위헌결정의 어느 범위까지 기속력이 인정되는지가 문제된다. 기속력이 주문에만 인정된다고 한다면, '어떠한 법률이 헌법에 위반된다.'라는 주문의 위헌결정에 따라 심판대상이 된 법률이 헌법재판소법 제47조 제2항 본문에 의하여 효력을 상실하게 되므로, 굳이 기속력을 문제 삼지 않더라도 그 후의 사건에서 그 법률조항이 유효하다고 주장될 여지는 없어 결국 기속력은 별다른 의미가 없게 되므로, 헌법적 근거를 갖는 기속력을 공동화시키게 되는 이 입장은 따를 수 없다. 그렇다고 하여 방론을 포함한 위헌결정의 이유 기재 전체에 기속력을 인정해야 한다는 견해에 선다면, 헌법재판소가 위헌 여부를 판단하기 위하여 행하게 되는 사실관계 판단, 법률 판단, 정책적 판단은 헌법해석의 전제일 뿐, 헌법해석권에 따른 해석내용이 아님에도 다른 모든 국가기관에게 그 판단 부분까지도 따를 것을 요구하는 셈이 되므로, 이 견해 또한 그 헌법적 정당성을 인정하기 어렵다.<br>이러한 사정을 두루 살필 때, <u>위헌결정의 이유 중</u> 헌법재판소가 헌법으로부터 부여받은 권한인 헌법해석권에 기해서 한 판시 부분 즉, <u>'헌법을 구체적 사안에 적용시켜 해석한 부분'의 한도에서 기속력이 발생한다</u>고 하는 것이 가장 적절하다 할 것이다.<br>(다) 기속력이 미치는 대상의 범위와 입법부에 대한 예외적인 기속력 배제 사유<br><u>헌법에 의하여 부여받은 헌법해석권에 기하여 헌법재판소가 해석한 헌법의 구체화 내용은 헌법준수의무를 지는 모든 국가기관과 지방자치단체가 준수하여야 하므로 국회라고 해서 기속력이 미치는 대상 범위에서 제외할 수는 없다. 그러나 구체적 사건성과 관련하지 않고서는 견해를 변경할 수 없는 헌법재판소의 판단에 영구적인 효력을 부여한다면 급속도로 이루어지는 현대사회의 사회적 요구나 질서의 변화에 적절히 대응하지 못한다는 문제</u>도 생긴다.<br>따라서 국회가 기속력의 규제를 받는 범위에 속한다는 것은 원칙적으로 인정하되, |

다만 국회가 광범위한 입법형성권에 기하여 사회적 요구나 질서의 변화에 적절한 대응을 할 수 있고, 주권자의 견해 변경을 민감하게 파악할 수 있는 기관이라는 지위를 갖는다는 점을 감안하여, 종전의 위헌결정에서 위헌판단을 하게 된 기초가 된 사실관계나 견해의 근본적인 변화에 기인하는 특별한 정당화 사유가 있는 경우에는 국회가 종전의 위헌결정의 범위에 속하는 새로운 입법을 하더라도 예외적으로 이에는 기속력이 미치지 아니한다고 봄이 타당하다(이른바 제한적 기속설).

(3) 이 사건 기부금지 조항들의 내용이 기속력의 범위에 속하는지 여부 (…중략…)

(나) 반복입법에 해당하는지 여부의 판단방법

모든 국가기관에 헌법재판소 위헌결정의 기속력이 미치므로 국회 역시 종전 위헌결정 중 기속력이 인정되는 판시와 동일하거나 유사한 내용의 재입법(이하 '반복입법'이라고 한다)을 해서는 안된다.

다수의견은 반복입법에 해당하는지 여부를 판단함에 있어 입법목적이나 입법동기, 입법당시의 시대적 배경 및 관련조항들의 체계를 종합하여 판단하여야 한다고 하면서 이 사건 기부금지 조항들은 노동단체에 대한 차별적 규제의 의도가 전혀 없으므로 헌법재판소 1999. 11. 25. 95헌마154 결정에서 위헌선언한 구 '정치자금에 관한 법률' 제12조 제5호의 반복입법에 해당하지 아니한다고 판단하였다.

그러나 다음과 같은 이유로 다수의견이 제시하는 기준으로 반복입법인지 여부를 판단하는 것은 옳지 않다고 본다. 첫째 다수의견이 제시한 입법동기 등은 법률을 해석함에 있어 근거로 삼을 수 있는 여러 가지 자료 중의 하나일 뿐이므로 이를 유일한 기준으로 법률조항의 동일성 여부를 판단하는 것은 적절하지 아니하다. 다수의견이 제시한 기준에 의하면 종래 위헌결정을 받은 법률조항과 완전히 동일한 문구의 법률조항이더라도 그 입법배경이나 동기가 다르면 반복입법이 아니라는 것인데, 객관적 내용이 완전히 동일한 법률조항을 동일하지 않다고 하는 것은 설득력이 떨어지기 때문이다. 둘째 입법자가 제시한 입법목적이나 동기가 무엇이냐에 따라 기속력을 인정할지 말지가 결정된다면 기속력은 애초 그 발생 여부가 부동적일 수밖에 없으므로 결국 기속력을 부인하는 것과 다를 바 없게 된다. 셋째 헌법재판소가 법률조항에 대한 위헌결정을 할 때 입법동기 등이 판시내용에 포함되지 않을 수 있음에도 입법동기 등이 다르다고 반복입법이 아니라고 한다면 위헌결정에 나타나지도 않은 임의의 내용을 근거로 기속력의 범위를 제한하게 될 수도 있게 되어 불합리하다. 넷째 다수의견이 반복입법 해당 여부를 가리기 위한 판단기준으로 제시한 입법목적이나 동기, 입법의 시대적 배경 및 관련조항의 체계라는 기준 중 몇 가지 기준이 어느 정도로 차이가 있을 때에 반복입법이 아닌 것인지에 관하여 아무런 명확한 기준을 제시할 수 없다.

**따라서 반복입법에 해당하는지 여부의 판단은 위헌결정의 문언에 따라 객관적으로 판정할 수 있는 판정방법에 의하여야 할 것이고, 그 방법은 새로운 입법의 내용이 위헌결정 중 기속력이 인정되는 객관적 범위에 속하는지 여부 즉, 새로운 입법이 규율하는 영역과 내용이 종전의 위헌결정의 판시**

> 와 중첩되는지 여부에 의하여 결정하여야 할 것이다. (...중략...)
>
> (4) 이 사건 기부금지 조항들이 기속력에 저촉되는 입법인지 여부
>
> (가) 예외적인 기속력 배제 사유 존부의 판단방법
>
> 앞서 본 바와 같이 이 사건 기부금지 조항들의 입법은 반복입법에 해당하므로 일응 기속력에 저촉된다고 할 것이다. 다만, 반복입법의 특별한 정당화 사유가 인정되는 경우에는 예외적으로 기속력이 배제되므로 이 사안이 과연 그와 같은 경우에 해당되는지 여부를 살펴보아야 하는데, 이와 같은 사유의 존부를 판정하는 기준은 <u>종전의 위헌결정의 정당성이 의심될 만큼 헌법현실이 변화하였거나 법적 확신이 변천하였는지 여부</u>가 될 것이고, 그 정도는 헌법재판소가 그러한 사유의 존재를 인정할 수 있을 정도에 이르러야 할 것이다.

## III. 공무담임권 침해 여부 : 과잉금지원칙 위배 여부[167)]

> (1) 입법목적의 정당성 및 방법의 적절성
>
> 심판대상조항은 직무와 관련하여 금품을 수수하여 금고 이상의 형의 선고유예를 받은 공무원을 공직으로부터 배제시켜 공무원의 직무수행에 대한 국민의 신뢰 및 공무원직에 대한 신용 등을 유지하고, 그 직무의 정상적인 운영을 확보하며, 공무원범죄를 사전에 예방하고, 공직사회의 질서를 유지하고자 하는 취지로 입법목적이 정당하며, 형법 제129조 제1항의 수뢰죄를 범하여 금고 이상 형의 선고유예를 받은 국가공무원을 당연퇴직하도록 하는 것은 적절한 수단에 해당한다.
>
> (2) 침해의 최소성
>
> 선고유예의 판결은 1년 이하의 징역이나 금고, 자격정지 또는 벌금형을 선고할 경우에 개전의 정상이 현저할 것을 요건으로 하여 법원이 재량으로 특별히 가벼운 제재를 하는 때에 이루어진다. 따라서 선고유예를 받은 경우에 대해 사회적 비난가능성이 크거나 직무수행에 대한 국민의 신뢰 등에 미치는 부정적인 영향이 크다고 일률적으로 단정하기는 어렵다.
>
> 그러나 범죄의 경미성을 고려하여 선고유예를 받은 경우 당연히 공직이 유지되어야 한다고는 볼 수 없으며, 입법자는 공직 수행에 대한 국민의 신뢰나 공무원 지위의 공공성·청렴성

166) 헌재 2010. 12. 28. 2008헌바89, 판례집 22-2하, 659, 669.

167) 시험을 출제하는 입장에서는, 가령 과잉금지원칙에 40점을 배점하는 경우에, 그 하위 4원칙에 각 10점씩을 할당하기에는 배점이 너무 크다. 이런 경우에는, '과잉금지원칙의 일반론'에 별도의 배점을 할당하는 경우도 있을 수 있다. 수험생으로서는 이러한 점을 감안하여, 일반론을 쓸지 말지의 여부를 판단해 볼 필요도 있다.

을 해치는 정도, 공무원범죄에 대한 사회적 인식, 공무원에게 필요하다고 판단되는 준법의식 내지 윤리성의 정도 등 제반사정을 고려하여 당연퇴직사유를 정할 수 있다.

심판대상조항이 공무원의 당연퇴직사유로 규정하고 있는 형법 제129조 제1항의 수뢰죄는 직무의 불가매수성과 공정성, 그리고 이에 대한 사회적 신뢰를 보호법익으로 하고, 공무원은 국가정책을 결정하고 시행하는 공무를 담당한다는 점에서 그 직무수행에 대한 일반국민의 신뢰가 매우 절실하다. 직무의 불가매수성과 염결성은 수수액의 다과에 관계없이 낮은 액수의 금품을 수수하더라도 치명적으로 손상될 수밖에 없고, 수뢰죄는 직무의 공정성을 해칠 뿐만 아니라 공무원의 직무수행에 대한 국민의 불신을 초래한다는 점에서 일반 형법상 범죄와 달리 엄격하게 취급할 필요가 인정된다. 그 범죄의 심각성 및 중대성으로 인하여 법정형에 벌금형이 선택형으로 규정되어 있지 않다는 점도 이를 뒷받침한다.

이처럼 수뢰죄는 국민전체에 대한 봉사자로서의 본분을 저버리고 성실의무(국가공무원법 제56조), 청렴의무(같은 법 제61조) 등 윤리적 의무와 책임을 저버려 공무원 직무의 불가매수성과 염결성을 해쳤다고 평가되므로 그 죄질과 책임이 결코 가볍다고 할 수 없다.

그리고 자격정지형의 선고유예를 받은 경우에는 당연퇴직하지 않을 수 있으므로 지극히 경미한 불법이나 죄질로 평가될 경우에 공무원이 구제될 수 있는 길은 여전히 열려 있다.

따라서 입법자가 형법 제129조 제1항의 수뢰죄를 당연퇴직사유에 포함시키도록 규정하는 것에는 합리적 이유가 인정되며, 심판대상조항은 직무와 관련된 범죄로 한정되어 있으므로 달리 덜 침해적인 방법이 있다고 보기 어렵다.

이와 같은 점들을 종합하면, 형법 제129조 제1항의 수뢰죄로 금고 이상의 선고유예를 받은 경우를 당연퇴직사유로 규정하고 있는 심판대상조항이 침해최소성의 원칙에 반한다고 할 수 없다.

(3) 법익의 균형성

수뢰죄에 대한 금고 이상의 형의 선고유예 판결이 지니는 사회적, 윤리적 비난가능성의 정도를 고려해 볼 때, 수뢰죄를 범한 이들을 공직에서 배제함으로써 직무의 불가매수성, 공정성 및 이에 대한 국민의 신뢰를 확보하고자 하는 공익은 당연퇴직으로 인하여 공무원 개인이 입게 되는 불이익보다 훨씬 크다. 따라서 심판대상조항은 법익균형성의 원칙에도 반하지 아니한다.

(4) 그러므로, 심판대상조항은 과잉금지원칙에 반하여 청구인의 공무담임권을 침해하지 않는다.

- 본질침해금지 원칙 위배여부에 관하여 이 사건에서는 별도로 판시하지 않았으나, 문제될 수 있다.

## V. 평등권 침해 여부

### 1. 차별의 존부

- '국가공무원' 과 '경찰공무원 또는 군인' 간에 '같은 것을 다르게 취급하는' 차별이 있다고 보면, 차별의 존재를 인정할 수 있다.

### 2. 정당화

- 심사기준 : 완화된 심사[168)]

| 공무원의 임용결격사유나 당연퇴직사유를 정함에 있어 입법자에게 해당 공직 업무의 내용과 성격, 조직의 특성 등을 두루 참작하여 정할 수 있는 입법형성의 재량이 부여되어 있으므로, 심판대상조항의 평등원칙 위반 여부는 차별취급을 정당화하는 합리적인 이유가 있는지 여부를 판단함이 상당하다.[169)]<br>국가공무원은 각급 기관에서 근무하는 모든 공무원을 망라하는 개념으로 경력직공무원과 특수경력직공무원으로 구분되고, 경력직공무원은 다시 일반직·특정직·기능직공무원으로,특수경력직공무원은정무직·별정직·계약직공무원으로 구분된다(국가공무원법 제1조, 제2조 제2항). 경찰공무원과 군인은 경력직공무원 중 특정직공무원으로서, 경찰공무원은 국민의 생명·신체 및 재산의 보호와 범죄의 예방·진압 및 수사, 경비·요인경호 및 대간첩작전수행, 치안정보의 수집·작성 및 배포, 교통의 단속과 위해의 방지 그 밖의 공공의 안녕과 질서유지를 주된 임무로 한다(경찰법 제3조). 군인은 전시와 평시를 막론하고 군에 복무하면서 국가의 자유와 독립을 보전하고, 국토를 방위하며, 국민의 생명과 재산을 보호하고 국제평화의 유지에 이바지함을 그 사명으로 한다(국군조직법 제4조 제1항, 군인복무규율 제4조 제2호). 이와 같이 일반 국가공무원과 경찰공무원, 군인은 모두 공무원이라는 점에서 유사한 측면이 존재한다고 하더라도, 법률에 의하여 부여된 고유의 업무가 있으며 그에 따른 업무수행의 성격이 상이하고 그 신분이나 임용자격도 다르다(헌재 2010. 9. 30. 2009헌바122, 판례집 22-2상, 678, 686- 687 참조).<br>임용결격사유를 살펴보면, 경찰공무원의 경우 대한민국의 국적을 가지지 아니한 사람, 자격정지 이상의 형을 선고받은 사람, 자격정지 이상의 형의 선고유예를 받고 그 유예기간 중에 있는 사람, 징계에 의하여 파면 또는 해임처분을 받은 사람 등은 경찰공무원에 임용될 수 없어(경찰공무원법 제7조 제2항) 일반 국가공무원에 비하여 그 요건이 강화되어 있다. 군인의 경우에도 대한민국의 국적을 가지지 아니한 사람, 자격정지 이상의 형의 선고유예를 받은 경우와 그 선고유예 기간 중에 있는 사람, 법률에 의하여 자격이 정지 또는 상실된 사람 등을 임용결격사유로 규정하여 경찰공무원법과 마찬가지로 국가공무원법의 임용결격사유보다 강화하는가 하면, 금고 |
|---|

168) 다만 기본권의 '중대한' 침해가 있는 경우에 엄격심사를 해야 한다는 관점에서 볼 때, 당연퇴직은 공직의 '박탈'을 의미하므로 중대한 침해라고 볼 수 있으므로, 엄격심사를 해야 한다고 볼 여지도 충분히 있다.

이상의 형을 선고받고 그 집행이 종료되거나 집행을 받지 아니하기로 확정된 후 5년이 경과하지 아니한 사람, 금고 이상의 형의 집행유예를 선고받고 그 유예기간 중에 있거나 유예기간이 종료된 날부터 2년이 경과하지 아니한 사람, 징계로 파면이나 해임처분을 받은 때로부터 일정한 기간이 지나지 아니한 사람 등을 임용결격사유로 규정하여 국가공무원법과 동일한 점도 있다(군인사법 제10조 제2항).

당연퇴직사유의 경우 경찰공무원이나 군인은 임용결격사유가 발생하면 당연퇴직하거나 제적되지만 자격정지 이상의 형의 선고유예를 받은 경우는 예외가 되는 반면(경찰공무원법 제21조, 군인사법 제40조 제1항 제4호), 일반 국가공무원은 임용결격사유 중 금고 이상의 형의 선고유예를 받은 경우에 한하여 당연퇴직의 예외에 해당하되, 그 중에서도 형법상의 뇌물죄, 직무와 관련한 횡령·배임죄를 범하여 금고 이상의 형의 선고유예를 받은 경우는 당연퇴직하도록 되어 있다(국가공무원법 제69조). 이와 같이 당연퇴직사유를 달리 규정하는 것은 앞서 본 바와 같이 국가공무원과 경찰공무원, 군인 간에 존재하는 조직의 구성, 업무의 성격, 계급체계 및 인사운영체계, 복무규율 등의 차이를 반영한 것이라 할 수 있고, 입법자는 각 공무원의 업무와 조직의 특수성에 비추어 임용결격사유를 달리 규정하듯이 당연퇴직사유도 다르게 규정할 수 있는 것이다. 따라서 비교대상이 되는 집단에 대한 규율내용을 전반적으로 살피지 않고 단순히 당연퇴직의 예외사유 중 일부분이 서로 같지 않다는 이유로 합리적 이유 없는 차별이라고 볼 수는 없다.

나아가 경찰공무원법이나 군인사법이 임용결격사유를 국가공무원법보다 강화해 놓고 당연퇴직사유는 오히려 일부 완화한 점이 있다 하더라도 이는 경찰공무원법이나 군인사법 자체가 체계 정합성을 갖추었는지의 문제일 뿐이며, 이것 때문에 심판대상조항이 불합리하게 일반 국가공무원에 대한 당연퇴직사유를 강화하는 것이라고 볼 수는 없다.

심판대상조항은 형법상 수뢰죄를 범한 공무원을 직무로부터 배제함으로써 그 직무수행에 대한 국민의 신뢰를 유지하기 위한 것으로서 이와 같은 제한이 필요함은 앞에서 본 바와 같고, 입법자가 공무원의 업무와 조직의 특수성을 고려하여 심판대상조항과 같은 당연퇴직사유를 규정한 것을 두고 합리적 이유 없이 일반 국가공무원을 차별한다고 보기 어려우므로 심판대상조항은 평등원칙에 위반되지 아니한다.

## V. 적법절차원칙 위반 여부

범죄행위로 인하여 형사처벌을 받은 공무원에 대하여 신분상 불이익처분을 하는 법률을 제정함에 있어, 형사처벌을 받은 사실 그 자체를 이유로 일정한 신분상 불이익처분이 내려지도록 법률에 규정하는 방법과 별도의 징계절차를 거쳐 신분상 불이익처분을 하는 방법 중 어느 방법을 선택할 것인가는 원칙적으로 입법자의 재량에 속하는 것으로서, 그 중 어느 방법만이 헌법에 합

169) 입법재량의 광폭이 심사 기준을 결정한다? 심사기준의 언격성이 입법재량의 광폭을 결정한다?

치하고 다른 방법은 헌법에 위반된다고 단정할 수는 없다. 다만 형사처벌을 받은 사실 그 자체만으로 별도의 징계절차를 거치지 아니하고 신분상 불이익처분을 하는 경우에는 형사처벌에 따라 공무원에 대하여 부과되는 신분상 불이익과 그로 인하여 보호하려고 하는 공익이 합리적 균형을 이루어야 한다는 헌법적 제약이 따른다고 할 것이다(헌재 2003. 12. 18. 2003헌마409, 판례집 15-2하, 664, 668 참조).

공무원에 대한 징계절차는 의무위반의 귀책사유와 징계의 정도 내지 처분의 선택에 중점이 주어지는 점에서 청문절차가 중요한 의미를 갖는다고 할 수 있지만, 당연퇴직은 일정한 사항이 법정 당연퇴직사유에 해당하는지 여부만이 문제될 뿐이므로, 당연퇴직의 성질상 그 절차에서 당사자의 진술권이 반드시 절차적 권리로 보장되어야 하는 것도 아니라고 할 것이다(헌재 1998. 4. 30. 96헌마7, 판례집 10-1, 465, 478).

따라서 심판대상조항이 앞에서 본 바와 같이 청구인의 공무담임권 등을 침해하지 아니하는 이상, 국가공무원법이 국가공무원에 대하여 당연퇴직사유를 설정한 것이 적법절차원칙에 위반된다고 할 수 없다.

## VI. 결론

국가공무원법(2010. 3. 22. 법률 제10148호로 개정된 것) 제69조 단서 중 '형법 제129조 제1항'에 관한 부분은 헌법에 위반되지 아니한다.

# 25. 이광재 사건

**지방자치법 제111조 제1항 제3호 위헌확인**
**헌재 2010. 9. 2. 2010헌마418, 판례집 22-2상, 526**

(1) 청구인은 2010. 6. 2. 실시된 제5회 전국동시지방선거에서 강원도지사에 당선되어 2010. 7. 1. 강원도지사에 취임하였다.

(2) 청구인은 위와 같이 강원도지사에 당선되기 이전인 2009. 9. 23. 정치자금법 위반죄로 서울중앙지방법원으로부터 징역 8월에 집행유예 2년의 형을 선고받았고[사건번호 2009고합254·394(병합)], 강원도지사에 당선된 이후인 2010. 6. 11. 위 형사사건에 관한 항소심인 서울고등법원에서 징역 6월에 집행유예 1년의 형을 선고받았으며(사건번호 2009노2642), 청구인이 2010. 6. 14. 대법원에 상고하여 현재 위 사건은 상고심에 계속되어 있다(사건번호 2010도7947).

(3) 현행 지방자치법 제111조 제1항 제3호는 지방자치단체의 장이 금고 이상의 형을 선고받고 그 형이 확정되지 않은 경우 부단체장이 그 권한을 대행하도록 규정하고 있는바, 이에 따라 청구인은 2010. 7. 1. 강원도지사에 취임한 직후부터 직무에서 배제되어 도지사직을 수행하지 못하고 있다.

(4) 청구인은 2010. 7. 6. 위 지방자치법 제111조 제1항 제3호가 무죄추정의 원칙에 위배될 뿐만 아니라 청구인에게 헌법상 보장된 공무담임권 및 평등권을 침해하여 헌법에 위반된다는 이유로, 이 사건 헌법소원심판을 청구하였다.

**[심판대상조항]**

지방자치법(2007. 5. 11. 법률 제8423호로 전부 개정된 것) 제111조(지방자치단체의 장의 권한대행 등) ① 지방자치단체의 장이 다음 각 호의 어느 하나에 해당되면 부지사 · 부시장 · 부군수 · 부구청장(이하 이 조에서 "부단체장"이라 한다)이 그 권한을 대행한다.

3. 금고 이상의 형을 선고받고 그 형이 확정되지 아니한 경우

# I. 심판청구의 적법 여부

## 1. 기본권주체성

- 공무원인 청구인이 헌법소원심판을 청구할 수 있는가?

| 헌재 2009. 3. 28. 2007헌마843 [하남시장 주민소환 사건] |
|---|
| 국가 및 그 기관 또는 조직의 일부나 공법인은 원칙적으로는 기본권의 '수범자'로서 기본권의 주체가 되지 못하고, 다만 국민의 기본권을 보호 내지 실현하여야 할 책임과 의무를 지니는 데 그칠 뿐이므로(헌재 1994. 12. 29. 93헌마120, 판례집 6-2, 477, 480 참조), 공직자가 국가기관의 지위에서 순수한 직무상의 권한행사와 관련하여 기본권침해를 주장하는 경우에는 기본권의 주체성을 인정하기 어렵다 할 것이나, 그 외의 사적인 영역에 있어서는 기본권의 주체가 될 수 있는 것이다.<br>청구인은 선출직공무원인 하남시장으로서 이 사건 법률조항으로 인하여 공무담임권 등이 침해된다고 주장하여, 순수하게 직무상의 권한행사와 관련된 것이라기보다는 공직의 상실이라는 개인적인 불이익과 연관된 공무담임권을 다투고 있으므로, 이 사건에서 청구인에게는 기본권의 주체성이 인정된다 할 것이다(헌재 1995. 3. 23. 95헌마53, 판례집 7-1, 463, 471-472 ; 헌재 1999. 5. 27. 98헌마214, 판례집 11-1, 675, 696 ; 헌재 2005. 5. 26. 2002헌마699등, 판례집 17-1, 734, 743-744 참조). |

**생각해 볼 점 (1) : '특별권력관계'와 '법치주의'**

군인·공무원관계·수형자관계·영조물이용관계 등을 '특별권력관계'라는 범주로 묶어서 관념지었다. 그 핵심은, 특별권력관계는 ① 법규의 규범력창조, ② 법률의 우위, ③ 법률유보를 개념요소로 하는 고전적(형식적) 법치주의원칙에 대한 예외이기 때문에, 특별권력관계에서는 수범자의 기본권을 제한하는 데 반드시 '법률상의' 근거가 있지 않더라도, 이를테면 '대통령령', '부령', '예규' 등의 근거만 있어도 적법하다는 것이었다. 이러한 '특별권력관계' 이론은 19세기 후반 독일 통일초기의 입헌군주제를 배경으로 하여 등장하였고, 제2차 세계대전이 종식되기 전까지 독일 및 일본의 공법학에서 지지를 받았다. 우리나라의 경우도 일제강점기 및 권위주의 통치를 거치면서 과거 이 이론의 영향이 없지 않았다. 그러나 근래에는 '특별권력관계'라고 하여 법치주의의 '예외'로 보는 경우는 없고(따라서 특별권력관계에 속하는 사람에 대한 기본권제한에 있어서도 법률상의 근거는 필요하다고 본다), 다만 일반국민과 다른 종류의 특별한 형태의 기본권제한이 가능하다고 보는 것이 일반적이다(예컨대 군인의 영내복무나 위수지제한 등).

이상의 점을 (특히 군인에 관하여) 설명해주는 헌재의 판시로 다음과 같은 것을 들 수 있다.

| 헌재 2010. 10. 28. 2008헌마638 [불온문서 사건] 중 이강국 재판관의 반대의견 |
|---|
| 가. 현대 법치국가원리와 특별권력관계에서의 기본권제한 |

(1) 고전적인 공법이론에 따르면 군인의 복무관계, 공무원의 근무관계, 수형자의 복역관계, 학생의 재학관계 등 이른바 '특별권력관계'에서는 '일반권력관계'와는 달리 법률에 의한 기본권제한의 원칙이 존중될 필요가 없다고 보았다.
하지만 오늘날 확립된 법치주의 헌법질서에서는 특별권력관계에서도 그러한 특별한 생활질서를 설정하고 유지하기 위한 필요한 범위내에서는 일반국민에 대한 기본권 제한과는 다른 방법과 범위로 기본권을 제한할 수 있는 것이지만, 그러한 경우에도 기본권제한에 관한 법치주의원칙이 그대로 적용되어야 한다는 점에 관하여는 이론(異論)이 없다. 따라서 법률에 의한 기본권제한, 기본권제한에 대한 사법적 통제 등 법치주의의 기본원칙은 이른바 '특별권력관계'에서도 예외 없이 적용되어야 하는 것이다.
(2) 우리 헌법은 국가의 존립과 국민의 안전을 위하여 제5조 제2항, 제74조 제1항·제2항 등에서 군사제도를 창설하고, 제27조 제2항, 제39조 제1항·제2항, 제110조 제1항 내지 제4항 등에서 군인에 대한 특별한 헌법적 지위를 부여하고 있다. 이와 같이 헌법이 직접 승인·설정한 특별권력관계로서의 군대와 복무관계에 있는 군인에 대하여는 특별권력관계를 설정한 목적을 달성하기 위하여 필요한 범위내에서는 일반국민에게 허용되지 아니하는 기본권제한이 가능하다고 할 것이다. 더욱이 남·북한이 군사적으로 첨예하게 대립하고 있는 우리나라의 특수한 안보상황에서는 군인의 기본권은 더욱 크게 제한될 수밖에 없을 것이다. 그러나 그럼에도 불구하고 이른바 '특별권력관계'에 있는 군인의 기본권을 제한하기 위해서는 법률에 의한 기본권제한과 기본권제한에 관한 사법적 통제라고 하는 법치주의의 기본원칙은 그대로 지켜져야 할 것이다.

## 2. 공권력행사성

- 국가기관의 공권력 작용에는 입법권도 당연히 포함된다는 것이 학설과 판례의 태도이다.

## 3. 법적 관련성

| 헌재 1994. 6. 30. 92헌마61 |
|---|
| 헌법재판소법 제68조 제1항에 의하면 헌법소원심판은 '공권력의 행사 또는 불행사로 인하여 기본권을 침해받은 자'가 청구하여야 한다. 이 때 '공권력의 행사 또는 불행사로 인하여 기본권의 침해를 받은 자'라 함은 공권력의 행사 또는 불행사로 인하여 자기의 기본권이 현재 그리고 직접적으로 침해받은 경우를 의미하므로, 원칙적으로 공권력의 행사 또는 불행사의 직접적인 상대방만이 이에 해당한다고 할 것이고, 공권력의 작용에 단순히 간접적, 사실적 또는 경제적인 이해관계에 있을 뿐인 제3자는 이에 해당하지 않는다. |

### 가. 자기관련성

| 헌재 2000. 6. 29. 99헌마289 |
|---|
| 기본권침해의 자기관련성이란 심판대상규정에 의하여 청구인들의 기본권이 '침해될 가능성'이 있는가에 관한 것이므로, 청구인들의 기본권이 침해될 가능성이 존재하는 한, 청구인들의 기본권침해의 자기관련성은 인정된다. |

- 이 사건에서 청구인은 이 사건 법률조항의 적용대상자이므로, 자기관련성이 인정된다.

### 나. 현재성

| 헌재 1992. 10. 1. 92헌마68등 |
|---|
| 청구인은 공권력 작용과 현재 관련이 있어야 하며, 장래 어느 때인가 관련될 수 있을 것이라는 것만으로는 헌법소원을 제기하기에 족하지 않다. 다만 기본권침해가 장래에 발생하더라도 그 침해가 틀림없을 것으로 현재 확실히 예측된다면 기본권구제의 실효성을 위하여 침해의 현재성을 인정한다. |

- 이 사건에서, 청구인은 이 사건 법률조항으로 인하여 '현재' 기본권을 제한받고 있으므로 현재성은 충족된다.

### 다. 직접성

| 헌재 1992. 11. 12. 91헌마192 |
|---|
| 법령 또는 법령조항 자체가 헌법소원의 대상이 될 수 있으려면, 청구인의 기본권이 구체적인 집행행위를 기다리지 아니하고, 그 법령 또는 법령조항에 의하여 직접 침해받아야 한다. 여기서 말하는 기본권침해의 직접성이란 집행행위에 의하지 아니하고, 법령 그 자체에 의하여 자유의 제한, 의무의 부과, 법적 지위의 박탈이 발생하는 경우를 말하므로, 당해 법령에 근거한 구체적인 집행행위를 통하여 비로소 기본권침해의 법률효과가 발생하는 경우에는 직접성의 요건이 결여된다. |

- 청구인은 이 사건 법률조항으로 인하여 바로, 공직으로부터 배제되는 불이익을 입게 되었다 할 것이므로, 직접성이 인정된다.
- 법원의 판결로 인하여, 불이익을 입게 되었다. 즉 '법원의 판결'이라는 집행행위를 매개

로 하여 청구인의 불이익이 발생한다고 볼 수 있으나, 법원의 판결은 이 사건 법률조항의 집행행위라 할 수 없다 할 것이므로, 이 사건 법률조항의 집행행위로 인하여 불이익을 입게 된다고 할 수 없다.

### 라. 소결 : 법적 관련성이 인정된다.

## 4. 보충성

| 헌재 1989. 3. 17. 88헌마1 |
|---|
| 공권력 행사의 일종이라고 할 입법 즉 법률 자체에 의한 기본권침해가 문제가 될 때에는 일반법원에 법령자체의 효력을 직접 다투는 것을 소송물로 하여 제소하는 길은 없어, 구제절차가 있는 경우가 아니므로, 헌법재판소법 제68조 제1항 단서 소정의 구제절차를 모두 거친 후에 헌법소원을 내야하는 제약이 따르지 않는 이른바 보충성의 예외적인 경우라고 볼 것이다. |

## 5. 청구기간

| 헌재 2000. 6. 1. 98헌마216 |
|---|
| 법령에 대한 헌법소원의 청구기간은 그 법률의 시행과 동시에 기본권의 침해를 받게 되는 경우에는 그 법률이 시행된 사실을 안 날로부터 90일 이내에, 법률이 시행된 날로부터 1년 이내에 헌법소원을 청구하여야 하고, 법률이 시행된 뒤에 비로소 그 법률에 해당되는 사유가 발생하여 기본권의 침해를 받게 되는 경우에는 그 사유가 발생하였음을 안 날로부터 90일 이내에, 그 사유가 발생한 날로부터 1년 이내에 헌법소원을 청구하여야 한다. |

- 이 사건의 경우, 강원도지사에 당선되기 이전인 2009. 9. 23. 서울중앙지방법원으로부터 징역 8월에 집행유예 2년의 형을 선고받았고, 이로 인하여, 2010. 7. 1. 강원도지사에 취임한 직후부터 직무에서 배제되어 도지사직을 수행하지 못하고 있다. 그렇다면, 이 때, 즉 2010. 7. 1.이 '기본권의 침해 사유가 발생한 날'이라 할 것이고, 그로부터 따져 90일이 지나지 아니한[170] 2010. 7. 6. 제기된 이 사건 헌법소원 심판은 청구기간

170) '기본권의 침해 사유가 발생한 날' 바로 기본권 침해 사유를 알았다 하더라도, 90일이 지나지 아니하였다는 점을 밝힘. '있은 날' 또는 '안 날' 중에 하나라도 도과하면 부적법하다. 청구인에게 불리한 내용이므로 주의가 필요하다.

을 준수하였다.

## 6. 권리보호이익

| 헌재 2001. 9. 27. 2001헌마152 |
|---|
| 권리보호이익 내지 소의 이익은, 국가적·공익적 입장에서는 무익한 소송제도의 이용을 통제하는 원리이고, 당사자의 입장에서는 소송제도를 이용할 정당한 이익 또는 필요성을 말하는 것으로, '이익 없으면 소 없다'라는 법언이 지적하듯이 소송제도에 필연적으로 내재하는 요청이다. |

- 이 사건의 경우, 헌재가 이 사건 법률조항에 대하여 위헌결정을 하면, 이 사건 법률조항은 위헌결정이 있은 날로부터 효력을 상실하게 될 것이므로, 청구인의 기본권이 회복된다. 권리보호이익이 인정된다.

## 7. 변호사강제주의 : 준수되었다.

## 8. 소결 : 적법하다.

**생각해 볼 점 (1) : 청구인이 형사재판절차에서 위헌법률심판제청을 신청한 경우**

청구인이 정치자금법 위반죄에 관한 형사재판 계속중 법원에 위헌법률심판제청을 신청하는 경우에, 재판전제성이 있을까?

이 사건 법률조항의 위헌여부가 청구인의 정치자금법 위반에 따른 죄책에, 따라서 형사재판의 '결론(주문)'에 아무런 영향을 주지는 못한다. 그러나, 이 사건 법률조항이 위헌인지의 여부에 따라, 청구인이 형사재판에서 똑같은 '금고 이상의 형'을 선고받는 경우에 그 "법률상 의미"는 달라질 수밖에 없다. 이 사건 법률조항이 합헌인(다시 말해서 위헌이라고 볼 수 없는) 경우라면 청구인의 부도지사가 그의 직무를 대행하게 되는 반면(따라서 청구인에 의한 직무집행은 정지된다), 이 사건 법률조항이 위헌인 경우에는 청구인이 직접 도지사의 직무를 수행할 수 있게 되기 때문이다.

그렇다면, 청구인이 위헌법률심판절차를 선택하는 것이 청구인에게 유리할까? 경우를 나누어 생각해 보아야 할 것이다. 위헌법률심판제청이 이루어지는 경우 법원에서의 재판절차는 헌재의 결정선고시까지 정지된다는 점에서(헌재법 제42조 제1항), 통상적인 형사피고인의 경우 위헌법률심판절차를 선택하는 것이 헌재법 제68조 제2항에 의한 헌법소원심판을 청구하는 것보다 유리할 수 있다. 이는 이 사건의 경우, 다음의 두 가지 경우에 유/불리를 서로 달리하게 된다.

① 이미 前審에서 '금고 이상의 형'이 선고된 이후라면, 위헌법률심판제청을 신청한다 하더

라도 향후의 재판절차가 정지될 뿐, 이 사건 법률조항에 따라 이미 발생한 '부도지사가 직무를 대행한다'는 법률효과는 그대로 남게 되고, 오히려 위헌법률심판절차로 인하여 이 효과가 장기화될 수도 있다. 따라서 다음 심급에서 '금고 이상의 형'보다 가벼운 형이 선고될 가능성이 있다고 여겨지는 경우라면, 위헌법률심판절차를 택하는 것은 무의미할 수 있다.

② 반면, 아직 '금고 이상의 형'이 선고된 바 없다면(다만 차후에 그러한 형이 선고될 염려가 있다면), 위헌법률심판제청을 신청하는 것이 피고인인 청구인에게 유리하다고 할 수 있을 것이다.

## II. 문제되는 기본권

### 1. 공무담임권(헌법 제25조)

- 공무담임권의 보호영역 : 공직취임만을 보호하는가?

| 우리 헌법 제25조는 "모든 국민은 법률이 정하는 바에 의하여 공무담임권을 가진다."고 규정하여 공무담임권을 기본권으로 보장하고 있고, 공무담임권의 보호영역에는 공직취임 기회의 자의적인 배제뿐 아니라 공무원 신분의 부당한 박탈이나 권한(직무)의 부당한 정지도 포함된다(헌재 2005. 5. 26. 2002헌마699등, 판례집 17-1, 734, 743 ; 헌재 2008. 6. 26. 2005헌마1275, 판례집 20-1하, 427, 436 ; 헌재 2010. 3. 25. 2009헌마538, 공보 162, 744, 748 참조). |
|---|

### 2. 평등권(헌법 제11조)

- 자치단체장과 같은 선거직 공무원으로서 그 지위나 권한에 있어서 본질적 차이가 있다고 보기 힘든 국회의원에게는 이 같은 내용의 직무정지제도가 없다는 점에서, 차별 발생.

### 3. 기본권 경합

- 최강효력설(경합하는 기본권들 중 가장 강한 효력을 가진 기본권이 위헌성 판단의 기준으로 된다는 이론), 최약효력설(경합하는 기본권들 중 가장 약한 효력을 가진 기본권이 위헌성 판단의 기준으로 된다는 이론)이 있고, 헌재는 청구인의 의도 및 기본권을 제한하는 입법자의 객관적 동기 등을 참작하여 **사안과 가장 밀접한 관계에 있고, 또**

침해의 정도가 큰 주된 기본권을 중심으로 심사한다는 입장을 판시한 바 있다([16. 상업광고검열 사건]).

- 살피건대, 청구인에게 보장된 여러 기본권들 중 어느 하나라도 '침해'되었다고 평가된다면, 그 공권력 행사는 위헌으로 판단될 것이므로, '제한'된 기본권 전부를 심사하는 것이 타당하다. 헌재도 대부분의 사건에서 이와 같은 입장을 따르고 있다.

## Ⅳ. 공무담임권 침해 여부(헌법 제25조)

### 1. 법률유보원칙(헌법 제37조 제2항, '법률로써')

- 현대 법치국가원리와 특별권력관계에서의 기본권제한

| 헌재 2010. 10. 28. 2008헌마638 [불온문서 사건] |
| --- |
| 고전적인 공법이론에 따르면 군인의 복무관계, 공무원의 근무관계, 수형자의 복역관계, 학생의 재학관계 등 이른바 '특별권력관계'에서는 '일반권력관계'와는 달리 법률에 의한 기본권제한의 원칙이 존중될 필요가 없다고 보았다.<br>하지만 오늘날 확립된 법치주의 헌법질서에서는 특별권력관계에서도 그러한 특별한 생활질서를 설정하고 유지하기 위한 필요한 범위 내에서는 일반국민에 대한 기본권제한과는 다른 방법과 범위로 기본권을 제한할 수 있는 것이지만, 그러한 경우에도 기본권제한에 관한 법치주의원칙이 그대로 적용되어야 한다는 점에 관하여는 이론(異論)이 없다. 따라서 법률에 의한 기본권제한, 기본권제한에 대한 사법적 통제 등 법치주의의 기본원칙은 이른바 '특별권력관계'에서도 예외 없이 적용되어야 하는 것이다. |

- 청구인은 공무원. 국회에서 제정한 지방자치법으로 기본권 제한.

### 2. 무죄추정의 원칙

#### 가. 의의: 헌법 제27조 제4항.

| 무죄추정의 원칙이라 함은, 아직 공소제기가 없는 피의자는 물론 공소가 제기된 피고인이라도 유죄의 확정판결이 있기까지는 원칙적으로 죄가 없는 자에 준하여 취급하여야 하고 불이익을 입혀서는 안되며 가사 그 불이익을 입힌다 하여도 필요한 최소한도에 그쳐야 한다는 원칙을 말한다. |
| --- |

### 나. 무죄추정원칙이 '권리성'을 가지는가?

- 왜 문제되는가? 헌재법 제68조 제1항은 '기본권이 침해된 자'만이 헌법소원심판을 청구할 수 있다고 규정하고 있기 때문이다.

| 헌재 1998. 10. 29. 96헌마186 |
| --- |
| 청구인들은 피청구인의 행위로 헌법 제1조 제2항의 국민주권주의와 헌법 제8조 제1항의 복수정당제도가 훼손되었다고 주장한다. 그러나 공권력의 행사 또는 불행사로 헌법의 기본원리 혹은 헌법상 보장된 제도의 본질이 훼손되었다고 하여 그 점만으로 바로 국민의 기본권이 직접 현실적으로 침해된 것이라고 할 수는 없다(헌재 1995. 2. 23. 90헌마125, 판례집 7-1, 238, 243 참조). 따라서 청구인들 주장과 같은 피청구인의 행위로 국민주권주의라든지 복수정당제도가 훼손될 수 있는지의 여부는 별론으로 하고 그로 인하여 바로 헌법상 보장된 청구인들의 구체적 기본권이 침해당하는 것은 아닐 뿐만 아니라, 국민주권주의, 복수정당제도의 훼손만 주장할 뿐 이로 인한 구체적 기본권의 침해 또는 침해의 가능성을 전혀 주장조차 하지 않고 있는 청구인들은 주장 자체로 이미 청구인적격이 없다. |

- 헌재는 '무죄추정을 받을 권리'라는 말을 사용한 일이 있다.(93헌바26)
- 그러나, 권리성이 인정되지 않는다 하더라도, 무죄추정원칙이 기본권과의 관련성이 있으므로, 권리성이 인정되는지의 여부가 별다른 실익을 가지지는 않는다. 예를 들어, 과잉금지원칙, 포괄위임금지원칙. '권리성'이 있는지의 여부가 실익을 가지는 것은, 권력분립원리 등 기본권과 무관한 경우이다.

### 다. 적용범위

- 형사절차에만 적용되는가?

| 무죄추정의 원칙상 금지되는 '불이익'이란 '범죄사실의 인정 또는 유죄를 전제로 그에 대하여 법률적 · 사실적 측면에서 유형 · 무형의 차별취급을 가하는 유죄인정의 효과로서의 불이익'을 뜻하고, 이는 비단 형사절차 내에서의 불이익뿐만 아니라 **기타 일반 법생활 영역에서의 기본권 제한과 같은 경우에도** 적용된다. |
| --- |

### 라. 이 사건에의 적용

| 이 사건 법률조항은 '금고 이상의 형이 선고되었다.'는 사실 자체에 주민의 신뢰와 직무전념성을 해칠 우려가 있다는 이유로 부정적 의미를 부여한 후 그 유죄판결의 존재를 유일한 전제로 하여 형이 확정되지도 않은 상태에서 해당 자치단체장에 대하여 직무정지라는 불이익한 처 |
| --- |

분을 부과하고 있다. 즉, 유죄의 확정판결이 있기 전이라도 '금고 이상의 형을 선고'받았다면 유죄의 확정판결이 내려질 개연성이 높다는 전제에서 당해 피고인을 죄가 있는 자에 준하여 불이익을 입히고 있는 것이다.

특히 이 사건 법률조항은 오직 '금고 이상의 형을 선고받은 때로부터 금고 이상의 형이 확정될 때까지'에만 적용되는 규정이므로, 형사피고인이라 하여도 유죄의 확정판결이 있기까지는 원칙적으로 죄가 없는 자에 준하여 취급하여야 한다는 무죄추정의 원칙에 반하는 규정이라고 아니할 수 없다.

### 마. 소결론 : 이 사건 법률조항은 무죄추정원칙에 위배된다.

## 3. 과잉금지원칙(헌법 제37조 제2항 '필요한 경우에 한하여')

국민의 기본권을 제한하는 법률은 그 제한의 방법에 있어서도 일정한 원칙의 준수가 요구되는 바, 그것이 과잉금지의 원칙이며 … 과잉금지의 원칙이라는 것은 국가가 국민의 기본권을 제한하는 내용의 입법활동을 함에 있어서, 준수하여야 할 기본원칙 내지 입법활동의 한계를 의미하는 것으로서 국민의 기본권을 제한하려는 입법의 목적이 헌법 및 법률의 체제상 그 정당성이 인정되어야 하고(목적의 정당성), 그 목적의 달성을 위하여 그 방법이 효과적이고 적절하여야 하며(방법의 적절성), 입법권자가 선택한 기본권 제한의 조치가 입법목적달성을 위하여 설사 적절하다 할지라도 보다 완화된 형태나 방법을 모색함으로써 기본권의 제한은 필요한 최소한도에 그치도록 하여야 하며(피해의 최소성), 그 입법에 의하여 보호하려는 공익과 침해되는 사익을 비교형량할 때 보호되는 공익이 더 커야 한다(법익의 균형성)는 헌법상의 원칙이다.(헌재 2000. 6. 1. 99헌마553, 판례집 12-1, 686, 716)

### 가. 목적의 정당성

직무전념성이 우려되는 상황에 처한 자치단체장을 직무에서 배제시킴으로써 주민의 복리와 자치단체행정의 원활한 운영을 도모하고 그로 인해 해이해질 수 있는 공직기강을 확립하여 부정적인 국민의 법감정을 회복시키려는 이 사건 법률조항의 입법목적은 입법자가 추구할 수 있는 정당한 공익이라 할 것이다.

### 나. 방법의 적절성

위 목적을 실현하기 위하여 해당 자치단체장을 형이 확정될 때까지 잠정적으로 그 직무에서 배제시키는 것은 일응 유효·적절한 수단이라고 볼 수 있다.

### 다. 침해의 최소성

국민의 기본권에 대한 제한은 정당한 공익을 실현하기 위한 것이라 하더라도 입법목적을 달성하기 위한 필요최소한의 범위로 한정되어야 한다. 즉, 입법목적을 이루기 위하여 이 사건 법률조항에 따른 직무정지라는 수단을 택할 수밖에 없었다 하더라도, 입법자는 선택할 수 있는 여러 수단 중에서 국민의 기본권을 가장 덜 제한하는 수단을 채택하여야 한다.

자치단체장의 직무전념성을 확보하면서도 공무담임권을 최소한으로 제한하기 위하여는, 금고 이상의 형을 선고받은 사실 자체로써 선거직 공무원인 자치단체장 직무의 원활한 운영을 저해하여 직무정지의 필요성이 인정되는 성격의 범죄 유형이나 내용 등으로 그 적용대상을 한정하거나, 지역주민의 대표로 구성된 지방의회 등으로 하여금 금고 이상의 형을 선고받은 자치단체장의 소명기회를 거쳐 위와 같은 내용의 직무정지의 필요성을 심사한 후 직무정지 여부를 결정하도록 하는 등 그 요건을 엄격히 정비하여, 기본권 침해를 최소화하였어야 할 것이다.

### 라. 법익의 균형성

금고 이상의 형이 선고된 자치단체장은 단지 그 이유만으로 형의 확정이라는 불확정한 기한까지 직무를 정지당함은 물론, 주민들에게 유죄가 확정된 범죄자라는 선입견까지 주게 된다. 더욱이 장차 상급심에서 무죄 또는 금고 미만의 형이 선고되더라도 이미 침해된 당해 자치단체장의 공무담임권은 회복될 수도 없다. 또한 자치단체장에 대한 직무정지기간 동안 주민의 선출에 의하지 않은 부단체장이 실질적으로 지방자치단체의 행정을 운영하게 되므로, 민주주의와 지방자치제도의 원리상 바람직하지 않은 결과가 발생하게 된다.

이처럼 이 사건 법률조항으로 인하여 해당 자치단체장이 입게 되는 불이익은 회복하기 어려울 만큼 매우 중대하므로, 위 법률조항으로 달성될 공익, 즉 지방자치단체행정의 원활한 운영과 공직기강 확립보다 결코 작다고 할 수 없다.

### 마. 소결론 : 이 사건 법률조항은 과잉금지원칙에 위배된다.

## V. 평등권 침해 여부

### 1. 차별의 존재

선거직 공무원인 점에 있어서 자치단체장은 국회의원과 본질적으로 동일하다.

## 2. 심사기준

평등위반 여부를 심사함에 있어 엄격한 심사척도에 의할 것인지, 완화된 심사척도에 의할 것인지는 입법자에게 인정되는 입법형성권의 정도에 따라 달라지게 될 것이다. 먼저 헌법에서 특별히 평등을 요구하고 있는 경우 엄격한 심사척도가 적용될 수 있다. 헌법이 스스로 차별의 근거로 삼아서는 아니되는 기준을 제시하거나 차별을 특히 금지하고 있는 영역을 제시하고 있다면 그러한 기준을 근거로 한 차별이나 그러한 영역에서의 차별에 대하여 엄격하게 심사하는 것이 정당화된다. 다음으로 차별적 취급으로 인하여 관련 기본권에 대한 중대한 제한을 초래하게 된다면 입법형성권은 축소되어 보다 엄격한 심사척도가 적용되어야 할 것이다.[4. 제대군인가산점 사건]

→ "헌법이 특별히 평등을 요구하는 경우, 관련 기본권에 중대한 제약을 가하는 경우"라고 정리하면 족함.[최저생계비 사건] 참조.

- 이 사건의 경우, 헌법이 특별히 평등을 요구하는 경우라 보기 어려움. 관련 기본권인 공무담임권에 대해 중대한 제약을 가한다고 볼 여지는 있음.
- 이 사건에서 헌재는 이 부분 판시를 누락함. 완화된 심사.

## 3. 정당화

국회의원의 경우 자치단체장과는 달리 국회라는 합의체의 구성원으로서 독임제 행정기관의 장이 아니고 그 권한대행을 상정할 수 없다는 차이가 있긴 하나, 이는 직무의 외형적인 특징상 차이일 뿐이다. 우리 헌법이 부여한 국회의원 직무의 중차대함을 고려할 때, 금고 이상의 형을 선고받을 경우 자신에게 민주적 정당성을 부여해 준 국민의 신뢰가 훼손되고 원활한 직무운영에 위험이 초래된다는 이 사건 법률조항의 입법목적을 놓고 보면 그 직무정지의 필요성이 본질적으로 다르다고 할 수 없을 뿐 아니라, 국회의원의 직무가 정지되면 권한대행할 자가 없더라도 직무배제된 국회의원을 국회 정족수에서 제외하면 되므로, 권한대행자를 상정하기 힘들다는 이유만으로 자치단체장의 경우와 달리 취급할 필요성은 없는 것이다.

## 4. 소결론 : 이 사건 법률조항은 청구인의 평등권을 침해한다.

# VI. 결론

지방자치법(2007. 5. 11. 법률 제8423호로 전부 개정된 것) 제111조 제1항 제3호는 헌법에 위반된다.

# 26. 국가배상금지 사건

[보상외 배상금지(이른바 이중배상금지) 사건]

① 헌재 1995. 12. 28. 95헌바3, 판례집 7-2, 841
② 헌재 1994. 12. 29. 93헌바21, 판례집 6-2, 379
③ 헌재 2003. 4. 24. 2001헌마386, 판례집 15-1, 443

[참고] 대상조항(국가배상법 제2조 제1항)의 연혁

- 1951년 국가배상법 제정 당시에는 제2조 제1항에 단서 규정이 없었으나, 1967년 폐지제정하면서 제2조 제1항 단서가 신설되었다.

| 국가배상법 제2조 (배상책임) ① 공무원이 그 직무를 집행함에 당하여 고의 또는 과실로 법령에 위반하여 타인에게 손해를 가하였을 때에는 국가 또는 지방자치단체는 그 손해를 배상하여야 한다. 다만, 군인 또는 군속이 전투·훈련 기타 직무집행중에서 발생하였거나 국군의 목적상 사용하는 진지·영내·함정·선박·항공기 기타 운반기구안에서 발생한 전사·순직 또는 공상으로 인하여 다른 법령의 규정에 의하여 재해보상금 또는 유족일시금이나 유족연금등을 지급받을 수 있을 때에는 이 법 및 민법의 규정에 의한 손해배상을 청구할 수 없다. |
|---|

- 1971년 대법원[171]이 국가배상법 제2조 제1항 단서에 대한 위헌판결을 선고했다.[172]

| 대법원 1971. 6. 22. 선고 70다1010 전원합의체 판결 |
|---|
| 국가배상법 제2조 제1항 단행의 입법이유의 하나는 군인 · 군속[173]이 공무수행중에 신체 또는 생명에 피해를 입은 경우에는 군사원호보상법, 군사원호보상급여금법, 군인연금법, 군인재해보상규정, 군인사망급여금규정 등에 의하여 재해보상금, 유족일시금, 또는 유족연금 등을 지급받게 되어 있으므로 불법행위로 인한 손해배상도 받게 하면 이중이 된다는 것이나, 위 법들의 규정에 의한 재해보상금 등은 군인 · 군속 등의 복무중의 봉사 및 희생에 대하여 이를 보상하고 퇴직 후의 생활 또는 유족의 생활을 부조함에 그 사회보장적 목적이 있고 손해배상제도는 불법행위로 인한 손해를 전보하는 데 그 목적이 있으므로 양자는 그 제도의 목적이 다르며, 군인연금법 제41조 등에는 타 법령에 의하여 국고 또는 지방자치단체의 부담으로 같은 법에 의한 급여와 같은 류의 급여를 받는 자에게는 그 급여금에 상당하는 액에 대하여는 같은 법에 의한 급여를 지급하지 않도록 규정하여 불법행위로 인한 손해배상과 같은 성질의 급여가 손해배상과 이중으로 지급되지 않게 하고 있으며 판례도 양 청구권은 경합할 수있고 같은 성질의 손해전보는 어느 한 쪽의 행사에 |

의하여 만족되면 다른 청구권은 그 범위 안에서 소멸한다는 전제 아래에서 재해보상금, 유족일시금 또는 유족연금이 이미 지급된 경우에는 손해배상을 명함에 있어서는 같은 성질의 손해액에서 이를 공제하여 손해액을 산정하여야 한다고 하여 같은 성질의 돈이 이중으로 지급되지 않도록 하고 있고 또 이러한 재해보상 등은 군인 · 군속뿐 아니라 경찰관(상이 또는 전몰경찰관)에 대하여도 지급되며 일반 공무원에 대하여도 지급되며 일반공무원에 대하여도 공무원연금법(군속인사법 21조에 의하여 군속에도 이 법이 준용된다)등에 의하여 같은 보상제도가 마련되어 있으며 심지어 사기업의 피용자에게도 근로기준법 등에 의하여 같은 제도가 마련되어 있으므로 위와 같은 이유로써는 군인 · 군속에 대하여서만 별도로 다루어 손해배상청구권을 제한할 이유가 되지 못하고 다음 위 입법이유의 또 하나는 군인 · 군속이 피해자가 된 불법행위 사고가 많아서 국고손실이 많으므로 이를 최소한으로 감소 내지 방지함에 있다는 것인바 그러한 불법행위가 많다는 이유만으로는 군인 · 군속에 대하여서만 배상청구권을 부인하여 그들의 희생 위에 국고손실을 방지하여야 할 이유가 되지 못한다 할 것이며 또 군인 · 군속은 국가에 대하여 무정량의 위험근무임무를 부담하는 이른바 특별권력관계에 있으므로 그러한 근무임무의 성질상 공무중의 피해에 대하여는 일반국민과는 달리 이를 자담수인할 의무가 있다고 주장하나 그것은 어디까지나 군인 또는 군속으로 근무함에 있어서 전투 또는 훈련 등의 각 그 직무상 불가피하고 정당한 것으로 인정되는 행위로 인한 피해로서 불법행위의 결과가 아닌 경우의 희생에 한하여 수긍할 수 있는 이론이라 할 수 있을 뿐이고, 다른 공무원의 고의 또는 과실 있는 직무상의 위법행위로 인하여 군인 또는 군속이 공무중에 입은 손해는 군인 또는 군속이 복종하는 특별권력관계의 내용이나 근무임무에 당연히 포함되는 희생은 아니므로 특별권력관계를 이유로 그 배상청구권을 부인할 수 없을 뿐 아니라 위험근무임무에 당하거나 특별권력관계에 있음은 비단 군인 또는 군속에 국한되지 않고 경찰공무원이나 다른 위험근무에 당하는 기타 공무원도 다를 바 없다 할 것이므로 유독 군인 또는 군속에 대하여서만 차별을 할 하등의 합리적 이유도 없다 할 것이니 군인 또는 군속이 공무원의 직무상 불법행위의 피해자인 경우에 그 군인 또는 군속에게 이로 인한 손해배상청구권을 제한 또는 부인하는 국가배상법 제2조 제1항 단행은 헌법 제26조에서 보장된 국민의 기본권인 손해배상청구권을 헌법 제32조 제2항의 질서유지 또는 공공복리를 위하여 제한할 필요성이 없이 제한한 것이고 또 헌법 제9조의 평등의 원칙에 반하여 군인 또는 군속인 피해자에 대하여서만 그 권리를 부인함으로써 그 권리자체의 본질적 내용을 침해하였으며 기본권제한의 범주를 넘어 권리 자체를 박탈하는 규정이므로 **이는 헌법 제26조, 같은법 제8조, 같은법 제9조 및 같은법 제32조 제2항에 위반한다** 할 것이니 원심이 이 점에 관하여 이와 같은 취지로 판단하여 피해자가 군인인 이 사건에 국가배상법 제2조 제1항 단행을 적용하지 아니한 것은 정당하고 이를 논난하는 상고논지는 채용할 수 없다.

- 1972년 유신헌법 제26조 제2항이 신설되었다. 이는 기존의 국가배상법 제2조 제1항 단서와 실질상 동일한 내용을 헌법규정으로 넣은 것이다.

"군인·군속·경찰공무원 기타 법률로 정한 자가 전투·훈련 등 직무집행과 관련하여 받은 손해에 대하여는 법률이 정한 보상 이외에 국가나 공공단체에 공무원의 직무상 불법행위로 인한 배상은 청구할 수 없다."174)

- 위 헌법조항은 1980년 헌법을 거쳐 현행헌법에도 동일한 내용으로 남아있다(제29조 제2항).

## I. 헌재 1995. 12. 28. 95헌바3 : 헌법 제29조 제2항 및 국가배상법 제2조 제1항 단서가 '그 자체로서' 위헌인지의 여부

| 헌재 1995. 12. 28. 95헌바3 |
|---|
| 1. 헌법 제29조 제2항이 헌법소원의 대상인지 여부<br>(1) 헌법 제111조 제1항 제1호 및 헌법재판소법 제41조 제1항은 위헌법률심판의 대상에 관하여, 헌법 제111조 제1항 제5호 및 헌법재판소법 제68조 제2항, 제41조 제1항은 헌법소원심판의 대상에 관하여 그것이 법률임을 명문으로 규정하고 있으며, 여기서 위헌심사의 대상이 되는 법률이 국회의 의결을 거친 이른바 형식적 의미의 법률을 의미하는 것에는 아무런 의문이 있을 수 없다. 따라서 형식적 의미의 법률과 동일한 효력을 갖는 조약 등은 포함된다고 볼 것이지만 **헌법의 개별규정 자체는 그 대상이 아님이 명백**하다.<br>(2) 그럼에도 불구하고, 이른바 헌법제정권력과 헌법개정권력을 준별하고, 헌법의 개별규정 상호간의 효력의 차이를 인정하는 전제하에서 헌법제정규범에 위반한 헌법개정에 의한 규정, 상 |

171) 1969년 헌법 제102조 ① 법률이 헌법에 위반되는 여부가 재판의 전제가 된 때에는 대법원은 이를 최종적으로 심사할 권한을 가진다.

172) 이 때 국가배상법 제2조 제1항 단서에 대한 위헌의견을 낸 대법원판사는 16인 중 9인이었는데, 1970.8.9. 법률 제2222호로 법원조직법이 개정되면서 동법 제59조 제1항에는「합의심판은 헌법 및 법률에 다른 규정이 없으면 과반수로서 결정한다. 다만 대법원이 제7조 제1항 제1호의 규정에 의한 합의심판을 하는 때에는 대법원판사 전원의 3분의2 이상의 출석과 출석인원 3분의2이상의 찬성으로 결정한다」라는 단서가 신설되었다. ⇨ 이 법원조직법 조항에 대해서도 위 70다1010 판결은 16인 중 11인의 찬성으로 위헌판결을 선고하였고, 이로써 국가배상법 제2조 제1항 단서에 대한 위헌판결이 최종적으로 가능하였다.

| | 민복기 | 손동욱 | 김치걸 | 사광욱 | 홍순엽 | 양회경 | 방순원 | 나항윤 | 이영섭 | 주재황 | 홍남표 | 유재방 | 김영세 | 한봉세 | 민문기 | 양병호 |
|---|---|---|---|---|---|---|---|---|---|---|---|---|---|---|---|---|
| 국배법 | 반 | | | | 반 | | | | 반 | 반 | | | 반 | | 반 | 반 |
| 법조법 | 반 | | | | | 반 | | | 반 | 반 | | 반 | | | | |

173) '군무원'의 구법상 표현이다.

174) 유신헌법이 제정되면서, ① 국가배상법 제2조 제1항 단서에 대한 위헌의견을 내었던 대법원판사 9인 전원이 (그리고 그들만) 연임에서 탈락하였고, ② 법률에 대한 위헌심판권은 대법원이 아닌 '헌법위원회'가 가지는 것으로 변경되었다. 유신헌법 및 1980년 헌법하에서 헌법위원회는 단 1건의 위헌결정도 선고하지 않았다.

위의 헌법규정에 위배되는 하위의 헌법규정은 위헌으로 위헌심사의 대상이 된다거나, 혹은 헌법규정도 입법작용이라는 공권력 행사의 결과이므로 헌법재판소법 제68조 제1항에 의한 헌법소원의 대상이 된다는 견해가 있을 수는 있다.

(3) 그러나, 우리 나라의 헌법은 제헌헌법이 초대국회에 의하여 제정된 반면 그후의 제5차, 제7차, 제8차 및 현행의 제9차 헌법 개정에 있어서는 국민투표를 거친 바 있고, 그간 각 헌법의 개정절차조항 자체가 여러 번 개정된 적이 있으며, 형식적으로도 부분개정이 아니라 전문까지를 포함한 전면개정이 이루어졌던 점과 우리의 현행 헌법이 독일기본법 제79조 제3항과 같은 헌법개정의 한계에 관한 규정을 두고 있지 아니하고, 독일기본법 제79조 제1항 제1문과 같이 헌법의 개정을 법률의 형식으로 하도록 규정하고 있지도 아니한 점 등을 감안할 때, 우리 헌법의 각 개별규정 가운데 무엇이 헌법제정규정이고 무엇이 헌법개정규정인지를 구분하는 것이 가능하지 아니할 뿐 아니라, 각 개별규정에 그 효력상의 차이를 인정하여야 할 형식적인 이유를 찾을 수 없다. 이러한 점과 앞에서 검토한 현행 헌법 및 헌법재판소법의 명문의 규정취지에 비추어, 헌법제정권과 헌법개정권의 구별론이나 헌법개정한계론은 그 자체로서의 이론적 타당성 여부와 상관없이 우리 헌법재판소가 헌법의 개별규정에 대하여 위헌심사를 할 수 있다는 논거로 원용될 수 있는 것이 아니다. 또한 국민투표에 의하여 확정된 현행 헌법의 성립과정과 헌법 제130조 제2항이 헌법의 개정을 국민투표에 의하여 확정하도록 하고 있음에 비추어, 헌법은 그 전체로서 주권자인 국민의 결단 내지 국민적 합의의 결과라고 보아야 할 것으로, 헌법의 규정을 헌법재판소법 제68조 제1항 소정의 공권력 행사의 결과라고 볼 수도 없다.

(4) 물론 헌법은 전문과 단순한 개별조항의 상호관련성이 없는 집합에 지나지 않는 것이 아니고 하나의 통일된 가치체계를 이루고 있는 것이므로, 헌법의 전문과 각 개별규정은 서로 밀접한 관련을 맺고 있고, 따라서 헌법의 제규정 가운데는 헌법의 근본가치를 보다 추상적으로 선언한 것도 있고, 이를 보다 구체적으로 표현한 것도 있어서 이념적 · 논리적으로는 규범 상호간의 우열을 인정할 수 있는 것이 사실이다. 그러나, 그렇다 하더라도, 이 때에 인정되는 규범 상호간의 우열은 추상적 가치규범의 구체화에 따른 것으로 헌법의 통일적 해석에 있어서는 유용할 것이지만, 그것이 헌법의 어느 특정규정이 다른 규정의 효력을 전면 부인할 수 있는 정도의 개별적 헌법규정 상호간에 효력상의 차등을 의미하는 것이라고는 볼 수 없다.

**2. 국가배상법 제2조 제1항 단서의 위헌 여부**

국가배상법 제2조 제1항 단서는 헌법 제29조 제1항에 의하여 보장되는 국가배상청구권을 헌법내재적으로 제한하는 헌법 제29조 제2항에 직접 근거하고, 실질적으로 그 내용을 같이하는 것이므로 **헌법에 위반된다고 할 수 없다**.

## II. 헌재 1994. 12. 29. 93헌바21 : 국가배상법 제2조 제1항 단서의 해석상 '구상권'의 문제

### 1. 등장인물

① A : 자동차 소유자(자배법상 자기를 위하여 운행하는 자). 청구인 회사에 자동차종합보험 가입.
② B : 자동차 운전자. / ③ C : 직무집행 중인 군인, 오토바이 운전자.
④ D : 직무집행 중인 군인, 피해자. / ⑤ 청구인 : A의 보험자. / ⑥ 국가

### 2. 사건의 내용

- B와 C 과실이 경합한 자동차사고 ⇨ D가 상해를 입음(1986. 11. 12.).
- A와 국가[175]가 부진정연대채무[176]를 부담하므로, 각자가 공동불법행위와 상당인과관계가 있는 전손해를 배상할 책임이 있음.
- 청구인이 보험계약의 피보험자인 A를 위하여 D에게 손해배상금 지급 ⇨ 국가가 피해자 D에 대한 관계에서 공동면책됨.
- 국가배상법 제2조 제1항 단서와 같은 규정이 없다면, 청구인 회사는 보험자대위의 법리에 따라 A가 국가에 대하여 가지는 구상권 취득하는 것이 원칙이다(판례).

### 3. 쟁점 : 국가는 공동면책된 손해액 중 과실비율에 상응한 부담부분에 대한 청구인의 구상에 응할 의무가 있는가?

### 4. 관련조문

| 자동차손해배상책임법 제3조 (자동차손해배상책임) 자기를 위하여 자동차를 운행하는 자는 그 운행으로 다른 사람을 사망하게 하거나 부상하게 한 경우에는 그 손해를 배상할 책임을 진다. |
|---|

175) 국가배상법 제2조 제1항 본문.

176) 여러 명의 채무자가 동일한 내용의 채무에 관해 각각 독립해서 그 전부의 급부를 이행할 의무를 부담하기로 하고, 그 중 한 사람 또는 여러 사람이 급부를 하면 모든 채무자의 채무가 소멸하는 점은 연대채무와 같다. 그러나 채무자 사이에 주관적 관련성이 없으므로 그 중 한 사람에 대해 생긴 목적도달(변제, 상계 등) 이외의 사유는 다른 채무자에게 영향을 미치지 않는다.

(단서 생략)

국가배상법 제2조 (배상책임) ① 국가나 지방자치단체는 공무원 또는 공무를 위탁받은 사인(이하 "공무원"이라 한다)이 직무를 집행하면서 고의 또는 과실로 법령을 위반하여 타인에게 손해를 입히거나, 「자동차손해배상 보장법」에 따라 손해배상의 책임이 있을 때에는 이 법에 따라 그 손해를 배상하여야 한다. 다만, 군인 · 군무원 · 경찰공무원 또는 향토예비군대원이 전투 · 훈련 등 직무 집행과 관련하여 전사(戰死) · 순직(순직)하거나 공상(公傷)을 입은 경우에 본인이나 그 유족이 다른 법령에 따라 재해보상금 · 유족연금 · 상이연금 등의 보상을 지급받을 수 있을 때에는 이 법 및 「민법」에 따른 손해배상을 청구할 수 없다.

민법 제760조 (공동불법행위자의 책임) ① 수인이 공동의 불법행위로 타인에게 손해를 가한 때에는 연대하여 그 손해를 배상할 책임이 있다.

상법 제682조 (제삼자에 대한 보험대위) 손해가 제삼자의 행위로 인하여 생긴 경우에 보험금액을 지급한 보험자는 그 지급한 금액의 한도에서 그 제삼자에 대한 보험계약자 또는 피보험자의 권리를 취득한다. 그러나 보험자가 보상할 보험금액의 일부를 지급한 때에는 피보험자의 권리를 해하지 아니하는 범위내에서 그 권리를 행사할 수 있다.

## 5. 소송경과

- 청구인은 서울지방법원에 구상금청구의 소를 제기하였으나, 제1심[177]에서 전부패소.
- 항소심은 청구인의 청구를 인용 - 구상권을 인정[178].
- 국가가 상고하자, 대법원은 구상권 행사가 허용되지 아니한다는 이유로 파기환송[179].

국가배상법 제2조 제1항 단서는 헌법 제29조 제2항에 근거를 둔 규정으로서 군인·군무원 등 위 법률규정에 열거된 자가 전투·훈련 기타 직무집행과 관련하여 공상을 입은 데 대하여 재해보상금·유족연금·상이연금 등 별도의 보상제도가 마련되어 있는 경우에는 이중배상의 금지를 위하여 이들의 국가에 대한 국가배상법 또는 민법상의 손해배상청구권 자체를 절대적으로 배제하고 있는 규정이므로 이들이 직접 국가에 대하여 손해배상청구권을 행사할 수 없음은 물론 국가와 공동불법행위의 책임이 있는 자가 그 배상채무를 이행하였음을 이유로 국가에 대하여 구상권을 행사하는 것도 허용되지 아니한다.

- 환송후 제2심 계속중 청구인은 "국가배상법 제2조 제1항 단서에 의하여 청구인이 국가에 대하여 구상권을 행사할 수 없다고 해석하는 한 국가배상법 제2조 제1항 단서는 헌

177) 89가합25712

178) 1991. 3. 12. 선고 90나19475 판결

179) 대법원 1992. 2. 11. 선고 91다12738 판결

법에 위반된다"고 주장하여 위헌법률심판제청신청을 하고, 서울고등법원이 기각결정을 내리자 헌재법 제68조 제2항의 헌법소원심판을 청구함[180].

## 6. 헌재의 판단 : 한정위헌결정[181]

| 헌재 1994. 12. 29. 93헌바21 |
|---|
| [주문]<br>국가배상법 제2조 제1항 단서 중 "군인…… 이…… 직무집행과 관련하여…… 공상을 입은 경우에 본인 또는 그 유족이 다른 법령의 규정에 의하여 재해보상금·유족연금·상이연금 등의 보상을 지급받을 수 있을 때에는 이 법 및 민법의 규정에 의한 손해배상을 청구할 수 없다"는 부분은, 일반국민이 직무집행 중인 군인과의 공동불법행위로 직무집행 중인 다른 군인에게 공상을 입혀 그 피해자에게 공동의 불법행위로 인한 손해를 배상한 다음 공동불법행위자인 군인의 부담부분에 관하여 국가에 대하여 구상권을 행사하는 것을 허용하지 아니한다고 해석하는 한, 헌법에 위반된다.<br><br>[이유]<br>일반국민이 공동불법행위자인 군인의 부담부분에 관하여 국가에 대하여 구상권을 행사할 수 없다고 해석한다면, 이는 이 사건 심판대상 부분의 헌법상 근거규정인 헌법 제29조가 구상권의 행사를 배제하지 아니하는데도 이를 배제하는 것으로 해석하는 것으로서 합리적인 이유 없이 일반국민을 국가에 대하여 지나치게 차별하는 경우에 해당하므로 헌법 제11조, 제29조에 위반된다. 또한 국가에 대한 구상권은 헌법 제23조 제1항에 의하여 보장되는 재산권이고 위와 같은 해석은 그러한 재산권의 제한에 해당하며 재산권의 제한은 헌법 제37조 제2항에 의한 기본권 제한의 한계 내에서만 가능한데, 위와 같은 해석은 헌법 제37조 제2항에 의하여 기본권을 제한할 때 요구되는 비례의 원칙에 위배하여 일반국민의 재산권을 과잉 제한하는 경우에 해당하여 헌법 제23조 제1항 및 제37조 제2항에도 위반된다고 할 것이다. |

# III. 헌재 2003. 4. 24. 2001헌마386 : 위 한정위헌결정에 기한 재심청구의 가능 여부

- 위 93헌바21 사건의 청구인은 위 한정위헌결정을 받자, 1995. 1.경 헌재법 제75조 제7

180) 이후 당해사건은, 서울고등법원 1993. 12. 1. 청구기각판결(92나14214), 대법원 1994. 5. 27. 상고기각판결(94다6741)로 확정되었다.

181) 헌재 1994. 12. 29. 93헌바21

항[182)]에 의하여 대법원 1994. 5. 27. 선고 94다6741 판결을 재심대상으로 하여, 대법원에 재심의 소를 제기(95재다14)하였다.

- 위 재심의 소가 계속중인 동안, **대법원이 공동불법행위에 관한 판례를 변경하였다**[183)].

| 대법원 2001. 2. 15. 선고 96다42420 전원합의체 판결 |
|---|
| 위와 같은 경우에는 공동불법행위자 등이 부진정연대채무자로서 각자 피해자의 손해 전부를 배상할 의무를 부담하는 공동불법행위의 일반적인 경우와 달리 예외적으로 민간인은 [피해 군인 등에 대하여 그 손해 중 국가 등이 민간인에 대한 구상의무를 부담한다면 그 내부적인 관계에서 부담하여야 할 부분]을 제외한 나머지 자신의 부담부분에 한하여 손해배상의무를 부담하고, 한편 **국가 등에 대하여는 그 귀책부분의 구상을 청구할 수 없다**고 해석함이 상당하다 할 것이고, 이러한 해석이 손해의 공평·타당한 부담을 그 지도원리로 하는 손해배상제도의 이상에도 맞는다 할 것이다.<br>이에 이와 달리 국가배상법 제2조 제1항 단서에 해당하는 사건의 공동불법행위자로 된 민간인도 피해 군인 등에 대한 부진정연대채무자로서 그 손해 전부를 배상할 의무가 있다고 한 취지의 종전의 당원 판결은 이 판결의 견해에 배치되는 범위 내에서 이를 변경하기로 한다. |

- 2001. 4. 27. 대법원이 청구인의 재심청구를 기각(95재다14 결정) - 한정위헌결정이 선고된 경우는 헌재법 제75조 제7항의 "헌법소원이 인용된 경우"에 해당되지 아니한다는 이유[184)].
- 청구인은 2001. 6. 4. 헌재에, 헌재법 제68조 제1항 본문[185)], 제75조 제7항 및 대법원의 위 재심기각 판결이 청구인의 기본권을 침해한다면서 헌법소원심판을 청구(헌재 2003. 4. 24. 2001헌마386).

  ⇨ 헌재는 '헌재법 제75조 제7항에 대한 이 사건 심판청구에 관하여는 **'법 제75조 제7항**은 법 제68조 제2항의 헌법소원이 인용된 경우에 한정위헌결정이 포함되지 않는

182) ⑦ 제68조제2항의 규정에 의한 헌법소원이 인용된 경우에 당해 헌법소원과 관련된 소송사건이 이미 확정된 때에는 당사자는 재심을 청구할 수 있다.

183) 이 판례변경 사안은 청구인에 대한 사건이 아님을 주의.

184) 재심을 기각하는 데 6년이 걸렸다는 점과, 한편 위와 같이 판례를 변경한 후에 기각하였다는 점을 주목할 만하다.

185) 제68조 (청구사유) ①공권력의 행사 또는 불행사로 인하여 헌법상 보장된 기본권을 침해받은 자는 법원의 재판을 제외하고는 헌법재판소에 헌법소원심판을 청구할 수 있다. 다만, 다른 법률에 구제절차가 있는 경우에는 그 절차를 모두 거친후가 아니면 청구할 수 없다. 〈1997.12.24 헌법재판소의 한정위헌결정으로 본항 본문의 "법원의 재판"에 헌법재판소가 위헌으로 결정한 법령을 적용함으로써 국민의 기본권을 침해한 재판도 포함되는 것으로 해석하는 한도내에서 효력상실〉

다고 해석하는 한도 내에서 헌법에 위반된다'는 한정위헌결정을 선언하고, 헌법재판소의 한정위헌결정의 효력을 부인하여 청구인의 재심청구를 기각한 **이 사건 대법원판결**을 취소하면서,[186] 법 제68조 제1항 본문에 대한 심판청구는 각하한다는 주문에 대해 합의를 마쳤다.

- 헌재가 결정을 선고하기 전에, 청구인이 2003. 1. 8. 헌법소원심판청구를 취하[187].
- 헌재는 소송종료선언[188]을 하면서, 위와 같은 결론이 나와 있었음을 결정문에서 밝혔다.

| ※ 헌재 2022. 7. 21. 2013헌마497 |
|---|
| - 헌재법 제68조 제1항 본문 중 '법원의 재판' 가운데 '법률에 대한 위헌결정의 기속력에 반하는 재판' 부분은 헌법에 위반된다.<br>- 법원은 한정위헌결정의 기속력을 부인하여 청구인의 재심 청구를 기각하는 재판은 '법률에 대한 위헌결정의 기속력에 반하는 재판'으로 헌법소원심판의 대상이 된다.<br>- 한정위헌결정이 이루어지기 전에 이미 확정된 재심대상판결은 법률에 대한 위헌결정의 기속력에 반하는 재판에 해당하지 않으므로 이에 대한 심판청구는 부적법하다.<br>- 처분을 심판의 대상으로 삼았던 법원의 재판이 예외적으로 헌법소원의 대상이 되어 취소되는 경우에 해당하지 아니하면, 원행정처분에 대한 심판청구는 부적법하다. |

186) 재심판결을 취소하면, 그 전의 확정된 판결의 효력은 어떻게 되나?하는 문제가 남는다.

187) D를 상대로 부당이득반환청구를 할 수 있을까?

188) 소송종료선언(訴訟終了宣言)이라 함은 종국판결로써 계속중이던 소송이 유효하게 종료되었음을 확인선언하는 것을 말한다(이시윤, 민사소송법, 박영사, 2008, 494쪽).
[소송종료선언의 사유]
1. 소 또는 상소취하로 소송이 종료된 후 그 부존재 또는 무효를 주장하며 기일지정신청을 하는 경우
2. 청구의 포기·인낙, 재판상 화해로 소송이 종료된 후 그 무효를 주장하며 기일지정을 신청을 하는 경우
3. 소송계속중 당사자 일방의 지위를 상속 등에 의하여 다른 일방이 승계한 경우 또는 이혼소송에서 당사자 일방이 사망한 경우
4. 확정판결, 청구의 포기·인낙, 재판상 화해, 소취하 등에 의한 소송종료에도 불구하고 법원이 이를 간과하고 소송심리를 진행한 경우

# 27. 사실상 노무 사건

입법부작위 위헌확인
헌재 2009. 7. 30. 2006헌마358, 판례집 21-2상, 292

청구인들은 서울특별시의 각급 학교에서 지방방호원·지방난방원·지방조무원·지방운전원·지방전기원 등으로 근무하고 있는 기능직 공무원들이다.
청구인들은, 지방공무원법(1973. 3. 12. 법률 제2594호로 개정된 것, 이하 같다) 제58조 제2항이 노동운동을 할 수 있는 '사실상 노무에 종사하는 공무원의 범위'를 조례에서 정하도록 위임하였음에도 불구하고 피청구인 서울특별시 교육감이 그러한 내용의 조례를 제정하지 아니함으로써 헌법 제33조 제2항에 위반하여 청구인들의 근로3권을 침해한다고 주장하면서 이 사건 헌법소원심판을 청구하였다.

이 사건 심판의 대상은 피청구인들이 지방공무원법 제58조 제2항의 위임에 따라 '사실상 노무에 종사하는 공무원의 범위'를 정하는 조례를 제정하지 아니한 부작위(이하 '이 사건 부작위'라 한다)가 청구인들의 근로3권을 침해하는지 여부이다.

지방공무원법 제58조(집단행위의 금지) ① 공무원은 노동운동 기타 공무 이외의 일을 위한 집단행위를 하여서는 아니 된다. 다만, 사실상 노무에 종사하는 공무원은 그러하지 아니하다.
② 제1항 단서에 규정된 사실상 노무에 종사하는 공무원의 범위는 조례로 정한다.

## Ⅰ. 적법요건

### 1. 문제되지 않는 요건 : 직접성, 현재성, 청구기간, 변호사강제주의에 관하여는 별다른 문제가 없다.

### 2. 기본권주체성

※ 청구인은 공무원인바, 국가의 공무를 수행하는 공무원, 군인, 교도소의 수감자 등의 경우, 각기 그 신분적 특성으로 인하여 기본권의 보장에서 일반인과 비교하여 차이가 있을 수 있고, 그러한 관계의 설정을 통해 달성하고자 하는 목적으로 인하여 기본권이 일반국민과는 다른 방식으로 제한될 수 있다. 이러한 특별권력관계에 있는 사람에게도 기본권의 주체성은 인정된다. 다만, 그 정도와 범위는 일반국민과 다를 수 있다.

※ 근로3권과의 관계에서, 헌법 제33조 제2항의 문언상, 공무원의 경우 '법률이 정하는 자'에 해당하지 않는 자는 애당초 근로3권의 주체가 되지 않는다. 지방공무원의 경우, 지방공무원법 제58조 제2항은 그 '법률이 정하는 자'가 누구인지를 정하는 규정이 된다.

### 3. 피청구인적격

이 사건 심판의 대상은 지방공무원법 제58조 제2항의 위임에 따라 '사실상 노무에 종사하는 공무원의 범위'를 정하는 조례를 제정하지 아니한 부작위가 청구인들의 근로3권을 침해하는지 여부이고, 이 사건 심판청구가 인용되면 피청구인은 '사실상 노무에 종사하는 공무원의 범위'를 정하는 조례를 제정하여야 한다(헌법재판소법 제75조 제4항).

따라서 이 사건 심판청구의 피청구인은 '사실상 노무에 종사하는 공무원의 범위'를 정하는 조례를 제정하는 공권력을 행사할 수 있는 주체이어야 하는바, 지방자치법에 의하면, 조례는 지방자치단체의 장이나 재적의원 5분의 1 이상 또는 의원 10명 이상의 발의에 의하여(제66조 제1항) 지방의회의 의결로 제정되고(제39조 제1항 제1호) 지방자치단체의 장이 공포함으로써 효력을 발생하므로(제26조), 이 사건 헌법소원심판청구의 피청구인이 지방자치단체인지 또는 지방의회인지가 문제된다.

그런데 헌법 제117조 제1항은 "지방자치단체는 …… 법령의 범위 안에서 자치에 관한 규정을 제정할 수 있다"고 규정하고 있고, 지방자치법 제22조도 "지방자치단체는 법령의 범위 안에서 그 사무에 관하여 조례를 제정할 수 있다"고 규정함으로써 조례 제정의 주체를 지방자치단체로 규정하고 있다. 따라서 이 사건 조례를 제정하지 아니한 부작위의 위헌 확인을 구하는 헌법소원심판청구의 피청구인은 지방자치단체라고 봄이 상당하다고 할 것이다[189].

한편, 지방공무원법 제58조 제2항의 위임에 따라 지방자치단체가 '사실상 노무에 종사하는 공무원의 범위'를 정하는 조례를 제정하는 일은 해당 지방자치단체의 지방공무원 전체를 대상으로 하는 것이지만, 이 사건 청구인들은 서울특별시교육청 소속 지방공무원이고 이 사건 부작위도 청구인들의 근로3권을 침해하는 것인지 여부에 한하여 심판대상으로 되는 것이므로, 이 사건 심판청구에 관해서는 서울특별시교육감[190]이 대표자로 된다고 할 것이다.

## 4. 기본권침해가능성과 자기관련성

헌법 제33조 제2항과 지방공무원법 제58조 제1항 단서 및 제2항에 의하면, 조례에 의하여 '사실상 노무에 종사하는 공무원'으로 규정되는 지방공무원은 단결권·단체교섭권 및 단체행동권을 가진다.

헌법재판소는, 지방공무원법 제58조 제1항 단서에 의하여 노동운동이 허용되는 '사실상 노무에 종사하는 공무원'이란 공무원의 주된 직무를 정신활동으로 보고 이에 대비되는 신체활동, 즉 육체노동을 통한 직무수행에 종사하는 공무원으로 해석하면서, 그 범위를 각 지방자치단체의 특수한 사정을 감안하지 아니하고 법률에서 일일이 정하는 것은 곤란하다고 판시하였다(헌재 2005. 10. 27. 2003헌바50, 판례집 17-2, 238, 249). 이처럼 근로3권이 보장되는 '사실상 노무에 종사하는 공무원의 범위'는 각 지방자치단체의 특수한 사정을 감안하여 조례로 정해지게 되는 결과, 청구인들과 같은 기능직공무원들은 해당 조례에서 '신체활동에 종사하는 공무원'의 범위가 어떻게 정하여지는지에 따라 지방공무원법 제58조 제1항 단서의 '사실상 노무에 종사하는 공무원'이 될 수도 있고, 그에 포함되지 않을 수도 있게 된다.

한편, '공무원의 노동조합 설립 및 운영 등에 관한 법률'(이하 '공무원노조법'이라 한다)에 의하면, 지방공무원 중 기능직공무원과 고용직공무원도 모두 공무원노동조합에 가입할 수 있고(제2조, 제6조 제1항), 그 경우 단결권과 단체교섭권이 부여된다(제5조 내지 제10조). 그런데 만일 지방공무원법 제58조 제2항에 따라 해당 조례로 '사실상 노무에 종사하는 공무원의 범위'에 기능직공무원이 포함된다면, 그들은 공무원노조법의 적용대상에서 제외되면서(제2조 단서), 단결권과 단체교섭권은 물론 단체행동권까지 가질 수 있게 된다.

결국 청구인들은 해당 조례가 어떻게 제정되는지에 따라 그들이 향유할 수 있는 근로3권의 범위에 차이가 발생할 가능성이 있으므로, 그 조례를 제정조차 하지 않은 이 사건 부작위에 의하여 **기본권이 침해될 가능성**이 있고, 아울러 이 사건 심판청구에 관한 **자기관련성**도 인정된다.

189) 법률 차원의 입법부작위가 문제되는 경우라면, 피청구인은 '국회'가 되어야 할 것이다. 입법권은 국회에 있기 때문이다(헌법 제40조).

190) 「지방교육자치에 관한 법률」 제18조(교육감) ① 시·도의 교육·학예에 관한 사무의 집행기관으로 시·도에 교육감을 둔다.
② 교육감은 교육·학예에 관한 소관 사무로 인한 소송이나 재산의 등기 등에 대하여 당해 시·도를 대표한다.

## 5. 보충성

※ 행정입법부작위의 위법확인을 구하는 행정소송을 법원에 제기할 수 있는가? 현재로서는 없다. 다만 향후 행정소송법이 개정되거나 대법원 판례가 변경되는 경우에는, 보충성원칙 위반이 문제될 수 있음을 유의할 것.

| 헌재 1998. 7. 16. 96헌마246 [치과전문의 자격시험 불실시 위헌확인 사건] |
|---|
| 입법부작위에 대한 행정소송의 적법여부에 관하여 대법원은 "행정소송은 구체적 사건에 대한 법률상 분쟁을 법에 의하여 해결함으로써 법적 안정을 기하자는 것이므로 부작위위법확인소송의 대상이 될 수 있는 것은 구체적 권리의무에 관한 분쟁이어야 하고, 추상적인 법령에 관하여 제정의 여부 등은 그 자체로서 국민의 구체적인 권리의무에 직접적 변동을 초래하는 것이 아니어서 행정소송의 대상이 될 수 없다"고 판시하고 있다(대법원 1992. 5. 8. 선고, 91누11261 판결, 공1992, 1874). …<br>따라서 피청구인 보건복지부장관에 대한 청구 중 이 사건 시행규칙에 대한 입법부작위 부분은 다른 구제절차가 없는 경우에 해당한다. |

## II. 문제되는 입법부작위가 부진정입법부작위인지의 여부

| 피청구인은 각자의 지방공무원 복무조례에서 국가공무원법 제66조의 위임에 따라 '사실상 노무에 종사하는 공무원의 범위'를 정하고 있는 '국가공무원 복무규정' 제28조를 준용하고 있으므로, 피청구인들의 진정입법부작위는 없으며, 그 준용규정의 내용이 불충분하다면 부진정입법부작위에 불과할 뿐이라고 주장한다.<br>그러나 '국가공무원 복무규정' 제28조[191]는 국가공무원 중에서 '사실상 노무에 종사하는 국가공무원의 범위'를 정하고 있을 뿐이어서 지방공무원에게 준용될 여지가 없다. 그러므로 피청구인들은 지방공무원 중 '사실상 노무에 종사하는 지방공무원의 범위'를 전혀 정하지 않았다고 봄이 상당하고, 결국 청구인들의 이 사건 심판청구는 그러한 진정입법부작위의 기본권 침해 여부를 다투는 것이라고 할 것이다. |
|---|

191) 제28조(사실상 노무에 종사하는 공무원) 법 제66조에 따른 사실상 노무에 종사하는 공무원은 미래창조과학부 소속 현업기관의 작업 현장에서 노무에 종사하는 기능직공무원(기능직공무원의 정원을 대체하여 채용된 일반계약직공무원 및 시간제일반계약직공무원을 포함한다)으로서 다음 각 호의 어느 하나에 해당하지 아니하는 공무원으로 한다.
1. 서무·인사 및 기밀 업무에 종사하는 공무원
2. 경리 및 물품출납 사무에 종사하는 공무원
3. 노무자 감독 사무에 종사하는 공무원
4. 「보안업무규정」에 따른 보안목표시설의 경비 업무에 종사하는 공무원

## III. 진정입법부작위의 존부(= 위헌여부)

### 1. 조례제정의무

> 공권력의 부작위에 대한 헌법소원은 공권력의 주체에게 헌법에서 우러나오는 작위의무가 있음에도 불구하고 상당한 기간이 지나도록 그 작위의무를 이행하지 아니하여 기본권을 침해하는 경우에 인정된다(헌재 2001. 6. 28. 2000헌마735, 판례집 13-1, 1431, 1437 참조).
>
> 헌법 제33조는 제1항에서 "근로자는 근로조건의 향상을 위하여 자주적인 단결권·단체교섭권 및 단체행동권을 가진다."라고 규정하고, 제2항에서 "공무원인 근로자는 법률이 정하는 자에 한하여 단결권·단체교섭권 및 단체행동권을 가진다."고 규정하고 있다. 이에 따라 지방공무원법 제58조는 제1항 단서에서 '사실상 노무에 종사하는 공무원'만 노동운동을 할 수 있다고 규정하면서 제2항에서 그 범위를 조례로 정하도록 규정하였다.
>
> 이처럼 '사실상 노무에 종사하는 공무원'은 단결권·단체교섭권은 물론 단체행동권까지 가지고 일반기업의 노동조합과 같이 '노동조합 및 노동관계조정법'의 적용을 받게 되므로, 공무원노조법에 따라 공무원노동조합에 가입하여 단체행동권을 제한받게 되는 공무원보다 완전하게 근로3권을 보장받게 된다.
>
> 그런데 지방공무원법 제58조 제2항이 '사실상 노무에 종사하는 공무원'의 구체적인 범위를 조례로 정하도록 하였기 때문에, 그 범위를 정하는 조례가 정해져야 비로소 지방공무원 중에서 단결권·단체교섭권 및 단체행동권을 보장받게 되는 공무원이 구체적으로 확정되고 근로3권을 현실적으로 행사할 수 있게 된다. 그러므로 지방자치단체는 소속 공무원 중에서 지방공무원법 제58조 제1항의 '사실상 노무에 종사하는 공무원'에 해당되는 지방공무원이 단결권·단체교섭권 및 단체행동권을 원만하게 행사할 수 있도록 보장하기 위하여 그러한 공무원의 구체적인 범위를 조례로 제정할 헌법상 의무를 진다고 할 것이다.

**생각해 볼 점 (1) : [군법무관 보수 사건]과의 차이점**

[군법무관 보수 사건]은, '법률'이 위임입법의 제정을 명한 데 대하여 행정부가 '행정입법'을 제정하지 않은 것이 진정입법부작위로 인정된 사건이었다. 위 사건에서 행정입법의무가 '헌법상의 의무'로 인정되고, 나아가 그 입법부작위가 '위법인 동시에 위헌'인 것으로 인정된 근거는 "권력분립의 원칙 및 법치행정의 원리"였는바, 이는 행정부에 의한 행정입법이 이루어지지 않는 경우 그것을 명한 입법권이 행정권에 의해 침해받는다고 보기 때문이다.

반면 [사실상 노무 사건]의 경우에는 문제상황이 조금 다르다. 입법권 對 행정권이 문제되는 것이 아니라, 국가입법권 對 자치입법권이 문제되기 때문이다. 이 경우에도, 지자체가 조례를 제정할 의무가 '헌법상의 의무'로 인정되는 것은 마찬가지이다. 다만 그 근거로서 '권력분립의 원칙 및 법치행정의 원리'를 들어서는 아니됨을 유의해야 할 것이다.

---

5. 승용자동차 및 구급차의 운전에 종사하는 공무원

## 2. 조례제정을 지체할 정당한 사유가 있는지 여부

'사실상 노무에 종사하는 공무원의 범위'를 정하는 조례를 제정할 의무가 헌법상 의무로 인정되고 그러한 조례의 제정이 지체되었더라도, 그러한 조례를 제정함에 필요한 상당한 기간을 넘기지 않았거나 그 조례제정의 지체를 정당화할 만한 사유가 있다면, 헌법에 위반된다고 보기 어렵다(헌재 1998. 7. 16. 96헌마246, 판례집 10-2, 283, 305-306 참조). 다만 그와 같은 정당한 사유로 인정되기 위해서는 그러한 조례제정이 헌법에 위반되거나 전체적인 법질서 체계와 조화되지 아니하여 조례제정의무의 이행이 오히려 헌법질서를 파괴하는 결과를 가져온다고 볼 수 있어야 할 것이다(헌재 2004. 2. 26. 2001헌마718, 판례집 16-1, 313, 321).

단결권·단체교섭권 및 단체행동권이 인정되는 '사실상의 노무에 종사하는 공무원'의 범위는 1973. 3. 12. 지방공무원법이 전부 개정되면서 조례에 위임한 이래, 아무런 조례에도 규정되지 않은 채 현재에 이르고 있다. 반면 지방공무원법 제58조 제2항과 유사한 규정인 국가공무원법 제66조 제2항에 따라 국가공무원복무규정 제28조는 '사실상 노무에 종사하는 국가공무원의 범위'를 정하고 있다. 또한, 지방공무원법 제58조가 '사실상 노무에 종사하는 공무원'에 대하여 단체행동권을 포함한 근로3권을 인정한 것은, 그 직무의 내용에 비추어 노동3권을 보장하더라도 공무 수행에 큰 지장이 없고 국민에 대한 영향이 크지 않다고 입법자가 판단한 것이므로(헌재 2007. 8. 30. 2003헌바51등, 판례집 19-2, 215, 230 참조), 지방공무원법이 위 범위를 조례로 정하도록 위임한 지 36년이 지나도록 해당 조례의 제정을 그토록 미루어야 할 정당한 사유를 찾아볼 수 없다.

피청구인은, 청구인들의 업무는 교육과 독립된 별도의 업무가 아니라 교육지원활동이므로 청구인들에게 단체행동권을 인정하면 학생교육에 직접적인 피해가 초래될 우려가 있다고 주장하나, 그러한 사유는 '사실상 노무에 종사하는 공무원의 범위'를 조례로 정할 경우에 고려할 사유일 뿐, 해당 조례를 제정하지 않은 것 자체를 정당화할 사유라고 볼 수는 없다.

## 3. 청구인들의 기본권 침해

지방공무원법 제58조 제2항에 따라 '사실상 노무에 종사하는 공무원의 범위'를 정하는 조례가 정해지면, 그 조례에서 '사실상 노무에 종사하는 공무원'이라고 규정된 지방공무원은 단결권·단체교섭권 및 단체행동권을 보장받게 되는 반면, 그러한 조례에서 '사실상 노무에 종사하는 공무원'으로 규정되지 아니한 지방공무원은 단체행동권을 보장받지 못하고, 공무원노조법에 의하여 단결권과 단체교섭권만 가지게 된다. 그러나 그러한 조례가 아예 제정되지 아니하면 지방공무원 중 누구도 단체행동권을 보장받을 수 없게 된다.

따라서 지방자치단체가 지방공무원법 제58조 제2항에 따라 '사실상 노무에 종사하는 공무원의 범위'를 조례로 정하지 아니하는 것은 '사실상 노무에 종사하는 공무원의 범위'에 포함될 가능성이 있는 공무원이 단체행동권을 보장받지 못하게 하는 결과로 된다.

> 물론 기능직공무원으로서 공무원노동조합에 가입할 수 있는 청구인들이 해당 조례에 의하여 '사실상 노무에 종사하는 공무원'의 범위에 포함되지 않을 가능성도 적지 않으나, 그렇다고 해당 조례 자체를 제정하지 않음으로써 청구인들이 단체행동권을 향유할 가능성조차 봉쇄하여 버리는 것은 청구인들의 기본권을 제한한다고 볼 수밖에 없다.

**생각해 볼 점 (2) : 이 사건에서의 피침해기본권은 무엇인가?**

이 사건에서의 조례입법부작위로 인하여 침해받는 기본권이 '단체행동권'이라고 속단하기 쉽다. 그러나 앞서 [경비업법 사건]에서 살펴본 바와 같이, 헌재가 '단체행동권'을 하나의 "단위 기본권"으로 보기보다는, '근로3권'을 "단위 기본권"으로 보고, 단체행동권을 근로3권의 내용적 일부로 본다고 이해할 여지가 크다.

이 사건의 판시도 이 점을 뒷받침해 준다. 만약 단체행동권이 그 자체로서 하나의 '단위 기본권'이고, 판시와 같이 "청구인들이 단체행동권을 향유할 가능성조차 봉쇄"되고 있다면, 이는 곧 단위 기본권의 행사를 전면적으로 금지하는 것으로서 그 자체 기본권의 '침해'가 될 수 있을 뿐(본질침해금지원칙), 판시에서처럼 기본권을 "제한"한다고 볼 여지는 없을 것이다.

뿐만 아니라 위 인용판시에 뒤이은 다수의견의 '소결론'도 다음과 같다. "그렇다면, 피청구인들이 지방공무원법 제58조 제2항에 따라 '사실상 노무에 종사하는 공무원의 범위'를 정하는 조례를 제정하도록 위임받았음에도 불구하고, 이를 정당한 사유 없이 제정하지 아니한 이 사건 부작위는 헌법상 의무를 위반하여 청구인들이 노동3권을 부여받을 기회 자체를 사전에 차단하거나 박탈하였다고 할 것이므로, 청구인들의 이 사건 심판청구를 받아들여 위와 같은 조례입법부작위가 위헌임을 확인하여야 한다."

결론적으로, 이 사건에서 피침해기본권은 근로3권'의 일부인" 단체행동권으로 보는 것이 옳을 것이다.

## IV. 결론

> 피청구인이 지방공무원법 제58조 제2항의 위임에 따라 사실상 노무에 종사하는 공무원의 범위를 정하는 조례를 제정하지 아니한 것은 위헌임을 확인한다.

# 28. 최저생계비 사건

## 2002년도 국민기초생활보장최저생계비 위헌확인
## 헌재 2004. 10. 28. 2002헌마328, 판례집 16-2하, 195

(1) 청구인 박○자, 이○연은 각 정신지체 1급 장애자이고, 청구인 이○열은 박○자의 남편이자 이○연의 아버지로서 비장애자인바, 청구인들은 1가구를 이루어 함께 거주하면서 2000. 10. 5. 국민기초생활보장법에 따른 생계급여 수급자로 선정되어 그 무렵부터 생계급여를 지급받고 있다.

(2) 보건복지부장관은 2001. 12. 1. 보건복지부 고시 제2001-63호로 2002년도 국민기초생활보장법(이하 '보장법'이라 한다)상의 최저생계비를 결정 · 공표하였다.

(3) 청구인들은 2002. 5. 14. 위 최저생계비 고시가 청구인들의 인간으로서의 존엄과 가치 및 행복추구권, 인간다운 생활을 할 권리 및 평등권을 침해하는 것이라고 주장하면서 이 사건 헌법소원심판을 청구하였다.

이 사건 심판의 대상은 보건복지부장관이 2001. 12. 1.에 한 2002년도 최저생계비 고시(보건복지부 고시 제2001-63호, 이하 '이 사건 고시'라 한다)가 헌법에 위반되는지 여부이다. 청구인들에게는 이 사건 고시 중 3인가구 최저생계비가 적용되나, 청구인들이 이 사건 고시 전체에 대하여 헌법소원심판을 청구하였고, 그 고시 전체에 동일한 심사척도가 적용될 수 있으므로 이 사건 고시 전체로 심판대상을 확장하는 것이 타당하다. 이 사건 심판대상고시와 관련규정의 내용은 다음과 같다.

(1) 심판대상 고시

◦ 2002년도 최저생계비

| 가구규모 | 1인가구 | 2인가구 | 3인가구 | 4인가구 | 5인가구 | 6인가구 |
|---|---|---|---|---|---|---|
| 금액 (원/월) | 345,412 | 572,058 | 786,827 | 989,719 | 1,125,311 | 1,269,809 |

## I. 적법요건에 관한 판단

### 1. 기본권주체성, 현재성, 변호사강제주의 : 문제되지 않음.

### 2. 공권력행사성

- 고시의 공권력행사성 : 고시의 '법규성'이 인정되는지의 여부 문제이다[192].

> 법령의 직접적인 위임에 따라 수임행정기관이 그 법령을 시행하는데 필요한 구체적 사항을 정한 것이면, 그 제정형식이 비록 법규명령이 아닌 고시, 훈령, 예규등과 같은 행정규칙이라도 상위법령과 결합하여 대외적인 구속력을 갖는 법규명령으로서 기능하게 되는데, 이러한 '행정규칙의 형식을 취한 법규명령'은 헌법소원의 대상이 되는 공권력의 행사에 해당한다(헌재 1992. 6. 26. 91헌마25, 판례집 4, 444, 449-450; 헌재 2002. 7. 18. 2001헌마605, 판례집 14-2, 84, 94).
>
> 이 사건 고시는 보장법 제6조 제1항[193]의 직접적인 위임에 따라 보건복지부장관이 보장법을 시행하는데 필요한 최저생계비를 정한 것으로서 보장법과 결합하여 생계급여 액수를 결정하는 대외적 효력을 가지므로, '행정규칙의 형식을 취한 법규명령'에 해당하여 헌법소원의 대상이 되는 공권력의 행사라 할 것이다.

### 3. 자기관련성

> 청구인 이○열은 비록 장애인은 아니지만, 생활무능력자로서 장애인인 다른 청구인들과 함께 1가구를 형성하는 가구원의 자격으로 보장법상의 수급자로 선정되어 생계급여를 지급받고 있으므로, 생계급여 결정의 기준이 되는 이 사건 고시와 법적으로 관련되어 있어 자기관련성을 갖추었다.

192) 다만, 소위 '행정규칙의 법규성'이라는 개념은 다소 혼란스럽다고 생각한다. 행정규칙이라면 법규가 될 수 없고, 법규라면 행정규칙일 수 없다는 점에서, 행정규칙에 해당하는지의 여부는 일단 '형식적으로' 결정하고, 법규성의 유무는 문제된 규범의 효력을 기준으로 하여 행정규칙인지의 여부와는 별개로 판단하는 것이 옳지 않을까 한다.

193) 국민기초생활보장법 제6조 (최저생계비의 결정) ① 보건복지부장관은 국민의 소득·지출수준과 수급권자의 생활실태, 물가상승률 등을 고려하여 최저생계비를 결정하여야 한다.

## 4. 직접성

| 이 사건 고시는 보장법 제6조 제1항의 직접적인 위임에 따라 보건복지부장관이 최저생계비를 정한 것으로서 보장법과 결합하여 보장법상의 수급자에게 지급할 생계급여 액수를 결정한다는 점에서 직접 대외적 효력을 가지며, 그 내용이 일의적이고 명백하여 보장법상 관할행정청의 수급자선정결정이 이루어지면 최저생계비에 따라 기계적으로 계산하는 과정을 거쳐 산정된 생계급여가 수급자에게 지급되는 기계적 내지 단순한 사실적 집행행위를 거칠 뿐이므로, 보장법상 생계급여 수급자인 청구인들에 대하여 그 자체에 의하여 직접적인 효력을 갖는다. |
|---|

## 5. 보충성

| 이 사건 심판의 대상은 보건복지부장관 또는 그 산하 행정기관의 어떤 구체적인 처분 그 자체가 아니고, 보건복지부장관이 법령의 위임에 따라 정한 최저생계비 고시인데, 이러한 보건복지부장관의 고시에 대하여 처분성을 인정하여 행정소송법에 의한 행정소송 등 다른 권리구제절차를 허용할 수 있는지 여부가 객관적으로 불확실하므로, 이 사건은 보충성의 예외에 해당하는 것으로 보아 헌법소원대상성을 인정할 수 있다. |
|---|

- 대법원은 2003. 10. 9. 선고 2003무23 판결(소위 약사고시 사건)에서 문제된 고시의 '처분성'을 인정한 바 있으나, 고시의 처분성 유무에 관하여 아직까지 '확립된' 판례는 없고, 그렇기 때문에 현재까지도 심판청구의 대상이 '고시'인 경우에 보충성원칙 위배를 이유로 각하된 예는 없는 것으로 파악된다.

## 6. 청구기간[194)]

- 이 사건 심판청구 당시에 시행되던 헌재법 제69조에 의할 경우, 기본권 침해사실을 '안 날로부터'(60일) 보든 침해사실이 '있은 날로부터'(180일) 보든, 어느 경우에나 청구기간이 도과한 것으로 보아야 할 것이다. 그러나 헌재의 심리도중에 헌재법 제69조는 개정되었고, 헌재는 이 개정조항을 적용한 것으로 볼 수 있다.

194) 이 사건 심판청구 당시의 헌재법 제69조 제1항 본문은 다음과 같았다. "제68조제1항의 규정에 의한 헌법소원의 심판은 그 사유가 있음을 안 날로부터 60일이내에, 그 사유가 있은 날로부터 180일이내에 청구하여야 한다." 이 중 '60일', '180일' 부분은 2003. 3. 12. 헌재법 개정시에 각각 '90일', '1년'으로 개정되어(2003. 6. 12. 시행) 현재에 이른다.

- 다만 이 경우에도, 보건복지부장관이 이 사건 고시를 한 2001. 12. 1.경을 청구인들이 그 사실을 '안 날'로 보는 경우에는, 그로부터 '90일'이 지난 이 사건 심판청구는 결국 부적법하다고 보아야 할 것이다.

## 7. 권리보호이익

> 기본권의 침해를 받은 자가 그 구제를 받기 위한 헌법소원심판을 청구한 뒤 기본권침해의 원인이 된 공권력의 행사가 취소되거나 새로운 공권력의 행사 등 사정변경으로 말미암아 기본권 침해행위가 배제되어 청구인이 더 이상 기본권을 침해받고 있지 아니하게 된 때에는 불분명한 헌법문제의 해명이나 침해반복의 위험 등을 이유로 한 심판의 이익이 있는 경우에는 예외적으로 권리보호의 이익이 있다고 할 것이다(헌재 1993. 11. 25. 92헌마169, 판례집 5-2, 489, 493).

- 최저생계비는 매년 고시되는데, 이 사건 고시는 2001. 12. 1.에 한 2002년도 최저생계비 고시이다. 그런데 이 사건 결정은, 헌재의 심리가 지연되어 2004년에 이루어졌다.
- 원칙적으로 권리보호이익은 결정시까지 있어야 한다. 그러나 헌재에서 심리가 지연됨으로 인해서 권리보호이익이 소멸하였다고 보아야 할 경우라 하더라도, 이를 이유로 심판청구를 언제나 각하해야 한다면 부당할 수 있다. 이를 피하기 위하여 다음과 같은 설시가 등장한다.

> 보건복지부장관은 국민의 소득 · 지출수준, 수급권자의 생활실태, 물가상승률 등을 고려하여 매년 다음 연도의 최저생계비를 결정 · 공표하도록 되어 있어 이 사건 고시는 2002. 12. 31.이 경과하면 효력을 잃게 된다 할 것이나, 모든 국민에게 인간다운 생활을 할 권리를 보장하고 국가에게 사회보장 · 사회복지의 증진에 노력할 의무를 부담시키고 있는 우리의 헌법질서에 있어서 인간다운 생활을 하기 위하여 요구되는 최소한도의 생활수준을 보장하기 위한 생계급여 액수의 기준이 되는 이 사건 고시가 헌법이 요구하는 바를 충족하고 있는지의 여부는 헌법적으로 매우 중요한 의미를 가질 뿐만 아니라 최저생계비가 매년 변경되어 고시된다고 하더라도 질적 · 양적으로 획기적인 변화가 예상되지 않기 때문에 동일한 침해 반복의 위험이 있고, 우리 헌법소원제도의 체계상 매년 변경되는 최저생계비 고시에 대하여 청구기간 내에 적법하게 심판청구를 하고 그 시행기간이 경과하기 전 위헌여부를 신속하게 판단한다는 것은 쉽지 않다는 사정을 고려하면, 이 사건 고시가 헌법에 합치하는지 여부를 헌법적으로 해명한다는 것은 헌법질서의 수호 · 유지를 위하여 중대한 의미를 지닌다고 할 것이므로 이 사건 심판청구는 그 심판의 이익이 있다고 할 것이어서 예외적으로 권리보호이익을 인정함이 타당하다.

## II. 문제되는 기본권

### 1. 인간다운 생활을 할 권리

> 헌법 제34조 제1항은 "모든 국민은 인간다운 생활을 할 권리를 가진다"고 규정하면서, 제34조 제2항에서 "국가는 사회보장 · 사회복지의 증진에 노력할 의무를 진다"고 규정함과 아울러 제34조 제5항에서 "신체장애자 및 질병 · 노령 기타의 사유로 생활능력이 없는 국민은 법률이 정하는 바에 의하여 국가의 보호를 받는다"고 규정하고 있는바, 이러한 헌법규정들은 생활능력 없는 신체장애자에게 인간다운 생활을 할 권리가 있고, 이에 대응하여 국가에게 생활능력 없는 장애인을 보호할 헌법적 의무가 있음을 명시하고 있다. …
>
> 헌법 제34조 제1항이 보장하는 인간다운 생활을 할 권리는 사회권적 기본권의 일종으로서 인간의 존엄에 상응하는 최소한의 물질적인 생활의 유지에 필요한 급부를 요구할 수 있는 권리를 의미하는데, 이러한 권리는 국가가 재정형편 등 여러 가지 상황들을 종합적으로 감안하여 법률을 통하여 구체화할 때에 비로소 인정되는 법률적 권리라고 할 것이다.

**[위 문언의 해석]**

- 사회권의 법적 성격에 관해서는, 다음과 같은 학설이 있다.
  ① 프로그램적 규정설 - 개인의 권리가 아니라 입법방침을 정한 것에 불과하다는 학설.
  ② 구체적 권리설 – 직접적 효력을 갖는 주관적 권리라는 학설.
- 위 판시와 조금 다르게[195], 판례의 주류는 "**인간의 존엄에 상응하는 최소한의 물질적인 생활의 유지에 필요한 급부를 요구할 수 있는 권리**"는 헌법상의 권리('구체적 권리')로 인정하고, 그 밖의 부분은 법률상의 권리에 불과하다고 본다. '부분적 구체적 권리설'이라고 할 수 있을 것이다.[196]

195) 위 판시 그대로 볼 경우, 헌법 제34조 제1항은 전혀 무의미한 규정이 되어버린다.

196) 이를 좀 더 분명히 한 판시. '인간다운 생활을 할 권리'로부터는, 그것이 사회복지·사회보장이 지향하여야 할 이념적 목표가 된다는 점을 별론으로 하면, **인간의 존엄에 상응하는 생활에 필요한 "최소한의 물질적인 생활"의 유지에 필요한 급부를 요구할 수 있는 구체적인 권리가 상황에 따라서는 직접 도출**될 수 있다고 할 수는 있어도, 동 기본권이 직접 그 이상의 급부를 내용으로 하는 구체적인 권리를 발생케 한다고는 볼 수 없다고 할 것이다. 이러한 구체적 권리("최소한의 물질적인 생활"의 유지에 필요한 급부 요구를 넘는 권리, 괄호는 저자가 친 것임)는 국가가 재정형편 등 여러가지 상황들을 종합적으로 감안하여 법률을 통하여 구체화할 때에 비로소 인정되는 법률적 차원의 권리라고 할 것이다.(헌재 1995. 7. 21. 93헌가14, 판례집 7-2, 1, 30-31)

## 2. 인간의 존엄과 가치, 행복추구권

헌법 제10조는 "모든 국민은 인간으로서 존엄과 가치를 가지며, 행복을 추구할 권리를 가진다. 국가는 개인이 가지는 불가침의 기본적 인권을 확인하고 이를 보장할 의무를 진다"고 규정하여 인간의 존엄과 가치 및 행복추구권을 보장하고 있다.

헌법 제10조에서 규정한 인간의 존엄과 가치는 '헌법이념의 핵심'으로 국가는 헌법에 규정된 개별적 기본권을 비롯하여 헌법에 열거되지 아니한 자유와 권리까지도 이를 보장하여야 하며, 이를 통하여 개별 국민이 가지는 인간으로서의 존엄과 가치를 존중하고 확보하여야 한다는 헌법의 기본원리를 선언한 조항이다. 따라서 자유와 권리의 보장은 1차적으로 헌법상 개별적 기본권규정을 매개로 이루어지지만, 기본권제한에 있어서 인간의 존엄과 가치를 침해한다거나 기본권형성에 있어서 최소한의 필요한 보장조차 규정하지 않음으로써 결과적으로 인간으로서의 존엄과 가치를 훼손한다면 헌법 제10조에서 규정한 인간의 존엄과 가치에 위반된다고 할 것이다.

- 인간의 존엄과 가치 및 행복추구권이 하나의 포괄적 권리로서, '자유권'에 속한다면, 이를 국가에 대하여 '급부를 요구하는' 권리로 활용할 수 있겠는가 하는 의문은 남는다.
- 그러나 설령 그와 같이 활용할 수 있다 하더라도, '포괄적인' 기본권으로서의 성격은 의연 남게 되므로, 사회적 기본권 특히 인간다운 생활을 할 권리를 심사하는 이상 독자적인 의의를 가질 수는 없을 것이다. → 그래서 침해 문제에 있어서도 "인간다운 생활을 할 권리가 침해되지 않았으므로, 인간의 존엄과 가치 및 행복추구권도 침해되지 않았다"고 결론을 내릴 수밖에 없게 된다(아래의 판시 참조). 이는 아래에서 보는 바와 같이 사회권이 구체적으로 인정하는 권리의 내용이, "인간의 존엄에 상응하는 생활에 필요한 '최소한의 물질적인 생활'의 유지에 필요한 급부를 요구"하는 것이므로, 당연한 귀결에 지나지 않는다.

## 3. 평등권

- (동등하게 생계급여의 수급대상자 자격을 가지는) 장애인 가구와 비장애인 가구 간의 차별 문제.
- 즉, 장애인인지의 여부를 가리지 않고 동일한 최저생계비 기준만을 적용하는 것이 차별에 해당한다는, 다시 말해서 '다른 것을 같게 취급하는 것'이 차별에 해당한다는 것이다[197].

## 4. 소결 : 인간다운 생활을 할 권리, 인간의 존엄과 가치 및 행복추구권, 평등권이 경합한다.

# III. 인간다운 생활을 할 권리의 침해 여부(헌법 제34조 제1항)

## 1. 일반론

> 모든 국민은 인간다운 생활을 할 권리를 가지며 국가는 생활능력 없는 국민을 보호할 의무가 있다는 헌법의 규정은 모든 국가기관을 기속하지만 그 기속의 의미는 동일하지 아니한데, 입법부나 행정부에 대하여는 국민소득, 국가의 재정능력과 정책 등을 고려하여 가능한 범위 안에서 최대한으로 모든 국민이 물질적인 최저생활을 넘어서 **인간의 존엄성에 맞는 건강하고 문화적**인 생활을 누릴 수 있도록 하여야 한다는 행위의 지침, 즉 행위규범으로서 작용하지만, 헌법재판에 있어서는 다른 국가기관, 즉 입법부나 행정부가 국민으로 하여금 인간다운 생활을 영위하도록 하기 위하여 객관적으로 필요한 최소한의 조치를 취할 의무를 다하였는지를 기준으로 국가기관의 행위의 합헌성을 심사하여야 한다는 통제규범으로 작용하는 것이다. …
> 또한, 국가가 행하는 생계보호가 헌법이 요구하는 객관적인 최소한도의 내용을 실현하고 있는지 여부는 결국 국가가 국민의 '인간다운 생활'을 보장함에 필요한 최소한도의 조치를 취하였는가의 여부에 달려있다고 할 것인데 생계보호의 구체적 수준을 결정하는 것은 입법부 또는 입법에 의하여 다시 위임을 받은 행정부 등 해당기관의 광범위한 재량에 맡겨져 있다고 보아야 할 것이므로, 국가가 인간다운 생활을 보장하기 위한 헌법적 의무를 다하였는지의 여부가 사법적 심사의 대상이 된 경우에는, 국가가 생계보호에 관한 입법을 전혀 하지 아니하였다든가 그 내용이 현저히 불합리하여 헌법상 용인될 수 있는 재량의 범위를 명백히 일탈한 경우에 한하여 인간다운 생활을 할 권리를 보장한 헌법에 위반된다고 할 수 있다(헌재 1997. 5. 29. 94헌마33, 판례집 9-1, 553-554).

**생각해 볼 점 (1) : 행위규범과 통제규범**

- 같은 헌법규정을 두고 '행위규범'으로서의 의미와 '통제규범'으로서의 의미를 구별하는 위와 같은 판시는, 평등권에 관한 다음 판시에서도 유사하게 나타난다.

| 헌재 1997. 1. 16. 90헌마110 [교통사고처리특례법 사건] |
|---|
| 헌법재판소와 입법자는 모두 헌법에 기속되나, 그 기속의 성질은 서로 다르다. 헌법은 입 |

197) '같은 처우'를 하는 것을 차별이라고 보는 예는 드문 편인데, 이 사건이 그 중 하나이다.

법자와 같이 적극적으로 형성적 활동을 하는 국가기관에게는 행위의 지침이자 한계인 행위규범을 의미하나, 헌법재판소에게는 다른 국가기관의 행위의 합헌성을 심사하는 기준으로서의 재판규범 즉 통제규범을 의미한다.

평등원칙은 행위규범으로서 입법자에게, 객관적으로 같은 것은 같게 다른 것은 다르게, 규범의 대상을 실질적으로 평등하게 규율할 것을 요구하고 있다. 그러나 헌법재판소의 심사기준이 되는 통제규범으로서의 평등원칙은 단지 자의적인 입법의 금지기준만을 의미하게 되므로 헌법재판소는 입법자의 결정에서 차별을 정당화할 수 있는 합리적인 이유를 찾아볼 수 없는 경우에만 평등원칙의 위반을 선언하게 된다. 즉 헌법에 따른 입법자의 평등실현의무는 헌법재판소에 대하여는 단지 자의금지원칙으로 그 의미가 한정축소된다. 따라서 헌법재판소가 행하는 규범에 대한 심사는 그것이 가장 합리적이고 타당한 수단인가에 있지 아니하고 단지 입법자의 정치적 형성이 헌법적 한계 내에 머물고 있는가 하는 것에 국한시켜야 하며, 그럼으로써 입법자의 형성의 자유와 민주국가의 권력분립적 기능질서가 보장될 수 있다.

- 그러나 이러한 설시는 매우 어색하다고 본다. 사법적 심사를 한다는 것은 곧 입법부의 권한 행사가 헌법에 위반되는지의 여부를 판단하는 것을 의미하므로, 입법부의 의무가 어떤 내용을 가지는지가 먼저 확정되어 있어야 하기 때문이다. 그런데 헌재가 판시하고 있는 바와 같은 '입법부의 의무'는, -정치적으로 의미를 가질 수 있음을 별론으로 하면- 법적인 의미는 전혀 가지지 못하는 것이다. 그보다는, '입법부의 의무' 자체는 좁게 개념지우고, 그에 위배된 것은 헌법에 반한다고 사법적으로 판단할 수 있다고 봄으로써, 양자를 일치시키는 것이 옳다고 본다.
- 헌재가 판시하고 있는 바와는 달리, '사법판단'이라는 것 자체가 어떤 독자적인 실체를 가지는 것이 아니라, 어디까지나 입법부의 헌법상 의무가 준수되었는지의 여부를 사법적으로 판단하는 것에 지나지 않는다.

## 2. 이 사건의 경우

이러한 사정들에 비추어 보면, 보건복지부장관이 이 사건 고시를 하면서 장애인가구의 추가지출비용을 반영한 최저생계비를 별도로 정하지 아니한 채 가구별 인원수를 기준으로 한 최저생계비만을 결정 · 공표함으로써 장애인가구의 추가지출비용이 반영되지 않은 최저생계비에 따라 장애인가구의 생계급여 액수가 결정되었다 하더라도 그것만으로 국가가 생활능력 없는 장애인의 인간다운 생활을 보장하기 위한 조치를 취함에 있어서 국가가 실현해야 할 객관적 내용의 최소한도의 보장에도 이르지 못하였다거나 헌법상 용인될 수 있는 재량의 범위를 명백히 일탈하였다고는 보기 어렵다 할 것이어서 이 사건 고시로 인하여 생활능력 없는 장애인가구 구성원의 인간다운 생활을 할 권리가 침해되었다고 할 수 없다.

## Ⅳ. 인간의 존엄과 가치 및 행복추구권의 침해 여부

이 사건 고시는 앞서 보았듯이 생활능력 없는 장애인가구의 최저생활보장을 위한 생계급여 지급과 관련하여 인간다운 생활을 할 권리를 형성하는 성질을 가지고 있으나 그 내용상 최소한의 필요한 보장수준을 제시하지 아니하여 인간으로서의 인격이나 본질적 가치가 훼손된다고 볼 수 없으므로 인간의 존엄과 가치 및 행복추구권[198]을 침해하는 규정이라고 할 수 없다.

## Ⅴ. 평등권 침해 여부

### 1. 차별의 확인

이 사건 고시는 장애인가구의 추가지출비용을 반영한 별도의 최저생계비를 결정하지 않은 채 일률적으로 가구별 인원수만을 기준으로 한 최저생계비를 결정함으로써 사회부조의 일종인 보장법상의 생계급여를 지급받을 자격을 갖춘 생활능력 없는 장애인가구와 비장애인가구에게 동일한 최저생계비를 기준으로 하여 생계급여를 지급받게 하였다는 점에서 본질적으로 다른 것을 같게 취급하는 상황을 초래하였다고 볼 수 있다.

### 2. 심사 기준

평등위반 여부를 심사함에 있어 엄격심사에 의할 것인지, 완화된 심사에 의할 것인지는 입법자 내지 입법의 위임을 받은 행정부에게 인정되는 형성의 자유 정도에 따라 달라진다 할 것인데, 이 사건 고시로 인한 장애인가구와 비장애인가구의 차별취급은 헌법에서 특별히 평등을 요구하는 경우 내지 차별대우로 인하여 자유권의 행사에 중대한 제한을 받는 경우에 해당한다고

198) 행복추구권은 포괄적 자유권으로 보는 것이 판례의 주류이다. "헌법은 제10조에서 행복추구권을 보장하고 있는바, 사회보장권을 구체화할 입법을 할 의무를 부담하고 있는 국가가 헌법 제39조의 국방의 의무를 이행하는 과정에서 입게 된 생명·신체에 대한 특별한 희생에 대하여 예우법에 정한 등록신청을 하기 전의 보상금에 대하여 보상금을 지급하지 않도록 규정한 이 사건 법률조항이 헌법 제10조에 위반되는가 하는 의문이 생길 수도 있다. 그러나 헌법 제10조의 행복추구권은 국민이 행복을 추구하기 위하여 필요한 급부를 국가에게 적극적으로 요구할 수 있는 것을 내용으로 하는 것이 아니라, 국민이 행복을 추구하기 위한 활동을 국가권력의 간섭 없이 자유롭게 할 수 있다는 포괄적인 의미의 자유권으로서의 성격을 가지므로 국민에 대한 일정한 보상금의 수급기준을 정하고 있는 이 사건 규정이 행복추구권을 침해한다고 할 수 없다."(헌재 1995. 7. 21. 93헌가14) 즉, 행복추구권으로부터 '일반적 행동자유권', '개성의 자유로운 발현권',' 자기결정권'이 도출된다고 본다.

볼 수 없는 점, 국가가 국민의 인간다운 생활을 보장하기 위하여 행하는 사회부조에 관하여는 입법부 내지 입법에 의하여 위임을 받은 행정부에게 사회보장, 사회복지의 이념에 명백히 어긋나지 않는 한 광범위한 형성의 자유가 부여된다는 점을 고려하면, 이 사건 고시로 인한 장애인가구와 비장애인가구의 차별취급이 평등위반인지 여부를 심사함에 있어서는 완화된 심사기준인 자의금지원칙을 적용함이 상당하다.

### 3. 정당화

장애인가구와 비장애인가구에게 일률적으로 이 사건 고시상의 최저생계비를 적용한다고 하더라도 보장법상의 생계급여 액수가 최저생계비와 동일한 액수로 결정되는 것이 아니라 앞서 본 바와 같이 최저생계비에서 개별가구의 소득평가액 등을 공제한 차액으로 지급되기 때문에 장애인가구와 비장애인가구에게 지급되는 생계급여까지 동일한 액수가 되는 것은 아니라는 점, 이때 공제되는 개별가구의 소득평가액은 장애인가구의 실제소득에서 장애인가구의 특성에 따른 지출요인을 반영한 금품인 장애인복지법에 의한 장애수당, 장애아동부양수당 및 보호수당, 만성질환 등의 치료 · 요양 · 재활로 인하여 6개월 이상 지속적으로 지출하는 의료비를 공제하여 산정하므로 결과적으로 장애인가구는 비장애인가구에 비교하여 볼 때 최저생계비에 장애로 인한 추가비용을 반영하여 생계급여액을 상향조정함과 비슷한 효과를 받고 있는 점, 장애인가구는 비장애인가구와 비교하여 앞서 본 바와 같이 각종 법령 및 정부시책에 따른 각종 급여 및 부담감면으로 인하여 최저생계비의 비목에 포함되는 보건의료비, 교통 · 통신비, 교육비, 교양 · 오락비, 비소비지출비를 추가적으로 보전 받고 있는 점을 고려할 때, 비록 이 사건 고시를 장애인가구와 비장애인가구에게 일률적으로 적용하였다 하더라도 그러한 취급에는 합리성이 있다 할 것이고 이를 자의적인 것이라고 할 수는 없다 할 것이다. 따라서, 이 사건 고시가 생활능력 없는 장애인가구 구성원의 평등권을 침해한다고 할 수 없다.

## VI. 결론

청구인들의 심판청구를 기각한다.